조선 왕실의 행사 1

왕실의 천지제사

02

조선 왕실의 행사 1
왕실의 천지제사

2011년 10월 31일 초판 1쇄 발행
2013년 4월 25일 초판 2쇄 발행

지은이 김문식·김지영·박례경·송지원·심승구·이은주

펴낸이 한철희
펴낸곳 돌베개
등록 1979년 8월 25일 제406-2003-000018호
주소 (413-756) 경기도 파주시 회동길 77-20 (문발동)
전화 (031) 955-5020
팩스 (031) 955-5050
홈페이지 www.dolbegae.com
전자우편 book@dolbegae.co.kr

책임편집 윤미향·이현화
디자인 이은정·박정영
제작·관리 윤국중·이수민
마케팅 심찬식·고운성·조원형
인쇄·제본 상지사 P&B

ⓒ 김문식·김지영·박례경·송지원·심승구·이은주, 2011
이 도서는 2007년도 정부재원(교육인적자원부 학술연구조성사업비)으로
한국학중앙연구원의 지원에 의하여 연구되었음(AKS-2007-BA-3001).

ISBN 978-89-7199-447-4 04900
       978-89-7199-421-4 (세트)

이 책에 실린 글과 사진의 무단 전재와 복제를 금합니다. 책값은 뒤표지에 있습니다.

이 도서의 국립중앙도서관 출판시도서목록(CIP)은 e-CIP홈페이지(http://www.nl.go.kr/ecip)와
국가자료공동목록시스템(http://www.nl.go.kr/kolisnet)에서 이용하실 수 있습니다.
(CIP제어번호: CIP2011004518)

조선 왕실의 행사 1

왕실의 천지제사

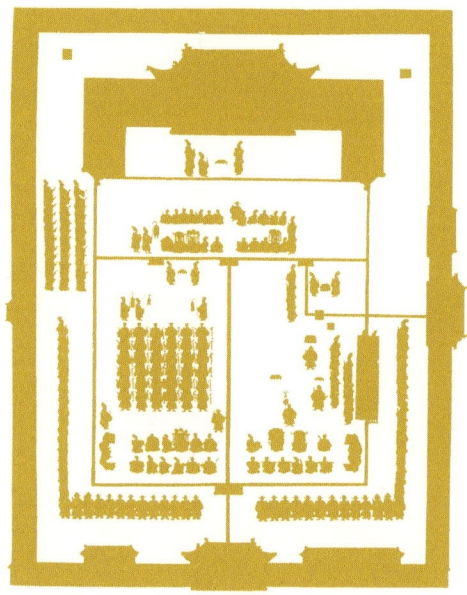

김문식·김지영·박례경·송지원·심승구·이은주 지음

책머리에

　국가제사는 오례 가운데 길례吉禮에 해당하며, 가장 핵심적인 의례로 중시되어왔다. 국가제사는 만물의 근원이 되는 하늘의 천신天神, 만물을 기르는 땅의 지기地祇, 조상신인 인귀人鬼를 대상으로 하며, 이들의 공적에 보답하려는 윤리적 행위이자 통치자의 권위와 정당성을 확보하려는 정치적 행위였다.
　천신에 대한 신앙은 고대로부터 시작되어 점차 환구제로 일원화되었다. 환구제는 제왕이 주재하는 제사 가운데 최고 수준의 제사였다. 환구제는 고려시대에 시작되어 조선 전기에 몇 국왕이 거행하다가 중단했고, 고종이 대한제국을 건설하면서 다시 거행했다. 환구제가 중단된 이유는 국왕이 천자만 지낼 수 있는 환구제를 지낼 수 없다는 명분 때문이었다. 고종은 황제국인 대한제국을 건설함으로써 명분의 문제를 완전히 해결했다. 우리는 대한제국이 건설된 의의를 환구제의 거행이라는 측면에서도 찾을 수 있다.
　사직제는 국토와 오곡의 신에게 국가의 안녕과 풍년을 기원하는 제사이다. 사직제는 천자만 지내는 환구제와 달리 제후, 지방관, 일반 백성들까지 정해진 규모와 형식에 따라 지낼 수 있었다. 사직제는 고대부터 시작되었고 한국에서는 백제가 가장 빨랐다. 국가를 의미하는 '종사'宗社는 종묘宗廟와 사직社稷을 합한 단어이며, 실제 위상은 종묘보다 사직이 높았다. 태종은 사직제를 직접 지낸 최초의 국왕이었고, 상대적으로 권력이 강했던 국왕들은 사직단으로의 행차가 잦았다. 대한제국 시기에는 환구제가 중심이 되면서, 사직제의 위상은 상대적으로 낮아졌다.

선농제와 선잠제는 국왕과 왕비가 농사의 신인 선농先農, 양잠의 신인 선잠先蠶에게 지내는 제사이다. 농사와 양잠에서 생산되는 음식과 의복은 민생의 근간이 되는 물품이므로, 고대로부터 국왕들은 신에게 제사를 지내면서 한해의 풍년을 기원했다. 한국에서 선농제는 고대부터 등장하지만, 선잠제는 조선시대에 분명하게 나타난다. 성종은 국왕이 직접 밭을 가는 친경親耕이나 왕비가 직접 뽕을 따는 친잠親蠶을 시작했고, 영조는 국왕이 곡식을 수확하는 것을 살피는 관예觀刈, 곡식의 종자를 보관하는 장종藏種, 왕비가 누에고치를 받는 수견收繭의식을 시작했다. 선농제와 선잠제는 농업이 주산업이던 시기에 민생을 위해 풍년을 기원하는 제사로, 국가적으로도 중요한 행사였다.

국가제사는 제사의 등급에 따라 제사를 주재하는 사람의 지위나 제례 절차가 달라졌다. 제사를 주재하는 사람의 지위나 제례 절차가 변하면, 제례에서 사용하는 음식이나 복식, 음악, 무용에도 변화가 있었다. 국가제사는 제사 대상과 제사를 주재하는 사람의 지위에 따라 의례 절차를 구분하는 예식의 장이었고, 제복을 갖춰 입은 제관들의 정제된 동작과 제사에 적합한 음악과 무용이 어우러지는 종합 예술의 공연장이었다.

이 책은 '왕실의 천지제사'란 제목으로 환구제, 사직제, 선농제, 선잠제를 다뤘으며, 시기적으로는 조선시대를 위주로 했다. 환구제는 천신을 대상으로 하고, 사직제는 국토와 오곡의 신을 대상으로 하므로 천지제사에 해당한다. 그러나 선농제와 선잠제는 농사와 양잠의 신을 대상으로 하므로 인귀를 모시는 제사이다. 천지제사에 인귀를 모시는 선농제와 선잠제를 함께 다룬 것은 이들이 신에게 풍년을 기원하는 제사라는 점에서 공통점을 보이기 때문이다. 이는 기곡제祈穀祭를 가지고 설명할 수 있다.

환구단 제사에서 기곡제는 가장 큰 비중을 차지했고, 조선 전기의 국왕들은 천신을 모신 환구단(원단)에서 기곡제를 지냈다. 그러나 국왕은 제천례를 거행할 수 없다는 주장이 나오자, 조선의 국왕들은 환구단 제사를 중지하고 선농단 제사에 기곡제의 의미를 부여했다. 선농단에는 농사를 주관하는 후직后稷이 배향되어 있었기 때문이다. 환구단 기곡제는 세조 대에 중단되었고, 선농단 기곡제는 중종 대에 시작되었다.

조선 후기에 들어와 기곡제는 선농단에서 사직단으로 옮겨졌다. 사직단에도 후직이 배향되어 있는 데다, 사직단 제사의 등급이 선농단보다 높았기 때문이다. 사직단 기곡제는 숙종 대에 시작되었고, 영조 대에는 국왕이 지내는 기곡제가 대사大祀로, 정조 대에는 관리가 대신 지내는 기곡제까지 대사로 승격되었다.

 1895년 환구단이 건설되면서 기곡제는 사직단에서 환구단으로 옮겨졌다. 기곡제는 원래 환구단 제사였으므로 원래의 자리로 돌아간 셈이다. 고종은 환구단을 재건함으로써 국가의 위상을 왕국에서 황제국으로 높였고, 명실이 부합하는 기곡제를 거행할 수 있었다. 그러나 1908년에 환구단 제사는 간소화되고 선농단과 선잠단의 제사는 사직단으로 통합되었으며, 1910년 한일합방과 함께 환구단과 사직단의 제사까지 모두 폐지되었다. 대한제국을 무너뜨린 일제는 민생의 안정을 위해 풍년을 기원하던 제사와 제사 공간까지 없애버린 것이다.

 '왕실의 행사'를 다루는 본 연구팀은 2007년 11월에 출범했으며, 역사·철학·음악·복식을 전공하는 총 7명의 전문 연구자로 구성되었다. 연구팀은 '왕실의 천지제사' '왕실의 혼례식과 혼례문화' '국왕의 즉위의례'를 주제로 하는 단행본을 매년 1책씩 집필했고, 역사를 전공하는 김문식, 신병주, 김지영 선생님이 각 책의 집필책임을 맡았다. 박례경 선생님은 중국의 의례, 송지원 선생님은 의례의 음악, 이은주 선생님은 복식, 심승구 선생님은 행사의 복원과 현대적 의의에 해당하는 부분을 집필했다. 각자의 전공과 장점을 배려한 분담이었다. 지난 3년간 우리들은 고락을 함께하며 원고를 집필했고, 함께했던 시간들은 이제 아름다운 추억이 되었다. 연구책임자로서 깊이 감사드린다.

이 외에도 여러분의 노력과 협조가 있었다. 보조연구원으로 대학원생인 김우진과 임근실이 참여했고, 김우진은 3년 동안 본 사업의 관리를 전담했다. 이 자리를 빌려 고마운 마음을 전한다. 본 연구팀은 매년 원고가 마무리되면 전문 연구자에게 의뢰하여 자문을 받았다. 그동안 이욱, 강문식, 이현진, 허태구 선생님께서 원고를 검토하고 윤문해주셨다. 수고해주신 선생님들께 감사드린다. 마지막으로 멋있는 책을 만들어주신 돌베개 편집실의 여러분께도 감사드린다. 책의 편집을 주관한 윤미향 씨는 필자와 오랜 인연이 있는데, 이번에 다시 만나 반갑고도 고맙다. 시간으로 익어가는 묵은 장맛처럼 이 책을 통해 만났던 분들의 인연이 더욱 깊어지기를 기대한다.

이 책은 일반인을 위한 교양서적으로 작성되었지만, 전문 용어가 많아 읽기 쉬운 책은 아니라고 생각한다. 이 때문에 어려운 용어에는 뜻풀이를 추가하고, 본문과 관련이 있는 사진 자료를 성실히 실었으므로, 독자들께서는 이를 참고하며 읽어주시기 바란다.

2011년 10월
집필책임 김문식

차례

책머리에 · 5

제1부 환구제, 천신을 위한 제례

1 환구제의 연원과 의미 · 16

2 중국 원구제 형성의 역사 · 23

3 한국 제천례의 유래 · 34
고대의 제천례 34 | 고려시대의 제천례 36

4 조선 전기의 제천례 · 38
태조 대 38 | 태종 대 41 | 세종 대 43 | 세조 대 45

5 조선 후기의 제천례 · 53
광해군 대 53 | 효종 대 이후 56 | 영조 대 57 | 정조 대 60

6 대한제국의 제천례 · 63
대한제국 이후의 환구단 71 | 환구단의 제도 72 | 환구제의 신위와 배치 73 | 환구제의 의식 절차 75 | 황궁우와 석고단 76

7 환구제의 악·가·무 · 79
환구제의 의식 절차와 음악 79 | 악현과 악기, 일무 85 | 악장과 선율 89

8 제천례 참여자의 복식 · 99
국왕과 왕세자의 면복 101 | 향관의 제복과 배향관의 조복 112 | 배향관의 흑단령 126

9 환구제 복원과 현대적 의미 · 131
환구제 복원의 현황 133 | 환구제의 특성 135 | 환구제의 현대적 의미 138

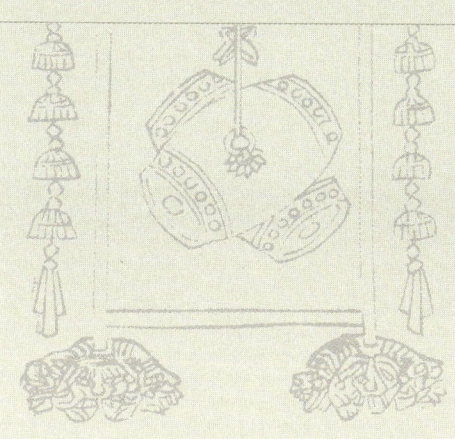

제2부 사직제, 국토와 오곡의 신을 위한 제례

1 사직제의 연원과 의미 · 144

2 중국의 사직제와 사직단 · 152

3 한국 사직제의 유래 · 159
   고대의 사직제 160 | 고려의 사직제 160

4 조선 전기의 사직제 · 162
   태조 대 163 | 태종 대 164 | 세종 대 164 | 세조 대 166 | 성종 대 167 | 연산군 대 168

5 조선 후기의 사직제 · 170
   숙종 대 170 | 영조 대 173 | 정조 대 175 | 정조 대 이후 180

6 대한제국의 사직제 · 183
   대한제국 이후의 사직단 185

7 사직제의 의식 절차와 사직단 · 187
   의식 절차 187 | 사직단의 제도 196

8 사직제의 악·가·무 · 198

9 사직제 참여자의 복식 · 209
   악사와 공인의 복식 211

10 사직제의 복원과 현대적 의미 · 220
   사직제의 복원 현황 222 | 사직제 복원의 현대적 의미 231

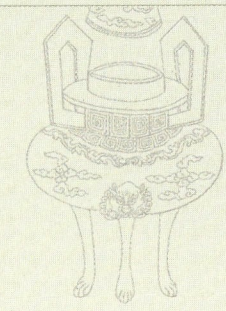

제3부 선농제·선잠제, 농사와 양잠의 신을 위한 제례

1 선농제·선잠제의 유래와 의미 · 238
   친경의례와 선농제 238 | 친잠의례와 선잠제 241

2 중국 왕실의 선농제와 선잠제 · 244

3 한국 선농제·선잠제의 유래 · 251
   고대의 선농제와 친경의례 251 | 고려의 선농제와 친경의례 252

4 조선 전기의 선농제·선잠제 · 254
   태조 대 254 | 태종 대 255 | 성종 대 친경의식 256 | 성종 대 친잠의식 257

5 조선 후기의 선농제·선잠제 · 259
   숙종 대 259 | 영조 대의 친경의례 260 | 영조 대의 친잠의례 262 | 정조 대의 적전의례 266 |
   고종·순종 대의 적전의례 267

6 선농단과 선잠단의 제도 · 269
   적전 269 | 선농단과 선잠단 270 | 시일 270 | 축식·폐백·희생 270 | 제계 272

7 친경의궤와 친잠의궤 · 273
   친경의궤 273 | 친경하는 장면을 그린 그림, 친경도 274 | 친잠의궤 276

8 친경의식 · 279
   예행연습 279 | 친경의식에 참여한 사람들 279 | 친경의식에 사용된 물건들 282 | 적전에서의 친경의식 284

9 친잠의식 · 288
   선잠에 작헌하는 의식 290 | 친잠하는 의식 291 | 친잠의식의 마무리 292 | 축하 의식과 상전 293

10 선농제·선잠제의 악·가·무 · 295
선농제 의례 절차와 음악 296 | 선잠제 절차와 음악 300 | 악현과 악기, 일무 302 |
선농제의 악장과 선율 305 | 선잠제의 악장과 선율 309

11 선농제 참여자의 복식 · 311

12 선잠제 참여자의 복식 · 316
영조 대의 친잠례 복식 318 | 왕비의 예복과 수식 320 | 왕비의 상복 322 |
명부와 상궁 이하의 친잠복 323 | 의장차비 326

13 선농제·선잠제의 폐지와 복원 · 327
선농제와 선잠제의 폐지와 변화 328 | 선농제의 복원 331 | 선잠제의 복원 334 |
선농제와 선잠제 복원의 과제와 방향 335

14 선농제·선잠제 복원의 현대적 의미 · 337

부록

참고문헌 · 344
도판목록 · 347
찾아보기 · 351

천신에 대한 신앙은 고대로부터 시작되어 점차 환구제로 일원화되었다. 환구제는 제왕이 주재하는 제사 가운데 최고 수준의 제사였다. 환구제는 고려시대에 시작되어 조선 전기에 몇 국왕이 거행하다가 중단했고, 고종이 대한제국을 건설하면서 다시 거행했다. 환구제가 중단된 이유는 국왕이 천자만 지낼 수 있는 환구제를 지낼 수 없다는 명분 때문이었다. 고종은 황제국인 대한제국을 건설함으로써 명분의 문제를 완전히 해결했다. 우리는 대한제국이 건설된 의의를 환구제의 거행이라는 측면에서도 찾을 수 있다.

제 **1** 부

환구제

천신을 위한 제례

1 환구제의 연원과 의미

환구제圜丘祭의 본래 명칭은 원구제이며[1] 중국을 비롯한 동아시아 전통사회에서 시행했던 대표적인 제천 행사로서 제왕이 하늘의 천신天神에게 올리는 제사의례이다.

전통사회의 규범 체계였던 의례儀禮는 나라의 여러 신을 섬기는 길례吉禮, 나라의 근심을 애도하는 흉례凶禮, 나라를 균평하게 하는 군례軍禮, 나라를 친목하게 하는 빈례賓禮, 만민을 친목하게 하는 가례嘉禮의 오례五禮로 분류된다.

제사는 그 가운데 길례에 속하며 오례 가운데서도 가장 핵심적인 의례로 중시되어왔다. 그것은 제사의례가 인간 존재의 뿌리이자 근원인 하늘의 천신天神·땅의 지기地祇·조상신인 인귀人鬼에 대한 보답과 회귀, 즉 보본반시報本反始의 윤리적이고 철학적인 행위이고, 천지조상의 신에게 삶에 대한 기구와 고백을 하는 종교적 행위이며, 그것을 통해 고대 사회에서 통치자의 정당성과 권위를 담보하는 정치적 행위였기 때문이다. 원구제는 최고신인 천신에 대한 제왕의 제사인 만큼 그와 같은 의미와 상징성이 극대화된 의례 행사였다고 할 수 있다.

천신에 대한 신앙은 일찍이 중국의 은대殷代(?~BC 11C) 갑골문甲

1_ 한자어 '圜'의 발음에는 '원'과 '환'의 두 가지가 있어 학계에서는 '圜丘壇'의 발음을 둘러싼 논란이 있다. '圜丘'의 발음은 『禮記』와 같은 고대 경전의 주석들에서 '圜丘', 즉 '원구'로 발음한다고 되어 있고, 중국은 물론 조선에서도 일반적으로 원구라는 명칭을 사용했다. 그런데 현재 서울 중구 소공동에 있는 사적 157호인 圜丘壇에 대해 2005년 문화재청에서 환구단으로 부를 것을 공식적으로 명칭 예고했다. 당시에 문화재청이 제시한 근거는 대한제국 시기에 고종황제가 圜丘壇을 조성하고 제사를 지낸 사실을 보도한 1897년 10월 당시의 『독립신문』에서 '환구단'으로 표기했다는 것이다. 이후로 여러 출판물에서 환구제라는 명칭이 사용되고 있으나, 학계에서는 『독립신문』만을 근거로 해서 오랫동안 사용된 원구라는 명칭을 바꾸는 것에 대한 반론도 계속되고 있다.

도1 은대의 갑골문 중 귀갑龜甲(왼쪽)
거북의 껍질로 점을 치고 점친 내용을 기록했다.

도2 은대의 갑골문 중 우골牛骨
동물의 뼈로 점을 치고 점친 내용을 기록한 것이다.

骨文에서부터 볼 수 있다.^{도1, 2}

농경민족이었던 은인殷人들은 자연환경과 천시天時를 주재하고 화와 복을 내려주는 상제上帝를 지고신至高神으로 믿고 점복占卜을 통해서 그의 의지를 알아내고 싶어 했다. 하지만 갑골문에는 조상신과 여러 자연신들에 대한 제사 기록은 많아도 상제가 제사의 직접적인 대상으로 숭배된 기록은 흔치 않다. 이에 대해서는 여러 가지 해석이 존재하지만, 적어도 은인들의 종교 관념에서 가장 핵심적인 숭배 대상은 조상신이었으며 천신으로서의 상제는 아직 여러 자연 숭배물과 조상신을 압도할 만한 신격神格으로 부상하지 못했다는 사실을 알 수 있다.

그런데 서주西周(BC 11C~BC 771) 초부터 약 500여 년간 주周의 영토 안에서 불렸던 시詩들을 모아 놓은 『시경』詩經에는 "주周의 문왕文王이 조심하고 공경하여 상제를 밝게 섬겨서 많은 복을 받았다"는 기록이 있고,[2] '호천'昊天과 '천'天에게 제사를 올리는 내용들이 기록되어 있다.[3] 따라서 지고신으로서의 천신에 대한 제사는 주

2_ 『시경』 「대아」大雅의 '대명'大明 편.
3_ 『시경』 「대아」의 '호천유성명' 昊天有成命, '아장'我將 편.

대周代에 와서야 활발히 거행되었으며 그 대상은 '위에서 만물을 살피는 지상신至上神'이라는 뜻의 '상제'上帝, 또는 '원기元氣가 광대한 하늘'이라는 뜻의 '호천'昊天 또는 '천' 등으로 호칭되었음을 알 수 있다. 이후 천신에 대한 제사는 동주東周(BC 770~BC 221) 전기, 즉 춘추春秋시대의 사료인 『춘추』春秋 등에서 훨씬 빈번하게 나타나면서 좀더 정기적이고 정형화되어가는 모습을 띤다.

천신에 대한 제사 장소나 제사 방식과 관련하여 『서경』書經에는 주의 주공周公이 낙읍洛邑의 터를 돌아보고 교郊에서 소 두 마리를 희생犧牲(제사에 바치는 고기)으로 하여 제사를 지냈다는 기록이 있고,[4] 『춘추』에는 주의 제후국인 노魯의 군주가 주로 춘정월과 하사월에 역시 교에서 제사를 지내는 것에 관한 기록이 여러 차례 등장한다. 이때의 제사 장소인 교, 즉 교외란 왕성王城 밖 100리 이내의 지역, 또는 국國으로부터 100리 되는 지역으로서 국의 빈객을 맞이하고 보내는 연회를 베풀거나 국란을 피해서 도망가는 국과 국의 경계 지역이자, 용과 같은 신비한 존재가 출현하기도 하는 상서로운 지역이기도 했다.

『서경』과 『춘추』 경문에는 이 '교'에서의 제사를 천신에 대한 제사로 명시하지 않았지만, 후대의 학자들은 이것을 상제와 주나라 시조이자 농업신인 후직后稷에 대한 제사로 해석하는 데 일치된 의견을 보인다. 실제로 춘추春秋 시기 이후의 문헌들 속에서 교에서의 제사, 즉 교제사는 천자天子인 제왕이 거행하는 제천의례의 명칭으로 광범위하게 사용되었다. 『예기』禮記 「왕제」王制 편에서는 "천자는 천지天地에 제사하고, 제후는 사직社稷에 제사하고, 대부는 오사五祀에 제사한다"고 하여 하늘과 땅에 대한 제사가 제왕의 고유한 권리이자 의무임을 강조하고, 「명당위」明堂位 편에서는 "교에서 상제에게 제사 지낼 때에 후직后稷을 배향하는 것은 천자의 예"라고 명시하고 있다.

이처럼 교제사에 대한 기록이 비교적 일찍부터 여러 문헌에 보

4_ 『서경』 「소고」召誥.

이는 것과는 달리 원구나 원구제에 대한 기록은 전국戰國(BC 475~BC 221) 시기 이후의 문헌으로 추정되는 『주례』周禮 이외에는 별다른 기록을 찾기 어렵다. 『주례』「대사악」大司樂 편에는 "동짓날에 땅 위의 원구에서 무악舞樂을 연주한다. 무악이 여섯 차례 연주되면 천신이 하강한다"는 기록이 있을 뿐이다.

그런데도 원구제가 교제사의 으뜸으로서 천신에 대한 최상위의 제례를 의미하게 된 것은 무엇 때문일까? 원구圜丘는 '하늘을 본뜬 둥그런 구릉'이라는 뜻으로, 원구제라는 명칭은 동지에 천신에게 제사를 올리는 제단祭壇인 원구에서 유래한 것이다. 교제사가 제장祭場의 위치에 따른 명칭이라면 원구제는 제장의 형태에 따른 명칭이라고 하겠다. 따라서 원구제의 구체적인 내용은 물론 교제사와의 관련성에 대해서 후대 학자들의 다양한 해석과 논쟁이 일어나게 되었다.

한대漢代 학자인 정현鄭玄(127~200)은 원구제는 주周 천자가 동지冬至에 원구에서 지내는 가장 중요한 제천의례인 데 비해 교제사는 천자가 음력 정월에 교에서 지내는 제천의례라고 하여 원구제와 교제사를 구분했다. 그러나 위魏의 왕숙王肅(195~256)은 원구와 교는 같은 곳을 가리키는 것이며 동지와 정월의 제천의례가 모두 원구에서의 교제사라고 주장함으로써, 그의 설은 이후 원구제의 정체성과 위상을 확립하는 데 중요한 근거가 되었다. 청대 예학가인 진혜전秦惠田(1702~1764)은 역대의 문헌과 학자들의 논의들을 다음과 같이 정리하였다.

천자가 한해에 거행하는 천제에는 동지에 원구에서 우주의 양기陽氣가 시작되는 것을 맞이하여 상제에게 지내는 제사, 봄에 상제에게 곡식이 잘 여물어 풍년이 되기를 기원하는 기곡祈穀의 제사, 여름에 가뭄이 들면 상제에게 기우祈雨를 하는 대우大雩의 제사, 명당明堂에서 상제와 조상에게 올리는 추향秋享의 제사 네 가지가 있는데, 동지 원구제와 정월 기곡제만이 교제사라는 이름을 가질 수 있으며 또한 주의 시조始祖이자 농업신인 후직后稷을 배향할 수 있다고 했다.

또한 그 가운데서도 동지 원구제만이 교천郊天의 정식 제사로서, 실제적인 문제를 기구하는 기제祈祭로서의 기곡과 대우, 조상에 대한 보답을 본질로 하는 보제報祭로서의 명당 제사와는 다른 위상을 갖고 있음을 강조했다.

그렇다면 제왕의 최고 정제正祭로서 원구제가 구현하고자 하는 의미는 무엇일까? 그 첫째는 원구제의 거행 시기가 상징하는 의미이다. 원구제의 가장 정식적인 시행은 동지에 이루어진다.『예기』「교특생」郊特牲에서는 "교제郊祭에서는 길어지는 해가 도래하는 것을 맞이한다"고 하고, "남쪽 교외 즉 남교에 제단을 마련하는 것은 양陽의 자리에 나아가는 것이다"라고 했다. 이에 대한 긴 논쟁 과정을 거쳐서 후대 학자들은 이것을 동지冬至의 교제, 즉 원구제의 의미라고 의견 수렴을 했다. 고대인들은 음력 11월에 해당하는 동지가 체감상으로는 아직 추운 겨울이지만 한 해의 양기陽氣가 처음 싹트는 기점이라 하여 중시했다. 이것은 음양陰陽이 자라나고 소멸하는 과정을 천지자연의 운행 원리로 보는 역학易學적 우주관을 반영한다. 따라서 동지 원구제는 만물이 시작하는 동지에 만물의 시조인 상제에게 나아가 제사를 지내는 것으로서, 이는 존재의 시초와 본원으로 되돌아가는 체험이자 군주가 자신을 새롭게 쇄신하는 경건한 의식이었던 것이다.

둘째는 원구제의 제사 대상이 상징하는 의미이다. 원구제에서 상제에게 제사 지낼 때는 황제 자신의 시조始祖를 배향配享하여 함께 제사를 지낸다.『예기』「제법」에서 "주대周代 사람들은 교제사를 지낼 때 후직后稷을 배향하였다"고 한 것이 이것이다.「교특생」에서는 이에 대해 "만물은 하늘에 근본을 두고 있고 인간은 조상에 근본을 두고 있다. 이것이 조상을 상제에게 배향하는 이유이다"라고 말한다. 하늘을 근본으로 삼는다는 것은 천지운행의 도와 만물생장

도3 '천원지방'天圓地方 형태의 기년전祈年殿
청대淸代에 매년 풍년을 기원하는 제사를 지냈던 북경의 기년전은 원형圓形의 건축에 방형方形의 담장으로 둘러싸인 건물로서 '천원지방'의 관념을 형상화한 것이다.

의 덕을 따른다는 뜻이다. 그런데 조상을 하늘과 함께 예배禮拜의 대상으로 삼는 것은, 혈연에 대한 자연적인 정감을 신성과 분리하지 않고 하늘과 같은 존재의 시원으로서 받아들이고 있음을 나타낸다. 이는 제왕의 조상을 신성화함으로써 왕통을 절대화하는 정치적 의미와 함께, 혈연에 기초한 세속적 관계와 그에 기초한 일상을 신성화하는 의미를 갖는다.

셋째는 원구제의 민본民本적 성격이 갖는 의미이다. 주의 시조는 후직后稷이다. 그런데 후직은 주의 시조인 동시에 농업신이다. 따라서 후직을 배향하는 것은 풍년을 기원하는 것이기도 하다. 『예기』 「월령」月令에서 "천자는 원일元日에 상제에게 풍년을 기원한다"고 하였다. 후대에 정월의 원구제는 백성의 군주인 제왕이 기곡을 통해 생명의 풍요함을 기원하는 의식으로 거행되는데, 이것은 천신과 제왕의 관계가 백성을 매개로 소통되는 것을 보여주는 것으로, 민생을 근본으로 삼는 민본의식이 황제권의 정당성을 담보하는 요소로 중시되었음을 상징한다.

넷째는 원구제의 의식에 쓰이는 구체적인 제단과 기물들에 담긴 의미이다. '하늘을 본뜬 둥그런 구릉'을 제단으로 하여 천신에게 제사 지내는 것에는 '천원지방'天圓地方 즉 하늘은 둥글고 땅은 네모지다고 생각했던 고대인들의 우주관과, 하늘에 대한 제사는 하늘처럼 높은 곳에서 지내야 한다는 동류상응同類相應의 제사관이 담겨 있다.^{도3} 그런데 인공적으로 웅장하고 아름답게 축조된 제단이 아닌 하늘에 가까운 구릉을 찾아 제단으로 삼아서 하늘에 제사를 지낸다는 것은 모든 존재의 근원인 하늘에 대한 인간의 겸허함을 상징한다. 고례古禮의 기록을 담고 있는 『예기』 「교특생」에서는 원구에서의 제사 형식들에 담긴 의미를 다음과 같이 설명한다.

> 지면을 쓸고 제사를 지내는데, 질박함을 숭상하는 것이다. 제기는 흙으로 빚은 그릇을 사용하는데, 그것으로 천지의 성품을 상징하는 것이다. …… 깃발에는 열두 개의 술이 있고, 용의 문양을 하고 해와 달을 그려 넣어 하늘을 본뜬다. 하늘이 상象을 드리우고, 성인은 그것을 법으로 본받는다. 교제는 천도天道를 밝히려는 것이다.[5]

5_ 『예기』 「교특생」.

흙으로 빚은 질그릇과, 일 년 열두 달을 상징하는 의장기儀仗旗(의례를 거행할 때 사용하는 깃발)의 형태와, 해와 달 등의 문양은, 모두 하늘의 성품과 형상을 담은 것이다. 깨끗이 땅을 쓸어내고 제사를 지내는 행위는 자연과 생명의 질박한 바탕으로 지고한 존재와 대면하는 공경의 정신(致敬)을 나타낸다. 질박함에 대한 존중을 통해서만이 하늘의 도와 덕을 밝게 드러낼 수 있다는 것이다. 여기에는 의례의 기품이 그 세련된 수식과 절차 자체에 있지 않고 그 안에 담긴 삶의 본질과 근원을 반추하는 능력에 있다는 고대인들의 의례관이 가장 상징적으로 드러나 있는 것이다.

2 중국 원구제 형성의 역사

원구제가 주周 초기의 교제사 형태를 원구제로 흡수하여 상제에게 후직을 배향하는 동지제와 정월 기곡제의 형태로 정형화된 것은, 진秦의 통일 이전 즉 선진先秦 시기의 형성기를 거치고도 다시 한대漢代 이후의 경학가와 예학자들의 논쟁과 현실적인 변용을 겪고 난 당대唐代 이후라고 하겠다. 당대 이전까지 진한의 황제들은 전통적인 교제사 이외에 다양한 형태의 천제를 거행하였다.

기원전 221년 춘추전국의 분열된 주周를 통일한 진秦(BC 249~BC 207)은 사치四畤를 만들어 상제에게 제사를 지냈다. 통일 전부터 조성하기 시작한 사치四畤는 지대가 높은 옹雍 지역에 만들어진 제단인데, 치畤는 머문다(止)는 말로서 신령이 의지하여 머문다는 뜻이다. 『사기』史記 「진본기」秦本紀에 보이는 제사 시기는 일정하지 않아서, 도읍을 옮기거나 전쟁에서 승리를 하는 등의 국가 대사가 있을 때 상제에게 아뢰는 고제告祭의 형태였다가, 진의 정월인 음력 10월에 3년마다 한 번은 황제가 친히 교제사로 지내는 정기적인 형태로 정비했다. 제사 대상인 상제에 대해서도 『사기』「봉선서」封禪書에서는 진의 본거지였던 서방西方을 상징하는 백제白帝 등으로 기록되어 있고, 제사에 바치는 제물 역시 소 대신 말을 사용함으로써 주대의

도4 **한대 감천궁 터** 중국 섬서성陝西省 순화현淳化縣 소재所在. ⓒ박례경

감천은 고대 제왕들의 교사郊祀 장소로 여겨졌다. 한 무제는 여기에 궁과 사당 등을 짓고 태일太一신에게 제사를 지냈다.

교제사와는 다른 서방의 지역적 특색이 강하게 반영되었다.

진은 사치의 교제사 이외에 또한 봉선封禪이라는 천제를 지내기 시작했다. 봉封은 태산泰山 위에서 흙으로 제단을 만들어 하늘에 제사를 지냄으로써 하늘의 공에 보답하는 것이고, 선禪은 태산 아래 작은 산에서 땅을 쓸고 땅에 제사를 지냄으로써 땅의 공에 보답하는 것이다. 봉선은 천명天命을 받은 제왕이 태평의 공적을 이루고 그에 응답하는 하늘의 상서로운 징조들이 출현했을 때 비로소 거행할 수 있는 제천의식이다.

진시황秦始皇은 통일 이후에 천하를 순수巡狩하면서 명산대천에 제사를 지내 자신의 업적을 고했고, 특히 태산泰山과 양보梁父라는 지역에서 봉과 선 제사를 지내 하늘에 태평성대를 고하고 진시황 자신의 공덕을 칭송하는 비석을 세웠다. 따라서 진에 이르러 제왕의 제천의례는 정월에 지내는 전통적인 의미의 교제사에서 하늘로부터 왕이 되라는 명령을 받았다는 수명受命의 권위와 치적治積의 공덕을 과시하는 봉선의 의미로 확장되었다고 할 수 있다.

진을 이어 제국을 경영하게 된 한漢(BC 206~AD 220)은 고조高祖가 진의 사치를 이은 오치五畤를 조성하여 백제白帝, 청제靑帝, 황제黃帝, 적제赤帝, 흑제黑帝의 오제五帝를 상제로 제사했다. 이 오치의 제사는

도5 천마 「삼재도회」三才圖會에 수록.
천마는 하늘의 상서로운 징조를 나타내는 동물로, 한 무제 때에는 천마를 비롯한 신비한 동물들과 보정寶鼎과 같은 상서로운 기물들이 출현했다.

 문제文帝를 거쳐 무제武帝 이후로도 음력 10월마다 3년에 한 번 왕이 몸소 친제親祭를 지내는 진의 교천郊天 제도를 대체로 준수했다. 그런데 강력한 황권을 발휘했던 한 무제는 감천甘泉이라는 지역에 태일太一을 모시는 사단祠壇을 조성하여 교제사의 예로 태일에 제사를 지냄으로써 옹의 교사와 같은 정기적인 제천의례로 만들었다.도4
 이는 당시 오제는 태일을 보좌하는 신에 불과하며 천자의 교제사는 태일에게 직접 친제로 지내야 한다는 설을 따른 것으로 오제로 늘어난 상제의 위상을 다시 일원화하는 과정으로 볼 수 있다. 태일太一은 『예기』나 『회남자』淮南子 등의 기록에 의하면 태일에서 천지天地로, 천지에서 음양陰陽으로, 음양에서 사시四時의 네 계절로 분화되는 우주의 근원으로서 전국 진한 초기의 우주론이 투영된 개념이다.
 따라서 태일단을 중심으로 그 아래 오제단을 배열한 제단에서 제왕이 제사 지내는 행위는 우주 운행의 근원인 태일을 본받아 세계와 만물의 중심이 되는 황제의 위상을 상징하게 된다. 또한 진秦의 봉선 제사는 한 무제 시기에도 한층 중시되었다. 상서롭고 신비한 동물과 기물들이 출현하여 봉선의 적절한 시기를 알려주고, 제왕은 봉선 제사를 통해 태일신과 신비스러운 교감을 경험하는 등

태평성대의 치적을 쌓은 제왕의 권력을 신비화하는 작업과 결합되었다.도5

진한 시기 새롭게 변화되어온 천제의례는 전한前漢 말엽에 일대 전환기를 맞게 되었다. 옹雍의 오치五畤가 폐지되고 수도인 장안長安에 남교南郊와 북교北郊의 제단이 설치되었으며, 천신은 신비하고 우주론적인 태일신에서 다시 전통적인 호천상제昊天上帝로 개칭되었다. 동지冬至에는 남교, 즉 남쪽 교외의 제단에서 양陽에 제사 지내는데 한의 시조인 고조高祖를 배향하고, 하지夏至에는 북교, 즉 북쪽 교외의 제단에서 음陰에 제사 지내는데 고후高后를 배향하며, 음양이 만나는 맹춘孟春 정월에는 제왕이 남교에서 천지를 함께 제사 지내는 합사合祀 형태를 취하면서 고조와 고후를 각각 배향했다.

이러한 한대 제천의례 개혁의 특징은 진한 이전의 호천상제와 교제로 회귀하고, 천신에 대한 제사에 조상을 배사配祀하는 것이다. 개혁을 주도한 왕망王莽(BC 45~AD 25)의 주장은 "사람의 행실로는 효도보다 중요한 것이 없고, 효도는 부친을 존경하는 것보다 큰 것이 없고, 부친을 존경하는 것은 하늘에 배향하여 제사 지내는 것보다 큰 것이 없다"는 『효경』孝經의 논리였다. 이것은 진한 제국과 함께 등장한 봉선이나 태일 제사의 화려하고 신비하며 황제 독점적인 천신 제사를 '효'孝라는 유교적 가치로 재정립하고 호천상제라는 전통적인 천신을 되살림으로써, 이후 절대무한의 황제 권력에 대해 새로운 유교적 원리를 국가 경영의 원리로 강력하게 주문하는 의미를 갖게 된다. 또한 전통적으로 천신에게만 지내던 교제사를 천신과 지신地神을 부모처럼 함께 모셔놓고 합사合祀하는 새로운 제사 방식을 도입함으로써 이후 교제사의 성격과 관련해서 오랜 논쟁이 있게 되었다.

후한後漢 이후, 위진남북조魏晉南北朝 시기를 거쳐 수隋, 당唐에 이르기까지 제왕의 천신 제사는 천신과 지신을 남교와 북교에서 분리해서 제사하는 분사分祀의 형태를 취할 것인가 남교에서 합사할 것인가, 오제를 호천상제의 하위신으로 볼 것인가 또 다른 신격의 천신으로 볼 것인가, 원구에서의 동지 천제가 남교에서의 양陽陽을 맞이하는 제사와 동일한 제사인가 다른 제사인가 등의 문제가 각 왕조마다 논쟁의 대상이 되었으며, 왕조가 바뀔 때마다 각각의 제천의식에도 차이가 있게 되었다. 그러나 제왕이 호천상제에게 왕조의 최초 조상인 시조始祖를 배향하는 형태가 교제사의 최고 정식 제사, 즉 정제正祭가 된다는 원칙은 변하지 않았다.

위魏는 천신과 지신을 남교와 북교에서 분리하여 제사하였으나, 진晉에 이르러 '원구'와 '남교'는 '도성 남쪽 교외의 원구단'으로 일치되어 그곳에서 호천상제의 천신에게 제사했다. 남조南朝에서는 동지에 원구에서 제천의례를 거행하고, 경칩에는 원구에서 기곡제를 지내는 것을 정식화했다.

오랜 분열기를 거쳐 새로운 통일 왕조를 세운 수隋(581~618)는 이전의 제사 제도들을 종합적으로 정리하여 그 위상과 규모에 따라 대사大祀·중사中祀·소사小祀로 나누는 국가의 사전祀典 체계를 정립하고, 호천상제에 대한 동지 원구 제사를 대사로 분류했다. 이것은 이후에 중국은 물론 조선에서도 사전祀典 체계의 전범典範이 되었다. 수나라는 동지 원구 제사를 제천의례의 수위首位로 정립했지만, 맹춘孟春에는 따로 남교에서 천제에게 제사를 지냈는데, 이때에는 수 왕조의 시조가 탄생하는 데 관여하는 감생제感生帝라는 천신을 주신으로 제사했다.

당唐(618~907)은 712년 현종의 칙명으로 태종 대의 『정관례』貞觀禮와 고종 대의 『현경례』顯慶禮를 절충하여, 중국 최초로 완전하게 정비된 국가 예전인 『개원례』開元禮를 편찬 반포한다. 이후 명明·청대淸代에 이르기까지 예제 제정은 이 틀을 크게 벗어나지 않았으며 조선은 국가 전례를 정립하는 데 이 『개원례』를 중요한 전거로 참고했다.

『개원례』에 의하면 동지 제사와 정월 기곡제가 모두 원구에서

도6 당대唐代의 원구단 ⓒ박례경
현재 중국 섬서성 섬서사범대학 건물 옆에 보존된 당대 원구단의 원형이다.

이루어졌으며 주신主神도 호천상제로 일원화되었고, 남교는 사교四郊(동교, 서교, 남교, 북교)의 하나로, 청제靑帝, 백제白帝, 적제赤帝, 흑제黑帝, 황제黃帝 등 오방신五方神(동, 서, 남, 북, 중앙의 다섯 방위를 맡은 신)으로 신격이 낮아진 오제 가운데 남방의 적제와 중앙의 황제에게 제사를 지내는 장소가 되었다. 당의 원구제는 동지 제사와 정월 기곡제 외에 맹하孟夏에는 기우제인 우사雩祀를 포함하는데, 이는 남북조를 이어 수대에 제정된 여름의 우사가 원구제로 위상이 커졌음을 나타낸다.

당대唐代의 원구단은 『명집례』明集禮의 기록에 따르면, 수대隋代의 원구단 제도를 따라 4층의 둥근 단으로 축조되었는데, 각 층의 높이는 8척尺 1촌寸이고, 넓이는 아래에서부터 각각 20장丈, 15장, 14장, 5장으로 점차 좁아지며, 각 층마다 사면으로 각각 12층의 계단이 나 있는 모습이다. 당대의 원구단은 현재 중국 섬서성陝西省 섬서사범대학陝西師範大學 건물 옆에 그 원형이 보존되어 있다. 비록 주변엔 고층 건물이 들어차 있고 철문으로 폐쇄되어 있지만 부드러운 황토빛 제단은 북경의 천단에서 보는 원구단과는 다른 고졸한 맛으로 그 유원한 시간의 깊이를 전해준다. 도6

당 후기에 원구제의 설행設行 상황은 삼청궁三淸宮 제사와 같은 도교道敎의 유입 등으로 세속화되고 종묘제宗廟祭에 비해 그 위상이 쇠락하였다는 평가들도 있지만, 중국의 사전祀典 체계에서 원구제의 위상과 형태는 크게 바뀌지 않았다.

송宋(960~1279)은 당의 『개원례』를 따라 동지와 정월에 원구에서 호천상제를 제사하였으나, 천지의 분사와 합사를 거듭하다가 남송南宋(1127~1279) 시기에는 대부분 천지 합사를 하였고, 호천상제 외에 감생제에 대한 제사도 논란 속에 지속되었다. 송대에는 도교의 영향력이 커지면서 휘종徽宗 때에는 호천옥황상제昊天玉皇上帝가 관부와 민간의 양쪽에서 중시되었다. 그러나 1006년(경덕 3)[6]에 당시 예의사禮儀使였던 조안인趙安仁은 '호천'은 원대한 기운 즉 원기元氣가 광대함을 의미한다고 강조하면서 최고 천신이 인격화되거나 별자리로 성신화星辰化되는 것을 거부했다. 또한 송대의 초기 국가 예전인 『개보통례』開寶通禮와 1113년(정화 3)에 진상된 『오례신의』五禮新儀에서도 역시 원구제의 최고 주신은 호천상제로 규정되었다. 즉 시대에 따라 당대를 풍미하던 천신의 성격은 여러 사조의 영향을 받았지만 국가 정제로서 동지 원구제의 주신은 호천상제의 전통적인 정체성을 견지했다.

한족을 제압하여 원元(1260~1368)을 세운 몽고족은 천인감응天人感應 등의 논리를 한족들의 사유로 치부하면서도, 중원을 다스리게 된 통치계급들은 천지신이나 조상신에 대한 제사의 중요성을 인식하여 국가대사國家大事로서 거행했다. 무종武宗(1307~1311) 시기에는

도7 **옥황상제** 남송 소흥 17년(1147), 석문산石門山 제2호 옥황상제감玉皇上帝龕
남송 시기 도교의 옥황상제를 모신 감실龕室의 모습이다.

6_ 중국의 연대 표기에서 괄호 안은 연호年號를 나타낸다.

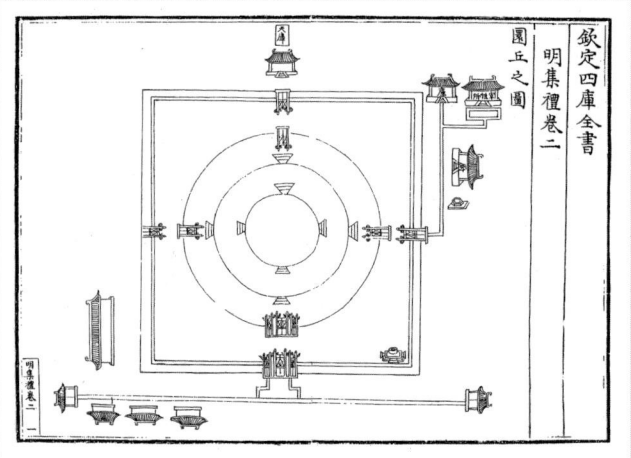

도8 「대명집례」大明集禮의 원구단
명대明代 전기의 원구단 모습을 그린 것이다.

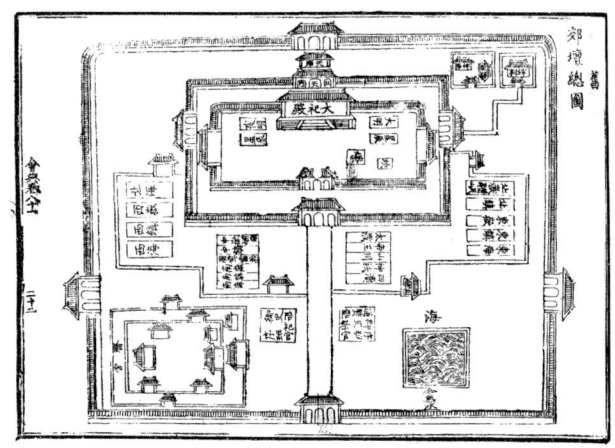

도9 「대명회전」大明會典의 대사전
명 홍무洪武 연간에 원구의 옛터에 축조한 대사전 大祀殿의 모습을 그린 것이다.

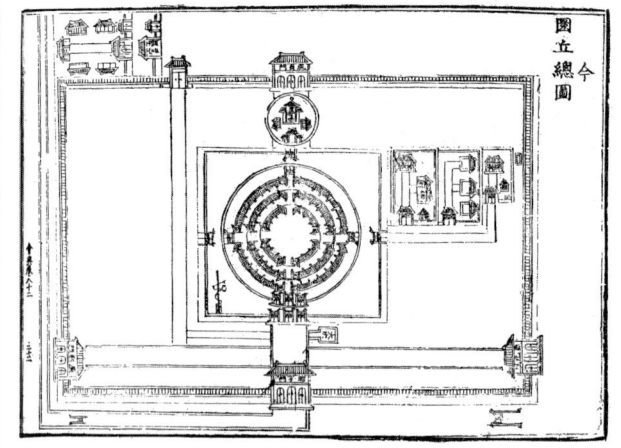

도10 「대명회전」의 원구단과 황궁우
명이 북경으로 천도한 뒤에 건립한 원구단과 북쪽의 황궁우를 그린 것이다.

조정에서 천지 합제에 대한 토론이 벌어졌고 왕망의 천지 합제를 비판하여, 동지에 남교에서 천신에 제사 지내고 다음 해 하지에는 북교에서 지신에 제사 지내도록 했다. 그리하여 문종文宗(재위 1329 ~1332)은 교제사를 친히 거행했지만, 원대에 북교에 대한 제사는 거행되지 않았다. 원대의 교제사는 말의 머리(馬首)를 희생으로 올리는 등 이민족의 습속이 반영되었지만 전체적으로는 중국의 오랜 예제 전통을 이어 나갔다고 할 수 있다.

명明(1368~1644)은 남교에서 동지 원구제를 지냈고 오제에 대한 제사를 폐지했다. 명 초에는 음陰과 양陽은 저마다의 자리가 있으므로 이에 순응해야 한다는 논리로 천제天帝와 지제地帝를 따로 제사냈다. 원구단은 명조 초기의 수도인 지금의 남경南京에, 정양문 正陽門 밖 종산鍾山의 남쪽에 2층의 둥근 단으로 축조했다. 하층의 넓이는 7장丈, 상층의 넓이는 5장으로, 층마다 높이는 모두 8척尺 1 촌寸이며 역시 층마다 사면으로 각각 9층 계단이 나 있다. 왼쪽 면의 맨 위는 명대까지의 예전禮典을 집대성한 『대명집례』大明集禮에 실린 명대 전기 원구단의 그림이다.도8

그런데 1377년(홍무 10)에 명 태조는 제왕은 천지를 부모와 같이 섬겨야 하고 그러려면 천신과 지신을 부모처럼 같은 장소에 모시고 제사 지내야 한다는 이유로 천지 합제를 주장하였다. 그리고 마치 사람이 거주하는 장소처럼 지붕을 덮은 집과 같은 형태의 대사전(大祀殿)을 원구의 옛 터에 축조하여 1379년(홍무 12) 정월에 천신과 지신을 함께 제사 지냈다. 『대명회전』大明會典의 교단郊壇 그림에서는 궁궐 모양의 대사전을 볼 수 있다.도9

1420년(영락 18)에는 천도遷都한 북경北京에 천지단天地壇을 조성하고 해마다 그곳에서 천지를 합사했다. 그러나 1530년(가정 9) 세종은 천신은 원구에서 제사 지내는 것이 만세불변의 예의이며 대사전에서 천지를 합제하는 것은 도리에 맞지 않는다고 주장했다. 이에 명 초의 제도를 따라 대사전(천지단)의 남쪽에 원구를 세우고 동

도11 북경의 원구단
현재 북경의 천단공원 내에 있는 명·청대 원구단의 모습. 원형의 제단과 제단을 에워싼 사각의 담이 천원지방天圓地方의 형태를 상징한다.

지에 천신에 제사를 지내면서 태조를 배향하였고, 원구단 북쪽으로 천신의 신주와 그에 배향되는 선조의 신주, 그리고 종향從享하는 신주들을 모셔두는 태신전泰神殿을 지었다. 그리하여 1530년, 대사전에서는 한 차례 정월 기곡제를 행하였으나 다음 해인 1531년(가정 10) 3월 계칩일에는 기곡제 역시 원구에서 태조를 배향하여 거행했다. 1538년(가정 17)에는 태신전의 명칭을 황궁우皇穹宇로 바꾸었고, 1545년(가정 24)에는 옛 대사전 터에 대향전大享殿을 건립하여 계추季秋에 명당明堂 대향의 예를 거행하도록 하였을 뿐 천지를 합사合祀하는 일은 폐지했다. 『대명회전』의 원구단 그림에서는 북경 천도 후의 원구단과 원구단 북쪽에 있는 황궁우의 모습을 볼 수 있다. 도10

청淸(1616~1912)은 1660년(순치 17)에 대향전에서 천지 합사를 한 차례 지낸 후로는 역시 합사를 폐지하고 원구에서 상제에게 제사를 지냈으며, 대향전에서는 정월에 상제에게 백성들을 위해 풍년을 기원하는 기곡제祈穀祭를 지냈다. 1751년(건륭 16)에는 대향전을 새로 보수하면서 풍년을 기원한다는 의미의 기년전祈年殿으로 이름을 고쳤다.

현재 북경北京의 남쪽 교외에는 명·청의 황제가 천제를 지내던 장소인 천단天壇이 있다. 천단은 원구, 황궁우皇穹宇, 기년전祈年殿으로 이루어졌는데 천단의 남쪽에 있는 원구단은 황제가 동지에 천신에게 제사 지내던 곳으로서, 3층의 제단으로 되어 있어 『대명집례』에 등재된 원구 형태가 아닌 『대명회전』의 원구와 같은 구조임을 알 수 있다.도11 또한 원구단과 황궁우의 북쪽에 위치한 기년전은 1889년(광서 15)에 화재를 겪고 나서 이전대로 재건한 것이다.도12 그리고 원구단 북쪽으로 원구와 기년전 사이에는 천신의 신위를 모셔 놓은 황궁우가 있어 오랜 역사의 자취를 고스란히 보여주고 있다.도13

도12 **북경의 기년전**(왼쪽)
현재 북경의 천단공원 내에 있는 원구단 북쪽의 기년전 모습이다.

도13 **북경의 황궁우**
현재 북경 천단공원 내에 있는 원구단 북쪽의 황궁우 모습이다.

天地祭祀

3 한국 제천례의 유래

고대의 제천례

한국의 역사에서 제천례는 단군 때부터 시작된 것으로 전해진다. 현재 강화도 마니산 꼭대기에 있는 참성단塹星壇(혹은 參星壇)은 단군이 제천례를 거행한 제단으로 전해지는데, 제단의 높이가 10척尺이며, 모양은 아래가 원형이고 위는 사각형이다. 마니산의 참성단은 조선시대에 들어와 1637년(인조 15)에 수리가 되었다. 도14

삼국시대에 고구려, 백제, 신라는 모두 제천례를 거행했다. 고구려에서는 매년 10월에 '동맹'東盟이라 불리는 제천례가 거국적인 행사로 거행되었고, 3월 3일이 되면 사냥으로 잡은 산돼지와 사슴을 희생으로 사용하여 제천례를 거행했다. 김부식金富軾(1075~1151)이 작성한 『삼국사기』三國史記의 기록을 보면 유리명왕瑠璃明王 19년과 산상왕山上王 12년에 교제郊祭(교외에서 거행하는 제사)에 사용하려고 준비해 두었던 돼지를 놓쳤다가 다시 잡은 기사가 나오는데, 이를 보면 고구려는 교외에서 희생을 바치는 제천례를 거행했음을 알 수 있다. 고구려는 시조인 주몽朱蒙이 천제天帝의 아들인 해모수解慕漱와 하백의 딸 사이에서 태어났다는 탄생설화를 가진 나라이다.

백제는 4개의 중월仲月(사계절의 중간 달인 2월 5월 8월 11월을 말함)에

도14 강화도 마니산의 참성단 전경
사진 협조: 강화군청

제천례를 거행했으며, 특히 천신天神과 지신地神을 함께 제사하는 경우가 많았다. 온조왕溫祚王 이후에는 주로 남쪽 교외에 제단을 설치하고 천지제사를 거행했는데, 제단의 이름은 대단大壇, 남단南壇, 남교南郊로 나타난다.

신라는 영일현에 있는 일월지日月池에서 제천례를 거행한 것으로 전해진다. 또한 국가제례는 아니지만 문무왕文武王 5년(665)에 당나라 고종의 칙명으로 백마白馬를 잡고 맹약을 할 때 천신, 지기地祇, 산곡山谷의 신에게 제사를 드린 다음 삽혈歃血을 하였고, 희생과 폐백幣帛(예물로 바치는 비단)을 제단 서북쪽에 파묻었다는 기록이 있다. 여기서 천신과 지기에 제사를 드린 것은 제천례에 해당하는 것으로 볼 수 있다.

이외에도 부여는 매년 납월臘月(섣달, 음력 12월)에 영고迎鼓라 불리는 제천례를, 예濊는 매년 10월에 무천舞天이라 불리는 제천례를 거행했다. 삼한에서는 각 부락에 천군天君이라 불리는 사람이 천신에 대한 제사를 주관했으며, 큰 나무에 방울과 북을 걸어놓은 소대(蘇塗)를 세우고 귀신을 섬겼다고 한다.

도15 개성의 남대문

고려시대의 제천례   고려시대에는 개성의 남쪽 교외에 환구단圜丘壇(혹은 원구단圓丘壇)을 설치하고 유교식 제천례를 거행했다. 성종은 983년(성종 2) 정월에 회빈문會賓門(개성의 남문)도15 밖에 있는 환구단으로 행차하여 기곡제祈穀祭(풍년을 기원하는 제사)를 거행하고 고려의 태조를 배천配天(천신에게 배향함)하는 행사를 거행했다. 우리나라에서 환구단에 기곡대제祈穀大祭를 올린 것은 이때부터 시작된 것으로 전해진다.

의종 대에 정해진 『상정고금례』詳定古今禮의 기록에 의하면, 환구단에는 상제上帝와 오제五帝(5개 방위의 신을 말함. 동쪽에 청제, 남쪽에 적제, 중앙에 황제, 서쪽에 백제, 북쪽에 흑제가 있음)의 신위가 있었고, 이들에게 올리는 옥玉과 폐백도 위치에 따라 색깔이 다르게 정해져 있었다. 가령 옥玉을 기준으로 한다면 상제上帝에게는 청색인 창벽蒼璧을 올렸고, 청제靑帝에게는 청규靑圭, 적제赤帝에게는 적장赤璋, 황제黃帝에게는 황종黃琮, 백제白帝에게는 백호白琥, 흑제黑帝에게는 현황玄璜을 올렸다.

제천례가 거행될 때 제단 위에는 호천상제와 고려 태조太祖의 신위가 놓였는데, 상제의 신위는 북쪽에서 남쪽을 향하고, 태조의 신위는 동쪽에서 서쪽을 향하도록 설치했다. 또한 오제의 신위는 사방에 있는 계단 위에 놓였는데, 청제의 신위는 동쪽 계단의 북쪽에, 적제의 신위는 남쪽 계단의 동쪽에, 황제의 신위는 남쪽 계단의 서쪽에, 백제의 신위는 서쪽 계단의 남쪽, 흑제는 북쪽 계단의 서쪽에 위치했다.

『고려사』高麗史를 보면 고려시대에 거행된 환구단 제천례의 의식 절차를 기록한 의주儀註(의례 절차에 대한 기록)가 있다. 환구단에서 국왕이 직접 제천례를 올리는 의식을 기록한 「환구친사의」圜丘親祀儀와 국왕의 명을 받은 유사有司가 국왕을 대신하여 제천례를 올리는 의식을 기록한 「환구유사섭사의」圜丘有司攝事儀가 그것이다.

고려의 제천례는 1385년(우왕 11)에 폐지되었다. 이때 고려를 방문했던 명나라 사신 주탁周倬이 제후국인 고려에서 제천례를 거행하는 것은 예에 합당하지 않다고 지적했기 때문이다.

고려시대에는 환구단 이외에도 도교식 초제醮祭(천지, 산천의 여러 신에게 지내는 제사)가 거행되는 등 다양한 형식의 제천례가 있었다.

4 조선 전기의 제천례

태조 대

조선이 건국된 직후에는 조선이 제후국에 해당하므로 제천례를 거행하지 말아야 한다는 명분론과, 조선은 농업국가이므로 천신에 대한 기곡제나 기우제祈雨祭를 지내야 한다는 현실론 사이에서 갈등이 있었다.

태조 이성계李成桂(1335~1408)가 조선을 건국한 것은 1392년(태조 1) 7월 17일이었다.[도16] 건국 초기 조선의 제도는 고려의 제도를 그대로 계승하고 있었는데, 제천례를 어떻게 할 것인가가 문제가 되었다. 이때 예조전서禮曹典書 조박趙璞(1356~1408) 등이 상소를 올려 '원구圜丘는 천자가 하늘에 제사를 지내는 예제이므로 이를 폐지하자'고 했다. 그렇지만 조박은 '단군檀君은 우리나라에서 처음으로 천명天命을 받은 군주이고, 기자箕子는 처음으로 교화敎化를 일으킨 군주이므로 평양부에서 단군과 기자에게 제사를 드리자'고 요청했다. 이는 명나라에 대해서는 제후국이란 명분을 지키면서, 단군과 기자에서 이어지는 조선의 독자성을 살리자는 취지였다. 조박의 건의는 수용되지 않았다. 원구단은 천자만이 제사를 지낼 수 있는 제천례의 제단이지만 농경국가에서 중시하는 기곡제와 기우제를 거행하는 제단이기도 했기 때문이다.[도17]

도16 **태조 어진** 조중묵·박기준 등 합작, 1872년(고종 9), 비단에 채색, 218×156cm, 전주 경기전 소장.

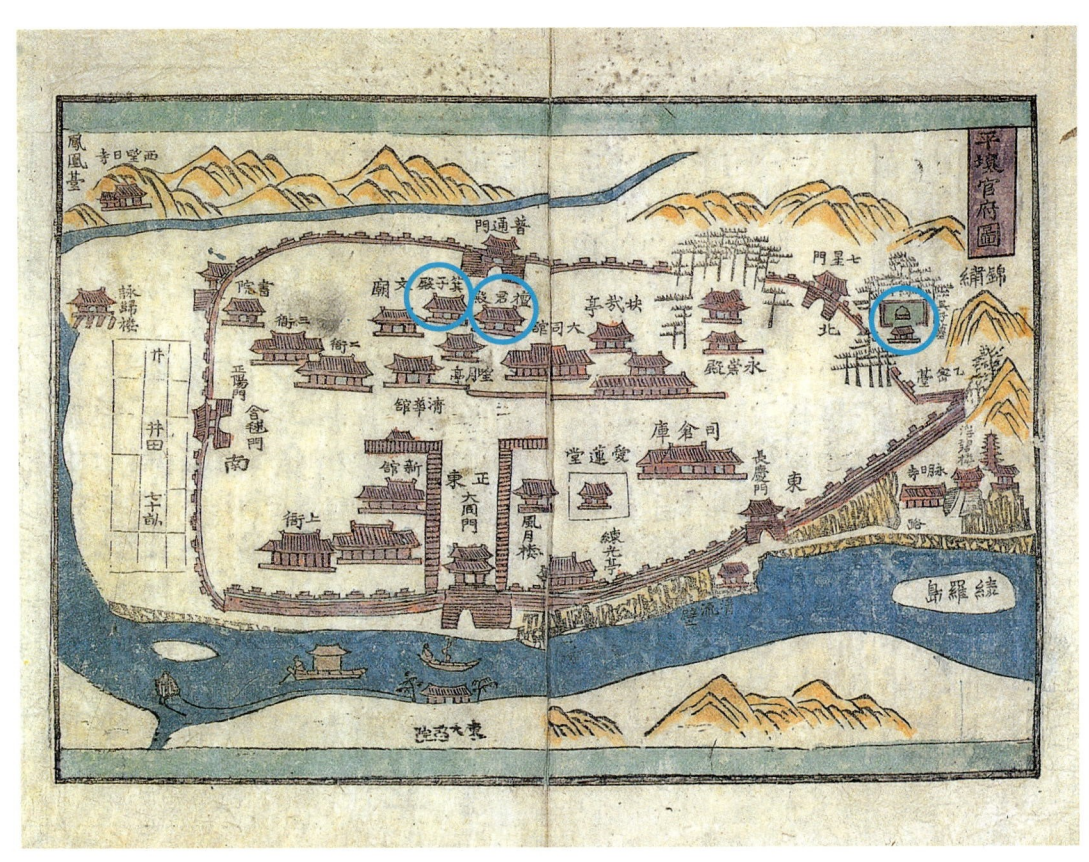

도17 〈평양관부도〉平壤官府圖 위백규魏伯珪, 고본 1770년, 판각 1822년, 목판채색본, 24.3× 35.3cm, 서울역사박물관 소장.
○표한 부분은 왼쪽부터 기자전箕子殿, 단군전檀君殿, 기자묘이다.

1394년(태조 3) 8월에 예조에서는 '원구단의 제천례가 삼국시대 이래로 계속해서 거행되었고, 원구단의 기곡제와 기우제는 거행한 지 오래 되었으므로 갑자기 폐지할 수 없다'고 주장했다. 다만 예조에서는 원구단의 이름을 '원단'圓壇으로 바꾸자고 했고, 태조는 이를 수용했다. 태조는 종묘제례宗廟祭禮의 악장樂章을 정비할 때에 원단의 악장도 새로 정비하라고 했고, 1398년(태조 7)에는 원단에서 기우제를 거행했다. 원단의 기우제는 국왕이 직접 거행하는 것이 아니라 국왕의 명령을 받은 신하가 대신하는 것이었다.

태종 대

태종 대에도 원단의 기곡제와 기우제가 계속해서 거행되었다. 초기에 태종은 개성과 한양을 오가면서 지냈기 때문에 개성과 한양에 모두 원단이 있었는데, 1404년(태종 4) 새해에 기곡대제를 거행한 곳은 한양에 있는 원단이었다. 1405년(태종 5) 7월에 태종은 개성에 새로운 원단을 건축하라고 명령했다. 이때 의정부에서는 개성에 있는 적전籍田과 원구단은 모두 고려시대의 것이므로 신경新京인 한양에 있는 원단에서 제천례를 거행하자고 요청했다. 그러나 태종은 경내에 있는 모든 땅이 천신이 있는 하늘 아래에 있는데, 국왕이 개성에 편히 앉아서 한양을 향해 요제遙祭(먼 곳에서 지내는 제사)를 지낼 수 없다고 하면서 개성에 새로운 원단을 쌓고 기우제를 지내게 했다. 1407년(태종 7) 6월에는 의정부사議政府事 성석린成石璘(1338~1423)이 원단에서 기우제를 지냈고, 그 제문은 권근權近(1352~1409)이 작성했다. 태종은 이 제문에서 자신의 죄를 네 가지로 열거하면서 자신의 잘못 때문에 하늘의 재앙과 허물을 불러들였지만, 불쌍한 소민小民들을 구제할 수 있도록 비를 내려줄 것을 간절히 요청했다.

1411년(태종 11)에는 한양의 남교南郊에 원단이 새로 건축되고 관련 예제도 정비되었다. 1411년 새해에 원단의 기곡제를 섭행攝行(국왕을 대신하여 제례를 거행함)한 사람은 서천군西天君 한상경韓尙敬(1360~1423)이었는데, 그는 원단의 제례를 예제에 맞게 시행할 것을 요청했다. 3월부터 원단의 제도에 대한 논의가 있었으며 이때의 원단 제도는 주로 송나라와 고려의 제도를 많이 참조했다. 원단의 희생을 송아지(犢)로 한 것은 『예기』의 기록을 따랐고, 원단에 신주神廚와 재궁齋宮을 건축한 것은 송나라의 제도를 따른 것이었다.

이때까지 원단에 모시는 신위는 고려시대와 마찬가지로 호천상제와 오제였다. 그런데 1411년 10월에 남교에 원단을 다시 쌓으면서 오제의 하나인 청제靑帝에게만 제천례를 거행하자는 주장이 나타났다. 이는 주로 하륜河崙(1347~1416)과 허조許稠(1369~1439)가 제안했다. 제후가 제천례를 거행하는 것은 예제상 적합하지가 않으므로, 중국의 서쪽에 위치했던 진秦나라가 백제白帝에게만 제사를 지낸 사례를 따라, 중국의 동쪽에 위치한 조선에서는 청제에게만 제사를 지내자는 논리였다. 이에 대해 태종은 '원단의 제천례는 유래가 오래되었다'면서 거절했다.

1412년(태종 12)에는 원단의 제천례에 대한 논쟁이 본격화되었다. 태종은 8월에 원단을 다시 쌓으면서 제천례에 의문을 표시했다. 자신은 고려의 제도를 계승하여 제천례를 거행해왔지만 '제후는 천지에 제사하지 않는다'는 원칙을 생각할 때 문제가 있다는 발언이었다. 이번에도 예조는 청제에게만 제사할 것을 건의했고, 태종은 호천상제에게 올리는 제사가 적절치 않다면 청제에게도 마찬가지라며 이를 거절했다. 그러자 예조에서는 제천례를 중지할 것을 요청했다. 예조에서 내세운 논리는 두 가지가 있었다. 첫번째는 『예기』에 나오는 노魯나라의 교체郊禘(교외에서 거행하는 제천례)를 공자가 비판했다는 것이고, 두번째는 『춘추호씨전』春秋胡氏傳에 나오는 제후가 제천례를 거행할 수 없다는 구절은 불변의 정리定理라는 것이었다. 이때 사간원에서는 천지天地에 대한 제사는 천자가 거행하고 산천山川에 대한 제사는 제후가 거행하므로 원단 제례를 폐지하는 대신에 산천신에게 제사하자고 건의했다.

1417년(태종 17)에 태종은 제천례를 거행하는 문제를 놓고 변계량卞季良(1369~1430)과 논란을 벌였다. 그 대화를 정리하면 다음과 같다.

태종: 병신년(1416)에는 가뭄이 너무 심해 변계량이 원단에 기우제를 지내자고 건의하는 글을 올렸다. 그의 말이 매우 간절했고 나는 비를 바라는 마음이 있었기에 그의 요청을 따랐다. 이번에 삼국三國의 역사를 보니 제후가 원단 제례를 거행하는 것은 옳지 않다고 한다.

변계량: 전조前朝(고려)에서 원단제를 거행했으므로 그 유래가 오래되

었습니다. 전조에서 어찌 고찰한 것이 없었겠습니까? 신은 심한 가뭄을 당하면 하늘에 기우제를 지내는 것이 마땅하다고 생각합니다.

태종: 내가 삼국의 역사를 두루 보았는데 제후가 참례僭禮(법도에 어긋나는 예)를 거행한 것은 잘못되었다고 하지 않은 곳이 없었다. 또한 노魯나라의 교체郊禘에 대해서는 성인聖人인 공자도 비난했다. 옛날부터 아랫사람이 참례를 거행한 것은 경서나 역사서에 보이는 것이 없다. 내가 비록 가뭄을 당해 기우제를 지냈지만 기우제를 지내면 하늘이 반드시 비를 내릴 것이라고는 생각하지 않는다. 가뭄을 당해 기우제를 지내는 것은 이미 정해진 법이 있으므로 소홀히 할 수는 없었다. 알지 못하고 함부로 한 일은 어쩔 수 없지만 옳지 않음을 알고서는 조그만 일이라도 하고 싶지가 않다.

김한로金漢老: 신들도 이렇게 하려고 할 뿐입니다.⁷

7_ 『태종실록』 권34, 태종 17년 8월 경자(17일).

태종은 이 무렵에 원단의 제천례를 폐지하려는 의지가 강했다. 그렇지만 이후에도 원단의 기우제는 계속되었고, 비가 내리면 이에 감사하는 보사제報祀祭도 거행했다.

세종 대

세종 대에 들어와서도 원단의 제천례는 계속되었다. 그러나 제후에게 적합하지 않은 제천례를 폐지하자는 주장이 강해져서 마침내 폐지되기에 이른다. 1419년(세종 1)에 가뭄이 심해지자 변계량은 제천례를 거행할 것을 요청했다. '제천례는 천자의 의례'라는 세종의 주장에 대해 변계량은 다음의 세 가지 사항을 들어 제천례를 주장했다.⁸

8_ 『세종실록』 권4, 세종 1년 6월 경진(7일).

① 제천례는 우리나라에서 2천년 동안 거행된 예이다.
② 조선의 영토는 사방 수천 리이므로 사방 수백 리에 불과했던 예전 제후국과는 격이 다르다.
③ 중국의 기수沂水 물가에도 제천하여 비를 비는 곳이 있었다. 항상

제천례를 거행하는 것은 문제가 있지만 가뭄이 있을 때 기우제를 지내는 것은 무방하다.

세종 대에는 국가의례를 전반적으로 정비해 나갔는데 이때 원단의 제도도 정비되었다. 원단 제례에 참석하는 관리들은 공복公服을 착용하는 것으로 정해졌고, 봉상시奉常寺(국가제례를 주관하는 관청)에서는 원단에서 사용할 제기를 새로 만들었다. 또한 원단 제례악에서는 향악鄕樂의 사용을 중단했고, 제례에 참석하는 악공樂工들이 착용할 관복冠服을 별도로 제작했다.

1443년(세종 25)에 세종은 국왕이 직접 제천례를 거행하겠다고 제안했다. 이때 세종은 '천자는 천지에 제사하고 제후는 산천에 제사하는 것'은 '중국 안의 제후'에 한정된 것이라는 논리를 폈다. 국왕이 직접 제천례를 거행하겠다는 세종의 제안은 매우 특이했는데, 그때까지 원단의 제천례는 신하가 섭행攝行하는 것이 관례였기 때문이다. 세종의 제안에 대해 신하들은 다양한 견해를 제시했으며, 반대하는 쪽이 다수였다.

승지 이승손李承孫 등: 사람이 궁하면 하늘을 찾고, 『시경』의 「운한」雲漢 시에서 '신마다 거행하지 않는 이가 없다'고 했습니다. 이제 제천을 하는 것이 편하며 의물儀物은 형편에 따라 사용하고 제기는 재변災變(기상 이변)이 절박하여 미처 마련하지 못할 것이므로 정결한 것을 골라서 사용하면 됩니다.

황희黃喜 이숙치李叔畤 김종서金宗瑞 허우許詡 등: 평상시에 제천하는 것은 절대로 불가하지만 재변을 만나 제사를 지내는 것은 가능합니다. 사람을 보내어 제사를 지내야 하고, 국왕이 직접 제사하는 것은 불가합니다.

신개申槩: 천자는 정월에 교천郊天하고 한재(가뭄)가 있으면 제사를 지냅니다. 중국에 큰 한재가 있기는 하지만 어찌 제천하여 비를 얻었겠습니까?

하연河演: 사람의 일로 비유하면 사람이 평소에는 참알參謁(만남)하지 않다가 환난을 당해서 요청하면 다른 사람이 어찌 들어주겠습니까? 비록 가뭄을 만났지만 제사하는 것은 불가합니다.

권제權踶: 신神은 예가 아니면 흠향하지 않는 법인데 예가 아닌 일을 하늘이 어떻게 흠향하겠습니까? 하늘은 이치일 뿐이니 조금이라도 이치를 따르지 않으면 하늘이 돕겠습니까? 재변을 만났지만 제사는 절대 불가합니다.[9]

9_ 『세종실록』 권101, 세종 25년 7월 계해(10일).

반대 의견이 다수를 차지하자 세종은 이를 받아들여 원단 이외의 곳에서 기우제를 지낼 것을 명령했다.

1449년(세종 31)에 다시 가뭄이 극심해지자, 영의정 황희(1363~1452)가 원단의 기우제를 요청했다. 평상시 제천례를 거행하는 것은 참례僭禮이지만 사정이 긴박한 상황에서 기우제를 지내는 것은 가능하다는 논리였다. 그러나 세종은 원단에서 기우제를 거행하여 반드시 비가 온다면 참례를 감수하겠지만, 꼭 비가 온다고 할 수가 없는 데다 기우제를 지냈는데 비가 오지 않으면 참례를 범했다는 이름만 얻고 실제의 일에는 도움이 되지 않는다는 이유를 들어 이를 거절했다. 고제古制의 연구를 통해 국가의례를 정비해 나가는 과정에서 '제후의 제천례는 참례'라는 인식이 보편화되고 있었음을 보여주는 답변이었다.

세조 대

세종 대 말기에 폐지된 제천례는 세조 대에 복구되어 정례화되었다. 1455년(세조 1) 집현전 직제학 양성지梁誠之(1415~1482)는 '예법禮法은 본국의 풍속을 따라야 한다'는 주장을 개진했다.

우리 동방은 대대로 요수遼水(요하)의 동쪽에 살면서 '만 리의 나라'라고 불렸습니다. 삼면이 바다로 막혀 있고 나머지 한 면은 산을 등지고 있어 구역이 저절로 나눠지고 풍기風氣도 다릅니다. 단군 이래 관직을 두고 주州를 설치하여 저절로 성교聖敎를 폈고, 전조(고려)의 태조가 신서信書를 지어 나라 사람들을 가르쳤는데, 의관과 언어가 중국과 다르지 않으면 민심이 정해지지 않아 제齊나라 사람이 노魯나라에 간 것과 같다고 했습니다. 전조에 불만을 품은 무리들이 서로 연달아 몽고에 투화投化한 것은 국가에 매우 불편한 일입니다. 바라건대 의관과 조복朝服 이외에는 반드시 모두 중국의 제도를 따를 필요가 없고, 언어도 통사通事(통역관) 이외에는 반드시 옛 풍속을 변경시킬 필요가 없습니다. 연등회燃燈會나 척석희擲石戱 같은 것은 옛 풍속을 따르더라도 불가함이 없습니다.[10]

10_ 『세조실록』 권1, 세조 1년 7월 무인(5일).

이상에서 양성지는 단군 이래 우리나라는 중국과 별개의 세계를 이루었고, 의관이나 조복을 제외한 풍속들은 굳이 중국의 제도를 따를 필요가 없다고 했다. 이는 조선이 제천례를 독자적으로 거행할 수 있다는 논리를 제공했다.

1457년(세조 3) 새해에 세조는 면복冕服(국왕의 예복인 면류관과 구장복)을 갖춰 입고 환구단으로 행차하여 제천례를 거행했다. 도18 조선시대에 들어와 국왕이 직접 제천례를 거행한 것은 이때가 처음이었다.

세조의 환구제 준비는 1456년(세조 2)부터 시작되었다. 12월에 예조에서는 환구단의 제도를 의논했는데, 고려시대의 예제를 정리한 『상정고금례』詳定古今禮의 기록을 바탕으로 하여 환구단을 복원했다.[11] 『상정고금례』를 보면 환구단은 둘레가 6장丈 3척尺이고 높이가 5척에 12개의 계단이 있었으며, 3개의 유壝(제단의 둘레에 쌓은 낮은 담. 196쪽 참조)는 각각 15보步였고, 주원周垣(제단을 둘러싼 담장)에 4개의 문門이 세워져 있었다. 또한 요단燎壇(섶을 태우는 제단)은 신단神壇의 남쪽에 있었는데 넓이 1장이고 높이 1장 2척이었으며, 호戶(출입

11_ 『상정고금례』는 고려 인종 때 최윤의 등이 편찬한 국가 전례서로, 조선 초기까지 전해진 것으로 보이지만 현재는 전하지 않는다. 해당 기사의 출처는 『세조실록』 권5, 세조 2년 12월 병오(11일).

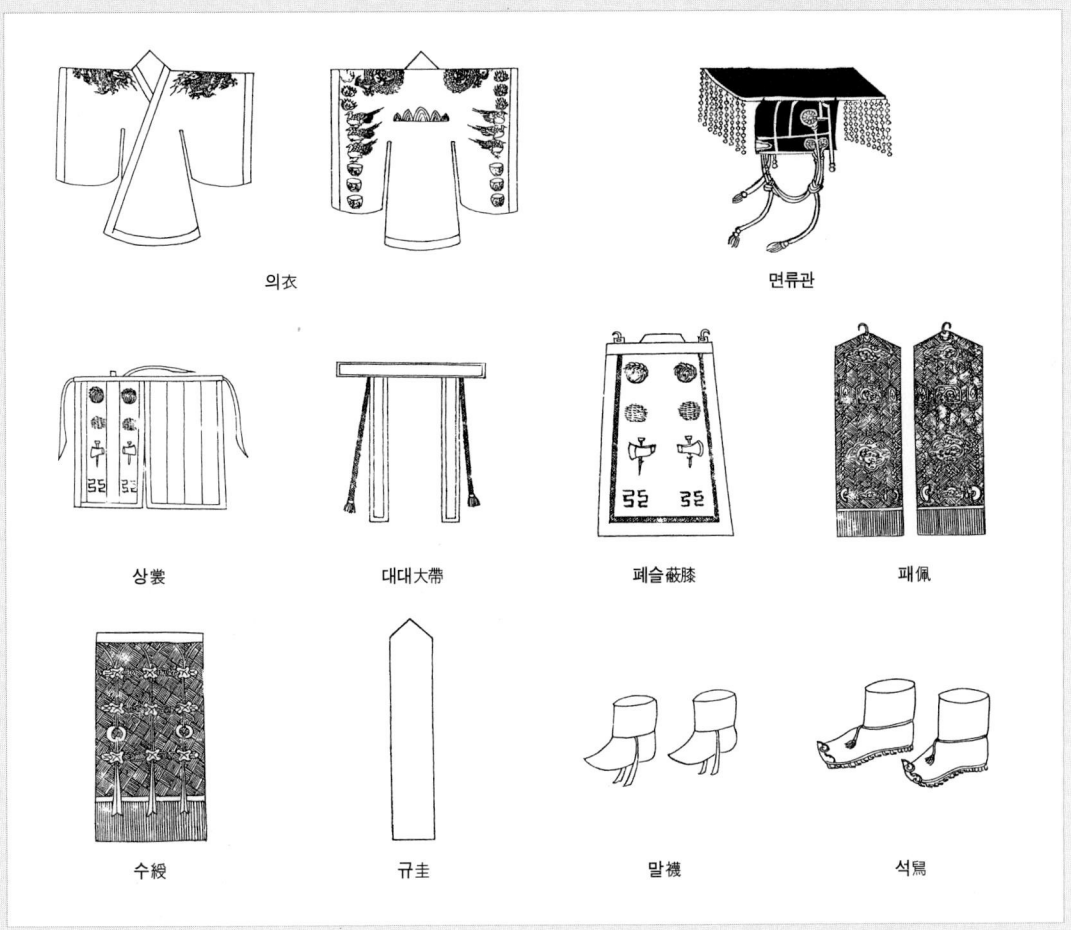

도18 **면류관과 구장복의 차림새**
구장복은 의(상의), 상(하의), 대대(띠), 폐슬(가리개), 패·수(허리에 차는 장신구), 규(손에 드는 예물), 말(버선), 석(신발)으로 구성되었다.
『국조오례서례』에서 인용.

문)의 크기는 사방 6척인데 남쪽으로 출입했다. 세조 대에는 이러한 고려의 제도를 따르되 주원의 4문은 세우지 않는 것으로 결정했다. 이때에는 환구제에 사용할 아악雅樂 악장도 마련했는데, 『대명집례』의 규정을 따라 협종궁夾鐘宮으로 연주하도록 했다.

1457년 1월에는 환구단을 관리할 환구서圜丘署란 관청을 설치하고 환구단의 제례 절차를 의논했다. 이때에는 중국의 예서인 『개원례』開元禮, 『제사직장』諸司職掌(홍무 26년, 1393)과 고려의 예서인 『상정고금례』의 기록을 검토하면서 제단에 호천상제, 황지기皇地祇, 조선 태조太祖, 대명大明, 성신星辰, 풍운뇌우風雲雷雨, 야명夜明, 동서남북해東西南北海, 악독산천嶽瀆山川의 신위를 설치하는 것으로 결정했다. 신위의 위치는 제단의 북쪽에 호천상제와 황지기의 신주를 남향으로 설치하고, 동쪽에는 태조를 비롯하여 대명, 성신, 동서남북해의 신위를, 서쪽에는 야명, 풍운뇌우, 악독산천의 신위를 설치했다. 옥폐 및 폐백의 종류도 정해졌는데, 옥폐의 경우 호천상제와 태조에게는 창벽蒼璧을, 황지기에게는 황종黃琮을 올렸다.

다음으로 한명회韓明澮(1415~1487)를 비롯한 승지들은 미리 환구단에 나가서 제천례 의식을 익혔고, 성균관 사예司藝 김수온金守溫 (1410~1481)은 제천례를 거행한 후 국왕과 신하들이 잔치를 벌일 때 사용할 악장을 지어서 올렸다. 악장의 내용은 다음과 같다.[12]

12_ 『세조실록』 권6, 세조 3년 1월 기묘(14일).

하늘이 우리나라를 돌보아 신성한 자손들이 탄생하니
덕은 백왕百王의 으뜸이요 공적은 한 나라에 베풀어졌다.
엄숙한 환구단에 상제께서 빛나게 임하시니
처음으로 성대한 예를 거행하여 신과 사람이 기뻐하도다.
이에 조정에서 잔치하여 음식으로 은택을 베푸니
밝은 군주와 어진 신하들이 시를 지어 하늘의 복록을 받았다.

天眷大東　聖神誕作
德冠百王　功加一國
有嚴圜丘　上帝臨赫
肇擧殷禮　神人閻懌
式燕于朝　需雲霈澤
載賡明良　受天福祿

도19 경복궁 근정전 전경 ⓒ김성철

    1457년(세조 3) 1월 15일, 세조가 환구단에 행차하여 제천례를 거행했다. 조선의 국왕이 직접 제천례를 거행한 역사적인 날이었다. 제천례의 핵심은 세조가 호천상제와 황지기, 태조의 신위에 향과 옥폐, 희생을 올린 다음 세 번 술잔을 올리는 절차였는데, 태조의 신위에는 "太祖康獻至仁啓運聖文神武大王之位"라 기록되었다. 또한 세조가 술잔을 올릴 때에 좌분헌관左分獻官이라 불리는 왕세자는 대명과 성신·동서남북해의 신위에 술잔을 올렸고, 우분헌관右分獻官이라 불리는 영의정 정인지鄭麟趾(1396~1478)는 야명과 풍운뇌우·악독산천의 신위에 술잔을 올렸다. 환구단의 제례가 끝나자 세조는 근정전勤政殿(경복궁의 정전)에서 왕세자와 백관의 하례賀禮를 받았고, 세조는 환구단을 건설한 군인 600여 명과 기로신耆老臣(기로소 소속의 신하), 재추신宰樞臣(고려시대 중추원과 중서문하성에 소속된 관리라는 뜻으로, 조선시대에는 2품 이상의 고위 관리를 말함)들에게 잔치를 내렸다.도19

1457년의 환구단 제천례는 매우 파격적인 행사였다. 국왕이 직접 거행한 최초의 제천례였던 데다 신위나 제기를 배치하는 것은 명 태조 대에 작성된 『제사직장』을 위주로 하여 황제국의 면모와 차이가 없었기 때문이다.

세조의 환구제는 국왕권을 강화하려는 정치적 목적이 있었다. 1455년에 단종을 밀어내고 왕위에 오른 세조는 1456년 6월에 단종을 왕위에 복권시키려는 이른바 '사육신死六臣 사건'을 겪게 된다. 세조는 단종을 복위시키려는 세력의 소굴로 판단되는 집현전을 폐지하고 국왕의 경연을 정지시켰으며, 이와 함께 국왕권의 존엄성을 강조하는 조치를 내려야 할 필요성을 느꼈다. 이에 환구단의 제천례를 거행하고 자신과 왕비의 존호를 올리는 행사를 거행했는데, 세조는 '승천체도 열문영무'承天體道 烈文英武(하늘의 도를 본받아 문무를 빛낸다는 뜻), 왕비는 '자성'慈聖이란 존호를 받았다. 기곡제나 기우제와 같이 민생을 중시했던 제천례가 천명을 부여받은 국왕의 절대권을 강조하는 행사로 성격이 변화한 것이다.

이제 환구단의 제천례는 매년 정월 대보름(1월 15일)에 국왕의 친제親祭(국왕이 직접 제사함)로 확정되었다. 제천례를 거행한 일자에는 두 차례 예외가 있었는데, 1459년(세조 5)에는 15일에 월식이 예상되어 13일로 앞당겨서 했고, 1463년(세조 9)에는 세조의 몸이 불편하여 제천례를 거행하지 않았다. 후자의 경우 승정원이나 예조에서는 몸이 불편한 국왕을 대신하여 섭행할 것을 요청했지만, 세조는 섭행으로 하는 제천례는 하늘을 공경하는 성의에 어긋나고 제천례가 상례常禮도 아니라는 이유를 들어 이를 중지시켰다. 이보다 앞서 세조는 환구단에서 기우제를 거행하자는 예조의 요청에 대해 '이미 소격전昭格殿에서 빌었으므로 제천할 필요가 없다'고 했다. 이는 모두 환구단의 제천례는 국왕만이 거행하는 행사로 인식했음을 보여주는 발언이었다.

환구단 제도는 계속 정비되어 나갔다. 1457년(세조 3)에 예조에서는 환구의 체제에 관한 기록을 검토하여 보고했다. 이때 중국의 『통전』通典, 『문헌통고』文獻通考, 『송사』宋史, 『산당고색』山堂考索, 『제사직장』과 고려의 『상정고금례』가 검토되었다. 1458년에 예조에서는 「환구기제의」圜丘祈祭儀를 보고했는데, 호천상제와 황지기를 정위正位에, 태조를 배위配位에 두고 거행하는 제천례 의식을 정리한 내용이었다. 1463년(세조 9) 연말에는 환구제악이 재정리되었다. 이때 세조는 종묘宗廟와 환구제에서 사용할 악장을 정리하라고 명령했는데, 특히 진찬進饌, 철변두徹籩豆(제기인 변두를 철거함), 송신送神 절차에서 사용할 악장을 새로 만들었고 악장의 개찬改撰은 최항崔恒(1409~1474)이 담당했다. 이 악장은 1464년(세조 10) 새해의 제천례에서 사용되었다.

다음은 1464년 제천례가 거행된 직후에 있었던 세조와 왕세자의 발언이다. 이들은 예악禮樂이 정비된 상황에서 제천례가 거행된 것을 높이 평가했다.

왕세자(致詞): 새 음악이 완성되고 성대한 예가 끝났으니, 선왕의 대업이 계술繼述(계지술사繼志述事의 줄임말로 계속해서 계승된다는 뜻)될 것입니다. 환구단과 종묘에 새 음식을 올려 신과 사람이 모두 기뻐하니 천만년에 이르도록 길이 많은 복을 누리소서.

세조(敎旨): 예악을 제정하는 것은 백년이 되어야 일으킬 수 있는 것인데, 선왕의 뜻과 사업을 계술하여 하루아침에 이루게 되었다. 이를 환구단과 종묘에 사용하여 신과 사람이 모두 기뻐했다. 태조께서 처음으로 대업의 터전을 여셨지만 경륜이 미흡하여 예악을 갖출 겨를이 없었다. 세종께서 큰 운수를 타고나시어 정대업定大業(대업을 안정시킴)을 형상화하고, 보태평保太平(태평함을 보존함)을 생각하시어 악무樂舞(음악과 춤)를 제정하여 환구단과 종묘에 제물을 올리려 하셨는데, 뜻은 있었지만 이루지는 못하셨다. 내가 부덕한 사람으로 큰 기반을 이어 선왕의 뜻을 따를 것을 생각하고 후세 국왕에게 길이 보일 것을 기약하여 두

가지 무舞를 개정하여 천신의 제사(禋祀)에 사용했다. 음악이 신명神明에 통하고 화기和氣가 상하를 융합시켜 대례大禮가 이루어졌으니 특별한 은전恩典을 선포한다.[13]

13_ 『세조실록』 권32, 세조 10년 1월 무진(15일).

이상을 보면 세조는 자신이 환구단 제천례의 악무樂舞를 정비한 것을 태조와 세종의 뜻을 계승한 조치로 이해했다. 태조에서 세종대까지 원단의 제천례가 계속되었지만 예악을 제대로 갖추지 못했는데 자신이 이를 완비한 것으로 파악한 것이다. 그러나 환구단의 제천례는 1464년의 행사를 끝으로 실록의 기록에서 사라졌고, 더 이상 거행되지 않았다. 제후는 천지제사를 거행할 수 없다는 원칙을 수용했기 때문이다.

5 조선 후기의 제천례

광해군 대 1616년(광해군 8) 8월에 광해군은 남교南郊에서 제천례를 거행하고, 계축년의 존호와 변무辨誣의 존호를 올리라고 명령했다. 여기서 '계축년'이란 1613년(광해군 5)에 영창대군永昌大君(선조의 아들이자 광해군의 아우)을 국왕으로 옹립하려 했다는 죄목으로 인목대비의 부친인 김제남金悌男(1562~1613)이 사사되고 영창대군은 강화도에 안치되었다가 살해된 계축옥사癸丑獄事를 말하며, '변무'란 1616년에 명나라 역사서에 기록된 조선 관련 기록의 오류를 바로잡은 사건을 말한다. 이때 조선이 변무한 내용에는 크게 세 가지가 있었다. 첫째는 태조 이성계가 이인임李仁任(?~1388)의 아들이라는 것, 둘째는 임진왜란이 일어나 왜구가 명나라를 노릴 때 조선이 그 앞잡이 구실을 했다는 것, 셋째는 광해군이 왕위에 오를 때 임해군臨海君(광해군의 친형)과 왕위를 다투었다는 것이었다. 이 변무 사건을 해결하는 데 결정적으로 기여한 것은 허균許筠(1569~1618)이었다. 도20

  변무 사건이 해결되자 대신들은 광해군에게 존호尊號를 올릴 것을 요청했다. 1616년 5월 16일부터 한 달 가까이 존호 요청이 계속되었고, 광해군은 이를 받아들이면서 선왕인 선조宣祖에게 조호祖號

도20 덕수궁 석어당昔御堂 ⓒ돌베개
광해군 대에는 인목대비가 유폐되어 있던 곳이다.

즉 '조'祖의 칭호를 올려야 한다고 주장했다. 이때까지 선조의 묘호 廟號는 '선종'宣宗이었는데, 임진왜란 때 선조가 왜구의 앞잡이 구실을 했다는 무고가 풀린 것을 기념하기 위해서라는 것이 그 이유였다. 이에 대해 예조에서는 선조가 임진왜란을 겪으면서 국가를 재조再造한 공적이 있으므로 조선이라는 국가를 창업한 태조나 조선을 중흥시킨 세조처럼 선종도 '조'의 칭호를 받을 자격이 있다고 화답했다. 광해군이나 예조의 발언은 태조-세조-선조에서 광해군으로 이어지는 정통성을 고려한 것으로 판단된다. 그런데 1616년 7월에 대신들은 계축옥사로 역적을 토벌한 일을 기념하기 위한 별도의 존호를 요청했고, 광해군은 이를 이미 죽임을 당한 김제남에게 추가 형벌을 가하는 쪽으로 논의를 유도했다. 결국 계축옥사에 희생되었던 인물들에게는 추가 형벌이 내려졌다.

광해군은 세조 대의 고사故事를 원용하여 제천례를 거행하려고 했다. 1457년(세조 3)에 '사육신 사건'을 해결한 세조가 남교에서 제천례를 거행하고 존호를 받았던 것처럼, 계축옥사와 변무 사건을 해결한 자신도 남교에서 제천례를 거행하고 두 가지의 존호를 받겠다는 의도였다. 광해군은 세조가 제천례를 거행하고 존호를 받았을 때의 계사啓辭와 비답批答, 날짜, 의식을 거행한 절차와 장소를 실록에서 확인하라고 했고, 춘추관에서 관련 기록이 너무 많아 시간이 걸린다고 하자 우선 제천례의 절목節目을 찾아서 보고하라고 독촉했다. 절목이 정리되어야 의식을 거행할 수 있었기 때문이다. 또한 광해군은 세조가 정월 15일에 제천례를 거행한 것을 근거로 9월 15일에 제천례를 거행하며, 제단을 수리할 군사와 환구서圜丘署 녹사錄事를 차출하는 일, 제례에 사용한 옥폐, 제례가 끝난 후 각 도 관찰사에게 잔치를 베푼 일에 관한 세조 대의 고사를 조사해 보고할 것을 명령했다.

광해군이 의욕적으로 기획했던 제천례는 1616년 8월부터 신하들의 반대에 부딪혔다. 먼저 홍문관에서 반대 상소를 올렸는데, 남교에서 친제를 지내는 것은 천자만 거행할 수 있는 예제이고, 세조 대의 제천례는 한때의 우연한 행사이고 그 전후로 거행한 적이 없으며, 명나라에 이 일이 알려졌을 때 광해군을 모함하는 참소가 있을 것이라는 것을 이유로 내세웠다. 다음으로 영의정 기자헌奇自獻(1567~1624)은 광해군은 20년 동안 왕세자로 있다가 왕위에 올랐으므로 국왕인 조카를 밀어내고 왕위에 오른 세조의 행적을 따르는 것은 적절하지가 않고, 갑자기 번거롭고 복잡한 절차를 갖추는 데 어려운 점이 있으며, 환구단에서 재숙齋宿(재계하면서 밤을 지냄)을 하는 것이 힘들다는 이유를 들어 제천례를 반대했다. 이에 대해 광해군은 '세조 때의 고사를 본받으려는 것이 아니라 공을 이룬 것을 하늘에 알리려는 것일 뿐이다'라고 대답했다.

신하들의 반대가 계속되자 광해군의 답변에도 변화가 있었다. '흉악한 역적을 토벌하여 평정했으므로 그 성공을 알리려는 것이다.' '세조 대에도 전례典禮에 통달한 사람들이 근거한 것이 있었을 것이다. 계축년의 난을 평정한 일을 세조 대의 일에 견주려는 것이 아니라, 역적과 흉도를 소탕하였으므로 옛 일을 모방하여 성공을 알리려는 것이다'라고 대답한 것이 그것이다. 그러나 결국 광해군은 제천례를 중단하고 말았다.

　광해군은 계축옥사의 처리와 변무의 성공을 명분으로 제천례를 거행하려 했는데, 주된 이유는 영창대군을 옹립하려던 세력들을 제거하고 이를 상제上帝에게 알리겠다는 정치적 의미가 강했다. 이에 대해 대신들은 천자와 제후의 예제가 구분되므로 명과 외교적 갈등이 일어날 수 있으며 세조와 광해군의 처지가 다르다는 점을 들어 반대했는데, 광해군은 이를 넘어서지 못했다. 천자와 제후의 예제를 엄격히 구분해야 한다는 생각은 광해군도 넘기 어려운 장벽이었다.

효종 대 이후

광해군 이후 환구단의 제천례에 관한 논의는 더 이상 나타나지 않는다. 조선 후기의 국왕들은 환구단 대신에 남단南壇이나 북단北壇에서 거행되는 기우제를 중시하고 친제를 올리는 경우가 많았다.

　조선시대 한양의 남교에는 풍운뇌우단風雲雷雨壇이 있고, 북교에는 여단厲壇이 설치되어 있었다. 남단(풍운뇌우단)은 중앙에 풍운뇌우의 신위를 모시고 좌우에 국내산천國內山川과 성황城隍의 신위를 모신 제단이었고, 북단(여단)은 성황과 무사귀신無祀鬼神(제사를 지내주지 않는 귀신)의 신위를 모신 제단이었다. 남단과 북단은 국왕이 직접 제사를 지내는 대상은 아니지만 가뭄이 들면 기우제를 지내는 제단이라는 데에 공통점이 있었다.

　그런데 효종 대 이후로는 국왕이 남단이나 북단을 방문하여 기우제를 거행하는 경우가 나타난다. 효종은 1652년(효종 3)에 남교에 나가 기우제를 거행했고, 1656년(효종 7)에도 남교 기우제를 거행할 준비를 하다가 제사 일이 되기 전에 흡족한 비가 내려 이를 중단했다.

　효종을 뒤이어 남교에서 친제한 국왕은 숙종이었다. 숙종은 1692년(숙종 18)에 남교에서 기우제를 거행했다. 그동안 대신을 파견하여 기우제를 지내게 했지만 아무 효과가 없자 자신의 성의가 모자라 하늘을 감동시키지 못했기 때문이라며 친제를 준비하라고

도21 숙종이 기우제를 올린 선농단
사진 협조: 동대문구청

명령한 것이다. 숙종은 1695년, 1697년, 1708년에도 연속해서 남교 기우제를 거행했다. 1697년(숙종 3)의 기우제에서 숙종은 명나라 태조의 고사를 원용하여 제단에서 조금 떨어진 곳에서 여輿에서 내려 걸어갔다. 이는 국왕이 제례에 성의를 다함을 보이기 위한 행동이었다. 숙종은 선농단先農壇의 친제를 시작한 국왕이기도 했다. 1704년(숙종 30)에 숙종은 선농단에서 기우제를 올렸는데, 그 절목은 남교 기우제와 같은 방식으로 했다. 도21

경종도 남단 기우제를 거행했다. 1722년(경종 2)에 경종은 남단 기우제를 거행했다. 승정원에서는 궁궐에서 10리 정도를 이동해야 하므로 힘이 든다고 만류했지만 경종은 이를 강행했다. 1723년에 경종은 북단 기우제를 거행하겠다고 했는데, 묘당廟堂에서 북교의 친제는 선례가 없고 교외에서 밤을 지내기 어렵다는 이유를 들어 반대했다. 그러자 경종은 북단 대신에 선농단으로 가서 기우제를 올렸다.

영조 대

북교에서 처음으로 기우제를 거행한 국왕은 영조였다. 1725년(영조 1) 7월에 영조는 북교에 나가 기우제를 거행하겠다고 명령했다. 이때 신하들은 국왕

이 북교에서 친제한 선례가 없으므로 남교로 바꿀 것을 건의했다. 그러나 영조는 '해악嶽瀆에 친사親祀한다'는 『국조오례의』國朝五禮儀의 기록과 '천지의 남교·북교에 나누어 제사 지내는 예'라는 『대명집례』의 기록을 내세우며, 선농단의 친제는 숙종이 거행했으므로 자신은 북교에서 친제를 하겠다고 주장했다. 여기서 『대명집례』의 기록은 천지의 제례를 거행하는 '환구'圜丘와 '방구'方丘를 의미했으므로, 영조는 남단은 환구단에 해당하고 북단은 방구단에 해당하는 것으로 생각한 셈이다.

북교 기우제는 1725년 7월 24일에 거행되었다. 기우제가 거행될 때 빗줄기가 내렸지만 영조는 '국왕이 백성을 위하는 일을 편안히 할 수 없다'고 하면서 끝까지 자리를 지켰다. 1732년(영조 8)에 영조는 북교 제례에 사용할 음악과 축사祝辭, 홀기笏記 등을 정비했는데, '남단의 친제는 효종이 시작했고, 선농단의 친제는 숙종이 시작했으며, 북교의 친제는 자신이 시작했다'고 말했다. 북교의 기우제를 자신이 시작한 것에 큰 의의가 있다고 생각하는 발언이었다. 도22

영조는 1731년(영조 7)과 1764년(영조 40)에 북교와 남단에서 연속으로 기우제를 지냈으며, 특히 1764년에는 남단-북교-남단의 순서로 기우제를 거행했다. 영조는 1743년(영조 19), 1753년(영조 29), 1760년(영조 36)에도 북교 기우제를 거행했다. 기우제가 진행되는 동안 영조는 일산日傘이나 산개繖蓋를 모두 물리치고 취타를 정지시키는 등 근신하며 제례에 정성을 다하는 모습을 보였다.

영조가 남단과 북단에서 기우제를 부지런히 거행한 것에 대해 서명응徐命膺(1716~1787)은 다음과 같이 기록했다.

> 날씨가 가물어 기우제를 지낼 때에는 직접 규圭를 잡고 정성이 통하는 것을 기한으로 하셨다. 이 때문에 임자년(1732, 영조 8) 이후로는 국왕이 직접 빌지 않은 해가 거의 없었고, 빌면 비가 내려 크게 풍년이 들

도22 **북교 기우제를 거행한 영조**
조석진·채용신, 1900년 이모, 비단에 채색, 203×83cm, 국립고궁박물관 소장.

었으니 역사서에 다 기록할 수가 없다.

말년이 되어서는 관리를 파견하여 섭행하게 하였으나, 반드시 궁궐의 뜰에 엎드려 있다가 비가 내린 다음에야 연침燕寢(침실)으로 돌아가셨고, 비가 내리지 않으면 옷을 벗고 맹렬한 햇볕을 쬐면서, '어찌 나의 몸을 태우지 않는가?'라고 하셨다. 따라서 나라 사람들이 모두 '왕께서 공경스럽다'고 하였다.[14]

14_ 『영조실록』 권말, 「행장」行狀.

정조 대

정조 대에는 남단 기우제에 대한 관심이 다시 커졌다. 북교 기우제는 1782년(정조 6)에 친제하겠다는 명령이 있었지만 이내 취소되고 말았다.

1786년(정조 10)에 정조는 남단(풍운뇌우단)의 제례 음식과 의식이 제대로 갖춰지지 않은 것을 보고 받고 제관祭官을 잘못 선발한 관리를 처벌했는데, 이때 남단을 환구단에 해당하는 것으로 비정했다.[도23]

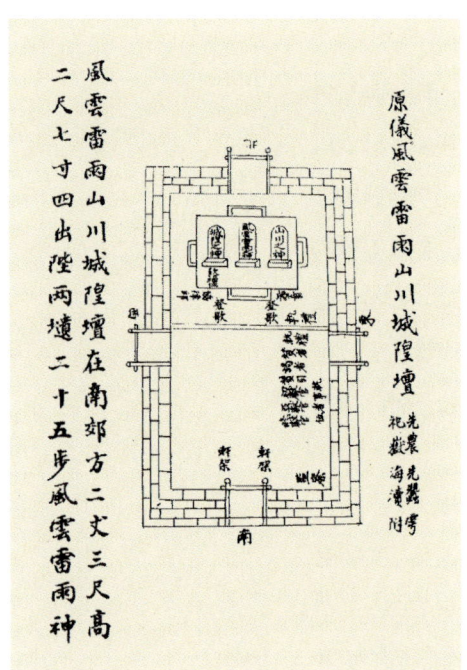

도23 『춘관통고』에 수록된 조선 후기의 남단 『춘관통고』 권40, 47면. 서울대학교 규장각 소장.

1792년(정조 16)에 정조는 남단의 제도를 전반적으로 정비했다. 정조는 승지 서영보徐榮輔(1759~1816)를 남단에 파견하여 제단의 크기와 헌관의 품계, 제례 음식, 홀기를 살피고 오도록 했고, 신여神輿(신주를 실은 가마)가 이동할 때의 의장 제도를 예조에서 정비하도록 했다. 또한 남단의 주위에는 경계석을 세워 농사를 중단시키고 나무를 심도록 조치했다.

정조가 남단의 제도를 정비하는 데 관심을 보인 것은 남단을 환구단으로 보았기 때문이다. 다음은 정조의 발언이다.

지금의 남단은 옛날에 교사郊祀하던 환단圜壇이다. 예법에 사士와 서인庶人은 오사五祀를 제사할 수가 없고, 대부는 사직을 제사할 수 없으며, 제후는 천지에 제사할 수가 없다. 다만 기杞, 송宋, 노魯가 제후이면서 천지에 제사한 것은 그들이 대국의 후예이거나 큰 성인의 공로가 있었기 때문이다.

우리 동방이 나라를 세운 것은 단군에서 시작되었는데, 역사서에는 하늘에서 내려와 돌을 쌓고 제천례를 거행했다고 한다. 후대에 이를 그대로 따른 것은 대국으로부터 제후로 봉함을 받지 않았기 때문이므로 크게 참람한 것에 이르지는 않았다. 우리 조선에 이르러 혐의를 구별하고 미세한 것을 밝히는 의리에 엄격하여, 환단의 제례는 소국이 감히 제사할 수 있는 것이 아니라는 데에 미치게 되었다. 광묘光廟(세조) 이후에는 '환단'圜壇이란 이름을 '남단'南壇으로 고쳤으니, 군국郡國이나 주현州縣에서 각각 풍사風師와 우사雨師에 제사하던 제도를 사용한 것이다. 남단의 주단主壇은 풍운뇌우인데 중앙에 위치하여 남면南面하고, 축문에서는 '조선국왕 신성휘'朝鮮國王 臣姓諱라 하며, 정1품 관리를 파견하여 초헌初獻(첫번째 술잔을 올림)을 한다. 음악은 6성成이고, 특히 사령祀令은 중사中祀에 해당하며, 시일은 양 중월仲月에서 고른다. 산천과 성황의 신위를 좌우에 배향하며 모두 남면한다. 이때에 하나의 신주에만 제사 지내던 것을 합해서 제사하였으니 감히 제사할 수 없다는 은미隱微한 뜻을 보이는 것이다. 공경하고 정결함을 다하는 정성을 보인다면, 환단과 남단의 이름이 다르다고 해서 서로 다른 제도이며 차이가 있다고 하겠는가?[15]

이를 보면 정조는 조선은 단군 때부터 제천례를 거행해왔으며 남단은 환구단에 해당하는 것으로 파악했다. 정조는 환구단의 제천례가 천자의 예이므로 혐의를 피하기 위해 이름을 남단으로 바꾼 것이며, 남단의 제례에 정성을 다한다면 환구단이든 남단이든 마찬가지라고 했다.

이상에서 보듯 조선 후기의 국왕들은 단군 이래의 제천례를 인정하면서도 환구단의 제천례를 직접 거행하지는 못했다. 환구단의

15_『정조실록』권35, 정조 16년 8월 무인(12일).
『홍재전서』권28, 윤음3, 「남단의절문의대신윤음」南壇儀節問議大臣綸音(1792)에도 같은 내용이 나온다.

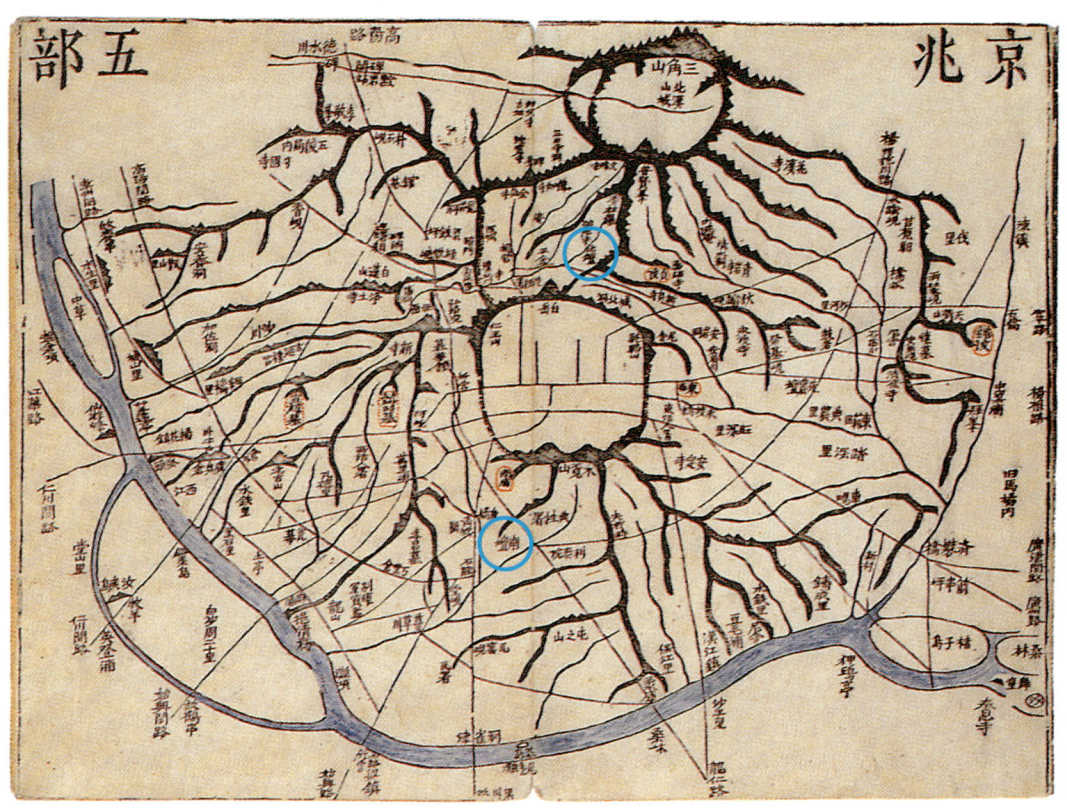

도24 『대동여지도』의 「경조오부」京兆五部에 나타나는 남단과 북단 김정호, 목판본, 1861년, 30.2×40.4cm, 서울대학교 규장각 소장.

제천례는 천자만 거행할 수 있다는 예서의 규정 때문이다.

조선의 국왕들은 환구단 제천례를 거행하는 대신에 남단과 북단에서 거행되는 기우제를 중시하고 국왕이 직접 기우제를 거행하는 경우가 많았다. 또한 영조는 남단을 환구단, 북단을 방구단에 비정하고, 정조는 남단을 환구단, 사직단을 방구단에 비정했다. 특히 정조는 환구단으로 파악되는 남단의 제도를 정비하는 데 각별한 관심을 보였다. 18세기 이후에 작성된 도성도都城圖에 남단과 북단이 뚜렷하게 표시된 것은 이러한 시대적 분위기가 반영된 결과이다. 도24

6 대한제국의 제천례

대한제국의 제천례는 1897년 대한제국의 탄생과 밀접한 관련이 있다. 세조 대 이후 제천례는 제후국에서 거행할 수 없기 때문에 중단되었지만, 대한제국의 황제는 제천례를 거행할 수 있는 권한을 가졌기 때문이다. 이 때문에 고종은 대한제국의 건설을 준비하면서 도성의 남쪽에 환구단을 건설했고, 황제 등극의를 이곳에서 거행함으로써 대한제국이 자주독립국임을 대외적으로 널리 알리는 효과를 거두었다.^{도25}

고종 대의 환구단 기록은 1895년(고종 32) 1월 14일에 확정된 사전祀典 개혁안에 처음으로 등장한다. 당시는 갑오개혁(1894년)이 있은 후 개화파 관료인 김홍집金弘集(1842~1896)·박영효朴泳孝(1861~1939) 내각이 집권한 시기였다. 개혁안에서 환구제는 대사大祀로 규정되어 천지를 합하여 제사하고, 풍운뇌우와 국내 산천을 배위配位로 하며, 동지에 교사례郊祀禮, 정월 상신일上辛日(첫번째 신辛이 들어가는 날)에 기곡제를 거행하는 것으로 결정되었다. 이와 함께 농경생활이나 중국과 밀접한 관련이 있던 제례들이 모두 폐지되었다. 폐지된 제사에는 명나라의 세 황제를 모신 대보단大報壇, 임진왜란 때 구원병을 이끌고 조선에 왔다가 사망한 명나라 장수인 형개邢玠와

63

도25 대한제국 선포 시 고종황제 행차를 기록한 기사
『독립신문』, 1897년 10년 14일자.

양호楊鎬를 모신 선무사宣武祠, 임오군란 때 조선에 왔던 청나라 제독 오장경吳長慶을 위한 정무사靖武祠 등이 있었다. 환구제가 복원된 반면에 중국 관련 제례가 폐지된 것에는 조선과 중국(청)의 관계를 단절시키려는 의도가 있었다.

남단이 있던 자리에 환구단이 건축된 것은 1895년 윤5월이었다. 내부內部에서 「환구건축청원서」圜丘建築請願書를 제출하자 고종이 이를 허락했는데, 제단의 주위를 돌로 쌓고 제단의 직경과 높이는 현지의 조건을 따라 조정하는 방식이었다. 이때 남단을 환구단으로 조성한 것은 남단을 환구단으로 간주했던 영조나 정조의 생각을 반영한 조치라 할 수 있다.

고종은 1896년 2월(이하 양력)에 아관파천俄館播遷을 단행한 이후 환구단의 제도를 정비해 나갔다. 고종은 국가제례에 관한 규정을 새로 정했고, 동지일이 다가오자 제천례의 축문과 악장을 지어 올

제1부 환구제, 천신을 위한 제례

도26 화재 전의 경운궁 전경

리게 했으며, 이듬해에는 환구단의 제기와 악기를 갖추게 했다. 1897년 2월에 러시아 공사관에서 인근에 있던 경운궁慶運宮으로 돌아온 고종은 대한제국의 건설을 위한 준비 작업에 들어갔다.도26 8월 16일에 고종은 '광무'光武라는 새 연호를 정하고 환구단 등에 이를 알리는 고유제告由祭를 거행했다. 이때까지 환구단은 도성 남교의 남단 자리에 있었다.

1897년 9월 21일에 고종은 환구단 제도를 정비하면서 제단을 새로 건설할 것을 결정했다. 이는 장례원경掌禮院卿 김규홍金奎弘(1845~?)의 건의를 수용한 것으로, 환구단이 설치된 남단의 제도에 미흡한 점이 많아 도성 안에 새로운 제단을 건설한다는 구상이었다.

김규홍: 천지를 함께 제사하는 것은 사전祀典에 있어 가장 큰 것입니다. 그런데 환구단의 제도는 아직 부족한 점이 많습니다. 예전에는 남교에서 풍운뇌우에만 제사를 지냈는데, 단유壇壝와 계단이 척도尺度에 맞지 않으므로 밝게 섬기는 예의로 볼 때 매우 미안합니다. 동지의 절기 제사는 그대로 진행할 수 없으니, 개축하는 등의 절차에 대해 재결해주시기 바랍니다. 호천상제와 황지기의 신위판과 종향從享하는 일월

도27 「대한예전」 권3에 수록된 환구단 배치도 한국학중앙연구원 장서각 소장.

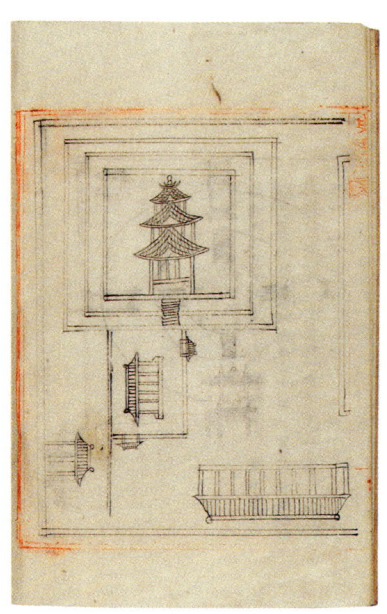
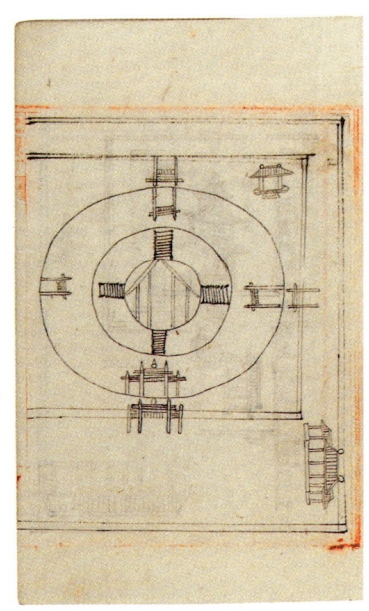

성신, 풍운뇌우, 악진해독의 신패神牌를 만드는 것과 특뢰特牢와 변두籩豆 등의 제반 제도는 역대의 예전을 널리 살펴 일정한 제도를 만들어야 합니다.

고종: 향사享祀하는 예제는 어느 것이나 중요한데, 더구나 천지를 합하여 제사하는 데야 더 말할 것이 있겠는가? 지금 아뢴 것은 실로 짐의 뜻에 부합하니, 경은 영선사장營繕司長과 함께 땅을 살펴 장소를 정하고, 날짜를 정하여 제단을 쌓으라. 여러 예식에 대해서는 보고했던 대로 하되 서울에 있는 전현직 의정議政들의 의견만 수렴하여 들여보내라.[16]

16_ 『고종실록』 권36, 고종 34년 9월 21일(양력).

의정들의 의견을 수렴하라는 고종의 명령에 대해 의정 심순택沈舜澤(1824~?)이 자신의 견해를 밝혔다. 황천상제皇天上帝 및 황지기皇地祇의 신위와 대명, 야명, 오성五星, 이십팔숙二十八宿, 주천성진周天星辰, 풍운뇌우, 오악五嶽, 오진五鎭, 사해四海, 사독四瀆의 신위는 삼대三代(하夏, 은殷, 주周 세 나라를 말함) 이후의 제도가 다르므로 장례원에서 고례古禮를 참고하여 정하자는 의견이었다. 환구단을 건설할

장소는 남서南署 회현방會賢坊의 소공동으로 정해졌다. 장소를 결정할 때에는 장례원경 김규홍을 비롯하여 영선사장 이근명李根命(1840~?), 상지관相地官 오성근吳聖根이 참여했다.

남교에 있던 환구단을 황성皇城이 된 도성의 내부에 둔 이유에 대해 『대한예전』大韓禮典의 편찬자는 '시대의 편의를 따른 것'이라 했다.
도27

도28 환구단의 옛 모습(왼쪽) 『한국풍속풍경사진첩』韓國風俗風景寫眞帖에 수록, 1911년.

도29 환구단의 옛 모습 Joseph H. Longford, 『The Story of Korea』에 수록, 1911년.

> 역대의 전례를 살펴보면 환구단은 모두 남교南郊에 있다. 본조(대한제국)는 황성皇城 안의 회현방, 경운궁慶運宮의 동쪽에 있는데, 그 예제만 취하고 그 자취에는 구애받지 않았다. 이 때문에 글을 지을 때 교郊라 하지 않고 환구圜丘라 했으니, 시대에 따라 마땅함을 조절한 것이다.17

17_ 『대한예전』 권3, 「단유도설」, '환구'.
"按歷代典禮, 圜丘壇皆在南郊, 而本朝則在皇城內會賢坊慶運宮之東, 只取其禮, 不拘其跡, 故立文不曰郊, 而曰圜丘, 盖因時制宜之意也."

그러나 환구단이 건설된 장소가 그전까지 중국 사신의 숙소였던 남별궁南別宮이 있던 자리였음을 감안한다면, 이는 대한제국이 중국에서 분리된 독립국임을 상징적으로 보여주는 데 매우 유리한 장소였다. 환구단의 위치는 현재 조선호텔 건물이 제단의 기지基地에 해당하고 제단의 중심부는 호텔 중앙의 대합실 지점인 것으로 추정된다.
도28, 29

도30 '대한'大韓이란 국명이 새겨진 국새 『보인부신총수』에 수록.

도31 고종황제의 등극의를 기록한 『대례의궤』의 표지 1897년, 43.8×32.0cm, 서울대학교 규장각 소장.

장소가 결정되자 영선사에서는 환구단을 건설하기 시작했고, 얼마 후 환구단 제천례를 담당할 사제서司祭署를 궁내부에 설치하는 안건이 통과되었다. 사제서 관리로 제조提調 1명은 칙임관勅任官으로 장례원경이 겸임했고, 영令 1명과 참봉參奉 1명은 판임관判任官으로 임명되었다. 1900년(광무 4)에는 사제서 영 1명이 추가되어 2명이 되었다.

환구단이 도성 안으로 옮겨지면서 환구단이 있던 남단은 '산천단'山川壇으로 이름이 바뀌었다. 산천단에는 천하명산지신天下名山之神, 천하대천지신天下大川之神, 성황지신城隍之神, 교단사토지신郊壇司土之神의 신위가 모셔졌고, 1900년 윤8월에는 산릉의 산신들이 이곳에 종사從祀되는 등 일정한 기능을 하다가 1908년에 폐지되었다.

1897년 10월에 고종은 대한제국을 건설하고 황제라는 칭호를 받아들이기로 결정했다. 새로 건설될 황제국의 국호를 '대한'大韓으로 정했는데, 이는 삼한三韓의 땅을 하나로 통합한 데서 유래한 이름이었다. 도30 대한이란 국호가 처음 사용된 문서는 환구단 고유제의 제문과 황제국의 탄생을 선언하는 조서詔書였다. 이날 고종은 환구단을 건설하고 새 신위판을 제작하는 데 공적이 있는 관리들에게 시상했다.

1897년 10월 12일(음력 9월 17일), 고종은 새로 건설된 환구단에 나가 고유제를 올리고 황제위에 오르는 등극의登極儀를 거행했다. 대한제국이 탄생하는 과정에는 2박 3일 동안 23가지의 행사가 거행되었다. 그중에서 고종이 환구단에서 황천상제와 황지기의 신위에 고유제를 올린 다음 황제로 등극하고, 태극전太極殿으로 돌아와 대한제국의 탄생을 알리는 조서詔書를 반포하는 행사가 중심이었다. 도31, 32

다음은 환구단 고유제의 제문이다. '대한제국은 단군과 기자로부터 시작하고 삼대의 유풍과 명나라의 정통성을 가진 나라인데, 상제의 돌보심으로 자주권을 행사하게 되었다'고 했다.

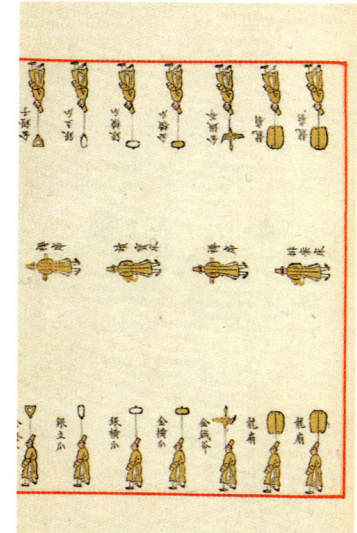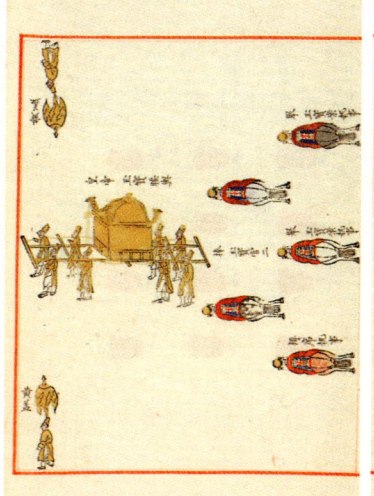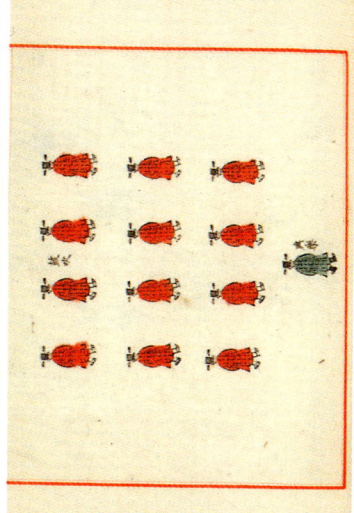

도32 대례 시 옥보를 올리는 행렬을 그린 반차도.『대례의궤』에 수록.

우리나라 인민의 군주는 단군과 기자 이후로 강토가 분열되어 각각 한 지역을 차지했습니다. 서로 침벌하여 하나로 정해지지 못하고 예맥, 여진, 숙신 등 나라의 명칭이 많았습니다. 고려에 이르러 마한, 진한, 변한을 아울렀는데 이를 '삼한을 통합'했다고 합니다.

신의 선조가 창업한 초기에 여도輿圖(지도) 이외의 지역으로 땅을 넓혔습니다. 북쪽으로 말갈의 유허遺墟를 다 차지하여 설산雪山으로 진鎭을 삼고 흑룡강으로 경계를 삼았습니다. 이곳은 치혁齒革과 우모羽毛, 염사檿絲(산뽕나무의 실)가 나오는 곳입니다. 남으로 탐라국(제주)을 수합하여 바닷가를 널리 개척하고 도서 지역이 바둑판처럼 벌어져 있으니, 이곳에서는 귤, 유자, 해산물, 광주리에 담긴 과일, 율황驈騜 등의 말, 예장豫章 경남梗楠 등의 목재가 해마다 공물로 들어옵니다. 폭원幅圓 4천리를 하나로 통일한 과업으로 우리 자손에게 만세토록 반석과 같은 종국宗國을 물려주셨습니다. 지금 천하에 삼대의 유풍은 우리나라에만 있고, 명나라의 정통도 여기에만 있습니다.

신은 황천상제께서 이 나라를 돌보아주심에 힘입어 독립의 기초를 세우고 자주권을 행사했습니다.[18]

18_『증보문헌비고』增補文獻備考 권54,「예고」禮考1, '환구'. 10월 13일(음력 9월 18일)에 발표된 조칙詔勅의 내용도 이와 비슷하다.

1899년 동지에 고종은 환구단에서 성대한 의식을 거행했다. 태조를 호천상제에 배향하는 대제大祭와 동지대제를 동시에 거행했는데, 고종황제가 제례를 주관하고 황태자가 배석했다. 이보다 앞서 고종은 태조와 4대 선왕先王을 황제로 추존追尊할 것을 명령하면서 이를 위해 3년이라는 시간을 기다렸다고 했다.

> 짐은 부덕한 사람으로 천지와 조종祖宗(선조)의 도움을 받고 신하와 백성들의 추대로 인해 마침내 대위大位에 오른 지 이제 3년이다. 그런데 배천配天하여 조상을 높이는 의례를 아직 거행하지 않은 것은 더없이 중요하고 공경스런 일이기 때문이다. 역대의 전례를 살펴보면 예조藝祖(문덕文德이 있는 선조)를 배천하고 추존하는 것은 아버지, 조부, 증조부, 고조부에서 그치는 것이 공통된 규례다. 인정에 미진하지만 예제에는 한도가 있기 때문에 짐의 뜻은 크게 정해졌고 신하들에게도 이미 널리 알렸다. 태조대왕을 추존하고 배천하는 의례와 장종대왕莊宗大王(사도세자), 정종대왕正宗大王, 순조대왕純祖大王, 익종대왕翼宗大王(순조의 아들이자 헌종의 아버지)을 추존하는 의례를 장례원掌禮院에서 널리 조사하여 거행하라.[19]

19_『고종실록』 권36, 고종 36년 12월 3일(양력).

12월 7일에 선왕들을 추존하는 행사가 진행되어 태조대왕은 태조고황제太祖高皇帝가 되었고, 장종은 장조의황제莊祖懿皇帝, 정종은 정조선황제正祖宣皇帝, 순조는 순조숙황제純祖肅皇帝, 익종은 문조익황제文祖翼皇帝가 되었다. 1899년 동지의 환구단 제천례는 이를 마무리하는 행사로서, 태조의 신위는 호천상제의 동남쪽에서 서쪽을 향하도록 배치했고, 제기는 정위正位에 있는 천지의 신위와 같았지만 폐백은 백색을 사용했다. 고종은 태조를 황제로 추존하고 환구단의 황천상제에 배향함으로써 『효경』孝經에서 말하는 최대의 효를 실천했다.

효는 아버지를 섬기는 것보다 큰 것이 없고, 아버지를 섬기는 것은 상제에 배향하는 것보다 큰 것이 없으니 주공周公이 바로 그런 사람이다. 옛날에 주공이 교사郊祀를 지내면서 후직后稷을 천제에 배향하고, 문왕文王을 명당明堂에 종사宗祀하여 상제에게 배향하니, 이 때문에 사해四海 안에서 각자의 직책에 따라 제사를 지냈다. 성인聖人의 덕으로 효보다 더한 것이 무엇이겠는가?[20]

20_ 『효경』 「성치」聖治.

대한제국 이후의 환구단

1908년에 들어와 환구제는 크게 간소화되었다. 1월에는 환구단의 대제가 종묘·사직과 함께 1인이 삼헌관(초헌관·아헌관·종헌관)을 겸하게 되었고, 7월에는 제사가 1년에 2차례로 축소되었다. 1910년 합방과 함께 환구단 제사는 완전히 폐지되었고, 1911년 2월에 환구단 건물과 부지는 조선총독부의 관할로 넘어갔다. 대한제국이 없어지고 일본의 식민지가 되면서 독립국임을 상징하던 환구단도 함께 사라진 것이다.

1911년에 일본거류민단은 일본인이 경영하는 공원(남산공원, 한양공원)이 남쪽에 치우쳐 있고 노약자가 산책하기에 부적당하므로 폐쇄된 채 방치되어 있던 환구단을 개방하여 공원으로 조성할 것을 청원했다. 또한 1905년 경부선 철도가 개통된 이후에는 서울을 방문하는 외국인 여행자의 편의를 위해 호텔의 건설이 필요하다는 요구가 나타났다. 결국 환구단이 서 있던 자리에는 철도호텔이 건설되었는데, 1913년 4월에 공사를 시작하여 1914년 9월 30일에 580여 평의 조선총독부 철도호텔이 완공되었다. 또한 석고단 부근에는 조선총독부 도서관을 지었다. 이제 환구단 자리에는 천지신위를 봉안한 황궁우皇穹宇와 고종의 즉위 40년을 기념한 석고단石鼓壇, 그리고 정문과 동문 일부만 남게 되었다. 일제가 환구단을 폐지한 까닭은 일왕만이 하늘제사를 지낼 수 있다는 논리 아래 식민지 지배를 정당화하는 한편, 독립의 구심점으로 작용할 근원을 사전에 제거해 버리려는 의도 때문이었다. 도33

도33 환구단 자리에 세워진 철도호텔

환구단의 해체 작업은 그 후에도 계속되었다. 1927년 6월 환구단의 동문東門이자 석고단의 정문인 광선문光宣門을 남산 본원사本院寺의 정문으로 옮겼고, 1935년 4월 석고각石鼓閣을 이등박문伊藤博文의 원찰인 박문사博文寺(현 장충동 신라호텔 일대)의 종각鐘閣으로 옮겨 세웠다. 다만, 석고石鼓만은 조선총독부 도서관 서고 뒤편(현 롯데쇼핑 자리)에 있다가, 1936년에 현재의 위치로 옮겨졌다. 그 후 1935년 8월 9일 조선고적명승천연기념물보존회에서는 환구단을 비롯한 73건을 보물로 지정하고, 사직단 외 49건을 고적으로 선정하였다. 환구단이 이미 사라진 뒤에 보물로 지정한 것이다.

환구단의 제도

1897년에 정비된 환구단 제도는 세조 대의 제도와 유사하지만 신위가 더욱 세분화되고 제단이 3층으로 구분되었다는 점이 달랐다. 가장 위에 위치한 상단에는 금색으로 칠한 원추형圓錐形의 지붕이, 중단과 하단에는 동무東廡·서무西廡가 각각 설치되어 있었다. 이는 모두 제례를 지낼 때 우천雨天에 대비하기 위한 시설물이다. 『독립신문』의 기록에 의하면 하단의 지름은 영조척으로 144척尺, 중단은 72척, 상단은 36

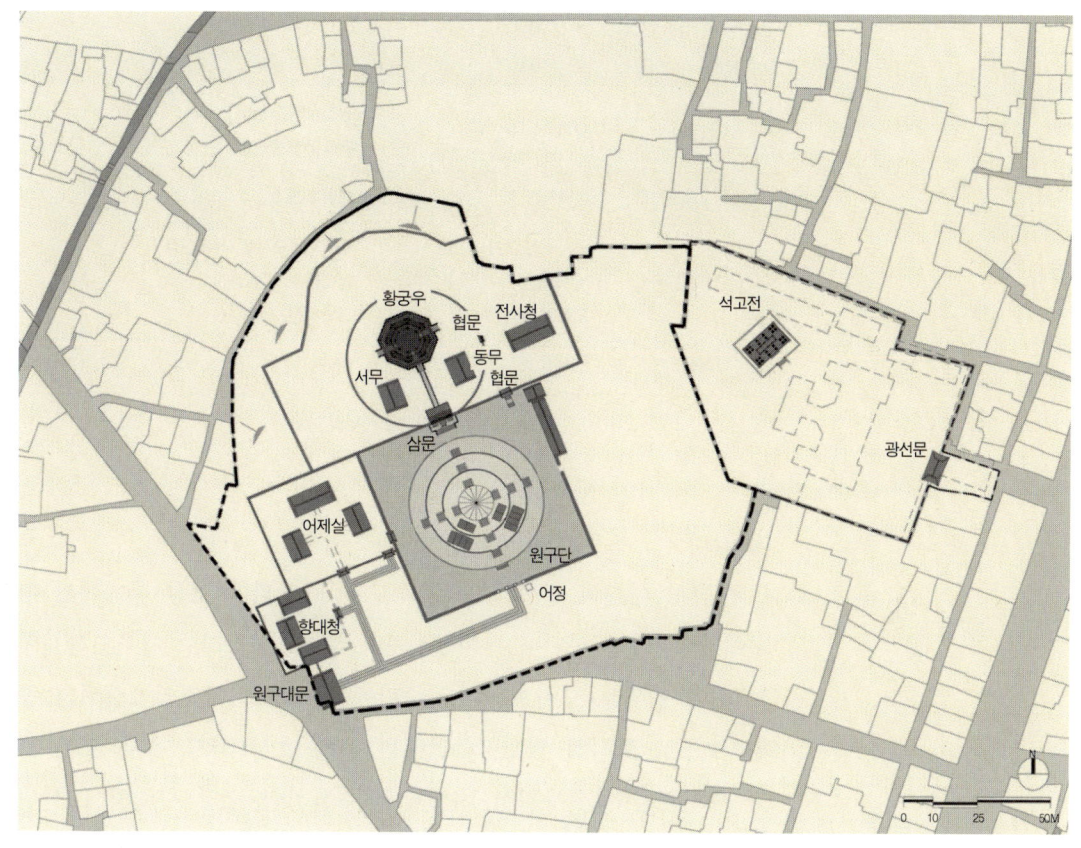

도34 환구단 영역 추정 배치도 『서울학연구』 40호, 「대한제국의 상징적 공간표상, 원구단」에 수록. ⓒ박희용

척이었고, 단의 높이는 3자 정도였다. 제단은 북쪽을 제외한 동서 남쪽에 계단이 설치되었으며, 제단의 주변에는 둥글게 담장을 쌓고 사방으로 황살문黃箭門을 내었는데 남문은 삼문三門이었다. 제단과 담장의 재료는 돌과 벽돌을 이용했다. 제단을 둥글게 한 것은 '하늘은 둥글고 땅은 네모지다'는 천원지방天圓地方의 관념에 따른 것으로, 3층의 제단에 원형으로 담장을 두른 것은 북경에 있는 천단天壇과 유사한 형태이나 크기는 그보다 작았다. 도34

환구제의 신위와 배치

환구제는 환구단 안에서 이루어졌다. 상단, 중단, 하단의 3단으로 조성된 환구단에 모셔진 천지자연天地自然의 신위와 그 위치를 살펴보면 〈표1-1〉

구분 \ 방향	방위 서쪽	방위 동쪽	계
상단(3정위)	황지기(남향)	황천상제(남향) 태조고황제(서향)	3신위
중단(2종향)	야명지신	대명지신	2신위
하단(12종향)	풍백지신, 운사지신 뇌사지신, 우사지신 오진지신, 사독지신	목화토금수지신, 북두칠성 이십팔수, 주천성신 오악지신, 사해지신	12신위
계	8신위	9신위	총 17신위

〈표1-1〉 환구제 신위의 배치

과 같다.

〈표1-1〉에서와 같이 환구제는 모두 17신위가 모신 상태에서 이루어졌다. 가장 상단에는 황천상제와 황지기, 그리고 태조고황제의 3신위가 정위로 모셔져 있고, 중단에는 대명과 야명의 2신위가 종향從享으로 모셔져 있고, 하단에는 풍백·운사·뇌사·우사·오진·사독·목화토금수·북두칠성·이십팔수·주천성신·오악·사해의 12신위가 역시 종향으로 모셔져 있다. 이들 17신위는 각 단마다 동서로 나누어져 배치되어 있다. 『환구단사제서의궤』에 따르면, 17신위가 모셔진 환구단의 제례 공간과 신위 배치에 대한 2개의 도설圖說이 확인된다.[도35]

먼저 제례 공간은 환구단을 중심으로 묘사되어 있다. 그 나머지 황궁우, 신실, 어재실, 향대청, 대문 등은 작은 도설로 그려져 있다. 이 도설이 환구단의 제례 공간에 초점이 맞추어져 있음을 말해준다. 특히 3단으로 이루어진 환구단의 왼쪽 아래에 망료위望燎位(제례 후 신주를 불태우는 장소)의 위치가 확인된다. 그 오른쪽에는 대황제 판위와 황태자의 판위가 확인된다. 위의 도설에서는 확인되지 않지만, 분헌관의 위치는 황태자 판위 옆에 배치되어 있었다.

다음으로 신위 배치도에 따르면, 17신위는 3단으로 구분하여 배

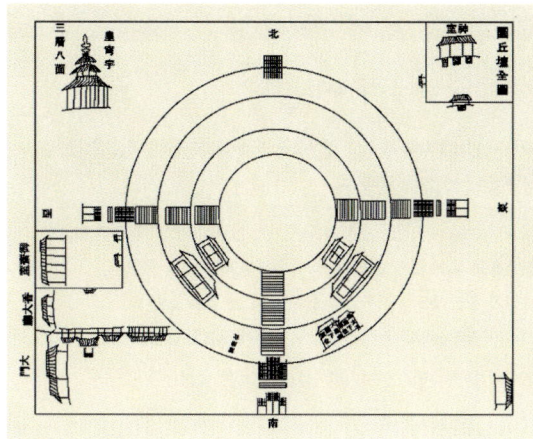
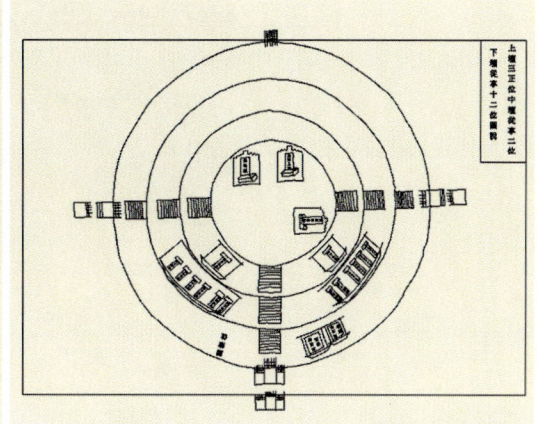

치된다. 둥그런 제단 위에 황천상제와 황지기가 남향南向하여 배치되고 태조고황제가 서향西向하여 상단에 위치하고 있다. 대명과 야명 신위는 중단의 동남과 서남쪽 위치에서 북향北向하여 종향되어 있다. 풍백·운사·뇌사·우사·오진·사독·목화토금수·북두칠성·이십팔수·주천성신·오악·사해의 12신위는 하단의 동남과 서남쪽에 북향하여 종향되어 있다. 전체적으로 17신위가 상단의 3개 신위를 중심으로 동남과 서남쪽에 배치되었음이 확인된다.

도35 환구제 공간과 신위 배치도
『서울학연구』 40호, 「대한제국의 상징적 공간표상, 원구단」에 수록.
ⓒ박희용
『환구단사제서의궤』에 수록된 도설을 도면화한 것.

환구제의 의식 절차

환구제의 의식 절차에 대해서는 『대례의궤』, 『대한예전』, 『의주등록』儀註謄錄 등에 관련 기록이 남아 있다. 〈표1-2〉에서는 1897년 고종이 황제로 등극할 때 올렸던 「친사환구의」親祀圜丘儀의 내용을 소개하는데, 이는 『대례의궤』에 수록되어 있다. 이때 고종은 천신인 황천상제와 지신인 황지기의 신주를 모시고, 자신이 황제위에 오르는 일을 보고하는 고유제를 올렸다.

고종황제는 초헌, 아헌, 종헌을 모두 거행했다. 이는 세조 대의 제천례와 동일했다. 황천상제와 황지기 이외의 신위에 술잔을 올리는 것은 분헌관分獻官이 담당했다. 분헌관에는 황태자와 대신들이

절차	내용
초엄初嚴·이엄二嚴·삼엄三嚴	행사나 행군 등의 준비를 알리던 신호
황제 입장	폐하가 면복冕服을 갖추고 입장하면 의례 참가자들이 국궁사배(몸을 구부려 네 번 절을 함)를 함
신관례晨祼禮	폐하가 손을 씻고 황천상제와 황지기의 신위에 울창주鬱鬯酒(울금향鬱金香을 넣어 빚은 술. 제사의 강신降神에 쓰임)를 올림 폐하가 황천상제와 황지기의 신위에 세 번 향을 올림(三上香) 폐하가 황천상제와 황지기의 신위에 옥백玉帛을 올림(奠玉帛)
진조進俎	폐하가 황천상제와 황지기의 신위에 조俎를 올림
초헌례初獻禮	폐하가 황천상제와 황지기의 신위에 첫번째 술잔을 올림
독축讀祝	대축大祝이 신위 오른편에서 축문을 읽음
아헌례亞獻禮	폐하가 황천상제와 황지기의 신위에 두번째 술잔을 올림
종헌례終獻禮	폐하가 황천상제와 황지기의 신위에 세번째 술잔을 올림
음복례飮福禮	제사를 마친 폐하가 음복을 함
국궁사배鞠躬四拜	제사를 마친 폐하 이하 모든 참가자들이 국궁사배를 함
변두籩豆 철거	제사에 사용된 변두籩豆(제기) 1개씩을 조금 옆으로 옮김
망료望燎	망료위望燎位에 나아가 제사에 사용된 축문과 폐백을 태움

〈표1-2〉 환구제의 의식 절차

임명되었다.

황궁우와 석고단   1899년(광무 3) 12월에 환구단 북쪽에 황궁우 건물이 완성되었다. 공사는 1898년 9월에 시작되었는데 상량문 제술관製述官에 윤용선尹容善(1829~?), 서사관書寫官에 서정순徐正淳(1835~1908)이 임명되었고, 건축비로는 33,288원元이 지출되었다. 황궁우는 환구단의 신위를 보관하는 건물로 세워졌는데, 이곳이 제천례를 거행하는 장소임을 부각시키고 새로 탄생한 황제의 권위를 표상하는 상징물의 역할을 했다.

황궁우는 화강암으로 된 기단과 난간을 세운 팔각형의 3층 목조 건물로 화재를 막기 위해 난간에 20여 기의 해태를 배치하고 지붕

에는 원숭이 등 잡상을 배치했다.^{도36}

황궁우가 완공된 1899년 동지일에 고종은 환구단에서 태조고황제의 신주를 황천상제에 배향하는 제사를 거행했다. 이는 고종이 진행해온 선왕들의 추존을 마무리하는 동시에 유교에서 말하는 최대의 효를 실천했음을 의미하는 조치였다.

1902년(광무 6)에는 환구단에 석고단石鼓壇이 건설되었다. 고종 황제가 1902년에 망육望六 즉 59세가 되고 즉위 40주년이 되는 것을 경축하기 위해서였다. 이는 주나라 때에 선왕宣王의 덕을 칭송하는 글을 새긴 비석을 열 곳에 세웠다는 고사를 원용한 것으로, 고종의 덕을 석고 즉 북 모양의 돌에 새겨서 조성한 단이다. 석고는 하늘의 소리를 지상에 전하는 임무를 가진 것으로 전해진다. 석고단의 조성은 1901년(광무 5) 2월에 관민 합동의 송성건의소頌聖建議所가 설립되어 단을 세울 것을 결의하면서 시작되었고, 공사비는 궁내부의 보조금과 지방의 관찰사 이하 관리들, 뜻을 같이하는 사람, 소학교 학생들이 모은 기부금으로 충당했다. 석고단 공사는 1902년 1월 6일에 부지가 환구단 동쪽으로 정해졌고, 11월 말에는 외각外閣이 건립되었으며, 1903년에 준공되었다. 석고단은 석단과 광희문光熙門으로 구성되었으며, 석고의 재료는 충남 남포藍浦의 돌

도36 환구단 자리에 남아 있는 황궁우 건물(왼쪽) ⓒ 돌베개
도37 환구단 자리에 남아 있는 석고단 ⓒ 돌베개

을 사용했다. 석고단의 설계는 환구단과 황궁우를 설계했던 기사 심의석沈宜錫(1859~1927)이 담당했다.

일본의 식민지 지배가 시작되면서 환구단과 함께 석고단도 파괴되었다. 현재 환구단에는 황궁우 건물과 환구단에서 황궁우로 오르는 출입문, 석고단에 있던 석고 3기가 남아 있다.도37 2000년 서울시에서는 시청 광장에서 환구단에 이르는 길의 일부 지역을 구입하여 '환구단 공원'을 조성했다. 고종황제는 대한제국이 제천례를 거행하는 황제국이자 독립국임을 상징적으로 보여주기 위해 환구단을 건설했는데, 이를 완전히 복원하는 것은 우리들의 과제로 남아 있다.

7 환구제의 악·가·무

환구제의 의식 절차와 음악

조선 초기의 환구제 음악은 고려시대의 전통을 따랐고 악장樂章만 고쳐 쓰는 정도였다.[21]

이때에는 영신례迎神禮(신을 맞이하는 의식 절차)와 송신례送神禮(신을 보내는 의식 절차)에 황종궁黃鍾宮, 즉 황종음(c음)으로 음악을 시작하여 황종음으로 마치는 선율을 썼고 이후의 부분에서는 태주궁太簇宮, 즉 태주음(d음)으로 음악을 시작하고 마치는 선율을 연주하였다. 그러나 1416년(태종 16) 이후 조용趙庸(?~1424)이 예조판서가 되면서 이를 개정하여 당하에서는 황종궁黃鍾宮을 연주하고, 당상에서는 대려궁大呂宮을 노래하도록 하여 주나라의 제도를 회복하였다.

환구제는 천신에게 지내는 제사이므로 황종과 대려, 곧 자子와 축丑의, 율려律呂의 음양이 합하는 법을 택한 것이다. 그러나 이는 일시적인 것이었고 이후 다시 그 전의 제도로서 당상과 당하에서 모두 양률인 태주궁을 썼고 영신과 송신에 황종궁 선율을 썼다.[22]

1457년(세조 3) 세조는 면복冕服을 갖추고 환구단圜丘壇에 올라 환구제를 올렸다. 의례는 영신迎神, 전옥폐奠玉幣(폐백을 올리는 절차), 진조進俎, 초헌初獻, 아헌亞獻, 종헌終獻, 음복飮福, 철변두徹籩豆, 송신送

21_『태조실록』 권8, 태조 4년 11월 병자(16일).

22_『세종실록』 권47, 세종 12년 2월 경진(19일).

神, 망료望燎의 순으로 거행되었다. 이때에 사용된 악장과 음악은 『세조실록』「신제아악보」新制雅樂譜에 기록되어 있다.[23] 이 음악은 1464년(세조 10) 새로 만든 환구제례악을 사용하기 전까지 7년간 사용된 것으로 생각된다.

23_ 『세조실록』 권48 「신제아악보」.

1464년(세조 10)에도 세조는 환구제를 친히 지냈다. 1월 15일의 일이다. 이때에는 세종 대에 제정된 악무인 보태평保太平과 정대업定大業, 그리고 일무佾舞(여러 줄로 벌여 서서 추는 춤)가 연행되었고, 융안지악隆安之樂, 성안지악成安之樂, 영안지악寧安之樂 등의 음악이 사용되었다. 당시 거행되었던 환구제를 중심으로 그 절차와 음악에 대해 시간 순으로 살펴본다.

환구제는 제사 지내기 7일 전부터 그 일정이 시작된다. 왕은 제사가 시작되기 전 7일 동안 몸과 마음을 가다듬고 삼가며 재계齊戒한다. 7일 중 4일 동안은 별전別殿에서 지내면서 산재散齋하는데, 이때에는 조상弔喪이나 문병問病을 하지 않으며 음악을 듣지 않는다. 나머지 3일 동안은 치재致齋하는데, 이때에는 제사에 관한 일에만 전념하여 제사에 흠이 없도록 힘쓴다.

제사 지낼 때 전상殿上에 오를 사람도 모두 4일간 산재하고 3일간 치재한다. 치재하기 2일 전에는 의정부에 모여서 의식을 연습하고, 제사 지내기 2일 전에 모두 목욕하고 옷을 갈아입는다. 한성부는 길을 청소하여 여러 흉하고 더러운 것을 보지 못하도록 하고, 곡哭과 읍泣하는 소리가 제사 지낼 곳에 들리지 않도록 단속한다.

제사 지내기 3일 전부터는 제사를 위해 필요한 각종 시설을 진설陳設하기 시작한다. 충호위忠扈衛에서는 왕이 임시로 기다리는 장막인 대차大次와 신하들이 대기할 장막인 차次를 설치하고, 제사 2일 전에는 전사관典祀官과 환구단을 관장하는 관리가 소속 관리를 이끌고 환구단의 안팎을 청소하며 단 위에서 태울 섶(柴)을 미리 태우는 단(燎壇)에 준비해 놓는다. 아악서 소속의 아악령雅樂令은 악대를 설치해 놓는다.

제사 1일 전에는 신좌를 설치하고, 왕이 서는 자리(관위版位)와 음복할 자리 등 제사에 참여할 사람들의 자리를 설치한다. 음악을 시작할 때와 끝날 때 휘麾(음악의 시작과 끝을 알리는 의장)를 들어 알리는 협률랑協律郎과 음악을 이끄는 아악령의 자리도 설치해 놓는다.

환구제를 시작하기 5각(1각은 15분) 전에는 각종 찬구饌具에 제사를 위한 음식을 담아 놓고, 신위판은 신좌神座에 설치한다. 3각 전에는 제사할 여러 관원이 옷을 갖추어 입고 절하는 자리에 나아가 네 번 절한 후 각자의 자리로 나아간다. 아악령은 음악을 연주할 공인工人을 이끌고 자리에 나아간다. 1각 전에 제사 지낼 준비를 마친 후 왕에게 준비가 다 되었음을 알리면 왕은 면복冕服을 갖추고 나온다.

왕이 환구단의 정문正門에서 자리로 나아가 서향西向하여 서면 헌가軒架에서는 보태평지악保太平之樂을 연주하고 일무는 보태평지무保太平之舞를 춘다. 섶을 태우는 요단에 준비해 놓은 섶(柴)을 태워 연기를 하늘에 오르게 하며 희생의 피와 털을 구덩이에 묻어 땅과 통하게 하여 신을 맞이한다.

신을 맞이한 이후에는 신위 앞에 나아가 폐백을 올린다(奠幣). 순서는 호천상제, 황지기 신위의 순으로 한다. 이때 등가登歌에서는 보태평지악을 연주하고 일무는 보태평지무를 추는 가운데 왕은 향을 세 번 피우고 옥폐玉幣를 신위 앞에 올린다. 올리기를 마치면 연주를 그친다. 왕은 남계(午階)로 내려와 제자리로 돌아간다.

찬을 올리는 절차(進俎)가 되면 음악은 헌가에서 융안지악隆安之樂을 연주한다. 이때 왕은 호천상제와 황지기의 신위 앞에 각각 나아가 생갑牲匣(희생을 담는 그릇)을 올린다. 올리기를 마치면 연주를 그친다.

첫번째 술잔을 올리는 초헌初獻 절차에서는 등가에서 보태평지악을 연주하고 춤은 보태평지무를 춘다. 왕이 상제에게 술을 올리기 위해 준소尊所에 나아가 북향하여 서서 범제泛齊를 올린다. 이어서

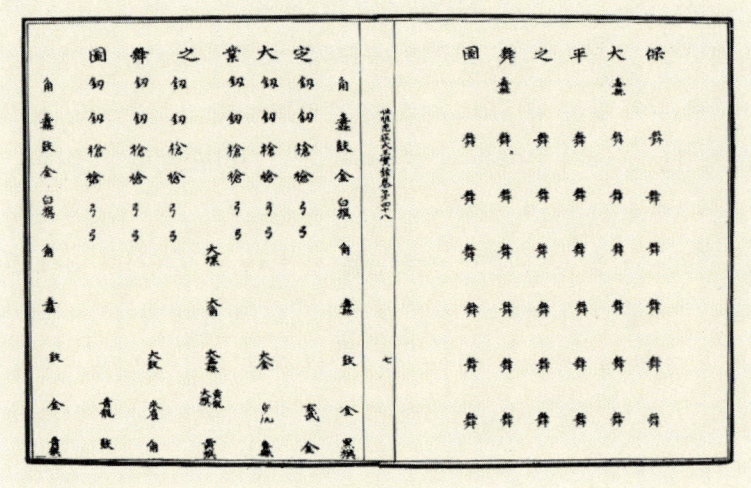

도38 보태평지무도와 정대업지무도
『세조실록』권48 「신제아악보」 '환구'에 수록.

황지기의 신위 앞에 나아가 번제를 올린 후에는 연주를 그친다. 연주를 그친 후에는 대축大祝이 동향하여 무릎을 꿇고 앉아 축문을 읽는다.

초헌에 이어 두번째 술잔을 올리는 아헌亞獻 절차가 시작되는데 음악은 헌가에서 정대업지악定大業之樂을 연주하고 일무는 정대업지무定大業之舞를 춘다. 술은 초헌례에서 올린 번제와는 탁도濁度가 다른 예제醴齊를 올린다. 아헌에 이어 세번째 술잔을 올리는 종헌終獻 절차가 시작되는데 이때 연주되는 악무는 아헌례와 같이 헌가에서 정대업지악을 연주하고 일무는 정대업지무를 춘다. 술은 앙제盎齊를 올린다. 도38

제사 지낸 술을 마시는 절차인 음복례飮福禮에서 악무는 연행되지 않는다. 제기를 거두는 철변두徹籩豆 절차에서는 등가에서 성안지악成安之樂을 연주한다. 신을 보내는 절차인 송신례送神禮에서는 헌가에서 영안지악寧安之樂을 연주한다. 송신 절차에 이어서는 '태우는' 망료望燎와 '땅에 묻는' 망예望瘞 절차가 이어지는데, 태우는 것은 상제를 비롯하여 대명大明, 야명夜明, 성신星辰, 동서남북해東西南北海 등의 천신을 위한 것이고 묻는 것은 황지기, 악독嶽瀆, 산천山

도39 『세조실록』「신제아악보」에 수록된 환구제례악 악보

川 등의 지기地祇를 위한 것이다. 폐백과 축판, 찬물饌物을 태우고 지기에 바쳤던 희생의 앞다리 하나와 서직반黍稷飯, 술 등은 구덩이에 묻는다. 이러한 의례를 모두 행한 후에는 각각 네 번 절하고 의례를 마친다.

1464년(세조 10) 1월 15일에 행했던 환구제의 절차와 악무의 순서는 〈표1-3〉과 같다.

절차	곡명	악현	일무
영신	보태평지악(영신희문)	헌가	보태평지무
전폐	보태평지악(전폐희문)	등가	보태평지무
진조	융안지악	헌가	
초헌	보태평지악(기명)	등가	보태평지무
아헌	정대업지악(선위)	헌가	정대업지무
종헌	정대업지악(탁정)	헌가	정대업지무
음복수조			
철변두	성안지악成安之樂	등가	
송신	영안지악寧安之樂	헌가	
망료/망예			

〈표1-3〉 1464년(세조10) 1월 15일에 행했던 환구제의 절차와 연행 악무[24]

24_『세조실록』권32, 세조 10년 1월 무진(15일).;『세조실록』권48「신제아악보」'환구'.

세조 10년의 환구제에서는 보태평과 정대업의 음악과 일무, 그리고 융안지악과 성안지악, 영안지악을 제례악으로 사용했다. 일무는 문무와 무무를 모두 사용했는데 영신과 전폐, 초헌, 아헌 종헌의 절차에서 연행되었다. 이때 연행되었던 음악의 악보는 『세조실록』 권48 「신제아악보」에 수록되어 있다.[도39]

고종이 황제로 즉위하면서 거행한 대한제국 시기의 환구제는 조선시대에 거행했던 것과 여러 면에서 차이가 있다. '천제는 천자만이 지낼 수 있다'는 명분론에 더 이상 얽매일 이유가 없었으므로 황제의 위상을 갖춘 의례를 추구한 것이다. 대한제국 시기 환구제의 의례 절차와 악무의 연행 순서는 〈표1-4〉와 같다.

세조 대와 대한제국 시기 환구제의 의식 절차에서는 큰 변화를 보이지 않는다. 다만 세조 대에는 망료와 망예의 두 절차가 있지만 대한제국 시기에는 망예 절차는 없고 태우는 망료 절차만 있는 차이가 있다. 그러나 악무의 편성과 내용, 명칭의 변화, 일무의 원수 등에서는 큰 변화를 보인다. 세조 대에는 향악과 아악을 모두 사용했지만 대한제국 시기에는 모두 아악을 사용하였다. 또 세조 대에는 영신과 전폐 절차에서도 일무를 연행했지만 대한제국 시기

절차	곡명	악조	악현	일무
영신	중화지곡中和之曲	협종궁/남려궁/고선궁/대려궁	궁가	
전폐	숙화지곡肅和之曲	대려궁	등가	
진찬	응화지곡凝和之曲	황종궁	궁가	
초헌	수화지곡壽和之曲	대려궁	등가	무공지무武功之舞
아헌	예화지곡豫和之曲	황종궁	궁가	문덕지무文德之舞
종헌	희화지곡熙和之曲	황종궁	궁가	문덕지무文德之舞
음복수조				
철변두	옹화지곡雍和之曲	대려궁	등가	
송신	안화지곡安和之曲	협종궁	궁가	
망료	안화지곡安和之曲	협종궁	궁가	

〈표1-4〉 대한제국 시기 환구제의 절차와 연행 악무[25]

25_ 『대한예전』 권2 '환구'에 서술되어 있는 내용을 도표화한 것이다.

도40 『세조실록』 「신제아악보」에 수록된 환구제례의 등가와 헌가악대

에는 초헌과 아헌, 종헌의 절차에서만 일무를 연행했다는 차이가 있다.

조선시대의 당상악과 당하악의 명칭은 제후국의 예에 따라 등가登歌와 헌가軒架로 사용했지만 대한제국 시기 황제국 악현의 명칭은 황제국의 예에 따라 등가와 궁가宮架로 바뀌었다. 또 이때 연행하는 일무의 원수는 36인이 연행하는 육일무六佾舞가 아닌 64인이 연행하는 팔일무로 바뀌는 등의 변화가 보인다. 도40

악현과 악기, 일무   환구제를 지낼 때는 기악(樂)과 노래(歌), 춤(舞), 즉 넓은 의미의 '악'樂을 연행한다. 이때에는 우주에서 생산되는 물질 가운데 소리를 낼 수 있는 여덟 가지 재료인 팔음八音, 즉 쇠붙이(金)·돌(石)·실(絲)·대나무(竹)·박(匏)·흙(土)·가죽(革)·나무(木)의 여덟 가지 재료로 만든 여러 악기의 반주에 맞추어 사람의 목소리와 춤을 갖추어 제사를 올린다.

세조 대 이전의 환구제례악 악현에 대해서는 상세한 기록이 없으나 조선 건국 이후에는 고려조의 제도를 따라 아악기를 위주로 하고 일부는 향악기도 사용하였다. 이러한 제도는 1428년(세종 10)

에 이르러 원단, 사직, 풍운뇌우, 우사, 선농, 선잠 등의 제사에 향악을 쓰지 않기로 하는 결정이 내려지면서[26] 아악 위주의 음악을 연주하는 전통으로 바뀌어 1464년(세조 10)에 보태평과 정대업이 환구제례악으로 채택되기 이전까지 환구제에서는 아악을 연주하였다.

그러나 1464년(세조 10) 1월 15일에 연행된 환구제에서는 종묘제례악에서 연행되는 보태평과 정대업을 썼고, 또 융안지악·성안지악·영안지악이 연주되었으므로 다시 향악과 아악을 섞어 연주하는 제도가 환원된 것이다. 1464년 1월 14일에 거행된 종묘제례에서는 세종 대에 회례악무會禮樂舞로 제정되었던 보태평과 정대업의 악무를 다시 제례용 음악으로 개정한 음악을 사용했고[27] 그 다음날에 거행된 환구제에서도 같은 보태평과 정대업을 연주하였다.[28]

이상 살펴본 바와 같이 1464년의 환구제에서는 향악과 아악을 모두 연주하였다. 특히 보태평과 정대업은 환구제의 핵심 절차인 영신례·전폐례·초헌례·아헌례·종헌례에서 사용되어 세조 대 환구제례악은 아악보다는 향악이 중심 악무로 연행되었음이 확인된다.

이처럼 세조 10년에 거행된 환구제례의 핵심 절차에서 보태평과 정대업을 연주하도록 한 전통은 일찍이 보태평과 정대업의 우수성을 인식한 세조가 있었기 때문이다. 세조는 수양대군 시절 기녀 수십 인을 데리고 그 악무를 익히도록 하여 악무가 연행될 수 있도록 큰 공헌을 한 바 있다.[29] 세조는 특히 세종이 지은 새로운 음악이 제대로 활용되지 않고 있다 하여 애석해 하였고 이를 전승하기 위한 여러 방안을 모색한 바 있다.

> 예를 제정하고 악을 만드는 일은 성인이 아니면 능히 하지 못한다. 이에 천만년이 지나도록 고쳐 새롭게 하는 자가 없으니 이는 성인이 세상에 나오기 어려운 까닭이다. …… 세종께서는 하늘이 내신 지혜로서

26_ 『세종실록』 권39, 세종 10년 1월 정해(4일).

27_ 『세조실록』 권32, 세조 10년 1월 정묘(14일).

28_ 『세조실록』 권32, 세조 10년 1월 무진(15일).

29_ 『세종실록』 권126, 세종 31년 12월 정사(11일).

여러 악무를 제정하셨는데 미처 이를 활용하지 못하셨다. …… 이때에 거행하지 않는다면 후세에 장차 폐기될 것이니, 어찌 애석하지 않은가! …… 지금부터 정대업, 보태평 등의 신악을 익히고 구악을 다 폐지하라.³⁰

30_ 『세조실록』 권20, 세조 6년 4월 무진(22일).

세종 대에 회례악무로 제정되었지만 잘 활용되지 않았던 정대업과 보태평을 세조는 제례용 악무로 사용하기로 하고 1464년(세조 10) 1월 14일의 종묘제례와 1월 15일의 환구제례의 악무로 썼다. 이는 세조의 위와 같은 의도가 반영된 것이었다.

따라서 1464년의 환구제례악은 세종이 창제한 향악인 보태평과 정대업, 아악인 융안지악·성안지악·영안지악을 연주함으로써, 향악기와 당악기·아악기가 모두 편성된 악대와 아악기로만 편성된 악대가 각각의 절차에서 음악을 연주한 것으로 보인다.

다시 말하면 보태평과 정대업은 편종과 편경·훈·지·생·우·화·축·어 등의 아악기는 물론 장고와 방향·당비파·당적 등의 당악기, 가야금·거문고·대금·중금·소금과 같은 향악기가 두루 편성되어 연주함으로써 아악기, 당악기, 향악기의 혼합편성의 악대가 음악을 연주하였다. 그런가 하면 융안지악, 성안지악, 영안지악을 연주할 때에는 아악기로만 편성된 악대가 음악을 연주하였다.

환구제례악을 연주할 때 가장 특징적인 아악기는 북면이 여섯 개인 뇌고雷鼓와 뇌도雷鼗이다. 사직제와 같은 지기地祇를 제사할 때는 북면이 여덟 개인 영고靈鼓와 영도靈鼗를 쓰지만 ^{도41, 42} 환구제는 천신天神을 제사하기 때문에 6의 수로 된 악기를 택한다. 이는 『주례』 「춘관·대사악」春官·大司樂의 "천신을 제사할 때에는 악6변, 지기를 제사할 때에는 악8변"이라는 전거를 따른 것이다.³¹ 이 숫자는 음악을 연주하는 횟수와도 관계가 있지만 특정 제사에 사용하는 북의 면수와도 관계된다.

31_ 『주례』 「춘관·대사악」 "若樂六變, 則天神皆降, 可得而禮矣. …… 若樂八變, 則地示皆出, 可得而禮矣."

뇌고와 뇌도는 천제에 쓰이는 것이므로 말가죽으로 만든다. 건

 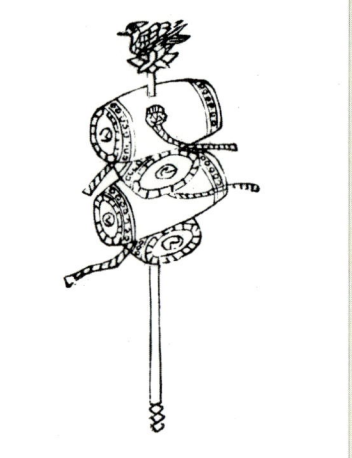

도41·42 『국조오례서례』의 영고와 영도
북면이 모두 여덟 개이다.

 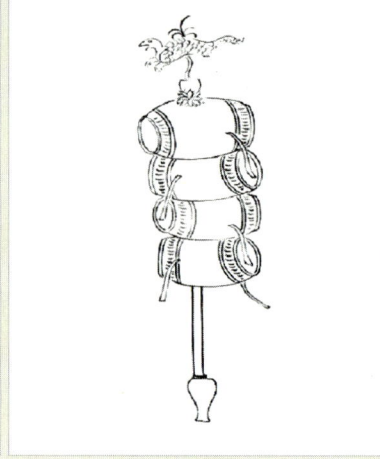

도43·44 천신제에 사용하는 뇌고(치는 북)와 뇌도(흔드는 북) 『세종실록』「오례」에 수록.

 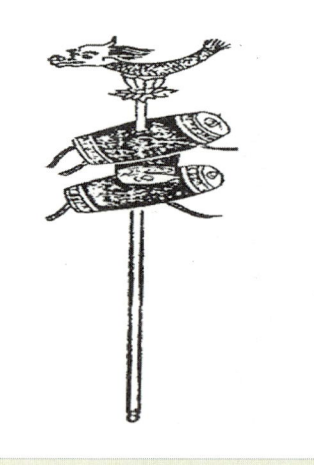

도45·46 『악학궤범』의 뇌고와 뇌도
뇌고의 경우 세종 대의 것과 달리 6면으로 되어 있다.

괘乾卦 즉 하늘은 말(馬)에 해당하기 때문이다. 또 치는 6면 북인 뇌고와 흔드는 6면 북인 뇌도를 모두 사용하는 것은 '고'로 조절을 하고 '도'로 조짐을 보이는 것이라는 내용이 진양의 『악서』에 보인다. 그러나 세종 대와 세조 대의 뇌고는 그 북의 면수가 8면이다. 이는 한대 학자인 정현鄭玄이 "뇌고는 8면이요, 영고와 노고는 4면이다"라고 해석한 견해를 받아들였기 때문이다.^{도43, 44} 성종 대 『악학궤범』의 뇌고와 뇌도가 6면으로 되어 있는 것으로 볼 때 8면 뇌고의 제도를 채택한 것은 조선 전기의 상황으로 이해된다.^{도45, 46}

대한제국 시기 환구제의 악현은 조선 후기 아악을 연주하는 제례악의 제도를 따라 아악기만의 편성으로 음악을 연주하였다. 이는 향악인 보태평과 정대업을 아악과 병용했던 세조 대의 제도와 크게 달라진 것이다. 대한제국 시기 환구제의 등가와 궁가악현은 90~91쪽의 그림과 같다.

이 악현도에 보이듯 대한제국 시기 환구제례악의 등가에는 노래를 포함하여 총 20종(노래 포함)의 악기를 31명의 인원이 연주하였고, 궁가에는 총 17종(노래 포함)의 악기를 28명의 인원이 연주했다. 이러한 악현은 노래와 현악기 위주로 편성하는 등가와 관악기 위주로 편성하는 헌가를 고수한 고제古制는 아니었다. 이는 조선 후기 아악의 편성을 거의 답습한 것으로 보인다.

환구제례악의 일무는 1464년(세조 10)의 경우 제후국의 예를 따라 보태평지무, 정대업지무가 각각 육일무를 연행했다. 육일무의 원수는 일과 열 모두 6인씩으로 하여 36명이 연행하는 제도를 따랐다. 그러나 대한제국 시기에는 황제국의 위상에 따라 '대사大祀 팔일무' 제도를 취해 문무와 무무를 연행하였다.

악장과 선율

1457년(세조 3) 세조는 면복冕服을 갖추고 환구단圜丘壇에 올라 환구제를 올렸다. 의례는 영신迎神, 전옥폐奠玉幣, 진조進俎, 초헌初獻, 아헌亞獻, 종헌終獻,

32_ 『대한예전』 권4, 「아부악현도설」 '환구등가·환구궁가'.

대한제국 시기 환구제의 등가 및 궁가악현의 배치와 사용된 악기

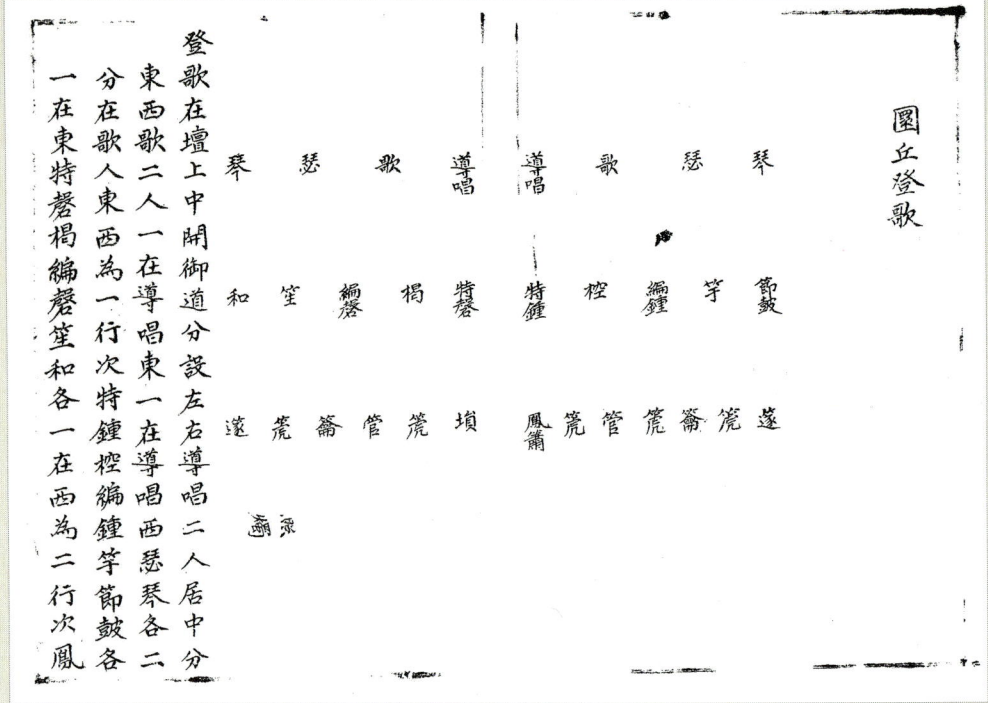

『대한예전』에 수록된 환구제례악 등가악현

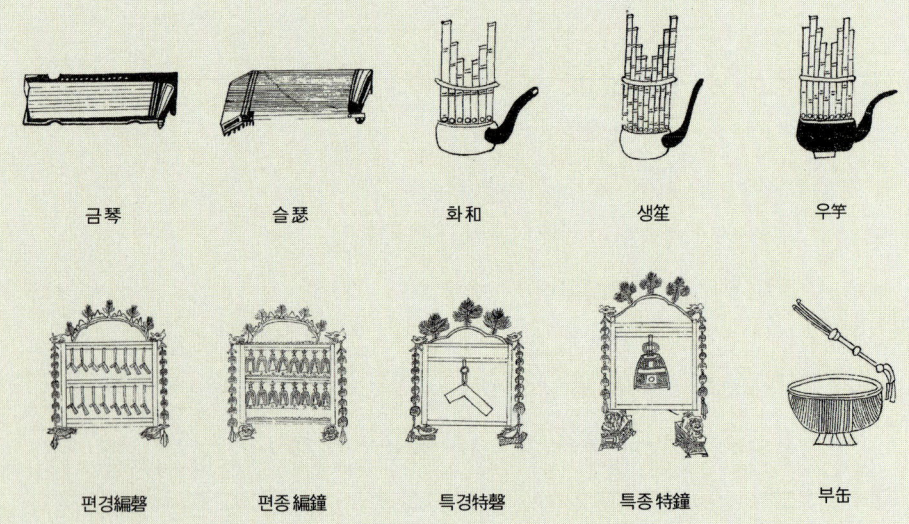

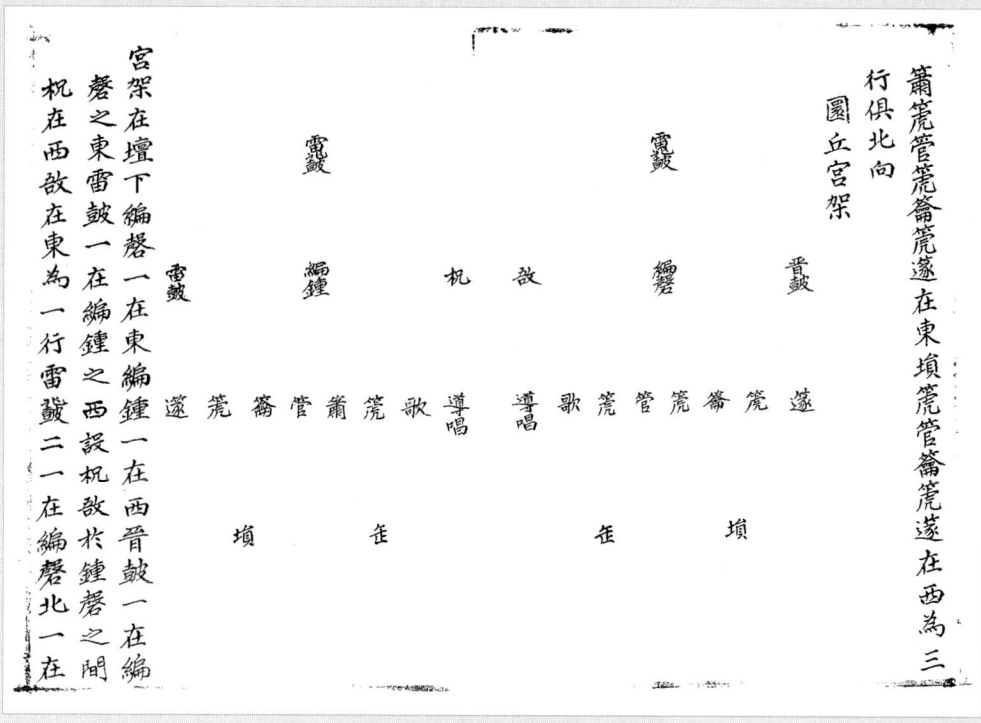

「대한예전」에 수록된 환구제례악 궁가악현

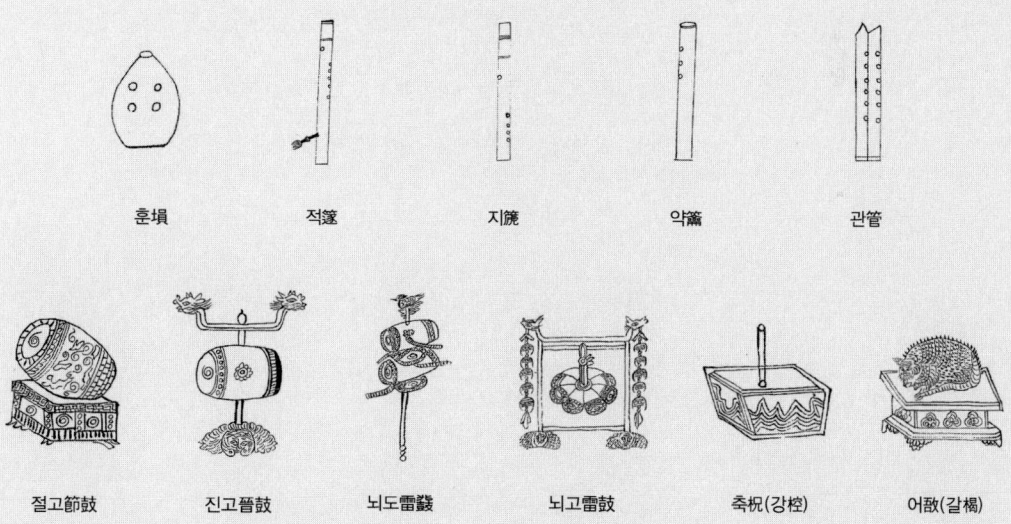

음복飮福, 철변두徹籩豆, 송신送神, 망료望燎의 순으로 거행되었는데 각 절차마다 4언 4구의 악장을 협종궁夾鍾宮 선율로 노래했다. 음악은 아악을 썼으므로 기조필곡起調畢曲의 원리, 즉 곡을 시작한 음으로 곡을 마치는 원리를 따라 협종음으로 곡을 시작하고 마쳤다. 이때 사용된 악장과 음악은 『세조실록』「신제아악보」에 기록되어 있는데,[33] 모든 절차에서 향악이 아닌 아악을 썼고 동일한 협종궁의 선율로 노래했다. 이는 『주례』의 주에 '협종夾鍾은 방성房星·심성心星의 기氣에서 나나니, 방성·심성은 천제天帝의 명당明堂이 되는 것이다.'라는 내용과 진양『악서』樂書의 '제帝가 진방震方에서 나오므로 협종궁을 써서 천신을 내리게 한다'는 전거를 바탕으로 한 것이며 『대명집례』의 예를 따른 것이다.

이때 거행한 환구제는 영신, 전옥폐, 진조, 초헌, 아헌, 종헌, 철변두, 송신, 망료 절차의 순으로 진행됐는데, 그 각각의 절차에 쓰인 악장과 선율을 소개한다.[34]

영신

위대한 하늘이 밝게 임하시니 　　　　　　　惟皇昊天 臨下有赫
조촐한 의식으로 이르시게 하노라 　　　　　敢用菲儀 以御來格

악장; 惟皇昊天 臨下有赫 敢用菲儀 以御來格
선율; 夾潢無林 仲林潢南 林夾潢無 汰潢仲夾

전옥폐

아름다운 옥을 벌여 놓으니 폐백도 깨끗하여라 　嘉玉旣陳 制幣亦潔
비로소 깨끗한 제사를 올려 　　　　　　　　　肇薦明禋 對越肅肅
엄숙히 상제를 대하도다

악장; 嘉玉旣陳 制幣亦潔 肇薦明禋 對越肅肅

[33] 『세조실록』 권48 「신제아악보」;『국조보감』國朝寶鑑 권10, 세조조1 세조 2년 1월.

[34] 『세조실록』 권48,「신제아악보」.

선율; 夾潢無林 仲林潢南 林夾潢無 汰潢仲夾

진조
변두를 벌여 놓으니 향기로운 서직이로다   有踐籩豆 芯芬黍稷
대갱을 이미 올리니 붉은 희생이 매우 크도다   旣薦大羹 騂牡孔碩

악장: 有踐籩豆 芯芬黍稷 旣薦大羹 騂牡孔碩
선율; 夾潢無林 仲林潢南 林夾潢無 汰潢仲夾

초헌
맑은 술이 이미 가득한데   淸酤旣載 樂具入奏
음악을 갖추어 연주하도다
저 큰 잔에 술을 따르어   酌彼康爵 以妥以侑
편안히 해드리고 흥을 돋우도다

악장: 淸酤旣載 樂具入奏 酌彼康爵 以妥以侑
선율; 夾潢無林 仲林潢南 林夾潢無 汰潢仲夾

아헌
내가 받들고 내가 올리니 술잔에 술이 가득하도다   我將我享 黃流彌彌
상제께서 이미 드셨으니 멀지 않고 가까이 계시도다   上帝旣歆 不遐伊邇

악장: 我將我享 黃流彌彌 上帝旣歆 不遐伊邇
선율; 夾潢無林 仲林潢南 林夾潢無 汰潢仲夾

종헌
위의가 잘 갖추어지니 제사가 매우 밝도다   威儀棣棣 祀事孔明
충만하여 옆에 계시는 듯하니   洋洋如在 享于克誠

정성 들인 제사를 받아주소서

악장; 威儀棣棣 祀事孔明 洋洋如在 享于克誠
선율; 夾潢無林 仲林潢南 林夾潢無 汰潢仲夾

철변두

이미 조심하고 이미 신칙하니 　　　　　　　　　　既戒既飭 式禮莫違
예의에 어긋남이 없도다
종축이 민첩하게 움직이니 　　　　　　　　　　　宗祝駿奔 廢徹不遲
거두는 데에 지체됨이 없도다

악장; 既戒既飭 式禮莫違 宗祝駿奔 廢徹不遲
선율; 夾潢無林 仲林潢南 林夾潢無 汰潢仲夾

송신

하늘이 가련히 여기시어 이미 흠향을 받으셨도다 　維天畀矜 既右享之
바라건대 밤낮없이 하늘의 위엄을 보전하소서 　　庶幾夙夜 永保天威

악장; 維天畀矜 既右享之 庶幾夙夜 永保天威
선율; 夾潢無林 仲林潢南 林夾潢無 汰潢仲夾

망료

모든 예가 이미 흡족하니 제사가 어긋나지 않았도다 永保天威 享祀不忒
천년 만년 지나도록 큰 명이 함께 하리라 　　　　萬有千歲 景命有僕

악장; 百禮既洽 享祀不忒 萬有千歲 景命有僕
선율; 夾潢無林 仲林潢南 林夾潢無 汰潢仲夾

겸허한 마음으로 신을 모셔 맞이하고, 폐백을 올리고, 폐백과 음식을 올리며, 정성스럽게 빚은 술을 세 차례 올린 후 제기를 거두고, 신을 보낸 후 축문을 태우는 이 모든 절차에는 제사에 임하는 이의 정성과 염원이 오롯이 담겨 있다. 이와 같은 의미의 악장은 각 절차마다 4언 4구, 16자의 노랫말과 16개 음으로 구성된 협종궁의 아악 선율로 연주된다. 협종궁, 즉 협종음으로 노래를 시작하고 마치는 방식은 아악을 연주하는 제사 음악의 원리로서, 시작하는 음과 마치는 음이 동일한 기조필곡의 방식이 지켜지고 있음을 알 수 있다.

이와 같은 4언 4구, 협종궁(eb음)으로 연주하는 환구제례악은 1457년(세조 3)부터 1464년(세조 10), 새로 만든 환구제례악을 사용하기 전까지 7년간 사용되었다. 1464년 이후에는 영신과 전폐, 초헌, 아헌, 종헌에서 보태평과 정대업을 사용하였고 진조, 철변두, 송신 절차에서 아악 선율을 써서 두 가지 형태의 제례악을 보이고 있다. 악장이 5언 4구(영신·전폐)와 4언 6구(진조·철변두·송신), 4언 4구(초헌), 4언 12구(아헌), 3언 6구(종헌)[35] 등, 자 수와 구 수가 일정하지 않은 것도 보태평과 정대업 선율을 따라 지은 것이기 때문이다. 이는 이전 시기의 환구제례악 악장과 차이를 보인다. 아악 선율을 사용한 진조, 철변두, 송신 절차에서는 일정하게 4언 6구를 썼지만 그 외에 향악인 보태평과 정대업지악을 쓴 절차에서는 일정하지 않음이 확인된다.

대한제국 시기의 환구제는 다시 아악 선율을 사용하여 모두 4언으로 되어 있다. 영신, 전폐奠幣(전백), 진찬進饌(진조), 초헌, 아헌, 종헌, 철변두, 송신, 망료의 순에 의한 악장 내용은 다음과 같다. 축문과 폐백을 태우는 망료 절차에 악장이 있는 것은 1464년(세조 10) 환구제례악과 다른 점이다.

35_ 『세조실록』 권48 「신제아악보」 '환구'.

영신-중화지곡 中和之曲

청명하고 광대하신 빛나는 천지의 신이시여　　　　清明廣大 神祇有赫
만물을 생성하게 하고 음양의 조화를 맡으셨도다　　品物生成 化樞闔闢
삼가 은덕을 갚으려 제사를 올리니　　　　　　　　秩祀崇報 靈壝孔碩
영의 제단이 매우 크도다
무슨 폐백을 올렸던가 누런 옥과 푸른 옥이라네　　　用薦維何 黃琮蒼璧
예의 절차 갖추었는데 옛 법을 따랐도다　　　　　　禮儀旣備 式遵古昔
먼 훗날까지 경사를 내리시어　　　　　　　　　　　萬祀垂休 祐我宗祐
우리 종묘를 도우소서

전백-숙화지곡 肅和之曲

천지는 엄숙하고 고요한데 제물 향기 올라가도다　　穹壞肅肅 芯芬升香
옥 술잔으로 권하면서 폐백을 올리도다　　　　　　祼瓚用侑 筐厥玄黃
마음을 맑고 정결하게 하였으니　　　　　　　　　齊明吉蠲 昭重嘉祥
아름다운 상서 내리소서
천명을 처음 받은 것이 깊고 정밀하니　　　　　　基命宥密 萬億無疆
영원토록 무궁하게 하소서

진조-응화지곡 凝和之曲

희생은 아름답고 제기는 깨끗하고 향기로우니　　　?栗騂剛 鉶豆潔馨
강림하시어 흠향하소서 거룩하신 영이시여　　　　陟降居歆 皇皇厥靈

초헌-수화지곡 壽和之曲

공손히 깨끗한 술잔을 갖추어　　　　　　　　　　恭藏明酌 祝告用虔
정성으로 축문 祝文 읽고 고합니다
악장을 아홉 번 연주하니　　　　　　　　　　　　樂奏九成 祥飇導前
상서로운 바람이 앞에서 인도하도다

아헌-예화지곡豫和之曲

예의는 금판에 갖추어졌고   儀供金版　歌登竹宮
노래는 죽궁에 올라 있도다
아헌 예식 받드오니 풍성하고 형통하게 하소서   亞祼是將　盼饗斯通

종헌-희화지곡熙和之曲

하늘 끝 땅 끝까지 환하게 밝은 영은 강림하소서   端倪穆翯　明靈監臨
삼헌례를 마치면서 공손히 정성을 폅니다   三獻禮終　恭展誠悅

철변두-옹화지곡雍和之曲

변두를 차려 놓았으니 철상이 더디지 않도다   籩豆有踐　廢徹不遲
영령께서 묵묵히 도우시어   英顧默佑　磐泰洪基
나라 기틀 반석처럼 편케 하소서

송신-안화지곡安和之曲

원종을 치면서 전송하니   鼓送圜鍾　雲馭飈輪
구름 수레 타고서 표연히 떠나셨네
높은 제단이 텅 비었으니 모든 신은 가호하소서   崇墠廖廓　呵護百神

망료-안화지곡安和之曲

태우고 묻음이 절도 있나니   燎瘞有節　禮貴誠敬
예는 정성과 공경이 귀중해서라네
깨끗한 제사를 마치오니 천명을 내리소서[36]   明禋迄成　用申休命

[36] 『증보문헌비고』增補文獻備考 권100, 「악고」樂考11 '악가樂歌 3·환구악장圜丘樂章'.

이와 같이 영신의 악장이 4언 12구, 전폐 악장이 4언 8구, 진찬 이하 초헌, 아헌, 종헌, 철변두, 송신, 망료까지는 4언 4구의 악장으로 되어 있다. 선율의 특징은 다른 아악과 마찬가지로 곡의 시작음과 끝 음이 일치하는 기조필곡의 원리를 지켰으며 가사 붙이는 방식은 일자일음一字一音, 즉 노랫말 한 자에 한 음을 붙이는 방식을 따랐다. 환구제례의 악장은 전前 경연원경經筵院卿 김영수金永壽가 고종의 명을 받들어 지은 것이다.[37]

37_ 『고종실록』 권34, 고종 33년 12월 15일.

8 제천례 참여자의 복식

하늘에 대한 제사인 제천의례는 천자의 나라에서만 행할 수 있던 특별한 국가의례였다. 따라서 원칙적으로 제후국인 조선에서는 제천의례를 행할 수 없었기 때문에 조선 초 태조 때부터 왕과 신하들 사이에 환구제 존폐의 문제를 두고 논의가 있었다. 태종 대와 세종 대, 세조 대에 논의가 반복되다가 결국 국가제사에서 사라지게 되었다.

제천의례가 공식적으로 복원된 것은 갑오개혁(1894) 때라고 할 수 있다. 갑오개혁 때에 국가 사전祀典을 대·중·소사, 속례로 구분하면서 환구제를 대사大祀로 분류하였다.

1897년 9월 김규홍의 건의에 의해 고종은 소공동에 환구단을 새로 마련하기로 하였다. 한 달 뒤인 1897년 10월 12일 환구단에서 백관을 거느리고 환구제를 지낸 후 그 자리에서 황제 즉위식을 거행하였다. 대사에 해당하는 환구단 제천례 의식 절차는 『대례의궤』와 『대한예전』, 『의주등록』儀註謄錄 등에 기록되어 있다.

그러나 이 글에서는 조선 후기 국왕들이 환구단 제천례를 지낼 수 없었던 상황에서, 제천례 성격을 띠고 지냈던 기우제를 지낼 때 착용하였던 복식을 중심으로 살펴보고자 한다.

『영조실록』의 영조 10년(1734) 기사에 따르면, 사직단에서 친히 기우제를 지낼 때 국왕은 면복을 착용하였다. 《사직단국왕친향도병풍》을 참조해볼 때, 기우제에 참여한 인물들의 복식 유형은 여덟 가지로 확인된다.

첫번째 유형은 왕과 왕세자가 착용한 면복이다. 『영조실록』에 '남교南郊에서 기우제를 친히 지낼 때는 흑단령포黑團領袍와 옥대, 흑화를 착용하고, 백관百官은 흑단령으로 배제陪祭한다는 기사가 보인다. 그러나 사직단에서 기우제를 지낼 때 국왕은 면복을 착용했다. 환구제를 지내는 대한제국의 황제는 십이류면十二旒冕, 십이장복十二章服을 착용하였으나 조선시대의 왕은 구류면, 구장복을 착용하였다. 그리고 왕세자는 팔류면, 칠장복을 착용하였다.

두번째는 향관享官의 제복 유형이며 세번째는 배향관陪享官(종친과 문무백관) 중 4품 이상이 착용한 조복 유형이다. 네번째는 배향관 중 5품 이하가 입었던 흑단령黑團領 유형이다. 『국조오례의』에는 배향관이 모두 조복을 착용하는 것으로 기록되어 있으나 임진왜란 이후 조복을 마련하기 어려웠기 때문에 4품 이상은 조복을 입고, 5품 이하의 배향관은 흑단령을 입도록 하는 임시 규정이 마련되었다. 그러나 효종 때부터 하나의 법규로 정착되면서 배향관의 복식에는 조복·흑단령의 이중 구조가 적용되었다. 따라서 고종 때의 환구단 제사에서도 배향관은 당연히 조복과 흑단령을 착용하였다.

한편 음악과 이무二舞(문무와 무무)를 담당하는 공인들의 복식에 대한 기록은 보이지 않는다. 그러나 관례로 보아 제단에서 행해지는 음악의 종류에 따라 그 복식 유형이 결정되었다. 조선 후기의 제례악에는 아악을 사용하였다. 같은 종류의 아악이 연주되는 사직단의 사례를 볼 때 음악 책임자인 전악典樂은 다섯번째의 강공복絳公服 유형을 착용하였을 것으로 추정되며, 음악 연주를 담당한 공인들은 여섯번째의 비란삼緋鸞衫 유형을, 일곱번째는 문무 차비差備의 복식 유형인데 진현관進賢冠·조주삼皁紬衫의 유형이다. 그리고 마지막의 무무 차비의 복식은 피변皮弁·조주삼 유형이 착용되었을 것으로 짐작된다.

	제1 유형	제2 유형	제3 유형	제4 유형	제4 유형	제5 유형	제6 유형	제7 유형	제8 유형
	왕	왕세자	제관 齋官	배향관 (4품 이상)	배향관 (5품 이하)	전악	공인	문무	무무
환구제	면복	면복	제복	조복	흑단령	복두 강공복	개책 ·비란삼	진현관 ·조주삼	피변 ·조주삼
《사직단 국왕친향 도병풍》 (18세기경)									

〈표1-5〉 제천례 참여자의 복식 유형

여덟 가지 복식 유형을 정리하면 〈표1-5〉와 같다.

이 장에서는 왕과 왕세자, 제관과 배향관의 복식을 중심으로 살펴보고, 아악을 담당하는 전악과 공인, 문무와 무무 등의 복식은 사직제 복식에서 다루고자 한다.

국왕과 왕세자의 면복

면복은 왕이나 왕세자, 왕세손이 제복이나 대례복으로 사용하였던, 왕권을 상징하는 법복法服이다. 상의와 관모의 이름을 따서 '곤면' 衮冕이라고도 하였다. 조선시대의 면복은 1402년(명나라 영락 원년)에 사여받은 것을 기본 규정으로 삼았는데 국가의 길례吉禮, 가례嘉禮, 흉례凶禮 등, 다양한 성격의 의례에 사용되었다. 즉위 시에는 물론, 종묘사직에 제사 지낼 때, 설날(元旦)이나 동지 등의 하례식에, 또 절일 망궐례에, 그리고 왕과 왕비의 혼례인 가례 때의 일부 의식에 착용했다. 흉례에서는 대렴의大斂衣로도 사용되었다.

특히 상의(衣)에 그린 무늬와 치마(裳)에 수놓은 무늬의 종류에 따라 황제의 십이장복과 국왕의 구장복, 왕세자의 칠장복으로 구별하였다. 『종묘의궤』에 따르면 상의는 양陽에 해당되고 치마는 음陰에 해당되었다. '양'인 남자는 그림을 그리고 '음'인 여자는 수繡를 놓기 때문에 '양'을 상징하는 현의玄衣에는 5장五章[38]을 그림으로 표현하고 '음'에 해당되는 훈상에는 4장四章[39]을 자수로 표현하였다.

38_ 5장五章이란 현의에 그려지는 용龍과 산山, 화火, 화충華蟲, 종이宗彝의 다섯 가지 무늬를 말한다.
39_ 4장四章은 치마 위에 좌우대칭으로 수놓는 조藻, 분미粉米, 보黼, 불黻과 같은 네 종류의 무늬를 말한다. 가장 위에 그려지는 물품 종류인 조는 문채文彩의 아름다움을, 그 다음의 쌀 입자로 표현되는 분미 무늬는 양민養民을, 그리고 도끼로 표현되는 보 무늬는 결단을, 마지막 하단에 표현되는 아亞 모양과 유사한 불 무늬는 선을 가까이 하고 악을 멀리 함(背惡向善)을 상징한다.

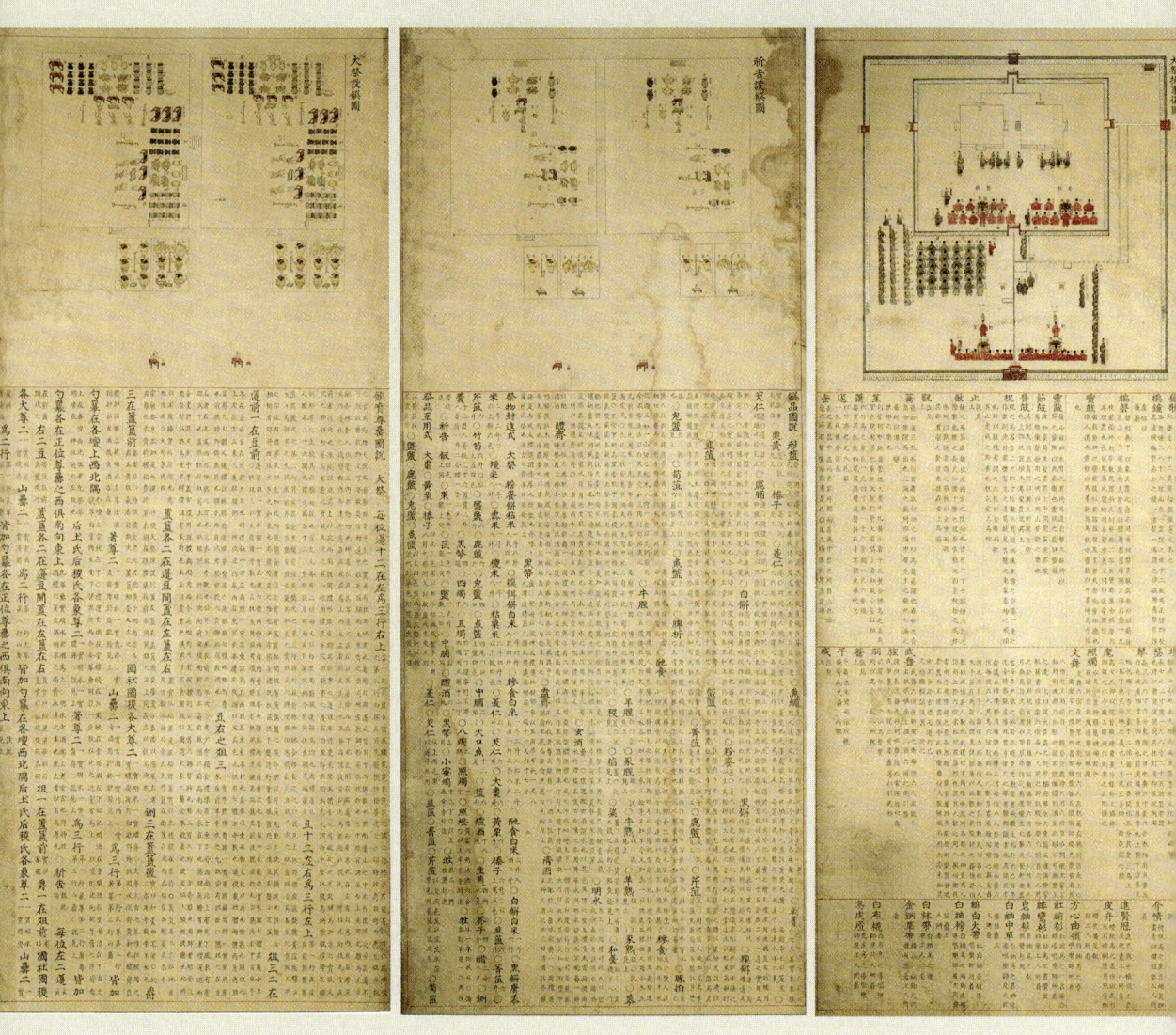

도47 《사직단국왕친향도병풍》 8폭 중 그림이 그려진 1~6폭 조선 18세기, 비단에 채색, 각 127×50cm, 국립중앙박물관 소장.

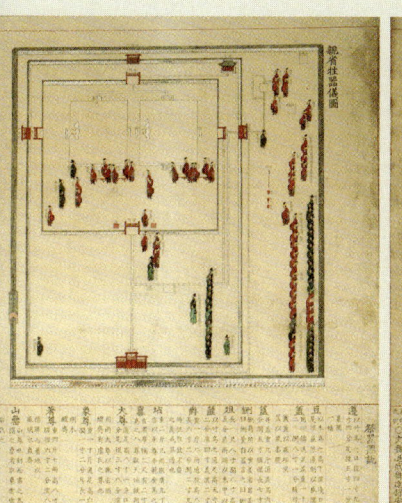
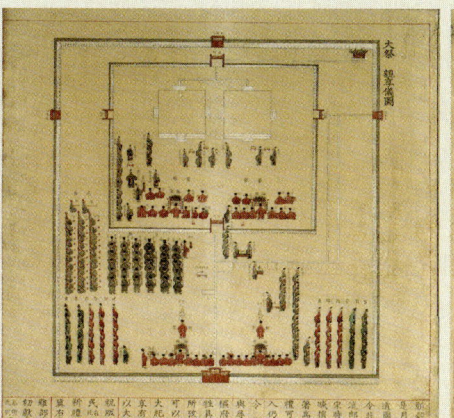
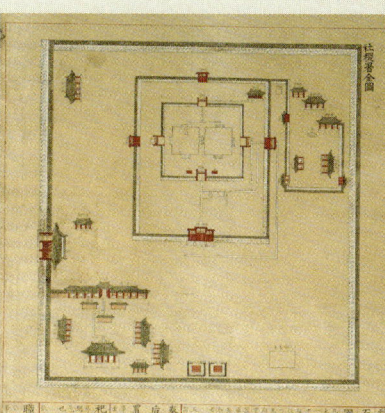

무늬의 표현 방식도 음양을 따랐다.

환구단 제사를 치른 고종은 등극의를 진행하는 과정에서 12종의 무늬를 장식한 십이장복을 덧입음으로써 왕에서 황제가 되었음을 세상에 알렸다. 따라서 대한제국 이전의 제천례에서는 구장복이라는 국왕의 면복을 입었다. 그리고 왕세자는 칠장복을 착용하였다. 왕의 면복과 왕세자의 면복은 같은 항목으로 구성되며 재료나 색상, 무늬 등에서 약간의 차이가 있을 뿐이므로 함께 살펴보려고 한다.

구장복 면복 구성은 사직단 제사를 묘사한 18세기의 《사직단국왕친향도병풍》^{도47} 제3폭 아래에 기록되어 있는 자료를 참고해도 좋을 것이다. 또한 『사직서의궤』 등에도 기록되어 있다.

병풍에는 전하 면복의 구성물로 규圭, 면冕, 의衣, 의배衣背, 중단中單, 중단배中單背, 상裳, 폐슬蔽膝, 방심곡령方心曲領, 혁대革帶, 대대大帶, 수綏, 패佩, 말襪, 석舃이 기록되어 있다. 모두 15항목이지만 '의'와 '중단'의 뒷면을 뜻하는 '의배'와 '중단배'를 제외하면 실제적인 왕의 면복은 13품목으로 구성되어 있음을 알 수 있다.

한편 왕세자 면복으로는 규, 면, 의, 의배, 중단, 중단배, 상, 폐슬, 방심곡령, 혁대, 대대, 수, 패, 말, 석, 원유관, 중단이 기록되어 있다. 총 17품목이 기록되어 있는데 '의배'와 '중단배'는 왕의 면복과 같은 이유로 제외되어야 하며 끝부분에 적힌 원유관·중단은 왕세자가 제사에 앞서 제기와 제물을 둘러보는 의식인 '친성생기의'親省牲器儀에 착용하는 것이므로 이를 제외하면 국왕의 면복과 동일한 13종이 됨을 알 수 있다. 국왕과 왕세자의 면복 구성물 중 면冕과 의衣, 혁대革帶에만 차이가 있을 뿐이다.

각각의 구성물에 대해서는 기록이나 도상, 익종의 어진^{도48} 국립중앙박물관 소장의 유물, 그리고 국내외의 출토 유물 등을 통하여 유추해볼 수 있다. 그러나 기록 자료의 한계와 오랜 기간 동안의 제도 변화 등의 문제로 구체적인 파악이 어려운 부분도 있다. 1897년 황제 등극 이전 조선 후기의 자료를 바탕으로 면복 구성물의 특징을 살펴보고자 한다.

규圭

규는 본래 기록을 하기 위한 판板의 용도로 사용하였던 것이라고 하지만 후일에는 두 손으로 받들어 예를 갖추는 의물로 사용되었다. 옥으로 만든 규는 길이가 9촌인데 『춘관통고』春官通考에는 너비가 3촌(주척)이며 머리 부분은 1촌 5푼을 잘라낸 형태라고 구체적으로 명시하고 있다.

규의 재료는 『오례의』에 국왕과 왕세자 모두 청옥을 사용한다고 기록되어 있어 문헌에는 이 기록에 의거하여 청옥을 사용한다고 기록한 경우가 적지 않다. 『사직서의궤』나 《사직단국왕친향도병풍》에도 역시 국왕과 왕세자 모두 청옥으로 하며 크기도 같다고 하였다. 그러나 『현종실록』에는 효종의 국장에서는 백옥을 사용하였기 때문에 『오례의』에 근거하여 청옥을 사용할 것인지 고민하는 모습이 보인다. 그리고 영조 대의 『상방정례』尙方定例(1752), 『국조상례보편』國朝喪禮補編(1758), 『국조속오례의서례』나 정조 대의 『춘관통고』(1788)에는 국왕의 규를 백옥으로 하고 왕세자는 청옥으로 하는 것으로 차이를 분명히 두었다. 특히 『춘관통고』에는 그것이 당시 제도임을 분명히 밝히고 있다. 그러나 정조 대의 『경모궁의궤』景慕宮儀軌(1783)에는 청옥, 『정조국장도감의궤』(1800)에는 벽옥碧玉이라 하였으니 기록에 따라, 또는 시대에 따라 제도를 달리하였던 것으로 볼 수 있다.

『상방정례』에는 규의 하단에 싸개(旕伊)를 두르는데 국왕이나 왕세자 모두 다홍색 광적(大紅廣的)을 사용한다고 하였다.

면류冕

면류은 면류관冕旒冠 또는 면관冕冠이라고도 하였다. 중국의 고대 작변爵弁에서 유래된 것으로, 관모의 상판인 '면판'과 모자에 해당

도48 익종 어진 1826년, 비단에 채색, 147.5×90cm, 국립고궁박물관 소장.

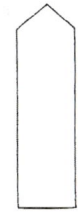

규圭

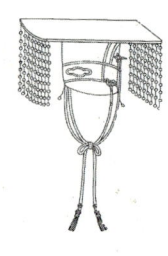

면류

되는 '면'으로 이루어졌는데 면판은 앞이 둥글고 뒤는 반듯하며 겉은 검은색(玄色)으로, 안은 붉은색(纁色)으로 만들었다. 면판의 너비는 8촌, 길이는 1척 6촌이다. 홍·백·청·황·흑색 순서로 구슬 9개를 꿴 9줄을 면판 앞뒤에 각각 장식하였다. '면'의 앞 높이는 8촌 5푼이며 뒤는 9촌 5푼으로 약간 앞으로 숙여진 형태이며 머리 주변에 금장식을 하였다. 그리고 관의 측면 중간에 오른쪽에서 왼쪽으로 금비녀(金簪)를 꽂아 관과 머리를 고정시켰다. 현담玄紞과 옥진玉瑱 등의 장식을 옆으로 드리우고 양옆에 맺은 자색 끈(紫組) 2줄을 턱 밑에서 맸다. 그리고 붉은 끈(朱組)은 좌우 비녀에 감아 턱 밑에 묶어 늘어뜨렸다.

왕세자의 면은 국왕의 것과 같으나 앞뒤로 늘어뜨린 구슬끈이 8줄이고 1줄에 주색朱色과 백색白色, 창색蒼色의 3색 구슬을 8개씩 사용하였다.

의衣

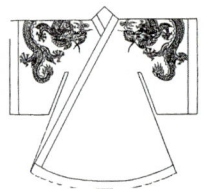

의면衣面

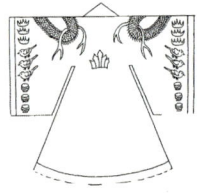

의배衣背

의는 '곤복'袞服, '곤의' 또는 '면의', '현의'라고도 하는데 현색의 상의이다. 현색은 하늘을 뜻하는 색으로, 『사직서의궤』 등에 청흑색에 약간의 적색을 띠는 색이라고 기록되어 있다. 다른 기록에는 청색이나 심청색, 아청색으로 기록되어 있기도 한데 이는 모두 검정에 가까운 청색 종류이다. 면복용 의는 소매가 넓고, 백관용 제복이나 조복과는 달리 길이가 긴 편이며 양 옆은 막혀 있다. 국립중앙박물관에 소장되어 있는 구장복 현의를 보면 남색 중단과 10cm 이내의 길이 차이밖에 없다.도49

국왕의 현의에는 다섯 종류의 무늬, 즉 5장을 그렸다. 용龍, 산山, 화火, 화충華蟲, 종이宗彛인데 각각의 상징적인 의미를 지니고 있다. 위의 현의에서 5장을 확인할 수 있다.

양쪽 어깨에는 커다란 용무늬를 그렸다. '용'은 신기변화神奇變化를 상징하여 잘 적응함을 뜻한다. 용의 비늘은 금색으로 표현하고

도49 **현의의 앞면과 뒷면** 국립중앙박물관 소장.

갈기나 영기靈氣 등에는 홍색을 칠했다. 등에는 '산'을 그리는데 '산'은 진정鎭定을 의미한다고도 하고 구름으로 비와 이슬을 만들어 만물에 혜택을 준다는 의미라고도 한다. 단순화시킨 오봉형五峯形으로 표현하고 있는데 녹색 바탕에 금테를 둘렀다. 뒷길의 소매 끝에는 수구를 따라 모두 9개의 무늬가 그려졌는데 '화'라고 하는 홍색의 불 3개와 청, 홍, 남, 금색으로 그린 꿩 모양의 '화충' 3마리, 그 밑으로 녹색에 금테를 두른 그릇형 '종이'宗彛 3개를 그렸다. 불을 표현한 '화'는 광휘光輝를 뜻하며 꿩(雉)으로 표현된 '화충'은 문채의 아름다움을 나타낸다고 한다. 그리고 '종이'는 제기祭器로서 효孝를 의미하는데 왼쪽 소매의 종이에는 지혜를 상징하는 원숭이를, 오른쪽 소매의 종이에는 용맹을 상징하는 호랑이를 각각 1마리씩 그려 넣었다.

왕세자의 현의에는 화火와 화충華蟲, 종이宗彛 3장만을 그리는데 화는 어깨와 소매 뒤쪽 상단에 2개, 그 아래로 화충 3개, 종이 3개를 표현하였다.

상裳

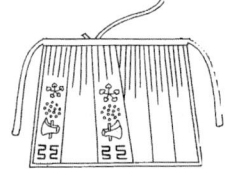

상裳

상은 앞뒤 두 자락으로 갈라진 남자의 예복용 치마이다. 면복에서의 상은 흔히 '훈상'纁裳이라고 하며 중단 위에 입는데 왕과 왕세자의 상은 같다. 현의는 하늘을 의미하는 반면에 치마는 땅을 상징하는 홍색 계통인 훈색纁色으로 만들어 음양의 조화를 이루는 특징을 지닌다. 사다리꼴의 조각을 앞 3폭, 뒤 4폭을 각각 이어 두 자락을 만든 후, 가장자리에는 같은 색으로 1촌 반 너비의 선을 두른다. 허리에 주름을 잡고 허리말기를 달아 우측에 묶어 입었다. 앞자락의 좌우 가장자리를 따라 조藻, 분미粉米, 보黼, 불黻의 무늬를 수놓는다. '조'는 물풀의 일종으로 문채의 화려함을 뜻하며 '분미'는 쌀을 모아 놓은 모양으로 양민良民을 뜻한다고 한다. 그리고 '보'는 도끼의 형태로 결단을, '己'자 두 개를 맞댄 '불'은 악을 멀리하고 선을 가까이함을 뜻한다.

중단中單

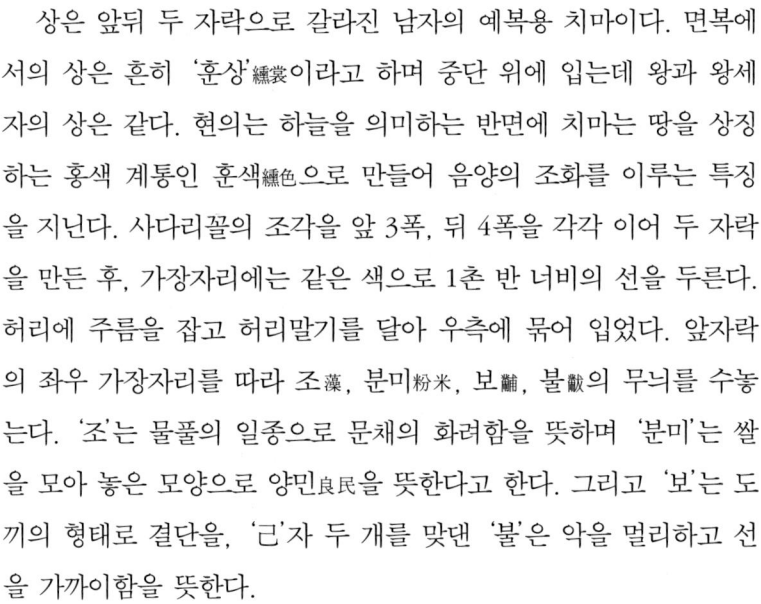

중단中單

중단은 평상복과 예복을 구분하는 옷으로, 포 형태의 흰색 비단 옷이다. 국왕과 왕세자 모두 동일한 중단을 착용하였다. 깃과 끝동, 도련에 청색 선을 두르는데 청색은 거의 검정에 가깝다. 고대를 중심으로 깃 부분에 불문黻紋 11개를 그린다고 하였는데 금가루(金泥)

로 무늬를 그렸다. 왕세자는 9개를 그려 구분하였다.

본래 중단은 흰색 바탕에 깃과 수구, 밑단, 선단에 흑선을 두른 옷이었으나 19세기에는 청색 중단도 새로이 생겨났다. 청색은 가례용이고 흰색 중단은 제사와 같은 길례 용도로 사용하였으므로 환구단 제사나 사직단 제사 등에는 당연히 흰색 중단을 입는다.

대대大帶

대대는 현의를 입고 그 위에 두르는 것이다. 『국조오례서례』에는 홍색과 백색 비단을 합하여 바느질한다고 기록되어 있는데, 숙종 대에 비로소 겉을 흰색으로, 안을 붉은색으로 하는 제도로 정리되었다. 허리 부분의 가장자리에는 홍색 선을 두르고 좌우 끝에 심청색 광다회를 달아서 묶었다. 그리고 허리 아래로 앞부분에 늘어뜨리는 신紳 부분에는 가장자리에 녹색 선을 둘렀다.

대대大帶

옥대玉帶

옥대는 옥으로 만든 띠돈을 장식한 혁대로, 평상시 곤룡포 위에 두르는 띠인데 면복을 입을 때도 사용하였다. 대대를 두른 후 그 위에 옥대를 두른다. 옥대의 기본 바탕(鞓)은 홍색 비단으로 싼다. 그 위에 5줄의 금색 줄을 그린 후 조각한 옥판 20개를 장식하였다.

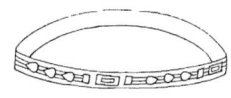

혁대革帶

『국조오례서례』에는 국왕과 왕세자 모두 옥대에 대한 기록이 없다. 그래서 뒤에 제시되는 왕세자의 면복 구성(표1-6)도 『국조오례서례』의 것이므로 혁대 도상이 없다. 그러나 인조 대(1632)에 비로소 면복에 혁대가 없는 것에 대한 논의가 이루어졌다. 영락 원년에 명나라에서 면복을 하사할 때 옥대가 없었기 때문에 『국조오례의』에 실리지 않게 되었던 것이다. 1775년 영조 대에 비로소 중국의 제후 면복 규정에 따라 혁대, 즉 옥대를 사용하는 것으로 규정되었다. 그 이후 옥대는 대대 위에 함께 두르게 되었다.

한편 왕세자의 옥대도 마찬가지로 영조 대 이후 복원되었다. 왕세자의 옥대는 『국조속오례의보서례』에 설명되어 있는데 흑단黑緞으로 싸서 금줄을 그리며, 옥 띠돈은 조각 장식이 없는 것을 사용하였다.

패佩

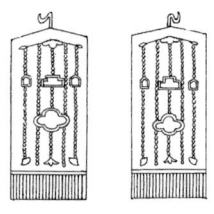

패佩

패는 흔히 '패옥'佩玉이라고 한다. 또는 '옥패'라고도 하는데 허리 좌우에 1쌍을 건다. 국왕과 왕세자의 패옥에는 차이가 없다. 옥형玉衡과 거琚, 우瑀, 충아衝牙 등 다양한 형태의 옥과 구슬을 연결하여 상단에 금구金鉤라고 하는 걸쇠를 달아서 옥대에 거는데 패옥 바탕감은 영조 22년(1746) 문단을 금한 후에 상의원에서 적, 청, 현, 표, 녹색으로 오색교직단을 짰다. 안감은 홍색으로 하되, 패옥의 끝은 오색교직단의 남은 실로 망을 만든다고 하였다. 익종의 초상화나 국립고궁박물관과 세종대학교 박물관 소장의 20세기 초 패옥 유물을 보면 5색 혹은 4색의 색동으로 짜여 있다.

수綬

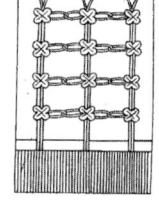

수綬

수는 흔히 '후수'後綬라고 하는데 대대의 뒤 중앙에 붙여 뒤쪽 허리 아래로 늘어뜨리는 것이다. 본래는 홍화금에 쌍금환을 달았으나 영조 22년(1746) 문단을 금한 후에는 상의원에서 적·청·현·표·녹색의 색동 단緞을 무문無紋으로 15줄을 짜고 남은 실로 망을 짜서 내려뜨렸다. '패옥'과 동일한 방법이라고 하니 안감은 홍색을 사용하였다고 볼 수 있다. 이것 역시 왕세자의 것도 국왕의 것과 동일하다. 20세기 초 영왕비의 후수 유물은 4색의 색동으로 짠 것이다.

폐슬蔽膝

폐슬은 앞치마에 해당되는 복식품으로 훈색 증繒으로 만든다. 같은 옷감으로 가장자리를 두르고 안쪽 좌우에 조·분미·보·불의 4

장문을 세로로 수놓는 것인데 『영조국장도감의궤』 폐슬부터 오색교사五色交絲가 U자형으로 둘러져 있으며 그 안에 문장이 들어 있다. 익종 어진의 폐슬에도 오색교사의 U자형 띠가 확인된다. 폐슬 위쪽에는 걸쇠 2개를 달아서 대대에 걸어 사용할 수 있도록 하였다.

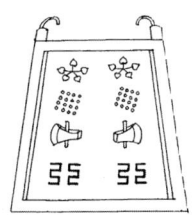

폐슬蔽膝

말襪

말은 버선인데 안팎 붉은색을 사용하여 '적말'이라고도 한다. 역대 도상들을 보면 버선의 형태는 일정하지 않다. 발목 부분에 재봉선이 있는 것과 없는 것이 모두 보이며 버선의 끈 역시 좌우에 달렸거나 뒤쪽에 달려 있는 등, 그 위치도 일정하지 않다. 『정조국장도감의궤』에는 뒤쪽 위를 트고 양쪽에 끈(纂)을 단다고 설명되어 있다.

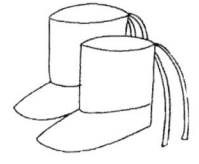

말襪

석舃

석은 예복용 신발로, 붉은 색상이므로 '적석'赤舃이라고도 한다. 왕과 왕세자의 석은 동일한데 겉은 붉은색이고 안은 흰색으로 한다. 신목이 있기는 하지만 길지 않은 화 형태이다.

발끝에는 운문이 덧붙여져 있고, 발목 부분에는 선이 있으며 발등에 실로 짠 술을 달았다. 그리고 대부분의 도상에는 발목 양옆으로 끈이 달려 있으나 그렇지 않은 경우도 확인할 수 있으며 『정조국장도감의궤』에는 신발과 같은 색상의 붉은색 끈이 있음을 볼 수 있다. 19세기 초 익종 어진의 적석은 신목이 없는 형이며 아청색 실로 가장자리를 장식한 것을 볼 수 있다.

석舃

방심곡령方心曲領

방심곡령은 면복을 제복으로 착용할 때에 부착하였다. 국왕과 왕세자의 방심곡령은 같은 것을 사용한다. 둥근 깃과 가슴 부분의 작은 네모 조각을 연결한 것으로 현의 위로 목에 걸어 단추로 여민다. 흰색으로 만들며 왼쪽 어깨쪽에 녹색 끈을, 오른쪽 어깨쪽에

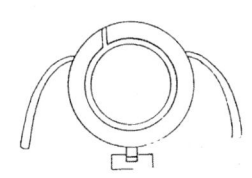

방심곡령方心曲領

홍색 끈을 달아 늘어뜨린다. 구체적인 색상과 착장 모습은 익종의 어진에서 확인할 수 있다.

향관의 제복과 배향관의 조복

향관·제관이 착용하는 제복祭服과 배향관이 착용하는 조복朝服은 대부분 공통으로 사용되었다. 다만 조복은 착용자의 품계에 변화가 있었는데, 조선 초기에는 모든 관리가 조복을 착용했지만, 임진왜란 이후 갑자기 조복을 마련하기 어렵게 되자 임시방편으로 흑단령을 착용했다. 이후 병자호란을 거치면서 임시 제도는 그대로 통용되었고, 효종 대에는 새로운 법제로 정착되기에 이르렀다. 그 후 국가의례가 있으면 4품 이상만 조복을 착용하고 5품 이하는 흑단령을 입는 이중 구조가 유지되었다.

제복과 조복은 관冠과 의衣, 상裳, 중단中單, 폐슬蔽膝, 환環, 수綬, 혁대革帶, 대대大帶, 패옥佩玉, 홀笏, 방심곡령方心曲領, 말襪, 이履로 구성되며, 품계는 제관의 양수梁數와 혁대, 환, 수, 패옥, 홀의 종류에 따라서 구분하였다.

도50 홀 개인 소장, 사진 협조: 온양민속박물관

홀

국왕이나 왕세자의 규에 대응되는 예기禮器로, 본래의 용도는 국왕 앞에서 명을 받아 기록하기 위한 것이었다고 한다. 제복과 조복에 모두 사용하였다. 형태는 규와 비슷하지만 윗부분이 삼각형으로 다듬어지지 않고 편평한 것이 다르다. 양끝이 부드럽게 굴려진 것도 있다.

홀의 재료는 『제기악기도감의궤』祭器樂器都監儀軌와 『종묘의궤』에서만 목홀木笏을 사용하는 것으로 기록되어 있고 대부분의 기록은 『국조오례서례』에 4품 이상은 상아, 5품 이하는 목木을 사용한다고 한 기록을 그대로 따르고 있다. 목홀은 괴목槐木이나 홰나무, 또는 잡목雜木 등으로 만들었다. 도50

〈표1-6〉 왕세자의 면복(칠장복) 구성(『국조오례서례』에 수록, 1474년)

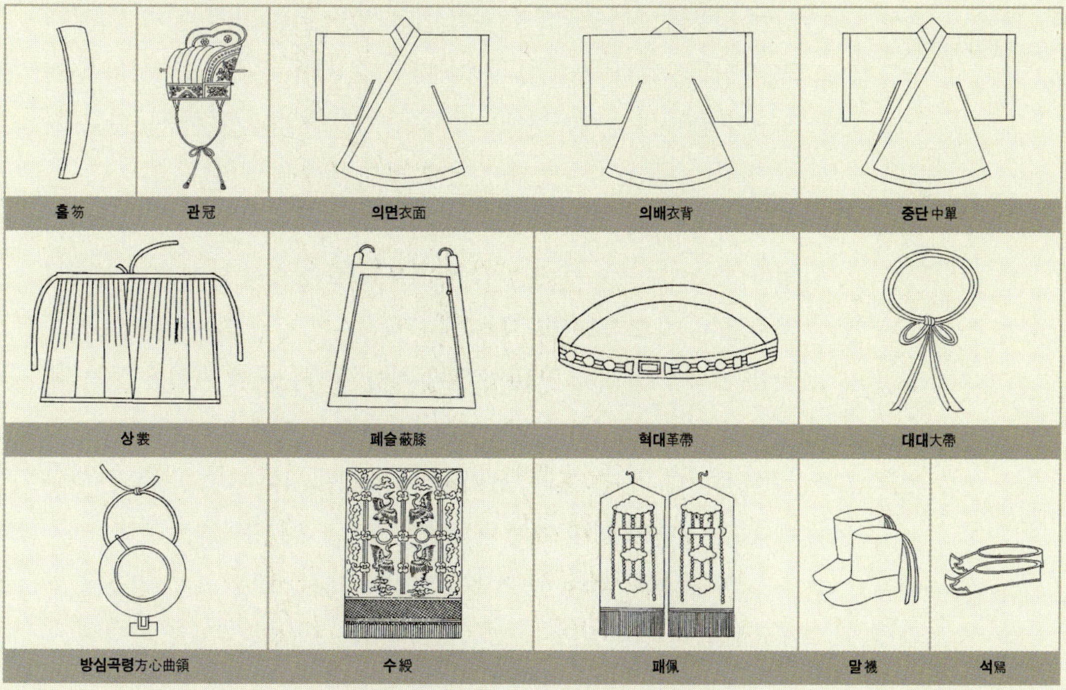

〈표1-7〉 재관齋官의 관복(『사직서의궤』에 수록, 1783년)

현존하는 홀 유물들은 대부분 상아로 만들어진 것이다. 『정조실록』에는 당시 미관들까지도 나무홀 대신 상아홀을 사용하고 있음을 우려하는 기록이 보인다. 퇴호退湖 이정렬李貞烈(1865~1947)의 유품 중 홀 유물은 큰 것과 작은 것 두 점이 있는데, 홀 아래쪽은 흑색과 붉은색 헝겊싸개(芇伊)로 싸여 있다.

관

태종 대에 제정된 양관제도는 품계에 따라 1품 5량관, 2품 4량관, 3품 3량관, 4-6품 2량관, 7품 이하 1량관으로 구분하였으며 각잠角簪을 사용하는 것이었다. 『세종실록』 「오례」와 『국조오례서례』에도 동일한 내용이 보인다. 『경국대전』에도 유사한 제도가 기록되어 있지만 양관에 꽂는 비녀가 목잠木簪으로 변경된 것이 다른 점이다. 대한제국 시기에는 1품이 7량관, 2품이 6량관을 사용하였다.

대부분의 기록들은 크게 다르지 않지만 비녀의 재료는 두 종류로 나뉜다. 『국조오례의』 제도를 따라 각잠을 사용한다고 기록하고 있는 경우와, 『경모궁의궤』와 《사직단국왕친향도병풍》처럼 『경국대전』 기록을 따라 목잠을 사용한다고 한 경우이다. 『사직서의궤』에도 《사직단국왕친향도병풍》 기록과는 달리, 각잠을 사용한다고 되어 있다. 유물은 대부분 목잠인데 겉에 금칠을 하였다.

조복용 관과 제복용 관이 같다는 것은 『경국대전』에 명시되어 있다. 그러나 중종 대에 이르러 제복용 관과 조복용 관이 금칠에서 차이가 나기 시작하였다. 조복의 관을 흔히 금관金冠이라고도 하는 것은 제복용 관보다 금칠을 많이 하였기 때문이며 제복용 관을 제관祭官, 칠관漆冠이라고 하는 것은 조복용 금관에 비해 금칠이 적었기 때문이다. 인조 대의 『제기악기도감의궤』(1624)에도 제복용 양관에 먹을 칠하고 있어 칠관을 사용하였음을 알 수 있다.

그러나 숙종 대의 『종묘의궤』를 보면 양관 전후 상하 좌우에 자황雌黃을 칠하는 것으로 되어 있다. 이는 초기의 제도로 복귀한 것

인데 영조 대에도 제복용 관을 조복용으로 사용하도록 정하였으며 정조 때에도 제관을 조복용 관과 같게 하라고 한 것을 보면 그러한 규정에도 불구하고 두 관을 구별하는 속제가 그대로 유지되었음을 짐작할 수 있다.

국말 유물들을 보아도 제복용 관과 조복용 관은 여전히 금칠이 적은 칠관과 금칠이 많은 금관으로 구분되었음을 볼 수 있다. 따라서 중종 대에 시작된 금관과 칠관의 차이를 없애고자 노력하였으나 잘 시행되지 않았던 것으로 보인다.

《사직단국왕친향도병풍》에는 재관의 관은 목잠과 청조영靑組纓을 사용한다고 하면서 조복을 입는 자는 금관을 사용한다고 기록되어 있다. 역시 제복용 칠관과 조복용 금관이 구분되어 있음을 의미하는 것이며 비녀는 『경국대전』의 기록을 따라 목잠을 사용한다고 하였다. 그리고 다른 기록에서는 잘 보이지 않는 끈의 색상까지 명시하고 있다. 『제기악기도감의궤』와 유사한 내용이 보인다. 관에 사용하는 끈의 재료로 청향사靑鄕絲를 열거하고 있다. 청색 끈을 비녀에 걸어 턱 밑에서 묶거나 혹은 묶지 않은 상태로 어깨에 늘어뜨리는 경우도 있었다. 단국대학교 석주선기념박물관에는 제관과 금관 유물이 소장되어 있다. 도51, 52

도51 **제관(왼쪽)** 단국대학교 석주선기념박물관 소장.

도52 **금관** 단국대학교 석주선기념박물관 소장.

의

제관이 입는 옷 가운데 가장 중요한 옷이다. 제복용과 조복용 의衣 모두 형태는 같고 색상이 다르다. 길이는 무릎 정도에 이르고 소매는 넓으며 양 옆이 트여 있다. 가장자리에는 검은 선을 두른다. 『경국대전』에 '청초의'青綃衣라고 명기되어 있어 흔히 '청초의'라고 부르기도 한다. 그러나 그 외에도 여러 명칭이 사용되었다. 『제기악기도감의궤』에는 옷감의 색상을 따라 '흑삼'黑衫으로 명시하고 있다.

제복용 의의 색상은 청색인데 검은 빛에 가까웠으며, 흑색이나 아청색으로 기록되어 있다. 흑색은 하늘을 상징하는 색으로 '의'와 함께 입는 훈색纁色의 상裳과 더불어 하늘과 땅을 각각 의미하니 제복의 색상으로는 안성맞춤이다. 소재는 다양하게 사용되었다. 물론 『경국대전』에는 '초'綃라는 옷감으로 기록되었으나 『국조오례서례』를 비롯하여 각 문헌에는 청라青羅, 흑라黑羅, 흑주黑紬, 갑사甲紗 등 다양한 소재의 기록이 보인다. 유물에는 항라, 순인 등도 확인된다.

조복용 의는 『경국대전』에 '적초의'赤綃衣로 명시되어 있지만 '적라의'赤羅衣라고도 기록되어 있는데 제복용 의와 마찬가지로 여러 소재가 사용되었다.

'의'의 형태는 도상과 실제에 있어 차이를 보인다. 도상에서는 앞자락을 사선으로 겹쳐 입는 교임형交衽形이며 깃과 수구, 선단, 밑단에 흑연黑緣이라고 하는 흑색 선을 둘렀다. 별도의 깃 없이 선 장식이 있는 것처럼 묘사되어 있으나 현존하는 제복과 조복 유물에는 모두 깃이 달려 있다. 목판깃, 칼깃, 당코깃, 둥그레깃이 모두 확인된다.

한편 제복용 의에는 선의 색상이 옷의 색상과 같아 드러나지 않지만 조복용 의는 붉은색이기 때문에 흑선이 뚜렷하게 드러나는 것이 특징이다.

도53 **조선 말기의 제복 의衣** 단국대학교 석주선기념박물관 소장.

도54 **조선 말기의 조복 의衣** 단국대학교 석주선기념박물관 소장.

19세기 후기가 되면 의衣 위에 별도로 착용하였던 폐슬을 작게 만들어 가슴에 달기 시작하였다. 그래서 폐슬이라는 명칭 대신 폐흉蔽胸이라고 하기도 하였다. 그러한 말기의 유물은 여러 점 남아 있다. 이 유물은 목판깃에 방심곡령까지 달아서 간편하게 구성하였다. 대한제국 시기에 환구단 제사를 치를 때는 제복이나 조복 모두 폐흉이 달린 의를 입었다. 도53, 54

상

상은 중단 위에 두르는 홍색의 두 자락 치마이다. 허리말기에 함께 연결되어 오른쪽에서 여며 입게 되어 있다. 입으면 양 옆이

 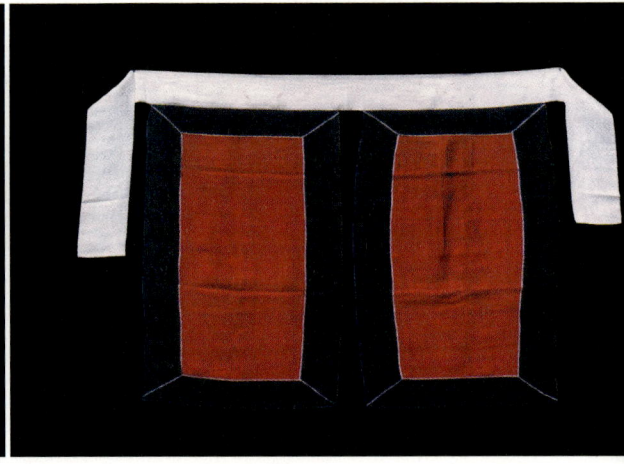

도55 조복용 상裳(왼쪽) 단국대학교 석주선기념박물관 소장.

도56 19세기의 상裳 단국대학교 석주선기념박물관 소장.

트인 형태가 된다.

『경국대전』에는 제복용과 조복용 모두 적초상赤綃裳으로 기록되어 있다. 그러나 『국조오례서례』나 『사직서의궤』, 《사직단국왕친향도병풍》, 『경모궁의궤』, 『춘관통고』에는 적라赤羅로 기록되어 있다. 『종묘의궤』에는 당시 홍주紅紬를 사용한 기록이 보인다.

치마 상은 전3폭 후4폭으로 만들었다. 앞자락은 양의 수數인 3폭을 연결해서 만들고 뒷자락은 음의 수인 4폭을 연결해서 허리에 맞도록 주름을 잡는다. 초기에는 여자 치마처럼 허리 부분에만 주름을 잡았으나 18세기 이후부터는 허리부터 단 아래까지 눌러 잡은 주름을 잡은 형태로 변하였다. 도상에서는 그러한 주름의 변화가 아쉽게 확인되지 않지만 대한제국 시기의 환구단 제사에서는 단의 끝까지 주름 잡힌 상이 사용되었다. ^{도55, 56}

혁대

혁대는 대대를 두른 위에 다시 두르는데, 문무백관의 단령에 사용하는 품대이기도 하다.

『국조오례서례』에는 2품 이상은 금대, 3-4품은 은대, 5품 이하 동 혁대를 사용한다고 하였다. 그 후 여러 기록들은 『국조오례의』

의 기록을 따르고 있다. 한편 『국조오례의』와는 달리, 『경국대전』에는 1품이 서대, 정2품이 삽금대, 종2품이 소금대, 정3품이 삽은대, 종3품부터 4품까지는 소은대, 5품 이하 9품까지 흑각대를 사용한다고 하였다. 『경국대전』 외에 『경모궁의궤』에서 서대를 확인할 수 있다.

왜 서대를 기록하지 않았을까? 본래 서대는 명나라 2품이 사용하는 혁대였다. 조선은 당시 명나라 제도에 이등체강원칙을 적용하였기 때문에 조선 초기 조선의 1품 관리는 명나라의 3품 관리가 사용하는 것을 사용하는 것이 원칙이었다. 명나라 3품 관리가 사용하는 혁대가 금대金帶였기 때문에 조선의 1품 관리는 금대를 사용해야 했으나, 명나라의 눈치를 보면서 서대를 사용하였다. 그래서 『국조오례서례』에는 서대를 기록하지 못했고 원칙대로 금대를 1품이 사용하는 것으로 명기하였다. 그러나 실제로는 『경국대전』의 기록처럼 조선의 1품 관리가 서대를 사용하였다. 일종의 편법이었다. 조선에서는 국말까지 『경국대전』에 명시된 제도를 줄곧 사용하였다.도57

도57 **1품용 서대** 단국대학교 석주선기념박물관 소장.

대대

대대는 중단 위에 상을 입고 의를 입은 후 의의 허리에 둘렀다. 『국조오례서례』에는 '적백라'赤白羅를 합하여 꿰맨다고만 기록되어 있고 도상에는 두 색상이 길게 연결된 것처럼 보인다. 폭의 중간에 선이 있는데 이는 적색과 백색이 반반을 차지하기 때문이었을 것이다. 그 이후의 문헌에서는 대체로 이 기록을 따랐다.

그러나 유물의 형태는 도상의 것과는 다르다. 1633년에 사망한 신경유의 묘에서 출토된 대대는 18세

도58 **17세기의 대대** 단국대학교 석주선기념박물관 소장.

도59 이직 초상과 세부 문중 소장.

기 밀창군密昌君 이직李稷(1677~1746)의 묘에서 출토된 대대와 같은 형태이다. 또 밀창군의 조복본 영정에서도 그 모습을 확인할 수 있다. 영정에는 흰색 바탕에 녹색 선을 두른 대대가 묘사되어 있다.도58, 59

국말의 대대 유물은 흰색 바탕에 녹색 선 외에 검정 선, 붉은 선 등, 다양한 색의 선이 둘러졌으며 후수와 후수 양옆으로 늘어뜨린 소수小綬로 추정되는 붉은 조각이 달린 경우가 많다. 19세기 이후에는 대대에 후수를 고정시켜서 사용하였다.

중단

중단은 제복이나 조복의 받침옷으로 사용되는 중간 옷(中衣)이며 평상복과 예복을 구분해주는 역할도 한다. 『국조오례서례』에는 중단을 백사白紗로 하고 검정색(皂色) 연을 장식한다고 하였으며 『경국대전』에는 백초白綃 중단이라고 기록되어 있다. 이처럼 바탕은 흰색이고 깃과 수구, 선단과 밑단에 검정 선을 둘렀다. 말기의 유물에는 상裳을 연결시킬 수 있도록 앞뒤 허리 부분에 단추를 단 것도

도60 남색 학창의형 조복용 중단
이화여자대학교박물관 소장.

있다.

　도상으로 보는 중단은 '의'와 비슷하게 보이는 교임형交衽形 옷이지만 실제 길이는 훨씬 길어서 발목 정도까지 내려온다. 소매는 '의'만큼 넓다. 임란 이후 관복 받침옷으로 입게 된 창의를 제복이나 조복의 중단으로도 입게 되었는데 이런 변화는 18세기 전기 밀창군의 초상화나 18세기 후기 채제공蔡濟恭의 초상화에서 짐작해볼 수 있다. 도61 초상화에 보이는 색상은 동정의 흰색과는 구별되는 옥색이다. 옥색이라고 해도 이는 흰색으로 볼 수 있다. 이들 초상화에서 보이는 중단에는 흑선 장식이 없는데, 이는 흰색(옥색) 창의 중단이 사용되었음을 입증해준다. 그러나 19세기 이후의 중단 유물을 보면 다시 흑선이 확인되는데 창의에 흑선을 두른 학창의鶴氅衣형 중단이니, 기록과는 달리 속제俗制의 중단이 사용되었던 것이다.

　한편 초기 제도에는 제복이나 조복의 중단이 모두 백색이었으나 18세기부터는 조복의 중단 색상이 옥색 또는 남색으로 바뀌기 시작하였다. 채제공의 조복본 초상화까지는 옥색 창의 중단이 확인된다. 흑색 선장식의 남색 중단으로 변화된 시기는 순조 대로 짐작된

도61 **채제공 초상(금관조복본, 왼쪽)** 이명기 필, 1784년경, 비단에 채색, 202.9×91.6cm, 개인 소장.
도62 **이하응李昰應 초상** 이한철·유숙 합작, 1869년, 비단에 채색, 130.8×66.2cm, 서울역사박물관 소장.

다. 따라서 환구단 제사를 지낼 때 조복을 착용하는 배향관들은 대원군의 조복본 초상화에서 볼 수 있듯이, 남색 바탕에 흑선을 두른 학창의형 중단을 입었을 것으로 짐작된다.도60, 62

패

패는 흔히 '패옥'珮玉이라고 한다. 혁대 양옆에 걸어 착용하는 의식 용구로서, 옥으로 일정한 형태의 조각을 만들고 구슬을 섞어 꿰어 내려뜨린 후 주머니를 씌운 다음 윗부분에 달려 있는 구리 걸쇠(銅鉤)를 이용하여 혁대에 걸어서 사용하였다. 조선시대 초기에는 품계별로 약옥藥玉과 민옥珉玉, 번청옥燔青玉, 번백옥燔白玉 등을 사용하였으나 대체로 후대 기록에는 약옥과 민옥을 사용하는 것으로 되어 있다. 옥은 형태에 따라 여러 명칭이 있는데 시대에 따라 조합하는 방식에 변화가 있었던 것으로 보인다.

한편 『종묘의궤』에는 '헌관만 패옥을 착용하고 집사는 사용하지 않는다'는 기록이 보이는데 정조 대까지도 특정 신분에서만 패옥을 사용하였다. 말기의 대대 유물 중에는 후수 좌우로 붉은 조각을 단 경우를 볼 수 있는데 패옥을 대신한 패옥 주머니일 가능성도 있다.

수

수는 흔히 '후수'라고 한다. 의를 입은 후에 뒤쪽 허리 아래로 늘어뜨리는 화려한 장식품이다. 『국조오례서례』에는 3품 이상 황록적자 4색으로 짜며 4-6품은 3색으로, 7품 이하는 2색으로 짠다고 하였다. 또한 무늬도 운학雲鶴(2품 이상), 반조盤鵰(3품), 연작練鵲(4-6품), 계칙鸂鶒(7품 이하)으로 품계에 따라 차등을 두었다.

임진왜란 이후에는 그림을 그려 자수를 대신하기도 하였는데 숙종 대에도 마찬가지였다. 『종묘의궤』에는 정1품의 헌관과 천조관薦俎官만 사색사四色絲, 직성織成, 운학, 화금花錦을 사용하고 나머지 헌관과 집사들은 홍주紅紬에 그림을 그린다고 하였다.도63

도63 **심동신**沈東臣 **후수** 단국대학교 석주선기념박물관 소장.

후수의 윗부분에는 금환(1-2품), 은환(3-4품), 동환(5품 이하)을 품계에 따라 1쌍씩 달았다. 그리고 아래쪽에는 청사망을 맺어 늘어뜨렸다.

국말 후수 유물의 자수 무늬를 보면 다른 새는 보이지 않고 학鶴만 보인다. 3쌍, 4쌍, 5쌍 등 다양하게 수를 놓은 모습으로 나타나는데 영조 대 밀창군 묘 출토의 후수에는 2쌍의 학을 수놓았다. 말기로 가면서 학의 마리 수가 품계를 구분하는 단서가 되었을 가능성이 있다.

방심곡령

방심곡령은 흰색 초綃나 주紬로 만든 둥근 깃 형태의 장식물이다. 둥근 깃 형태(곡령)에 가슴 부분에 네모난 작은 조각(방심)을 연결하였으며 오른쪽 어깨 부분에 달린 단추로 여며서 목에 거는 것이었으나 말기에는 제복용 의에 바느질로 고정시켜 사용하였다.

『국조오례서례』에는 백초로 한다고 하였는데 방심 부분이 그려져 있지 않지만 명칭은 여전히 방심곡령이므로 그림의 일부가 누락된 것으로 보인다. 그리고 좌우 끈이 묶여 있는 것으로 묘사되어 있는데 『제기악기도감의궤』에는 유일하게 끈이 풀어져 늘어뜨려진 모습으로 표현되어 있으며 백초로 만들고 초록주와 홍주로 끈(纓子)을 만든다고 하고 실제 필요한 옷감 치수까지 기록하고 있다. 《사직단국왕친향도병풍》에도 방심곡령의 영자에 대한 설명이 있다. 좌측에는 녹영綠纓을 달고 우측에는 홍영紅纓을 단다고 하였는데 이 모습은 익종의 면복본 어진에서나 확인할 수 있을 뿐이다. 그러나 현존하는 제복용 방심곡령 유물에서는 이런 끈을 확인할 수 없다. 환구단 제사에서는 녹색과 홍색 끈이 사용되지 않았을 것으로 짐작된다.

폐슬

폐슬은 허리에 둘러 무릎을 가리는 붉은 앞치마형 조각이다. 『국조오례서례』에는 적라赤羅로 만든다고 하였으며 그 외에 적초, 홍주 등의 기록도 보인다. 도상에는 사다리꼴로 묘사되어 있으며 위쪽에 2개, 혹은 3개의 끈 고리가 그려져 있기도 하고 긴 끈을 좌우로 달기도 하였으며 갈고리가 달린 모습으로 묘사되기도 하였다. 그러나 점차 크기가 작아지면서 의에 직접 꿰매어졌는데 1888년(고종 25) 『고종실록』에 '폐흉'이라는 기록이 확인된다. 따라서 환구단 제사에는 폐흉으로 축소된 폐슬이 사용되었음을 짐작할 수 있다.

말

말은 버선이다. 『국조오례서례』에 백포白布를 사용한다고 하였는데 『제기악기도감의궤』에서는 백정포白正布로 기록되어 있다. 『세종실록』「오례」와 『제기악기도감의궤』의 도상을 제외하고는 버선에 끈이 달려 있다. 현존하는 조선시대의 버선 유물 중에는 끈이 달린 버선은 없었다. 따라서 제복이나 조복용 버선은 일상적으로 신는 버선으로 보아도 무리가 없을 것이다.

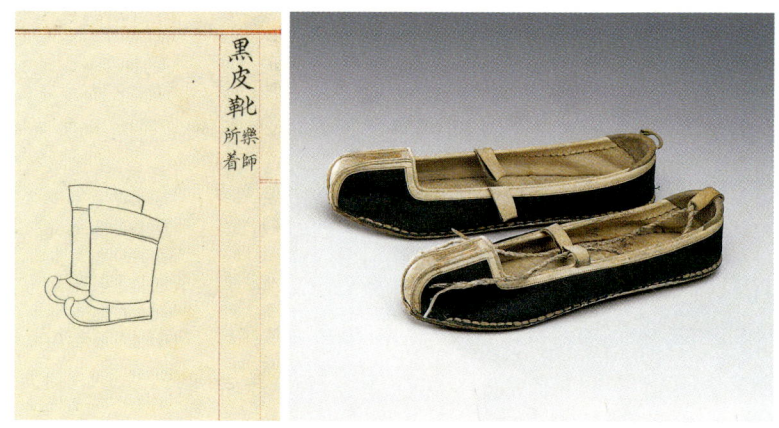

도64 **조복용 흑피화(왼쪽)** 『경모궁의궤』에 수록. 서울대학교 규장각 소장.

도65 **제복용 신발** 단국대학교 석주선기념박물관 소장.

이와 화

『국조오례의』는 흑리黑履를 착용하도록 규정하였으며 『경국대전』은 흑피혜黑皮鞋로 규정하고 있다. 제복과 조복용 신발에 모두 적용되는 규정이었다. 애초에는 신발 제도에 차이가 없었으나 중종 대 이후 중국의 신발 제도를 받아들이면서 조복용 신발만 화 형태로 바뀌었다.

임진왜란 이후 『제기악기도감의궤』에는 제복용 신발로 운혜雲鞋를 신은 것으로 기록하고 있으며 도상도 제공하고 있다. 또한 정조 때의 『경모궁의궤』에는 제복에 흑피리, 조복에 흑피화로 구분해 놓고 특히 제복용 흑피리에는 신 부리에 끈을 단다는 기록과 함께 끈이 달린 신발 도상을 제시하고 있다. 석주선기념박물관에는 제혜祭鞋로 명명한 국말 제복용 신발이 소장되어 있다. 한편 『경모궁의궤』에는 배향관이 신는 흑피화의 도상이 제시되어 있다. 도64, 65

배향관의 흑단령　『국조오례의』에서 배향관은 모두 조복을 착용하도록 하였으나 임란과 호란 이후 갑자기 조복을 갖추기 어려워지자 5품 이하 백관에게는 흑단령을 입도록 하였다. 1638년에 있었던 인조와 장렬왕후의 가례에서는 백관들이 조복을 착용해야 함에도 불구하고 조복이 마련되지 않자, 정

사正使와 부사副使 이외에는 모두 흑단령을 입도록 했다. 또한 1651년(효종 2)에는 선조 대와 인조 대의 사례를 따라 4품 이상은 조복, 5품 이하는 흑단령을 착용하는 것을 법제화하였다. 흑단령 차림에는 사모紗帽에 흑단령黑團領, 품대品帶, 흑화黑靴를 착용하였다.

도66 성수웅成壽雄 초상 부분(❶)
18세기 초, 국립중앙박물관 소장.

도67 이하응 초상 부분(❷) 1869년, 서울역사박물관 소장.

도68 신정희申正熙 초상 부분(❸)
1895년, 고려대학교박물관 소장.

사모紗帽

사모는 모자 부분이 두 층으로 나누어지며 뒤쪽 좌우에 수평 뿔이 달리는 관리용 관모이다. 시대에 따라 사모의 높낮이, 뿔의 각도와 크기, 길이 등이 달랐다. 조선 후기 숙종 대 이후 영조와 정조 대에는 사모의 높이가 높았다. 순조 대의 당하관 초상화를 보아도 사모의 높이가 높았음을 알 수 있다. 그러나 점차 낮아지기 시작하여 19세기 말 고종 대에 이르러서는 대단히 낮아졌다.

또 신분에 따라 뿔에 무늬가 있고 없음에 차이가 있었다. 『속대전』續大典에는 무늬가 있는 당상관의 사모뿔이 '문사각'紋紗角이라 기록되어 있다. 도67, 68 흑단령 차림을 하는 배향관은 5품 이하이므로 무늬가 없는 '단사각'單紗角 뿔의 사모를 사용하는 것이 원칙이다. 도66

도69 조선 전기 흑단령(왼쪽) 유순정柳順汀 초상, 18세기 초 이모, 비단에 채색, 188×99.8cm, 진주 유씨 종중 소장.

도70 조선 후기 흑단령 심환지沈煥之 초상, 19세기 초, 비단에 채색, 149.0×89.2cm, 경기도박물관 소장.

흑단령

흑단령은 상참, 조참, 그리고 대소 국가의례에 문무백관이 입던 예복의 하나인데 둥근 깃이 특징이다. 1610년을 기점으로 그 이전인 16세기에는 흔히 시복時服이라고 하였으며 1610년 이후로는 상복常服이라고 하였다.

국초에는 관리들이 다양한 색상의 단령을 입었으나 세종은 조회의 위의威儀를 갖추기 위하여 흑단령을 입도록 하였는데 세조 대 이후로는 흉배도 자연스럽게 예복인 흑단령에만 부착하게 되었다. 조선 전기에는 주로 아청색 흑단령이 착용되었으며 17세기 이후 현록색(유록색) 흑단령이 흔히 사용되었다. 그래서 후기 기록화에는 녹색 계통으로 표현되는 것을 볼 수 있다. 한편 당상관의 흑단령에는 무늬 있는 비단을 사용하도록 하였다. 17세기 전기의 흑단령에는 화조문花鳥紋이 일시적으로 유행하였으나 대체로 운문단雲紋緞이 사용되었다.도69, 70

흑단령의 형태는 점진적으로 변화하였는데 점차 소매가 넓어졌으며 깃의 깊이가 깊어졌다. 또한 초기에는 홑옷으로 만들어 입었으나 임란 이후 겹옷으로 변화되었는데, 남색 직령이 단령의 안감으로 정착되었다. 단령의 옆선에 달린 무의 구조는 단령 유물의 시대를 판정하는 중요한 단서가 될 정도로 변화가 심한 부분이었다.

도71 유순정 초상의 운안흉배 원본 15세기 제작, 18세기 이모.

한편 흉배 제도는 1454년(단종 2)에 당상관의 단령에 부착하도록 하였는데 문관은 공작흉배와 운안雲雁흉배, 백한白鷴흉배를 사용하도록 하였으며 무관은 호표, 웅비熊羆흉배를 사용하도록 규정하였다.도71 임란 이후 흉배 제도가 문란해짐에 따라 1692년(숙종 18)에 조신朝臣들이 흉배를 사용하지 않는다고 하여 옛 제도를 거듭 밝혀서 사용하도록 하였다. 『속대전』(1746)에 당상 3품 이상 운학雲鶴, 당하3품 이하 백한白鷴으로 명시되어 있으나 정조 대에 이르러서는 쌍학雙鶴흉배와 단학單鶴흉배의 이중구조가 완성되었다.도72 한편 무관은 임란 직후 해치흉배가 사용되었으나 그 후 정조 대까지 사자흉배와 호랑이흉배를 사용하였으며 19세기에 비로소 쌍호흉배와 단호흉배로 정착되었다.도73

도72 심환지 초상의 쌍학흉배 19세기 초 제작.

5품 이하의 배향관이 흑단령을 착용하였으므로 옷감도 명주 정도의 옷감을 사용하였을 것이며 흉배도 17~18세기 중기까지는 백한흉배를, 그리고 18세기 후반 이후라면 단학흉배를 사용하였을 것이다.

도73 신헌申櫶 초상의 쌍호흉배 1870년 제작.

129

품대 品帶

품대는 착용자의 신분을 드러내는 중요한 장식물이다. 조선 전기의 품대는 허리에 잘 맞도록 고안된 구조를 지니고 있었으나 후기에는 착용자의 허리둘레보다 큰 형태로 변화됨에 따라 착용 시 뒤로 늘어지게 되었다.

한편 품대는 품계에 따라 띠돈에 차이가 있었다. 『경국대전』에는 1품 서대, 정2품 삽금대鈒金帶, 종2품 소금대素金帶, 정3품 삽은대鈒銀帶, 종3품 소은대素銀帶, 그 이하는 흑각대黑角帶를 사용하는 것으로 규정되어 있다. 규정에는 없으나 흑단령본 초상화나 유물 중에 학정대鶴頂帶가 많은 편인데 이는 소금대에 해당되는 것으로 부마 등을 비롯하여 종2품이 사용하는 품대였다. 그러나 흑단령을 착용하는 배향관은 5품 이하의 관리이었으므로 흑각대를 착용하는 것이 원칙이었다.

흑화

한편 흑화는 조복의 신발과 동일한 것이다. 『경국대전』에는 당상관의 상복용 신발로 '협금화'挾金靴를 규정하고 있으나 당하관용 신발에 대한 언급은 없다. 백관들이 신는 흑피화는 흑피黑皮로 만드는데 중국의 칙사에게 주는 흑화자의 재료가 『상방정례』에 명시되어 있다. 조신들의 흑화 재료와 다르지 않을 것으로 짐작된다. 흑록피黑鹿皮를 거죽으로 하고 안에는 남삼승藍三升을 사용하였다. 깃에는 청사피靑斜皮를 장식하고 가장자리 장식(回伊)에 자사피紫斜皮를 사용하였으며 그 외에 속창(內昌)과 거죽창(外昌), 배접포(褙布), 생포生布, 어교, 진말眞末, 분粉 등이 사용되었다.

9 환구제 복원과 현대적 의미

해방이 되었지만 환구단에 대한 관심은 나타나지 않았다. 다만 환구단 터에 지은 조선호텔은 그 소유권이 우리나라에 귀속되고, 정부 수립 후에 교통부로 이속되었다. 1958년 조선호텔에 화재가 난 후에는 1962년 국제관광공사가 경영권을 인수하였다. 그런 와중에 1967년 7월 6일 조선호텔을 재건축하고 소공로를 확장하면서 그나마 남아 있던 환구단의 정문이 민간에 넘어갔다.

1967년 7월 15일 문화재관리국은 환구단을 사적 157호로 지정하였다. 환구단 정문이 옮겨간 지 불과 9일 만의 일이었다. 이 사실은 당시 정부의 환구단에 대한 무관심을 잘 보여주는 대목이다. 이듬해인 1968년에는 웨스틴 조선호텔이 완공되어 현재의 모습을 갖추게 된다.

2000년 10월 서울시는 환구단 인근 지역을 환구단 시민공원으로 조성하였다. 2007년 8월에는 행방불명이던 환구단의 정문이 우이동 옛 그린파크 호텔에 남아 있는 것이 밝혀져, 2009년에 환구단 시민공원으로 이전되었다.

그 결과 현재 중구 소공동에 위치한 환구단 터에는 천지제사를 지내던 환구단은 없고, 신위를 모시던 황궁우와 돌로 만든 석고,

도74 환구단 내 황궁우와 석고(왼쪽) ⓒ돌베개

도75 환구단 삼문 ⓒ돌베개

그리고 환구단 삼문만이 남아 있다.도74, 75 따라서 현 단계에서 환구제의 복원은 사실상 거의 불가능한 상태다. 그러나 환구제를 지내려는 움직임이 2000년대 이후 몇몇 민간단체에서 일어나고 있다.

그 첫 시도는 2004년 5월 2일에 이뤄졌는데, '제천권 회복 범민족 천제봉헌제'라는 이름 아래 원구단에서 행사를 거행하였다. 가칭 '원구단복원봉헌회'가 주축이 된 이 행사는 행촌杏村 이암李嵒(1297~1364)의 『단군세기』檀君世記에 나타난 단군 탄신일에 의거하여 단군 제천권을 회복한다는 취지로 추진되었다. 하지만 이는 원구단의 제례 복원이라는 본래 취지와는 거리가 먼 행사였다.

그러한 분위기 속에서 2005년에 문화재청은 사적 157호로 지정된 환구단의 명칭에 대한 공식 입장을 밝혔다. 당시 원구단과 함께 불리던 환구단의 명칭에 대한 논란이 계속되자, 2005년 9월 6일자로 문화재청은 "동 문화재의 한자 표기 및 독음을 '환구단'圜丘壇으로 하고자 함"이라는 내용의 공고(문화재청 공고 제2005-146호)를 예고하였다. 그 후 두 달 남짓한 기간의 의견 수렴을 거쳐, 11월 16일 문화재청 고시 제2005-81호를 통해 '환구단'으로 최종 결정하였다.

그 후 환구제의 복원을 위한 또 한 차례의 시도가 있었다. 2007년 4월 30일에 전주이씨 대동종약원이 주관이 되어 환구제를 추진한

도76 2008년 환구대제 재현 장면
ⓒ 전주이씨 대동종약원

것이다. 이를 위해 먼저 환구제 제례를 위한 고유제가 종묘에서 열렸다. 이어 환구단으로 이동하여 황궁우 안에 황천상제와 황지기를 비롯한 17신위를 모시는 신위 봉안식을 거행하였다. 이를 기반으로 2008년 11월 27일에는, 환구제가 처음으로 재현되었다.도76 다만, 원래 환구단에서 거행하던 제례를 황궁우에서 지낸 것이다. 현재 환구단이 사라져버린 상태이기 때문이다. 이러한 행사는 환구제가 폐지된 지 100여 년만의 일이다.

환구제 복원의 현황   천자의 제사인 환구제는 동아시아 유교 의례 가운데 최고의 제례다. 하늘제사인 환구제는 우리나라에서 땅제사인 사직제와 사람제사인 종묘제와 함께 '천지인'天地人을 상징하는 대표적인 국가의례다. 1910년 모두 폐지된 국가제사들은 1960년대 말 종묘제를 시작으로 사직제·선농제·선잠제 등의 순으로 복원되었으나, 환구제만은 그렇지 못했다. 그러다가 2008년에 비로소 환구제가 다시 거행된 것이다.

이 행사는 덕수궁을 출발하여 환구단까지 황제의 어가행렬을 한 후에 황궁우에서 제사의식을 행하는 절차로 이루어졌다. 다만, 당일 비가 내리는 바람에 예정되었던 의장물과 취타대가 동원되지 못한 채, 어가와 제관 60여 명만이 참석하여 도로를 따라 이동했다. 그후 매년 한 차례씩 환구단제가 거행되어 현재에 이르고 있다.

원래 환구제는 3단으로 조성된 둥그런 환구단에서 천지제사를 지내는 것이 원칙이었다. 그런데 오늘날 환구단이 남아 있지 않은 관계로, 신위를 봉안하던 황궁우에서 제례 행사를 임시로 거행하였다. 이에 따라 황궁우의 실내를 부득이 환구단의 상단으로 삼고, 황궁우의 난간을 환구단의 중단으로, 황궁우의 뜰을 환구단의 하단으로 삼아 제례를 행하였다. 환구제의 제례 절차는 『대한예전』의

구분	제례	환구제	현행 환구제	비고
준비		고유제告由祭 수계受戒 진설陳設 거가출궁車駕出宮 성생기省牲器	— — — 어가행렬 —	의장, 취타 없음
영신		번시燔柴 신례晨禮	번시燔柴 신례晨禮	
진헌		진숙進熟 초헌初獻 아헌亞獻 종헌終獻	진숙進熟 초헌初獻 아헌亞獻 종헌終獻	황궁우와 난간, 뜰에서 거행 악가무 없음
음복		음복飮福	음복飮福	
송신		철변두徹籩豆 망료望燎	철변두徹籩豆 망료望燎	
		거가환궁車駕還宮	—	

〈표1-8〉 2008년 환구제의 현황

환구제에 의거하여 진행하였다.

위의 행사가 11월에 시행된 것으로 볼 때, 예제 상 동지 때 천지에 제사를 올리는 동지환구제의 성격을 갖는다. 하지만 환구단이 아닌 다른 공간에서 행례 절차를 행한 결과로 인하여 제례 절차와 내용, 그리고 격식을 제대로 갖출 수가 없었다. 거기에다 환구제의 제례악과 일무도 없이 단순한 제례 형식적 절차만을 거행한 결과가 되고 말았다. 환구제가 처음으로 거행되었지만, 애당초 복원과는 거리가 멀었다.

이 같은 행사는 환구제의 중요성을 알리는 계기는 되지만, 현실적으로 복원의 의미를 되살리는 데 한계를 갖는다. 오히려 엉뚱한 황궁우에서 환구제를 지냄으로써, 그 공간에 대한 왜곡된 인식을 심어줄 가능성이 크다. 그런 점에서 볼 때 환구제의 재현 행사를 추진하는 데 좀 더 신중을 기해야 할 것으로 보인다. 환구단이 없는 상태에서 황궁우에서 서둘러 제례를 복원하기보다는 먼저 왜 복원해야 하는지 어떻게 하는 것이 바람직한지에 대한 사회적 논의와 합의가 필요하다.

현재 거행되는 환구제는 그 본래의 취지를 살리기 어렵다. 그것은 본래 환구단 위에서 제례를 지내야 하기 때문이다. 따라서 환구제 복원의 출발은 환구단의 복원이 먼저이고, 그 다음에 환구제 복원을 논하는 것이 바람직한 일이다. 환구제의 복원을 위해 먼저 환구단의 복원을 위한 사회적 합의와 노력이 선행되어야 할 것이다.

환구제의 특성

환구제는 동아시아 유교문화권에서 시행되어 온 천자의 제천의례이다. 따라서 유교사회의 천하관을 비롯해 유교사상과 예학적 의미가 충실하게 깔린 최고의 의전 체계라는 특징을 갖는다. 그러한 사실은 환구제에 나타난 제천의례의 시기, 대상, 장소 등에 잘 반영되어 있다.

첫째, 환구제는 동지冬至와 정월 상신上辛일에 거행하였다. 동지는 음양이 교차하여 한 해의 양기가 시작되는 때다. 동지 환구제는 음양의 교체를 천지자연의 운행 원리로 보고, 이에 순응하는 일을 천자의 통치 행위의 출발로 간주한 제천의례다. 정월 상신일은 음양이 만나는 날로써, 이때 환구단에서 제사 지내는 것은 풍년을 기원하는 기곡제의 의미를 담고 있었다. 또한 가뭄 때마다 환구단에서 기우제를 지내기도 하였다. 만물이 하늘에 근본을 둔 만큼, 하늘을 통해 비가 내린다고 믿었기 때문이다. 이와 같이 환구제는 천지자연의 이치에 순응하는 인간의 질서를 조화롭게 일치시킨 최고의 제사였다.

둘째, 환구제는 천신天神인 호천상제, 지신地神인 황지기, 인신人神인 왕조의 시조를 배향하였다. 천·지·인의 삼재를 대상으로 한 제천의례는 기본적으로 근본의 은혜에 감사하는 보본반시報本反始의 성격을 띤다. 만물은 하늘에 근본을 두고 인간은 조상에 근본을 둔다. 따라서 조상을 천신과 함께 제사하는 것은 혈연에 대한 정감과 최고의 신성을 분리하지 않고 하늘과 같은 시원의 존재로 받아들인 것이다. 이는 왕조의 시조를 신성화함으로써 왕통을 절대화할 뿐 아니라 현실 권력을 정초화하는 의미를 갖는다. 지신은 농업신과 관련되어 있어 이에 대한 제례는 풍년을 기원하는 의식이다. 민생의 안정을 통해 민본의식에 부응함으로써 황제권의 정당성을 담보하고자 했던 것이다.

셋째, 환구제의 제단과 제기에는 유교적 천하관과 세계관이 내포되어 있다. 하늘에 가까운 구릉을 찾아 둥그런 제단을 만들어 하늘에 제사 지내는 것은 모든 존재의 근원에 대한 인간의 겸허함을 상징한다. 환구제는 시원적인 질박함에 대한 존중을 통하여 하늘의 도를 밝게 드러내는 것을 본질로 한다. 또한 환구제에 쓰이는 제기와 의복, 음식과 의장 등은 하늘의 질박한 본성과 모습을 드러내는 방식으로 마련되었다. 최고의 위상을 갖는 환구제에서 소박함을 우위에 두는 행위는 자연과 생명의 질박한 바탕으로 지고한 존재와 대면하는 공경의 정신을 나타낸다. 이와 같이 환구제는 세련된 수식과 절차 보다는 그 안에 담긴 삶의 본질과 근원을 반추하는 유학적 의례관이 집약된 특색을 띤다.

넷째, 환구제는 천지는 물론이고 모든 자연신, 조상신 등의 신앙체계를 모두 망라한 만신전萬神殿 형태의 제천의식이었다. 이는 환구제가 단순히 하늘만을 대상으로 하는 제사가 아니라는 사실을 말해준다. 원래 길례吉禮는 천신天神, 지기地祇, 인귀人鬼의 경모를 표시하며, 이것으로 국가정치의 근본을 삼았다. 천신과 지기는 자연의 통치를 상징하는 대상이고 조종과 선왕은 사회의 통치를 상징하는 신들이다. 환구제는 하늘 아래 있는 모든 신들을 대상으로 하는 의례였던 것이다.

다섯째, 환구제는 국가제사 가운데 도성 밖 교외에서 지내는 교사제郊祀祭의 일종이었다. 『예기』에 따르면, "교외에서 상제上帝에게 제사를 올리는 것은 가장 경건한 일"이라 하였다. 또한 "만물은 하늘에 근본을 두고 있다. 사람은 조상에 근본을 두고 있으므로 상제에게 배향하는 것이다. 교郊의 제사는 크게 근본에 보답하고 시초로 돌아가려는 것"이라고 하였다. 그리하여 고대사회의 국가제례에는 도성을 중심으로 동교·서교·남교·북교에 각각 제사를 지냈는데, 원구제는 바로 남교에서 지내는 천지제사였다. 다만 대한제국기에 이러한 원칙은 바뀌었다. 외세 침탈이 노골화되는 상황 속에서 도성 밖의 교외를 대신하여 각국의 대사관이 모여 있는 덕수궁 앞에 환구단을 세웠다. 환구단이 곧 자주독립의 상징물로서 황제국가로 인식되기를 바랐던 것이다. 그리하여 도성 내부에 세운 환구단에서 천지제사를 지냈다.

이상에서 살핀 바와 같이, 환구제는 동아시아 황제국 체제의 오랜 역사와 함께 발전해왔다. 우주자연의 원리와 근원적 신성神聖으로 회귀, 혈연에 대한 경외, 생업에 대한 존중을 지향함으로써 황제의 무한 권력을 제한하려는 뜻이 담긴 유교 의례였던 것이다.

환구제의 현대적 의미

환구제는 1897년 황제국인 대한제국의 탄생과 함께 다시 거행되었다. 1464년(세조 10)에 환구제가 중단된 지 433년 만의 일이다. 이를 위해 먼저 고종은 대한제국을 선포하기에 앞서 환구단을 도심 한복판에 세웠다. 환구단은 도성 밖 남교에 세운다는 원칙을 바꾼 혁신적 조치였다. 1897년 10월 12일 고종은 환구단에서 고유제를 지내고 황제 즉위식을 거행한 후 다음 날 대한제국을 선포하였다.

환구제의 부활은 조선에 새로운 근대국가가 성립되는 과정인 동시에 유교적 중화주의의 연장에 있음을 보여준다. 하지만 환구제는 단순한 제천의례의 복구에 그칠 일이 아니었다. 고종이 하늘로부터 천명을 받아 황제가 됨으로써, 대한제국이 자주독립국이라는 사실을 공포하는 상징 의례였던 것이다. 환구제를 기점으로 하여 모든 국가의례는 황제국의 위상에 맞추어 일신되었다. 이에 따라 종래 『국조오례의』는 효력을 잃게 되었고, 『대한예전』이라는 새로운 황제의전이 마련되었다.

환구제는 유교적 천하관에 기초하면서도 중국 중심의 천하관을 벗어남으로써 근대를 맞이한 대한제국이 자주독립국가로 나아가는 결연한 의지의 표현이었다. 또한 황제국 최고 의례로 등장한 환구제의 시행은 단절된 하늘·땅·사람의 삼재 합일을 통한 제천의 권리를 회복하는 계기가 되었다. 이는 수천 년 동안 이어온 하늘제사의 전통이 조선 전기 이후 단절되어오던 것을 계승한다는 의미가 내포되어 있었다. 이와 같이 환구제는 주권국가로서의 민족문화를 계승·발전시킨다는 역사적 의미를 갖는다.

그러나 자주독립국인 대한제국을 상징하는 환구제는 일제의 강점으로 역사 속으로 사라지고 말았다. 더구나 일제는 1913년 환구단을 헐고 그 자리에 조선호텔을 건설함으로써 더 이상의 환구단 제천의례를 불가능하게 만들어 버렸다. 일제가 환구단을 훼철한 이유는 일본의 천황만이 하늘제사를 지낼 수 있다는 논리 아래 대한

제국의 하늘제사를 차단하려는 목적에서였다. 또한 환구단의 폐지에 따른 제천의례 불능화는 대한제국의 주권 상실을 공식화하고 자주독립의 기반을 아예 차단한다는 것을 뜻하였다.

그로부터 100여 년이 지난 지금 환구제와 관련한 제천의례 복원 움직임이 일고 있다. 환구제 복원행사는 몇몇 민간단체의 주관 아래 추진되고 있다. 하지만 현재 환구단에서 제천의례를 지내는 것은 원칙적으로 불가능하다. 천지제사를 지내던 환구단과 그 공간이 거의 남아 있지 않기 때문이다. 지금 남아 있는 환구단 터에는 환구제의 대상이던 여러 신위를 모시던 3층 팔각정 건물인 황궁우 건물 한 채만 서 있다.

이러한 상황에서 환구제의 의례 복원은 별다른 의미를 갖기 어렵다. 환구제가 제대로 거행되려면, 무엇보다 환구단의 복원이 먼저 이루어져야 한다. 하지만 옛 환구단 터는 현재 조선호텔을 비롯하여 주변 지역이 높은 건물로 뒤덮여 있다. 따라서 성급한 환구제의 재현 행사보다는 환구단 복원을 먼저 이루어내기 위한 사회적 합의와 공감대 확보가 시급하다.

환구단과 환구제가 우리에게 주는 의미는 다음 몇 가지로 정리된다. 첫째, 하늘제사인 환구제는 민족의 자주의식을 반영하는 상징적인 의미를 지닌다. 우리 역사에서 제천의례의 상실은 곧 민족의 자주성이 상실되거나 미약했던 사실을 곧바로 반영한다. 곧 환구제는 단순히 유교적인 제천의례에 그치는 것이 아니라 우리 민족의 제천의식을 대변하는 상징 의례라는 점에서 그 의미가 크다.

둘째, 환구제를 통한 제천의례는 우리 민족의 우주관이나 자연관을 잘 드러내는 역사문화 자원이다. 천지인 합일을 통해 자연과 공존해왔던 민족의 심성과 주체의식을 잘 반영하고 있다는 점에서 소중한 무형의 문화유산이다.

셋째, 환구제를 통한 제천의례는 봉건적 사회질서를 이끌어갔던 국왕의 통치원리를 정당화하는 한계를 갖는 것이지만, 기곡제나 기우제를 통한 민생안정을 위한 우리 민족의 사회적 요구를 담고 있던 농경 의례요 민생 의례였다.

오늘날 환구단의 복원은 단순히 역사유적이나 전통문화의 복원이라는 차원에 그치지 않는다. 그것은 우리 민족이 대대로 이어왔던 하늘제사를 다시 되살려내는 전기가 될 가능성이 크다. 이러한 노력은 단순히 유교적 천하관의 복귀나 민족 정기를 통한 민족주의를 고양하자는 이야기가 아니다. 수천 년 동안 이어왔던, 그러나 지난 100년 동안 잃어버린 한 민족의 하늘과 그 속에 담긴 보편적 가치를 회복하는 것을 의미한다. 그것은 아마도 민심이 곧 천심이라는 관념 속에서 자유·평등을 실현하는 자주적이고도 민주적인 가치와 의미를 되새기는 일이 될 것이다.

사직제는 토지와 곡식의 신에게 국가의 안녕과 풍년을 기원하는 제사이다. 사직제는 천자만 지내는 환구제와 달리 제후, 지방관, 일반 백성들까지 정해진 규모와 형식에 따라 지낼 수 있었다. 사직제는 고대부터 시작되었고 한국에서는 백제가 가장 빨랐다. 국가를 의미하는 '종사'宗社는 종묘宗廟와 사직社稷을 합한 단어이며, 실제 위상은 종묘보다 사직이 높았다. 태종은 사직제를 직접 지낸 최초의 국왕이었고, 상대적으로 권력이 강했던 국왕들은 사직단으로의 행차가 잦았다. 대한제국 시기에는 환구제가 중심이 되면서, 사직제의 위상은 상대적으로 낮아졌다.

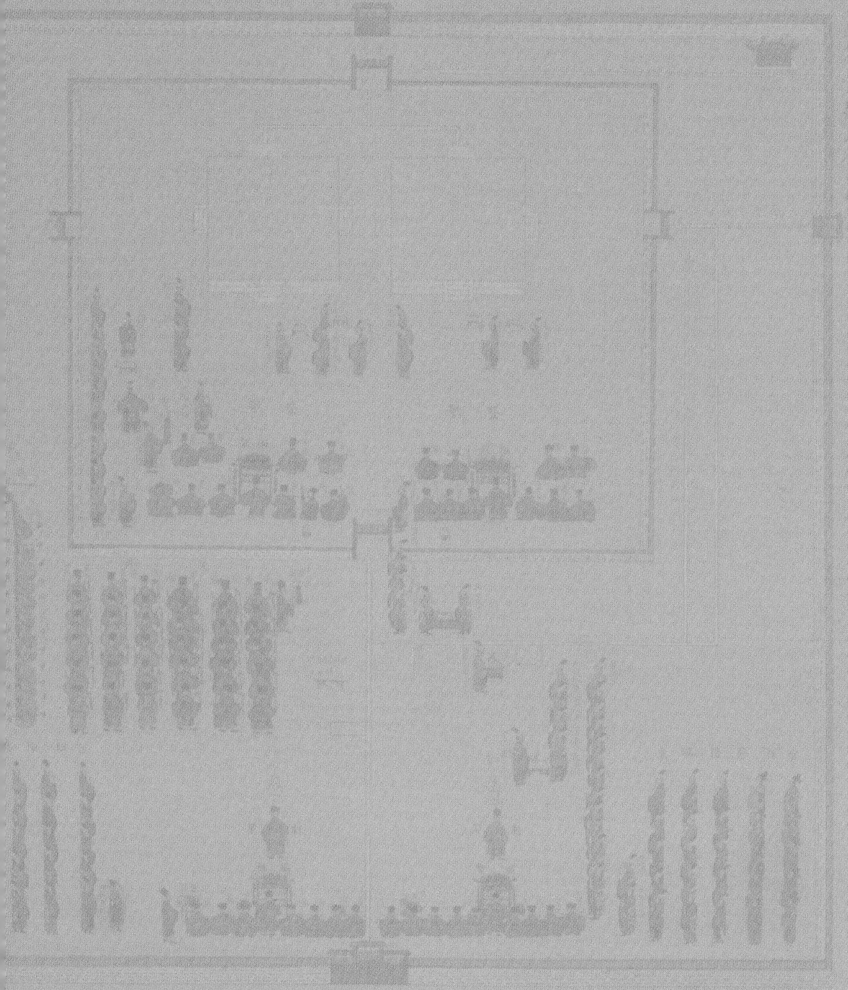

제 2 부

사직제

국토와 오곡의 신을 위한 제례

天地祭祀

1 사직제의 연원과 의미

 사직제社稷祭는 토지의 신인 사社와 곡식의 신인 직稷에게 국가의 안녕과 풍요를 기원하면서 올리는 제사이다.『주례』周禮에서는 '좌조우사'左祖右社라 하여 나라를 세우면 도성의 궁문 밖 왼쪽에는 종묘宗廟를, 오른쪽에는 사직社稷을 세워 건국의 신위를 모신다고 했다.[도1]

 사람은 땅이 아니면 설 곳이 없고 곡식이 없으면 길러질 수가 없는데 나라는 백성을 근본으로 하므로, 나라를 세우면 우선적으로 사직을 세워서 백성을 깃들게 하고 길러주는 그 공덕에 보답을 하는 것이다. 원구제가 천자만이 거행할 수 있었던 제왕의 제사의례였던 것에 비해서, 사직제는 천하를 다스리는 천자天子나 천자로부터 나라를 분봉分封 받아 다스리는 제후諸侯는 물론 일반 백성들에 이르기까지, 정해진 규모와 형식에 따라 모두가 지낼 수 있었던 제사의례이다. 따라서 전통사회에서 거행된 사직제는 국가의 건립과 국가 경영의 근간을 가장 상징적으로 보여주던 의례라고 할 수 있다.

 토지 신(土)에 대한 숭배는 은대殷代 갑골문甲骨文에서부터 보인다. 은인殷人들은 토지 신에게 소를 희생으로 바치며 주로 풍년을 기원하는 제사를 지냈으며, 어떤 일을 아뢰며 축복을 구하거나 재

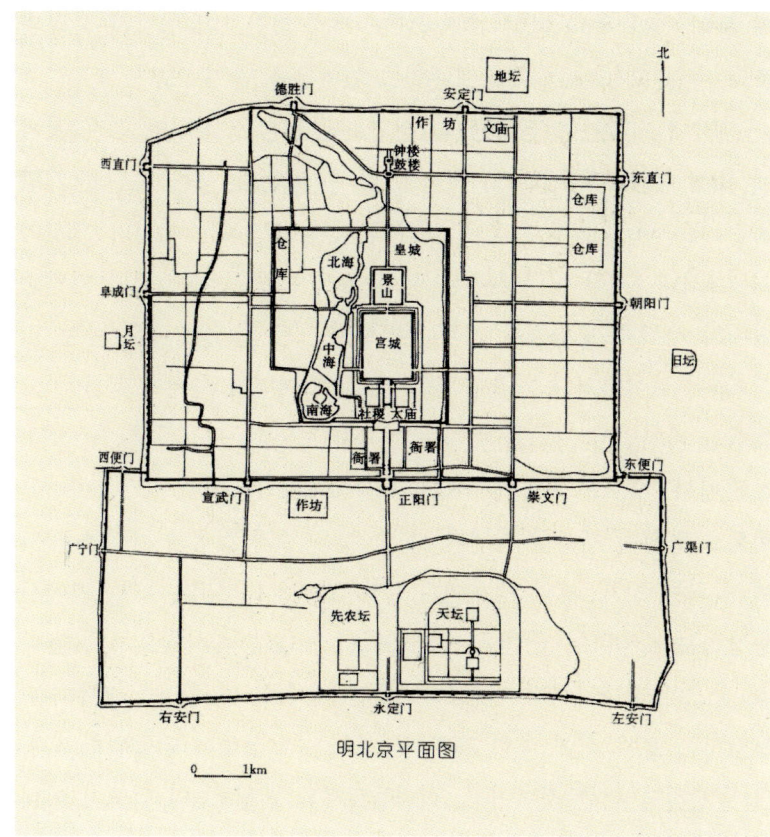

도1 명명 북경北京의 평면도에 보이는 '좌조우사' 左祖右社
명의 영락제永樂帝는 남경南京에서 북경으로 천도하여 새로운 수도를 건립하였다. 궁성의 왼쪽에 종묘인 태묘太廟를, 오른쪽에 사직을 세웠다(평면도에서는 반대의 위치로 보인다).

앙을 막아줄 것을 기구하기도 했다. 갑골문 중에는 '박토'亳土처럼 '토'土가 특정한 지역의 명칭과 결합되어 있어 '박사'亳社와 같이 그 지역에 토지 신을 모시는 사社를 조성했던 것으로 추측되기도 한다.

『시경』「면」緜 편에는 "총토冢土(큰 흙더미)를 세우고 적을 물리친 것을 고했다"는 내용이 있는데, 『모시주소』毛詩注疏에서 학자들은 모두 이것을 왕의 사직, 즉 태사大社에 대한 기록으로 보았다. 주周가 새로운 국가의 성문 밖에 토신土神과 관련된 사를 세웠음을 추측할 수 있다. 또한 『춘추』정공定公 6년 "양호가 주사周社(여기서는 주의 제후국인 노나라의 사社를 가리킴)에서 노魯나라 정공定公 및 삼환씨三桓氏와 맹서를 하였고, 박사亳社에서 국인國人들과 맹서를 했다"는 기록이 있고, 장공莊公 23년 "장공이 제齊나라에 가서 사를 참관했다"는 기록 등이 있어 주의 여러 제후국에도 사가 있었으며 멸망한 은殷 왕조의 사인 박사亳社까지도 보존하고 있었음을 알 수 있다.

사직에 지내는 정식 제사의 정형화된 형식은 후대의 경전經典과 예서禮書 등의 기록에서 그 모습을 알 수 있는데, 봄에 풍년을 기원하는 제사와 가을과 겨울에 신의 공덕에 보답하는 제사가 그것이다. 그러나 『시경』이나 『춘추』 등의 초기 문헌 속에는 보다 다양한 형태의 사직제 모습들이 기록되어 있다. 『춘추』 장공 25년에는 일식日蝕이 일어나거나 가을에 수해水害가 일어나자 사에서 북을 치고 희생을 바치면서 기도를 했다는 기사가 보인다. 또 『서경』「소고」召誥 편에서 "새로운 도읍에 사社를 세우고 소, 양, 돼지 각각 1마리를 희생으로 하여 제사를 지낸다"고 한 것은 주가 건국의 사실을 사직에 아뢰는 고제告祭의 경우이다. 그리고 앞서 『시경』「면」 편에서 등장하는 사직제는 군대를 출병하면서 지내는 제사였으며, 노魯나라 장공이 제나라까지 가서 참관했던 제사齊社는 풍년을 기원하고 보답하는 토지 신에 대한 제사라기보다는 백성들의 떠들썩한 회합을 구경하기 위한 것이어서, 식자들로부터 선왕先王의 법도가 아니라는 비판을 받기도 했다. 『춘추좌씨전』春秋左氏傳 애공哀公 15년 기사에 나오는 "서사"書社나 소공 25년 기사의 "천사"千社 등이 25가家, 25,000가 등을 단위로 하는 지역의 사를 가리키는 것임을 볼 때, 이 장공이 참관했던 제나라의 사직제는, 도성 문 밖에 조성한 국사國社이기보다 고을 백성들이 주도적으로 참여하는 민사民社였던 것으로 보인다. 즉 후대 경전과 예전禮典(국가의례서)에 보이는 주州 단위의 주사州社나 마을 단위로 세워진 이사里社의 연원이 되는 것이라고 하겠다. 그래서 『예기』「교특생」郊特牲에서는 "오직 사에 제사하는 일을 위해서는 1리里의 사람들이 모두 나온다"고 했다. 백성들이 모두 나와 사직 제사를 위하여 사냥을 하고 곡식을 공급하며 인력을 제공하고 연회의 회합을 갖는 것이다.

이처럼 사직제에 대한 초기 기록들은 도읍의 건설이나 군대의 출병, 재난의 구제에 대한 기원, 백성들의 회합과 연회 등이 '사'를 중심으로 이루어졌음을 보여주고 있다. 그런데 전국戰國 시기 이후의 문헌에서는 '직'稷이 결합되어 일반적으로 '사직'으로 일컬어지고 있는데, 마희맹馬晞孟과 같은 후대의 학자들은 사에 이미 '직'稷이 포함되어 있었던 것이라고 해석한다. 원대元代의 진호陳澔(1261~1341)는 사직을 함께 제사 지내는 것은 사와 직이 함께 재화를 생산하여 그 이익을 분배함으로써 사람을 기르는 공덕을 기리고 보답하는 것이라고 본다.

> 사는 오토五土의 신에게 제사하기 위한 것이고, 직은 오곡五穀의 신에게 제사하기 위한 것이다. 직은 흙이 없으면 낳을 수 없고, 흙은 직이 없으면 생산하는 효험을 보일 수 없다. 그러므로 사를 제사할 때에는 반드시 직까지 제사 지낸다. 일을 같이 하고 이익을 고르게 하여 사람을 기르기 때문이다. …… 사의 제단은 동쪽에 있고, 직의 제단은 서쪽에 있다.[1]

1_ 『예기』 「곡례曲禮」 진호 주注.

사와 직이라는 신위神位는 송宋의 주희朱熹(1130~1200)와 같은 학자들이 정의하듯이 토신土神과 곡신穀神을 가리킨다. 그러나 토신과 곡신의 연원에 대해서는 역대 학자들의 설이 다른데 일찍이 위魏의 왕숙王肅은 고대에 물과 토지를 다스리는 데에 공이 컸던 구룡句龍과 농업의 공이 컸던 주의 기棄가 죽어서 바로 이 토신과 곡신이 되었다고 본다. 하지만 오대五代 구광정邱光庭(907~960) 등의 학자들은 『예기』와 『춘추좌씨전』 등을 근거로 구룡과 기는 각각 물과 토지를 관리하는 관직인 후토后土와 농업을 담당하던 관직인 후직后稷을 맡았던 인물일 뿐이고, 사직 제사에서는 토신인 사와 곡신인 직에 제사 지내면서 각각 후토와 후직을 함께 배향配享하여 제사 지내는 것이라고 본다. 이것은 사직제가 사람이 죽어서 된 인신人神에 대한 제사가 아니라, 토지와 곡식, 그리고 그 토지를 관리하는 공업功業

과 농사의 공업 그 자체를 신격화하여 기리고 그것에 보답하는 제사임을 강조하는 것이다.

이러한 사직의 공덕은 천자에서 서인까지 모두가 혜택을 입는 것이기에 사직제는 왕실의 행사일 뿐만 아니라 그 시원에서부터 백성들의 일상적인 삶과 밀착된 의례로 발전되었다. 따라서 후대의 경전에서 사직의 건립과 제사의 시행은 천자에서부터 일반민에 이르기까지 해당되는 제도로 정형화되어 등장한다.

> 왕은 군성群姓(수많은 성씨의 모든 민들)을 위하여 사를 세우는데 태사大社라고 하고, 왕이 자신을 위해 사를 세우면 왕사王社라고 한다. 제후는 백성百姓(천자의 군성보다 낮춘 백 가지 성씨의 민들. 후에 백성은 민의 대명사가 된다.)을 위하여 사를 세우는데 국사國社라 하고, 제후가 자신을 위해 사를 세우면 후사侯社라 한다. 대부 이하의 사람들은 무리를 이루어 사를 세우는데 치사置社라고 한다.[2]

2_『예기』「제법」祭法.

천자인 왕은 천하 백성들의 안녕을 위해 제사 지내는 "태사"와 자신을 위한 "왕사"를 세우고, 제후인 국군은 자기 나라의 백성을 위한 "국사"와 자신을 위한 "후사"를 세우며, 대부 이하 사士와 서인庶人을 포함하는 대중을 위해서는 일정한 무리가 모이면 "치사"를 세우는데 주사州社나 이사里社와 같은 것이 그것이다. 이 『예기』의 기록은 지신地神에 대한 제사인 사직제가 국가의 영토 내 통치 구조와 행정 체계를 반영하는 것으로 발전되어감을 보여준다. 이것은 사직제가 같은 지신에 대한 제사이면서도 우주 자연으로서의 대지에 대한 것이라기보다는 일상의 정치적, 경제적, 문화적 삶과 밀착된 토지이자 영토에 대한 것임을 의미한다.

『예기』「왕제」王制나 「예운」禮運 편 등에서는 "천자는 천지에 제사하고, 제후는 사직에 제사한다"고 하여 사직의 토지 신과는 다른 의미의 지신에 대한 제사에 대해 언급하고 있다. 이 지신에 대한

제사는 『주례』「대사악」大司樂에서 "동지에는 원구에서 하늘에 제사하고 하지에는 방택方澤에서 땅에 제사한다"고 한 것으로, "하늘은 둥글고 땅은 네모지다"는 천원지방天圓地方의 우주관에 입각하여 네모난 언덕에 방구단方丘壇을 세우고 천신에 대응하는 "지기"地祇에게 지내는 제사를 말한다. 대지의 신인 지기地祇는 이 세상 만물을 싣고 양육하는 덕을 베풂으로써, 영토 내에 백성들을 깃들게 하고 그 땅에서 나는 소출로 백성을 먹이고 국가를 경영하게 하는 덕을 베푸는 "토신"보다 영원하고 무한한 대상이 된다. 따라서 방구제는 원구제와 함께 천자만이 제사 지낼 수 있는 대상으로 차별화된다.

천자의 경우에 사직제는 천제와 지제 다음의 위상을 갖는 행사인 데 비해 제후인 국군에게는 사직제가 가장 중요한 의미와 위상을 차지한다. 이것을 『예기』 등의 경전에서는 "제후는 사직을 위해서 죽는다"거나 "나라에 환란이 있을 때 제후가 사직을 위해 죽는 것을 '의롭다'고 하고 대부가 종묘를 위해 죽는 것을 '바르다'고 한다"는 등의 말로 나타내고 있다. 그럼에도 불구하고 『예기』에서는 천자 또한 태사에 소, 양, 돼지의 희생을 모두 사용하는 태뢰太牢의 예로 제사 지낸다고 했다. 이는 사직이 민생의 근간이 되는 토지와 곡식에 대한 중시를 나타낼 뿐 아니라, 백성을 근간으로 하는 국가의 흥망을 상징하기 때문에 그 고유한 의미에 있어서는 천자에게도 큰 비중을 차지할 수밖에 없다. 전국戰國 시기 철학자인 맹자孟子는 왕이 어진 정치를 하지 못하면 사직을 지킬 수 없으며, 백성이 가장 귀하고 사직은 그 다음에 불과하므로 정성을 다해서 사직제를 지냈는데도 민생을 해치는 한발과 홍수가 계속되는 경우에는 사직을 다시 세워야 한다고 했다.

이처럼 고대 사회에서 사직의 존재는 국가의 운명과 동일시되었기 때문에, 천자와 제후는 망한 나라의 사직을 보존하여 나라가 존속하고 망하는 도리가 있음을 보임으로써 스스로 경계를 삼았다고 한다. 즉 주周는 자신이 멸망시킨 은殷의 사직을 보존하였는데, 주

천자의 태사는 서리와 이슬과 비바람을 맞도록 하여 하늘과 땅의 기氣에 통하게 한 반면, 망한 나라의 사에는 지붕을 씌워 하늘의 양기陽氣를 받지 못하게 하고 북쪽에 창을 두어 음기陰氣만 통하게 했다. 이는 위정자의 경계로 삼기 위한 것일 뿐만 아니라 국가가 멸망하더라도 토지 신과 곡식 신에 대한 공경심은 보존해야 함을 의미하는 것이기도 했다.

사직제를 지내는 시기에 관해서 『시경』「재삼」載芟 편의 「서」序나 「양사」良耜 편의 「서」에서는 봄에는 사직에 풍년을 기원하고, 가을에는 사직에 결실을 보답한다고 하였으며, 「월령」月令에서는 맹동孟冬의 달에 사직에서 제사를 지낸다고 했다. 이 봄, 가을, 겨울의 사직제는 모두 한해의 풍년을 기원하고 추수 후에 그 공덕에 보답하는 사직 정제正祭(정식의 제사)를 가리킨다.

사직제를 지내는 날에 대해서 경전에서는 갑일甲日(날짜의 천간이 갑에 해당하는 날)과 무일戊日이 등장하는데, 후대에는 오행五行(우주를 구성하는 금, 목, 수, 화, 토의 기운)의 상생相生 상극相剋 이론에 따라 토土의 기운에 해당하는 무일을 택하고 있다. 토신에 대한 제사에 목木의 기운에 해당하는 갑일을 쓰면 토의 기운을 이기게 되어 토신과 상극相剋이 된다는 이유에서이다.

사직단社稷壇의 최초 형태는 『시경』「면」 편에 나오는 "총토"冢土에서 추측해볼 수 있듯이 흙을 높고 크게 쌓은 형태이면서, 또한 『예기』에서 말하듯이 지붕이 있는 가옥家屋 형태가 아니라 야외에 위치한 트인 공간이었을 것으로 보인다. 후대로 갈수록 사직단의 보다 구체적인 형태에 대한 언급들이 등장하는데, 『논어』論語에는 하夏 왕조에서는 소나무, 은殷 왕조에서는 잣나무, 주 왕조에서는 밤나무를 사직의 제단 옆에 세웠다는 내용이 나온다. 송대宋代 학자인 주희朱熹는 이것을 사주社主 즉 사의 신이 깃들도록 만들어놓은 신주神主였다고 한다. 한대漢代의 저작인 『백호통』白虎通에서는 사직단 주위에 나무를 심어서 사람들이 알아볼 수 있는 표식으로 삼았다고 하였는데, 사직단 주위에는 그 토양에 적합한 나무를 심었던 것을 알 수 있다. 『주례』「지관」地官, 「대사도」大司徒에는 사직단 주위에 담장인 단유壇壝를 두르고 나무를 심어 신주를 삼는다고 했다. 이 사직단의 신주는 후대에 돌로 만든 석주石主와 나무로 만든 목주木主로 대치된다.

한편 『백호통』 등 후대의 자료에는 오행 사상에 맞추어 동, 서, 남, 북, 중앙의 오방五方에 오색五色을 배당한 오색토五色土에 관한 설이 등장하여, 천자의 태사는 그 제단의 동쪽에는 청색토, 남쪽에는 적색토, 서쪽에는 백색토, 북쪽에는 흑색토를 깔고 그 위에 중앙을 상징하는 황토를 덮어서 천하를 상징한다고 했다. 이러한 설은 이후에 제후로 분봉되는 자가 자신이 분봉 받는 지역에 따라 천자로부터 해당 색깔의 흙을 하사 받아서 사직단을 조영한다는 설로 발전하게 된다.

2 중국의 사직제와 사직단

『한서』漢書「교사지」郊祀志에는 은殷의 탕湯 왕이 하夏의 걸傑 왕을 치고 하나라 사社의 토신인 구룡勾龍을 바꾸고자 했지만 마땅히 대체할 만한 대상을 찾지 못해서 바꾸지 못하고, 그동안 곡신으로 섬기던 열산씨烈山氏의 아들 주柱 대신 주周의 기棄를 직稷으로 삼아 제사를 지냈다는 기사를 싣고 있다. 이는 갑골문의 기록과 함께 사직제의 시작이 오래되었음을 보여주고 있다. 또한 「교사지」에는 진秦이 주대周代 말기에 오랫동안 지속되었던 전국戰國 시기를 종결하고 천하를 통일할 당시, 송宋 지역의 사社가 훼손되는 사건이 기록되어 있어, 멸망하는 주 왕실의 상징으로 삼고 있다.

진秦은 천하를 통일한 뒤에 제사 체계를 정리하였는데 사직제에 대한 기록은 뚜렷하지 않다. 사직제는 한漢 초부터 중시되고 본격적으로 정비되었다고 할 수 있다. 한의 고조高祖는 자신의 고향인 풍豊 땅 분유枌榆의 사社에서 제사를 지낸 뒤 패沛 땅을 점령하고 패왕이 되었다. 분유는 고을 이름이자 두릅나무를 가리키는 것으로, 이 나무로 사주社主를 삼았고 사의 이름을 삼았다. 고조는 즉위 후에 이 분유사를 재정비해서 철마다 제사를 지내도록 하고 특히 봄에는 양과 돼지를 희생으로 쓰는 소뢰小牢로 제사를 지내도록 했다. 고조는 즉위한 지 2년(BC 205)에 현縣마다 공사公社를 설치하도록 하였고, 10년에는 담당관으로 하여금 현마다 봄 2월과 납월臘月, 즉 음력 12월에 양과 돼지로 사직에 제사 지내도록 하고 백성들은 이사里社에서 제사 지내도록 했다.

후한後漢 광무제 때에는 낙양에 종묘의 오른쪽에 태사직太社稷을 건립하고, 2월·8월·납월臘月로 1년에 3차례 제사를 지냈는데, 담당 관원인 유사有司로 하여금 태사에는 구룡을, 태직에는 기(후직)를 함께 배향하여 소와 양과 돼지를 모두 사용하는 태뢰太牢의 예로 거행하게 했다. 군郡과 현에도 사직을 설치하여 태수太守와 영令, 장長 등이 소뢰의 예로 제사를 지내게 하였고, 주州에는 사만 설치하여 파견 관리가 다스리게 했다. 또한 후한 시기에는 입춘에서 입하를 지나 입추에 이르기까지 비가 잘 오지 않으면 군현에서는 사직에서 우제雩祭를 지내서 기우祈雨의 의례를 행했다.

진대晉代에는 경전에 나오는 태사, 왕사를 분합分合하는 문제가 대두되었다. 진 초기인 288년(태강 9)에 태사와 왕사는 동일하게 사社의 신을 모시는 것이므로 양사兩社의 제사를 합하도록 조령을 내렸다. 그러나 태사는 왕이 백성을 위해 기구하고 보답하는 것이므로 경도京都에 세우는 것이고 왕사는 왕이 스스로를 위해 적전籍田을 만들어 경작하여 제사에 바치는 곡식을 공급하기 위한 것이므로 두 가지는 별개의 일이라는 논의가 일어나자, 무제 이후에는 태사와 왕사를 분리하는 것을 제도화했다. 진대에는 일식日食이 있으면 적색 끈으로 새끼줄을 만들어 사에 두르고 북을 쳐서 일식을 구제하는 의식이 있었고, 한대와 마찬가지로 사에서 기우제를 지냈을 뿐만 아니라 비가 많이 오면 비가 그치기를 구하는 영제禜祭를 지냈다.

당대唐代에는 『개원례』開元禮의 편찬을 통해 예전禮典을 확립하면서 사직제의 제도도 한층 완비하였다. 『개원례』에는 중춘과 중추의 첫번째 무일上戊日에 황제가 태사에 직접 제사 지내는 친제親祭의 의

주의註는 물론, 모든 주와 현에서 거행하는 사직의 정제正祭뿐만 아니라 기고제祈告祭(기구하거나 중요한 일을 아뢰는 제사)를 위한 의주와, 황제가 전국을 돌아보는 순수巡狩를 하거나, 군대의 대장大將을 파견하여 출정出征하는 등의 일이 있을 때에도 사직에서 약식으로 아뢰는 고제告祭의 의주를 마련해 놓았다.

그리하여 중춘仲春과 중추仲秋 즉 2월과 8월의 무일戊日에 황제의 태사와 태직에 구룡과 후직을 배향하여 각각 태뢰로서 제사 지내고, 계동季冬 즉 12월 인일寅日에 남교南郊에서 모든 신들을 모아서 한해의 감사를 올리는 사제蜡祭가 끝나면 그 다음 묘일卯日에 사직에서도 제사를 지냈다. 경성京城을 기준으로 초하初夏 이후로 날이 가물면 사직에서 기우제를 지냈고 비가 충분히 내리면 그에 보답하는 보사報祀를 지냈다. 만일 비가 그치지 않으면 경성의 각 문門과 산천山川, 악진嶽鎭, 해독海瀆에 영제禜祭를 지내고 그래도 그치지 않으면 사직에 제사를 지냈다. 사직제의 사전祀典 체계가 이처럼 정비된 것에서 당대에 사직제의 위상과 비중이 강화되었음을 알 수 있다.

송대宋代에도 경도京都에서 주현州縣에 이르기까지 사직제를 지냈는데, 태사와 태직에는 1년에 3차례 태뢰太牢의 예로 지냈지만 주현에서는 봄, 가을 2차례만 소뢰小牢의 예로 지내도록 했다. 태사단太社壇은 오색토五色土로 조성하고 직단稷壇은 그 서쪽에 같은 형태로 만들었으며, 사에는 석주를 만들어 세웠다. 주현의 사주는 처음에 돌로 만들지 않았지만, 이후에 목주는 비바람을 맞으면 훼손되어 견고하지 않았으므로 주현에서도 태사의 석주보다 반半이 작은 석주를 세우도록 했다.

조선의 사직단 조성과 사직제 형식에 중요한 영향을 주었던 명대明代의 사직제는 제도적으로 몇 가지 중요한 변화를 보인다. 명조 초기에 태사와 태직은 사단과 직단이 북쪽을 향하여 동서로 조성되었고, 1368년(홍무 원년) 2월에 명 태조는 태사에 후토를, 태직에 후

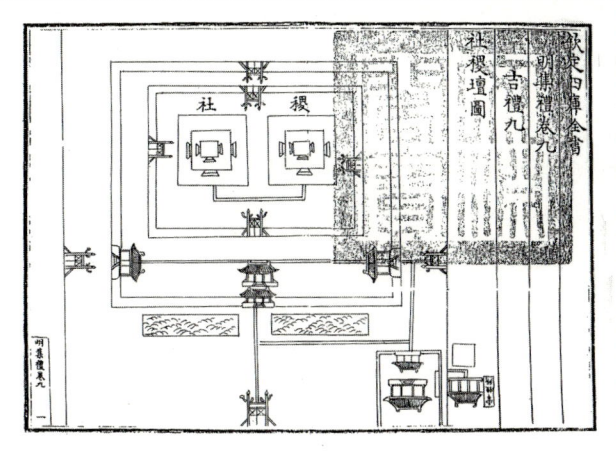

도2 『대명집례』 황제의 사직단
명대 황제가 제사 지내던 사직단으로, 사단과 직단이 따로 되어 있는 모습을 그린 것이다.

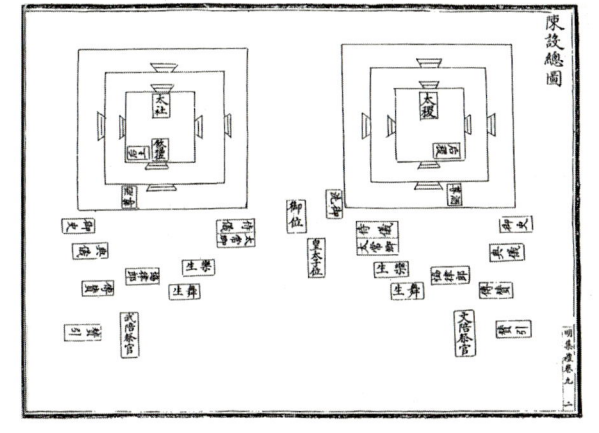

도3 『대명집례』 황제 사직단의 신주
명대 황제가 제사 지내던 사직단의 신주神主들과 제사 참여자의 위치 등을 그린 그림이다.

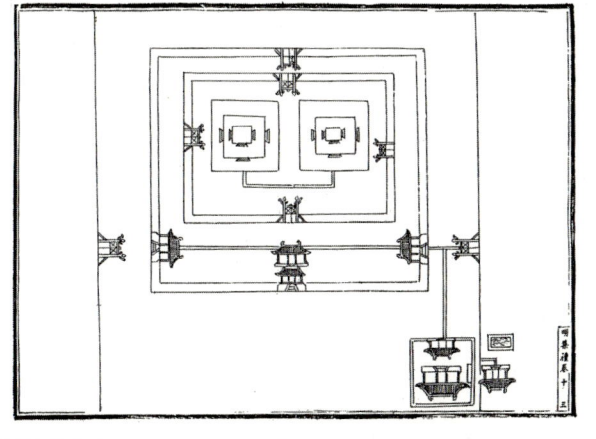

도4 『대명집례』 왕국의 사직단
명대 제왕諸王들의 사직단 모습을 그린 그림이다.

직을 배향하여 친히 사직제를 거행했다. 그리하여 명대의 예전인 『대명집례』에는 사단과 직단이 각각 남쪽에서 북쪽을 향하여 세워진 단유도壇壝圖가 등재되어 있다. 앞면 맨 위 그림에서 보듯이 두 단은 각각 동서에 자리 잡고, 각각의 넓이는 5장丈, 높이는 5척尺이다. 사방으로 5층의 계단이 나 있고 단은 오색토가 방위에 맞춰 깔려 있고 황토로 전체를 덮었다. 두 단은 하나의 유壝, 즉 동일한 담장으로 둘러져 있는데, 유의 넓이는 30장이고 높이는 5척이다. 사방으로 네 개의 문이 나 있는데 넓이는 1장丈씩으로 동, 서, 남, 북으로 각각 청, 백, 홍, 흑색으로 수식한다. 다시 그 주위로 장牆, 즉 또 하나의 담을 축조하는데 역시 사방으로 네 개의 문이 나 있다. 남쪽의 것을 영성문欞星門이라 하고 북쪽에는 5칸의 극문戟門과 동서로 각각 3칸의 극문이 있는데 모두 24개의 창戟을 늘어놓은 모습이다.[도2]

그리고 사직단의 사주社主는 돌을 사용하여 높이 5척, 너비 2척에 윗부분은 약간 뾰족한 모양의 석주를 만들어 그 반을 남쪽 가까이 북쪽을 향하게 하여 땅 속에 묻는다. 제사 지낼 때에 직稷과 배향하는 두 신위에게는 나무로 만든 신위판神位版을 사용한다. 앞면 중앙 『대명집례』의 그림은 황제 사직단의 신주 위치를 그린 것이다.[도3]

한편 왕국王國의 사직, 즉 제후의 사직은 천자의 태사직 규모의 반으로서, 너비는 2장 5척이고 자기 봉국의 방위에 맞는 색깔의 흙을 하사 받아서 제단을 조성하고 황토로 덮는다. 모두 나무를 세워서 그 장소를 표식하고, 다시 석주를 따로 세워서 신을 형상하고, 소뢰小牢의 희생을 사용하여 제사를 지낸다. 앞면 맨 아래 그림은 『대명집례』에 실린 왕국의 사직단 모습이다.[도4]

그런데 1375년(홍무 10) 태조는 사와 직을 구분하는 것이 부당하다고 하여 이 문제를 의론議論에 부쳤고, 이에 사와 직에 구룡과 후직을 배향하는 대신 인조仁祖를 배향해야 한다는 건의를 받아들였

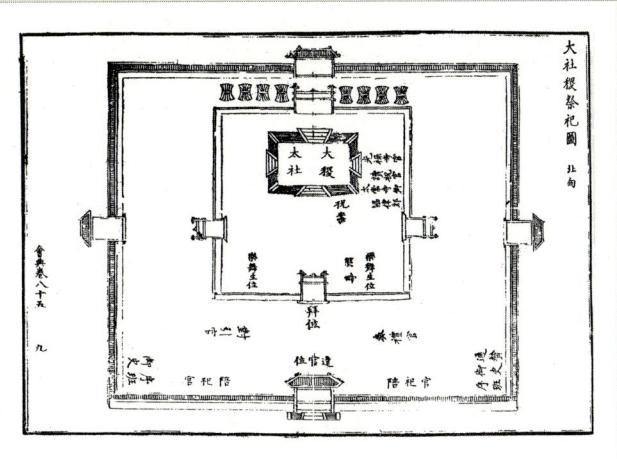

도5 『대명회전』황제의 사직단
명대 초기의 사직이 분리된 형태에서, 사직이 합쳐진 동단同壇 형태로 변화된 사직단 그림이다.

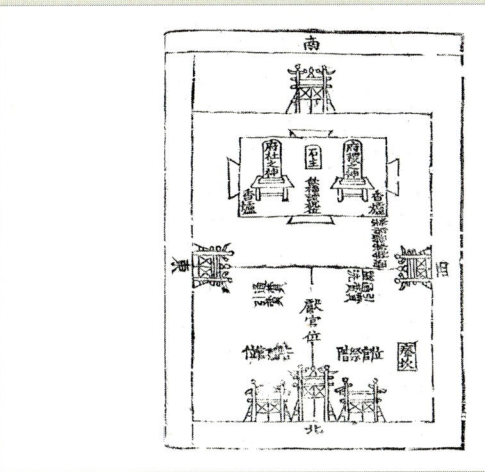

도6 『홍무예제』부府 사직단의 동단 형태
명대 지방의 부府에 설치된 사직단의 모습을 그린 것으로 사직 동단同壇의 형태를 보여준다.

다. 이에 오문午門의 오른쪽에 사직을 하나의 단으로 하여 다시 사직단을 조성했다. 명대에 사직제는 종묘제의 다음에 놓이는 중사中祀의 규모였는데 인조를 배향하게 되자 대사大祀의 규모로 승급하였고, 이렇게 조상을 배향하는 것은 1530년(가정 9)에야 폐지되어 다시 구룡과 후직을 배사하게 된다.

1378년(홍무 11)에 번국藩國의 사직단과 주현의 사직단은 모두 태사직의 제도를 따라서 동일한 하나의 단에서 함께 제사를 지내게

도7 **북경의 사직단**
현재 북경 중산공원中山公園 내에 있는 명·청대의 사직단 모습으로 오색토가 깔려 있다.

된다. 그리하여 『명사』明史에 기록된 단유제도에서는 '영락 연간(1403~1423)에 남경에서 북경으로 옮겨와 태사직의 사직단을 건립한 것도 이 제도를 따랐으며, 사와 직을 동단同壇으로 하여 합제合祭하는 것이 이후의 규정이 되었다'고 기술하고 있다. 따라서 왼쪽 위의 그림에서 보듯이 홍치弘治 연간(1488~1505)에 편찬된 『대명회전』의 제사직단帝社稷壇의 형태는 사와 직이 하나인 동단同壇의 형태이다.도5

또한 1381년(홍무 14)에 편찬된 『홍무예제』洪武禮制는 당시 부府, 주, 현의 예제를 정리하기 위해 만든 것인데, 여기서 부의 사직단 역시 사직 동단同壇의 형태를 보여주고 있다.도6

현재 북경에는 자금성의 서남쪽 중산공원中山公園 안에 명·청 시대 사직단의 유적이 남아 있다. 사직단은 3층으로 이루어져 있으며, 상층은 4장 7척이 넘는 장방형의 단으로 오색토가 깔려 있어 사직 동단同壇의 제단 형태를 그대로 보존하고 있음을 볼 수 있다. 이는 현재 우리나라의 사직공원에 남아 있는 사직단이 동쪽의 사단과 서쪽의 직단으로 나뉘어 보존되고 있는 것과 비교되어 더욱 흥미로운 유적이라고 하겠다.도7

3 한국 사직제의 유래

『주례』에서는 종묘와 사직의 위치를 '좌묘우사'左廟右社로 표현했다. 이는 군주가 남면南面을 할 때 그 왼쪽에 종묘가 있고 오른쪽에는 사직이 있음을 의미한다. 이에 따라 사직은 통상적으로 군주가 거처하는 궁궐의 오른쪽에 위치하여 왼쪽에 있는 종묘와 대칭을 이루게 된다. 사직에 모시는 신은 모두 동일한 신이 아니라 국가의 위상에 따라 태사太社, 국사國社, 치사置祀와 같은 구분이 있고, 한 국가 안에서도 중앙과 지방에 차이를 두어 중앙 권력을 정점으로 하는 위계적 질서를 반영하고 있었다(148쪽 인용문 참조).

사직은 지방의 군현에도 하나씩 설치되었으며, 통상 읍치의 오른쪽에 위치했다. 조선시대에는 사직 이외에도 중앙과 지방에 공통으로 설치된 제단이 있었다. 문선왕文宣王(문묘), 포제酺祭(재해를 내리는 귀신에게 지내는 제례), 여제厲祭(억울하게 죽은 귀신에게 지내는 제례), 영제禜祭(재앙을 막는 제례)를 위한 제단이 그것이다.

사직은 사단社壇과 직단稷壇이라는 두 개의 단으로 구성되며, 사단에는 국토의 신인 국사國社의 신주를, 직단에는 오곡五穀의 신인 국직國稷의 신주를 모신다. 농업을 주산업으로 하는 우리나라는 일찍부터 사직을 세워 제사를 지냈다. 국가나 왕실의 흥망을 '종사宗

社의 흥망' 즉 종묘와 사직의 흥망이라고 표현한 것도 사직을 중시한 데서 연유한다.

종묘와 사직은 모두 대사大祀에 속하지만 형식상으로는 사직이 종묘보다 높은 등급의 제례였다. 국가제례는 모시는 대상에 따라 천신天神, 지기地祇, 인귀人鬼로 구분할 수 있는데, 사직은 국가의 공公적인 연대에 기초를 둔 지기를 모셨고, 종묘는 사私적인 혈연성에 기초하는 인귀를 모셨다. 그런데 전통사회에서는 선공후사先公後私라 하여 공公을 사私보다 중시했기 때문에 사직을 더 높게 생각한 것이다. 왕실에 장례식이 있으면 국가의 모든 제례를 중지하지만 사직제는 중지하지 않았던 것도 이 때문이다.

고대의 사직제

한국사에서 사직단의 유래는 고대로부터 시작된다. 삼국 중에서 제일 먼저 사직을 설치한 나라는 백제였다. 백제는 AD 2년(온조왕 20) 2월에 하늘과 땅에 제사할 제단을 설치한 것으로 나타난다. 다음 순서는 고구려였는데, 391년(고국양왕 8)에 평양에 국사國社를 설치했다. 고구려의 사직에 대해 『양서』梁書에는 "고구려는 거주하는 곳의 왼쪽에 큰 건물을 세우고, 겨울에 사직에 제사한다"고 하였다. 신라는 783년(선덕왕 4)에 경주에 사직단을 세웠다. 이보다 앞서 지증왕은 시조가 탄생한 장소인 나을奈乙에 신궁神宮을 세웠는데, 이곳에 모신 주신이 천지의 신이었고, 선덕왕 때 신궁이 변하여 사직이 되었다는 견해가 있다.

고려의 사직제

고려는 991년(성종 10)에 개성의 불은사佛恩寺 서동西洞에 사직을 세웠다. 이때에 세워진 사직의 제도에 대해서는 『고려사』「예지」에 다음과 같이 설명하고 있다.

사단社壇은 동쪽에 있고 직단稷壇은 서쪽에 있다. 각 넓이는 5장丈이고 높이는 3척 6촌이며, 사방으로 계단을 내고, 다섯 가지 색깔의 흙으로 만들었다. 예감瘞坎(희생을 묻는 장소)은 두 군데인데 사단과 직단의 계단 북쪽에 있으며, 남쪽으로 계단이 나 있다. 사방이 넓어 물건을 둘 수가 있다.

1014년(현종 5) 7월에 중추사中樞使 강감찬姜邯贊(948~1031)은 현종에게 사직을 수리하고 예사禮司에서 관련 의주儀註를 마련할 것을 건의했고, 그대로 시행되었다. 1052년(문종 6) 2월에 문종은 황성皇城(개성) 안의 서쪽에 새로운 사직단을 건설하고 이곳에 행차하여 사직제를 거행했다. 1052년 8월에 문종은 사직에 후토구룡씨后土句龍氏를 배향했는데, 제주題主와 축문祝文에서는 이름을 부르지 말고 그냥 후토씨后土氏라고만 하라고 명령했다. 1087년(선종 4)에 선종은 사직제를 거행하면서 신병神兵이 전쟁을 도와줄 것을 기원했고, 1130년(인종 8)에 큰 흉년이 들자 인종은 일관日官(기후를 살피는 관리)의 건의를 받아들여 사직을 비롯한 여러 제단에 7일에 한 번씩 기우제를 지냈다. 인종은 사직에서 기설제祈雪祭를 거행하기도 했다.

의종 대(1146~1170)에는 사직제의 의식이 더욱 정비되었다. 그 내용을 보면, 사직제를 거행하는 날짜는 매년 2월과 8월의 첫번째 무일戊日과 12월의 납일臘日로 정했다. 또한 태사大社와 태직大稷의 신위는 북쪽에서 남향으로 하되 볏짚자리를 깔았고, 후토后土와 후직后稷의 신위는 동쪽에서 서향으로 하되 왕골자리를 깔았다. 사직제를 거행하는 제관祭官은 태위太尉가 초헌관이 되고, 태상경太常卿이 아헌관이 되며, 광록경光祿卿이 종헌관이 되었다.

4 조선 전기의 사직제

조선의 사직제는 국가제례 중에서도 가장 중요한 위치를 차지하였다. 사직은 민생에 관련된 최고의 신이라는 점이 강조되었고, 농업과 관련된 신들과 연결되어 기우제祈雨祭, 기고제祈告祭를 중심으로 운영되었다. 사직과 종묘의 제도를 비교하면 둘 다 가장 등급이 높은 제사인 대사大祀에 속했지만, 사직의 위상이 종묘보다 높았다. 『세종실록』「오례」의 대사 부분을 보면 사직이 종묘보다 앞에 나오며, 『국조오례의』의 대사에서도 사직, 종묘, 영녕전永寧殿의 순으로 나타난다. 이는 종묘보다 사직이 더 중시되었음을 의미한다. 사직의 위상은 국상國喪 기간 중에도 나타났다. 국상이 발생하면 종묘제례를 비롯한 모든 제례를 중단하는 것이 조선시대의 관례였다. 그러나 사직제의 경우에는 함부로 제례를 중지할 수 없다고 하여, 비록 국상 중이라 하더라도 성빈成殯의 절차가 끝난 다음에는 사직제를 거행하도록 했다.

종묘는 서울에만 있었으나 사직단은 지방의 주현州縣에까지 설치되었고, 제사를 주관하는 사람은 해당 지역의 수령들이었다. 조선시대의 주현에는 사직단 이외에도 문선왕묘文宣王廟(문묘)와 포제酺祭, 여제厲祭, 영제禜祭를 거행하는 제단이 있었다.

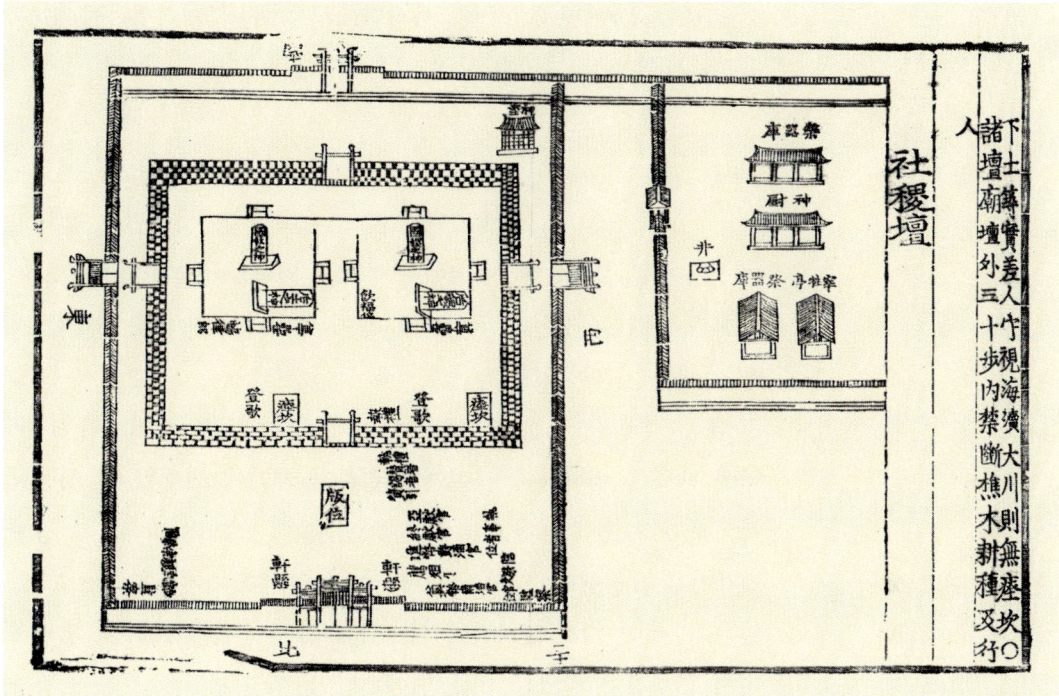

도8 조선 전기의 사직단 『국조오례 서례』 권1에 수록, 서울대학교 규장각 소장.

태조 대

새로 건설된 한양에 사직단을 건설한 것은 태조였다. 태조는 조선을 건국한 직후 수도를 개성에서 한양으로 옮기기로 하고 이곳에 사직을 건설할 것을 구상했다. 1393년(태조 2)에 권중화權仲和(1322~1408)는 종묘·사직·궁전·조시朝市(조정과 시장)가 들어설 한양의 지도를 제작하여 보고했다. 그러자 태조는 서운관의 관리와 풍수風水에게 이곳의 형세를 살피고 땅을 측량하게 했다. 도8

한양에 사직단이 건설된 것은 1395년(태조 4)의 일이었다. 사직단은 한양 서부西部의 인달방仁達坊에 건설되었는데, 제단의 배치 상황은 고려시대와 비슷했지만 제단의 크기가 5장丈이던 것이 2장 5척으로 줄어들었다. 제단의 크기가 줄어든 것은 제후국의 위상에 맞게 조정했기 때문이다. 사직에 재실齋室이 건설된 것은 태종 대인 1416년(태종 16)에 가서야 이루어졌다.

163

태조는 1398년(태조 7)에 사직단에서 기우제를 거행하게 했다. 조선에서 최초로 거행한 사직 기우제였다.

태종 대

태종은 사직제 친제를 거행한 국왕이다. 1405년(태종 5)에 태종은 사직단에 행차하여 기우제를 올렸는데, 이때에는 종묘와 원단圓壇, 명산대천에도 기우제를 올렸다. 조선의 국왕이 사직에 행차하여 제례를 거행한 것은 이때가 처음이었다.

태종은 국가제례를 정비하면서 사직단의 제도도 정비했다. 1405년에 태종은 명나라에 사신을 파견하여 제례를 거행할 때 사용할 복식과 악기를 요청했고, 1412년(태종 12)에는 제례 의식을 규정한 전례서를 요청했다. 당시 조선에서는 고려시대의 제도를 따르고 있었는데, 이에 대해 명나라에서는 '본래의 풍속을 따르라'고 답변하면서 협조하지 않았다. 1413년에 예조는 국가제례에 관한 규정을 정리했다. 사직제는 고려의 예제를 기록한 『상정고금례』詳定古今禮에 의거하여 대사大祀로 규정되었다.

태종은 지방의 군현에도 사직단을 건설했다. 1406년(태종 6) 예조에서는 모든 지방에 사직단을 건설하고 사직제는 지방관이 주관하도록 할 것을 건의했다. 이는 『홍무예제』洪武禮制의 기록에 근거를 둔 것이었다. 명나라 태조 때에 정리된 『홍무예제』를 보면 '부府·주州·군郡·현縣에는 모두 사직단을 세워 봄과 가을에 제례를 거행하고, 서민들은 이사里社에 제사를 지낸다'는 구절이 있다. 태종은 이에 근거하여 모든 군현에 사직단을 건설하라고 명령했다.

세종 대

세종은 사직제를 직접 거행하지는 않았지만 사직제의 거행을 중시했다. 세종 대에는 사직에서 기우제나 기청제祈晴祭(장마철에 비가 그치기를 기원하는 제례)를 거행하는 경우가 많았는데, 세종은 그때마다 향과 축문을 직접 전

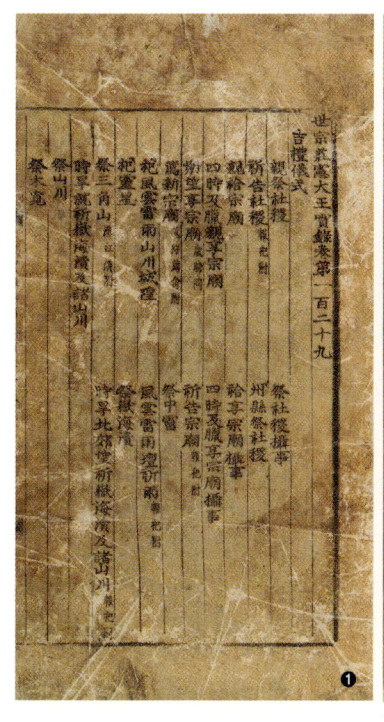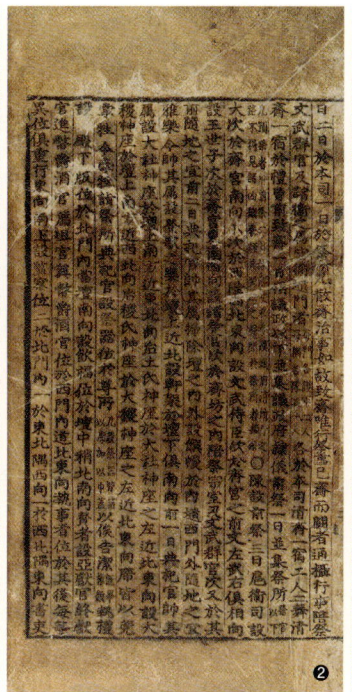

도9 『세종실록』「오례」의 차례 부분(❶) 서울대학교 규장각 소장.

도10 『세종실록』「오례」의 '친제사직의' 앞부분(❷, ❸) 서울대학교 규장각 소장.

달하는 것으로 정성을 표시했다.

세종은 태종을 이어 사직 제도의 정비를 계속해 나갔다. 1426년(세종 8)에는 사직단을 관리할 관서로 사직서社稷署를 설치했다. 이는 당나라의 교사서郊社署 제도를 원용한 것이다. 세종은 사직서의 최고위직인 승丞 1인을 종7품으로 봉상시 주부主簿가 겸하게 했고, 단직壇直 2인을 녹사錄事로 바꾸었다. 1436년(세종 18)에 세종은 사직의 신위판을 『홍무예제』의 제도에 따라 윗부분을 둥글게 제작했다.

세종 대에 국가 전례를 정리한 결과는 『세종실록』「오례」로 나타났다. 이를 보면 사직제와 관련된 의식에는 네 가지가 있는데, 국왕이 친제를 거행하는 의식을 말하는 「친제사직의」親祭社稷儀, 관리가 국왕을 대신하여 거행하는 의식을 말하는 「제사직섭사의」祭社稷攝事儀, 사직에 기원을 하거나 중요한 일을 알리는 의식을 말하는 「기고사직의」祈告社稷儀, 지방의 주현에 설치된 사직에 제례를 올리

는 의식을 말하는 「주현제사직의」州縣祭社稷儀가 그것이다.[도9, 10]

세조 대

태종은 사직단의 기우제를 친제로 거행했지만, 세조는 정기 제례인 사직 대제大祭를 친제로 거행했다. 1455년(세조 1) 6월에 국왕이 된 세조는 바로 그 해의 추향秋享을 친제로 거행하겠다고 명령했다. 조카인 단종을 무력으로 밀어내고 국왕이 된 세조는 사직단의 친제를 통해 새로 등극한 국왕의 위상을 과시하고자 했기 때문이다. 그런데 세조의 생일인 8월 3일이 사직제의 재계 기간과 겹치면서 문제가 발생했다. 국왕의 생일을 축하하는 자리에서는 음악을 연주하는 것이 관례인데, 사직제를 위해 재계하는 도중에 음악을 연주하는 것이 문제가 되었기 때문이다. 세조는 제사 날짜를 당기거나 물릴 수는 없는 일이므로, 축하 식장에서는 악기를 배치해 놓기만 하고 연주는 하지 말라고 명령했다.

세조가 사직 친제를 거행한다고 하자 예조에서 친제 관련 의주儀註를 정리하여 보고했다. 이는 세종 대의 의주를 부분적으로 수정한 것으로, 국왕이 궁궐을 출입할 때 타는 수레를 로輅에서 연輦으로 바꾸었고, 음복한 뒤에 올리는 재배再拜를 사배四拜로 고쳤으며, 사직社稷을 하나의 제단으로 하던 것을 사단과 직단으로 분리하고, 음악이 8성成을 이룬 다음에 거행하던 사배四拜를 없애는 내용이었다.

세조가 친제를 거행한 것은 추향일인 1455년 8월 5일이었다. 이 날은 무신戊申일이었으므로 첫번째 무일에 해당했다. 세조는 사직에 행차하여 친제를 거행하고 사면령을 반포했으며, 훗날 예종이 되는 왕세자가 국왕을 수행했다. 이날 세조는 사면령을 내리는 교서에서 '친제를 통해 하늘이 내리신 경사와 복을 더욱 많이 받았으니, 신민臣民과 더불어 경사를 함께 한다'고 선언했다. 이틀 후인 8월 7일에는 사정전思政殿에서 음복연飮福宴이 개최되었다. 세조는 음복연 자리에서 새로 작곡한 악곡樂曲을 연주하게 했는데, 신께서 제물을 흠향하고 끝없는 은혜를 내려주실 것을 기원하는 내용이었다.

변두籩豆(제기)가 가지런하고	籩豆有踐
서직黍稷(기장)이 향기롭네	黍稷惟馨
술을 드시고 편안해 하시니	來燕來寧
정성을 흠향하신 것이네	享于克誠
신께서 모두 취하시고	神具醉止
내리신 복이 풍성하니	降福穰穰
천만년을 지나도록	於千萬年
우리에게 끝없는 은혜를 베푸시리	惠我無疆³

3_ 『세조실록』 권2, 세조 1년 8월 경술(7일).

세조의 친제는 한 번으로 끝났지만, 후대 국왕의 사직 친제에 있어 중요한 분기점이 된 행사였다.

성종 대

성종 대에는 조선이 건국된 이후 꾸준히 진행되어온 유교식 국가 전례의 정비가 일단락되었다. 그 결실로 나온 것이 『국조오례의』인데, 여기에는 사직제 의식으로 「춘추급납제사직의」春秋及臘祭社稷儀, 「춘추급납제사직섭사의」春秋及臘祭社稷攝事儀, 「기고사직의」祈告社稷儀, 「주현춘추제사직의」州縣春秋祭社稷儀가 수록되어 있다. 이는 『세종실록』 「오례」에서 정리된 의식이 한 번 더 정리된 것이다.도11, 12

사직에서 정기적으로 거행하는 대제大祭는 세 가지가 있었다. 2월 상술일上戌日(첫번째 술일)에 거행하는 춘향春享, 8월 상술일에 거행하는 추향秋享, 동지 후 세번째 미일未日에 거행하는 납향臘享(납일에 그해의 농사 형편을 신에게 알리는 제례)이 그것이다. 이외에 사직에서

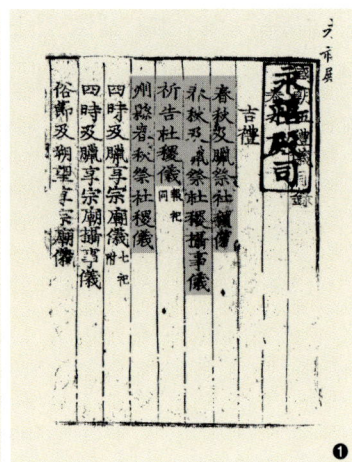 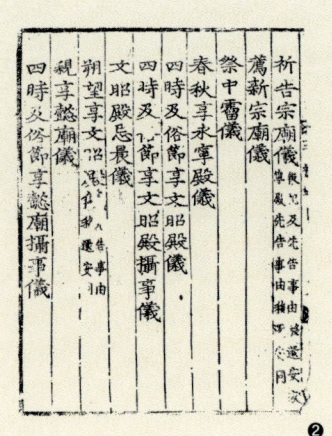 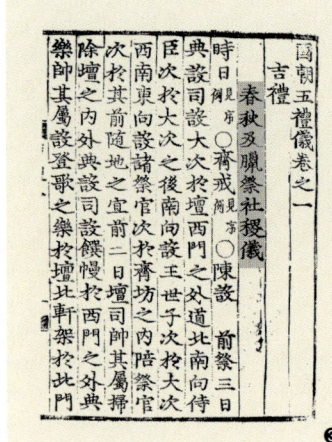

도11 『국조오례의』의 차례 부분(❶, ❷) 서울대학교 규장각 소장.

도12 『국조오례의』의 「춘추급납제사직의」 앞부분(❸) 서울대학교 규장각 소장.

거행하는 기고제나 지방 군현에서 거행하는 사직제는 소사小祀에 해당했다.

연산군 대

연산군은 여러 가지로 물의를 일으킨 국왕이지만 사직제와 관련해서도 몇 가지 일화가 있다. 1501년(연산군 7) 윤7월에 승정원에서 사직 추향秋享을 친제로 거행할 것을 건의했다. 국가에서 가장 중요한 것이 종묘와 사직인데, 연산군은 국왕이 된 지 7년이 지나도록 친제를 거행한 적이 없다는 것이 이유였다. 이에 연산군은 '별제別祭도 있는데 하필이면 추향을 친제로 거행하느냐'고 하면서 그냥 넘겼다. 납향臘享이 다가오자 사헌부 장령으로 있던 정인인鄭麟仁(?~1504)이 다시 친제를 건의했다. '사직제와 선농제는 국가의 성대한 행사이므로 친제를 거행하는 것이 좋겠다'는 의견이었다. 연산군은 '날씨가 너무 춥기 때문에 재계를 하기 위해 목욕을 하기가 어렵다'는 이유를 들어 이번에도 거절했다.

정인인: 전하는 즉위하신 이후 선농제와 사직제를 모두 직접 거행하지 않으셨습니다. 사직제와 선농제는 국가의 성대한 행사로 거행하지 않

을 수가 없습니다.

연산군: 날씨가 추워 목욕하기가 어렵기 때문에 직접 거행하지 못했던 것이다. 지금 성종의 어서御書(국왕의 글)를 보니 진실로 역대 국왕의 모범이 될 만한데, 그때 대간臺諫들의 말이 절실했기 때문에 그런 것이다. 지금의 대간들처럼 사사로이 서로를 비호하고 대신을 공격하여 훼방한다면, 성종께서 어찌 이런 어서를 내렸겠는가?[4]

4_ 『연산군일기』 권41, 연산군 7년 12월 무진(24일).

이후에도 연산군은 계속해서 친제를 거절했다. 1503년(연산군 9)에 예조에서 사직 춘향을 친제로 거행할 것을 건의하자, 연산군은 '자신의 몸이 불편하고 바람이 찬데 제사를 지내려고 목욕을 하면 큰 병에 걸릴 수 있으므로 몸이 나은 다음에 하겠다'고 거절했다. 1504년(연산군 10)에 연산군은 7일로 되어 있는 사직제의 재계 일수를 2일로 줄이자고 나섰다. 제사에서 중요한 것은 정성과 공경이지 재계하는 날짜 수가 중요한 것은 아니라는 것이 그 이유였다. 국왕의 친제를 피할 수는 없겠지만 재계 일수를 줄여 힘든 일을 줄여보자는 것이 연산군의 의도였다.

연산군이 사직 친제를 처음으로 거행한 것은 1505년(연산군 11) 정월이었다. 이런저런 핑계를 대던 연산군이 친제를 거행한 것은 한 해 전에 발생한 갑자사화甲子士禍 때문이었다. 이때 연산군은 생모 윤씨의 죽음과 관련이 있는 인사들을 대대적으로 처벌했는데, 해가 바뀌자 종묘와 사직을 방문하여 친제를 거행하면서 자신이 역적을 토벌했음을 조상신과 토지 신, 곡식 신에게 보고했다.

이상에서 보듯 조선 전기의 사직제는 세종 대부터 정기적으로 거행되었지만 국왕의 친제는 매우 제한적으로 이뤄졌다. 성종 대까지 국왕이 종묘에 친제한 것은 41회에 이르렀지만, 사직에 친제한 것은 총 4회에 불과했다. 이는 당시 왕실의 관심이 사직보다 조상신을 모신 종묘에 집중되어 있었음을 보여주는 것이다.

5 조선 후기의 사직제

16, 17세기에 왜란과 호란이 발생하면서 사직제에도 커다란 변화가 일어났다. 1592년(선조 25) 임진왜란이 발생하자 선조는 의주로 피난길을 떠나면서 사직단의 신주를 개성의 목청전穆淸殿으로 옮겨 보관했다. 선조는 1594년(선조 27) 전쟁 중에 불타 없어진 사직단 건물을 재건하고 신위를 봉안했다.

1636년(인조 14) 병자호란이 발생하자 인조는 사직단의 신주를 강화도로 옮겼다. 그러나 신주가 훼손되자 이를 다시 제작하여 사직단으로 모셨다. 인조부터 현종까지 조선의 국왕들은 사직 기우제를 친제로 거행했다.

숙종 대

숙종 대의 사직제에는 큰 변화가 있었다. 사직단에서 기곡제祈穀祭(풍년을 기원하는 제례)를 거행하기 시작한 것이다. 앞서 환구제에서 보았듯이 기곡제는 원래 상제上帝에게 한해의 풍년을 기원하는 제례였다. 그런데 조선은 황제국이 아니라 제후국이라는 명분에 밀려 세조 대 이후로는 제천례를 중단했고, 이와 동시에 상제에게 올리던 기곡제도 폐지되었다. 그런데 숙종 대에 환구단이 아니라 사직단에서 기곡제를 거행하자는 논의가 나타났다.

기곡제가 처음 거행된 것은 1683년(숙종 9)이었다. 1월 20일에 김수흥金壽興(1626~1690)은 사직에서 기곡제를 거행하자고 건의했다. 그는 『예기』 「월령」편과 『춘추좌씨전』의 기록을 인용하면서, 풍년을 기원하는 대상인 후직씨后稷氏가 사직단에 배향되어 있으므로 사직 기곡제를 거행할 수 있다는 논리를 폈다.[5]

> 교사郊祀의 예제는 우리나라에서 감히 의논할 것이 아닙니다. 그러나 기곡 한 가지는 거행할 만한 것이므로, 원월元月(정월)이 다 가기 전에 국사단國社壇에서 제사를 거행하는 것이 좋겠습니다. 그러나 우리나라의 사전祀典에는 실려 있지 않으므로 여러 대신들에게 물어서 처리하시기 바랍니다.[6]

도13 **사직 기곡제의 거행에 동의한 송시열** 작자미상, 18세기 이모, 비단에 채색, 89.7×67.3cm, 국립중앙박물관 소장.

김수흥의 건의에 대해 송시열宋時烈(1607~1689)이 찬성하고 나섰다. 송시열은 김수흥이 근거로 제시한 『예기』와 『춘추좌씨전』의 기곡제는 모두 천자의 제사에 해당하므로 적절치 않은 것으로 판단했다. 그 대신에 송시열은 "모든 나라는 신농씨神農氏인 전조田祖에게 풍년을 기원한다"(凡國, 祈年于田祖)는 『주례』의 기록을 근거로 조선에서 기곡제를 거행할 수 있다고 해석했다. 민정중閔鼎重도 『주례』를 바탕으로 기곡제의 거행을 동의했는데, 기곡제가 백성들을 위하는 간절함에서 나온 것이므로 거행할 수 있다고 역설했다. 도13

사직 기곡제가 처음 거행된 것은 1683년(숙종 9) 1월 28일이었다. 그러나 이 기곡제는 국왕의 친제가 아니라 관리가 파견되어 섭행攝行하는 제사였고, 매년 거행하는 것이 아니라 일회성에 그치는 행사였다.

숙종이 기곡제를 친제로 거행한 것은 1696년(숙종 21) 1월이었

5_ "맹춘월孟春月(정월)이 되면 천자는 원일元日에 상제에게 기곡祈穀한다."(孟春之月, 天子以元日, 祈穀於上帝) - 출전: 『예기』 「월령」
"후직后稷에게 교사郊祀를 거행하여 농사를 빈다."(郊祀后稷, 以祈農事) - 출전: 『춘추좌씨전』
6_ 『숙종실록』 권14, 숙종 9년 1월 임술(20일).

다. 1694년에 숙종은 사직서의 전사청典祀廳과 집사청執事廳 건물을 중수重修하고, 얼마 후에는 신실神室을 중수했다. 1695년 연말이 되자, 숙종은 다가오는 새해에는 기곡제를 친제로 거행하는 문제를 의논하라고 명령했다. 금년(1695)에는 큰 흉년이 들어 많은 백성이 굶어 죽었는데, 내년에도 흉년이 든다면 심각한 사태가 발생할 것이며 국가도 보존하기 어렵게 되므로, 기곡제를 거행해야 한다는 주장이었다.

> 『예기』를 보면 '맹춘(정월) 원일元日에 상제에게 기곡한다'고 하였다. 농사는 나라의 근본이고, 맹춘은 한 해의 첫머리이니, 이달 상신일上辛日(첫번째 신일)에 기곡하는 것이 어찌 우연이겠는가?
> 아, 금년에 전국에 큰 흉년이 든 것은 실로 이전의 역사에서 드문 일이었다. 진휼하는 곡식을 모으기가 어려웠고, 굶어 죽는 시체가 서로 연이어졌다. 내가 크게 두려워하는 것은 바로 내년 농사의 풍흉豊凶이니, 우리나라 억만의 목숨이 죽고 사는 것이 판가름난다. 백성이 한 사람도 살아남지 못한다면 국가가 어떻게 홀로 존재하겠는가?
> 이것이 내가 옛 제도를 본떠 백성을 위해 몸소 사직에 나아가 정성을 다해 기곡하려는 이유이다. 예조의 관리에게 명령하여 대신大臣들과 의논하여 거행하게 하라.[7]

7_ 『숙종실록』 권29, 숙종 21년 11월 경진(22일).

국왕의 중대한 결심에 반대하고 나서는 신하는 없었다. 1696년 1월 4일에 숙종은 사직단에 행차하여 기곡제를 거행했다. 조선의 국왕으로서는 처음 거행하는 사직 기곡제였다. 숙종은 이때부터 매년 대신을 사직단에 파견하여 기곡제를 거행하게 했고, 1701년(숙종 27)에는 다시 국왕 친제를 거행했다. 숙종이 사직 기곡제를 친제로 거행한 것은 현종 대 이후 오랜 기간동안 계속되고 있던 흉년과 기근을 극복하기 위한 의례적 대응이었고, 풍년과 민생의 안정을 기원하기 위해서였다.

숙종 대에는 사직제를 거행하는 횟수도 크게 늘어났다. 이전까지 연평균 1회에도 미치지 못하던 사직제가 연평균 3회까지 늘어났기 때문이다. 조선 전기의 사직제 관련 기록은 왜란과 호란, 이괄의 난 등을 거치면서 소실되었을 가능성이 있지만, 기록이 보존된 효종 대 이후에도 사직제는 제대로 시행되지 않았다. 이는 국정의 목표가 전란의 피해를 복구하는 데 맞춰져 있었기 때문이다. 전란의 피해가 복구된 시기에 숙종은 사직의 제도를 정비하고 사직제를 정상적으로 거행하는 데 관심을 기울일 수 있었다.

영조 대

영조는 숙종의 업적을 계승하여 사직 제도를 계속 정비해 나갔다. 이와 관련하여 흥미로운 사건은 1739년(영조 15)부터 거행된 「친림수서계의」親臨受誓戒儀이다. 「친림수서계의」란 국왕이 제례에 참여하는 신하들이 모두 모인 자리에서 서계誓戒를 받는 의식을 말하는데, 『예기』의 기록에 근거를 둔 것이다. 『예기』 「교특생」을 보면 '왕이 택궁澤宮(태학)에 서서 직접 서명誓命을 듣는다'(王立于澤, 親聽誓命)는 구절이 있는데, 이는 교제郊祭를 거행할 날짜를 정하는 날 국왕이 태학에 서 있으면 유사有司가 제관祭官들에게 서계할 것을 명령하고 국왕이 이를 듣는다는 의미이다.

국왕의 친제에는 원래 서계를 받는 의식이 포함되어 있었다. 그러나 영조 이전까지는 국왕이 참석하지 않은 상황에서 제관들만 의정부에 모여 서계를 하는 것이 관례였다. 그런데 영조는 1739년에 사직제를 거행하기에 앞서 종친과 문무백관들을 이끌고 인정전 계단에서 서계 의식을 거행했고, 1740년(영조 16) 1월의 기곡제를 거행할 때에도 인정전에서 같은 의식을 거행했다. 훗날 정조는 영조가 사직제에서 「친림수서계의」 의식을 거행한 것은 '중화中華의 옛 제도'를 회복시킨 의미가 있는 것으로 평가했다.

영조는 사직 기곡제를 중시하면서 이를 강화해 나갔다. 1732년도14 『국조속오례의』 국립중앙박물관 소장.

8_ 기곡제의 경우, 친제의 재계는 원서原書(『국조오례의』) 서례序例의 대사大祀와 동일하다. 섭행을 할 때의 재계는 원서의 소사小祀와 동일하다. 『국조속오례의서례』「길례·제계齊戒」.

(영조 8)에 영조는 기곡제를 거행할 것을 명령하면서 '농사는 국가의 근본이니 풍년이 들었을 때라도 백성들을 위해 기곡하는 것은 매우 중대한 일'이라고 했다. 풍년을 기원하는 기곡제는 백성의 삶과 직결되는 문제라는 인식이었다. 이후 영조는 기곡제를 거행할 때마다 이 제례가 백성을 위하는 중대한 일임을 강조했다. 1744년(영조 20)에 완성된 『국조속오례의』國朝續五禮儀에는 국왕이 직접 거행하는 사직 기곡제를 대사로 확정하였다. 그러나 대신이 섭행하는 기곡제는 소사로 규정하여 그 위상을 구분하였다.[8] 도14

1769년(영조 45)에 영조는 『속대전』續大典에서 정월 기곡제를 거행할 때 대신이 재계하는 규정이 누락되었음을 지적하고, 이를 『승정원일기』承政院日記에 추가하도록 했다. 또한 1771년(영조 47)에 영조는 기곡제에 사용할 향香을 받는 의식을 거행할 때의 의장儀仗을 대사를 거행할 때의 의장과 같은 수준으로 할 것을 명령했다.

영조는 숙종의 업적을 계승하여 사직단과 부속 건물을 보수했고, 관련 물자와 인원을 보충했으며, 사직제의 규정과 규율을 정비해 나갔다. 또한 영조는 기곡제를 섭행으로 거행할 때에도 반드시 재계하는 장소에 나가서 하룻밤을 보낸 후 궁궐로 돌아왔다. 백성들의 삶과 밀접한 관련이 있는 기곡제를 거행함에 국왕이 정성을 다하는 모습을 보이기 위해서였다. 이러한 영조의 조치들은 기곡제를 비롯한 사직제의 의식들을 격상시키는 의미가 있었다.

정조 대

정조 대에 기곡제는 매년 정기적으로 거행하는 사직제가 되었다. 이 시기의 기곡제는 숙종·영조 대의 기곡제와 구분되는 특징이 있는데, 정조는 기곡제를 권농勸農과 대민 접촉의 방편으로 활용하고, 기곡제의 위상을 강화시켰다.

먼저 정조는 기곡제를 백성들에게 농사를 권하고 백성들과 만나는 기회로 활용했다. 정조는 매년 정월 사직 기곡제를 거행할 때 조선 팔도의 관찰사와 지방관들에게 윤음綸音을 반포하는 경우가 많았는데, 대부분의 내용은 권농勸農이었다.

정조 초년인 1783년(정조 7)에 거행된 기곡제의 경우를 보자. 1783년 1월 1일에 정조는 권농윤음勸農綸音을 반포했다. 권농윤음은 매년 연초에 관례적으로 반포되었지만, 정조는 이를 특별히 기곡제와 연관시켜 강조했다.

> 지난해 가을의 농사가 세 도에 흉년이 들어 내가 밥을 편안히 먹지 못한 것이 이미 두 달이 되었다. 그런데 섣달에 눈이 내려 상서로운 조짐을 보이고 봄볕이 따뜻해지자 온갖 곡식에 생기가 돌아 팔도에서 기뻐하고 있으므로 금년 농사에 크게 기대를 한다. 정월 상신일上辛日(첫번째 신일)에 내가 직접 희생과 폐백을 받들고 사직에서 기곡제를 거행할 것인데, 미리 열 줄의 윤음을 반포한다. 아, 너희 관찰사, 유수留守, 수령들은 나의 지극한 뜻을 본받아 정성을 다하여 농사를 권장하되 밤낮으로 부지런히 하여 조금도 소홀함이 없도록 하라.[9]

9_ 『정조실록』 권15, 정조 7년 1월 계사(1일).

도15 『사직서의궤』 서울대학교 규장각 소장.

    1월 8일이 되자 정조는 기곡제에 사용할 축문에 서명을 했고, 사직단에 행차하여 희생과 그릇을 살폈다. 이날 정조는 경기도와 충청도의 관찰사 및 수령에게 돈과 호초胡椒(후추)를 내려보내며 백성들의 진휼賑恤에 힘쓰라는 유시諭示를 내렸다. 이는 백성들을 위해 풍년을 기원하는 기곡제를 앞두고 흉년 때문에 힘들어하는 백성들을 구제하기 위해서였다. 1월 9일에 정조는 사직 기곡제를 거행했다. 이날의 간지는 첫번째 신일에 해당하는 신축辛丑일이었다.
    기곡제를 거행하기 위해 사직서에서 재계하던 정조는 사직서령社稷署令 윤광호에게 사직서에 관한 의궤儀軌를 가져오라고 명령했다. 윤광호는 그때까지 사직서에 관한 의궤가 만들어진 적이 없었다고 보고했고, 정조는 사직제의 의식과 제도, 부속 건물, 유래를 정리한 의궤를 작성할 것을 명령했다.

    사직서의 일이 얼마나 중요한데 살펴볼 만한 문적文蹟이 없고, 등록謄錄이란 책자는 끊어지고 문드러진 나머지일 뿐인가? 묘서廟署로 말하자면 의궤도 있고 등록도 있는 것인데, 사직서에는 이런 서적이 전혀 없으니 크게 흠이 되는 일이다. 처음에는 비록 경황이 없었다지만 뒤에는 어떻게 그대로 지낼 수 있겠는가? 사직서의 제의祭儀·제식祭式·단유壇壝 관사館舍 및 기타 내려온 사실을 크든 작든 구별하지 말고 모아서 분류하여 하나의 책을 만들라. 책의 이름을 '사직서의궤'社稷署儀軌라 하고, 사직서에 보관하며, 계속해서 첨가하여 기록하도록 분부하라.[10]

10_ 『사직서의궤』 권수卷首, 「명수사직서의궤전교」命修社稷署儀軌傳敎.

1783년 정조의 명령에 따라 편찬된 책이 『사직서의궤』이다. 이 의궤에는 사직과 관련된 기록들이 계속해서 추가되었다.[도15]

정조는 기곡제를 거행하기 위해 궁궐(창덕궁)과 사직단을 왕래하는 동안 백성들을 직접 만나서 그들의 민원을 듣는 기회로 활용했다. 기우제를 거행하려고 궁궐 밖으로 나온 국왕이 백성들과 접촉하는 일은 숙종과 영조 때에도 있었다. 정조는 이를 계승하여 기곡제 때에도 백성들을 만난 것이다. 1780년(정조 4)에 정조는 사직 기곡제를 거행하려 이동하던 중에 각 도의 정조호장正朝戶長을 만나 백성들의 폐단과 각 고을의 문제점을 물었고, 1786년에는 시민市民들을 만나 그들의 고통을 물었다. 1792년에 정조는 기곡제를 거행하고 돌아오는 길에 돈화문에서 정조호장들을 불러 각 고을의 폐단을 적어 올리라고 명령했고, 1796년에는 종로에서 행차를 멈추고 시민과 노인들을 불러 폐단을 물었다.

정조는 기곡제의 위상을 강화시키는 조치들도 시행했다. 먼저 정조는 기곡제를 친제로 거행하는 경우가 많았는데, 정조가 집권한 동안 거행된 20회의 기곡제 가운데 국왕의 친제가 16회에 이른다. 정조는 친제를 거행하게 되면 그 전날 사직단에 나아가 재계를 했고, 제사에 사용할 음식과 기물을 직접 점검함으로써 기곡제를 거행하는 데 정성을 들였다.

정조는 또한 기곡제를 대사大祀로 승격시켜 그 위상을 높였다. 이전까지 국왕이 직접 거행하는 기곡제는 대사였지만 대신이 섭행하는 기곡제는 소사에 해당했다. 다음의 〈표2-1〉은 대사·중사·소

구분 제사	헌관 獻官	산재 散齋	치재 致齋	국왕 향축 香祝	폐백 幣帛	음악	제기							
							변 籩	두 豆	조 俎	보 簠	궤 簋	등 鐙	형 鉶	작 爵
대사	3인	4일	3일	○	○	○	12	12	3	4	4	6	6	6
중사	3인	3일	2일	○	○	○	10	10	3	2	2	3	3	3
소사	1인	2일	1일	×	×	×	8	8	2	2	2	-	-	3

〈표2-1〉 대사·중사·소사의 차이점

사의 차이점을 정리한 것인데, 제사의 등급에 따라 재계하는 기간, 폐백, 술잔의 수, 음식, 음악, 무용 등에서 큰 차이가 있었다.

1787년(정조 11) 12월에 정조는 대신이 섭행하는 기곡제를 대사로 승격시키는 문제를 논의하라고 명령했다. 소사로 하는 것은 예제에 결함이 있다는 것이 이유였다.

> 기곡제가 사령祀令에 들어가지 않아 친행親行이 아니면 단헌單獻·소뢰小牢로 하고 음악과 무용도 없다. 우리나라의 기곡제는 숙종 때에 시작되었는데, 사직에서 거행하고 교郊에서는 거행하지 않는다. 이는 고찰하여 본떠서 형편에 맞게 조절한 것이니, 선왕의 뜻을 우러러 알 수가 있다. 다만 섭행하는 의식에는 부족한 점이 있는데, 2월과 8월에 거행하는 시향時享儀를 사용하여 삼헌三獻·태뢰太牢로 하고 음악과 무용도 갖추어 대사大祀에 들어가도록 하는 것이 예제의 마땅함에 부합할 것이다.[11]

11_ 『정조실록』 권24, 정조 11년 12월 신유(28일).

이상에서 정조는 섭행 사직제를 소사에서 대사로 승격시키라고 했는데, 구체적으로는 단헌單獻(한 잔의 술을 올림)을 삼헌三獻(석 잔의 술을 올림)으로, 소뢰小牢를 태뢰太牢로, 음악과 무용을 사용하지 않던 것을 사용하는 것으로 바꾸는 조치였다. 이러한 정조의 명령에 대해 영의정 김치인金致仁(1716~1790)이 견해를 올렸다. 『주례』에 섭행을 할 경우 의절을 줄인다는 구절이 없고, 신농씨에게 제사할 때에는 음악이 있었으며, 기곡제를 제외한 사직제의 경우 삼헌을 하므로, 기곡제를 대사로 격상시키자는 의견이었다.

『주례』에 '대신大神(천신)·대기大示(지신)를 제사할 때 왕이 제사에 참여하지 못하면 종백宗伯이 섭행한다'고 했는데, 그 주석에서 '왕이 유고 시에는 그 제사를 대행한다'고 했을 뿐 의절儀節을 줄인다는 말은 듣지 못했습니다. 그런데 전조田祖(신농씨를 말함)에게 풍년을 빌 때에는 빈약豳籥(빈 땅의 사람이 피리로 부는 음악)을 불고 북을 치는 의식이 있으므로 음악이 없을 수 없음을 볼 수 있습니다. 또한 사직의 삼향三享(춘향春享, 추향秋享, 납향臘享)은 왕이 참석하지 않아도 반드시 삼헌을 갖추니, 이것도 근거가 되는 단서입니다. 삼향을 섭행할 때의 의식에 의거하여 대사로 올리는 것이 합당할 것 같습니다.[12]

12_『정조실록』 권24, 정조 11년 12월 계해(30일).

김치인의 견해에 대해 다른 대신들도 동의했고, 대신이 섭행하는 기곡제도 대사로 승격되었다. 대신이 섭행하는 기곡제가 대사로 승격된 이후 최초의 제례는 1788년(정조 12) 1월 8일에 거행되었다. 하루 전날 정조는 인정전에서 기곡대제에 사용할 향과 축문을 제관에게 전달했고, 규장각의 이문원摛文院에 거둥하여 하룻밤을 재계했다. 정조의 이러한 행동은 선왕인 영조의 행동을 본받은 것이었다.

기곡제가 대사로 승격되면서 사직의 대제는 기곡, 춘향, 추향, 납향 등 네 가지 제례를 정기적으로 거행하게 되었다. 정조가 기곡제를 정기적으로 거행하게 한 것은 사직단의 위상을 천자국의 방구단方丘壇에 비견되는 제단으로 끌어올리기 위해서였다. 정조 대에 편찬된 『춘관통고』를 보면, 사직단에서 거행하는 기우제와 대신이 섭행하는 기곡제가 모두 대사로 규정되었고, 대신이 섭행하는 기우제만 소사로 규정되었다.

정조는 지방에 설치된 사직단을 정비하는 데에도 관심을 가졌다. 1785년(정조 9)에 정조는 지방의 사직단이 제대로 관리되지 못함을 지적하고, 각 주현에 설치된 사직단의 현황과 사직제의 시행

여부를 보고하라고 명령하였다. 이때 정조는 사직제의 시행 여부를 지방관의 근무 평가에 반영시키겠다고 발표했는데, 실제로 1790년(정조 14)에 강원관찰사 윤사국尹師國이 사직제에 힘쓴 것을 칭찬하며 품계를 한 등급 올려주었다.

정조는 풍년을 기원하는 기곡제를 국왕 친제로 거행하고, 친제를 거행하기 위해 이동하는 동안 백성들의 문제점을 듣고 해결해주었다. 정조의 이러한 모습은 국왕이 백성들의 생활을 안정시키기 위해 다방면으로 노력하고 있다는 이미지를 부각시키는 효과가 있었다.

정조 대 이후

19세기에 들어와서도 매년 네 차례의 사직제는 정기적으로 거행되었다. 그러나 국왕의 친제는 급격히 줄어들었는데, 이는 국왕권의 약화와 밀접한 관련이 있다. 순조, 헌종, 철종, 고종은 집권 전반기에 대왕대비의 수렴청정을 거쳤다는 공통점이 있다. 기곡제를 포함한 사직제의 친제는 주로 수렴청정이 끝나고 국왕이 친정親政을 하는 시기에 거행되었다.

순조는 1804년(순조 4) 2월의 춘향을 친제로 거행했다. 이는 대왕대비의 수렴청정이 끝난 바로 다음 달이었다. 헌종은 1842년(헌종 8) 8월의 추향을 친제로 거행했는데 대왕대비의 수렴청정이 끝난 것은 1840년(헌종 6) 12월이었다. 헌종은 1845년부터 국정에 대한 국왕의 책임을 강조하면서 정국을 직접 운영하려는 노력을 보였다. 이러한 분위기 속에서 1846년의 기곡제를 친제로 거행했다. 철종은 1852년(철종 3)에 기곡제를 거행했는데, 대왕대비의 수렴청정이 끝난 것은 1851년 12월이었다. 철종이 집권한 초기에는 수렴청정이 끝난 뒤에도 안동김씨의 세도가 강하게 작용하던 시기였다. 철종은 재위 10년이 지나면서 정치 행위에 적극적으로 나서기 시작했고, 1860년(철종 11)에 다시 기곡제를 친제로 거행했다.

고종 대의 수렴청정은 1866년(고종 3) 2월에 끝났지만, 사직제의 친제는 이내 이뤄지지 않았다. 1866년 11월에 고종은 이듬해의 사직 기곡제를 친제로 거행하겠다고 했지만 뜻대로 실행하지 못했고, 1868년에는 춘향을 친제로 거행하겠다고 했지만 역시 실행하지 못했다. 고종의 친제는 1869년(고종 6) 정월에 가서야 거행할 수 있었다. 1868년 7월에 고종은 새로 중건된 경복궁景福宮으로 거처를 옮겼고, 1869년의 기곡제는 경복궁으로 이전한 후 처음 맞이하는 새해에 거행하는 행사가 되었다.

1894년 갑오개혁으로 정부 조직이 개편되면서 사직제를 비롯한 국가제사를 담당하던 기관이 예조禮曹에서 종백부宗伯府로 바뀌었고, 결국은 궁내부宮內府 소속의 장례원掌禮院이 담당하게 되었다. 또

제례 국왕	정기				비정기		계
	춘향(2월)	추향(8월)	납향(12월)	기곡(정월)	기우	기타	
태종					1		1
세조		1					1
성종		2					2
연산군						1	1
중종	1	1			2		4
명종						1	1
선조					2	2	4
광해군					1	2	3
인조					5		5
효종					4		4
현종					1		1
숙종	2	1		2	8		13
경종	1				2		3
영조	1	2		9	14		26
정조			1	16	1		18
순조	1			1	1	1	4
헌종		1		1			2
철종				2			2
고종				1	1		2
계	6	8	1	32	43	7	97

〈표2-2〉 조선 국왕의 사직단 친제 횟수

한 1895년 1월에는 사전社典 개혁안이 발표되면서 매년 4차례 거행되던 사직의 정기 제례(기곡, 춘향, 추향, 납향)에서 기곡제가 빠지고 세 차례(춘향, 추향, 납향)만 거행하게 되었다. 1895년에는 제천례를 거행하는 환구단圜丘壇을 복원하려는 움직임이 있었는데, 이때 사직의 기곡제는 환구단으로 옮겨지게 되었다.

정조 대 이후 사직제가 운영된 양상을 보면, 국왕의 친제는 수렴청정이 끝나고 국왕이 정치적 주도권을 장악했음을 보여주는 상징적인 행사로 나타난다.

〈표2-2〉는 조선의 국왕들이 사직단에서 친제를 거행한 횟수를 정리한 것이다. 이 통계는 『사직서의궤』, 『사직서등록』社稷署謄錄, 실록의 기록을 참고하여 작성한 것이다. 표를 보면 태종이 시작한 사직단 친제는 숙종·영조·정조 대에 가장 많이 거행되었고, 그 이후로는 횟수가 급격하게 감소하는 것으로 나타난다. 숙종·영조·정조 대는 상대적으로 국왕권이 강했던 시기였음을 고려한다면, 사직단의 친제 횟수와 국왕권의 강도는 일정한 연관성이 있음을 알 수 있다. 또한 사직 기곡제는 숙종이 처음으로 거행하기 시작했고 정조가 가장 많은 횟수를 거행했으며, 국왕의 친제는 기우제를 중심으로 하던 것이 점차 기곡제로 옮겨가는 추세를 보인다.

6 대한제국의 사직제

1897년 10월, 고종이 환구단에 나아가 제천례를 거행하고 황제에 등극함으로써 대한제국이 탄생했다. 국체國體가 변하면서 제후국의 위상에 맞추어진 국가제례는 황제국의 위상에 맞게 조정되어야 했고, 이때 사직의 위상도 격상되었다. 고종은 황제로 등극하기 직전에 사직에 모신 신위판을 국사國社·국직國稷에서 태사太社·태직太稷으로 격상시켜 쓰도록 했고, 명성황후의 시호를 올리면서 이를 태사와 태직에 알리도록 했다. 또한 고종은 대한제국이 탄생하였음을 알리는 고유제를 사직에서 거행했고, 사직 기곡제와 기우제도 여러 차례 거행했다. 황제국의 건설과 함께 사직의 위상이 격상되면서, 제단의 길이와 높이, 계단의 층수, 유壝의 길이, 석주의 높이와 너비가 모두 커지게 되었다.

기곡제는 원래 천자가 제천례를 거행할 때 올리는 제례였다. 조선시대에도 세조 대까지는 제천례를 거행하던 원단圓壇이나 환구단에서 기곡제를 올렸지만, 제천례가 폐지됨과 동시에 기곡제도 중단되었다. 그러다가 중종 대에는 후직后稷이 있는 선농단에 기곡제의 의미를 부여했고, 숙종 이후로는 사직에서 기곡제를 거행해왔다. 그런데 이제 환구단이 설치되어 기곡대제祈穀大祭와 동지대제冬至大

祭를 거행하게 되면서, 사직의 기곡제는 다시 폐지되었다. 기곡제는 원래의 의미대로 제천례를 거행하는 환구단으로 돌아간 것이다.

환구단이 복원되면서 국가제례의 서열에도 조정이 있었다. 조선시대의 국가제례에서 사직은 가장 높은 자리에 있었다. 실제로는 종묘에 대한 관심이 높았지만 형식적인 측면에서는 사직이 종묘보다 높았다. 『국조오례의』를 비롯한 국가 전례서에서 사직이 제일 먼저 나오는 것도 이러한 인식을 반영한 것이다. 그런데 환구단이 복원되면서 형식적인 측면에서도 변화가 생겼다. 환구단-종묘-영녕전-사직의 순서로 바뀌었기 때문이다. 대한제국기의 국가 전례서인 『대한예전』에는 이러한 위상의 변화를 보여주는 구절이 있다. 도16

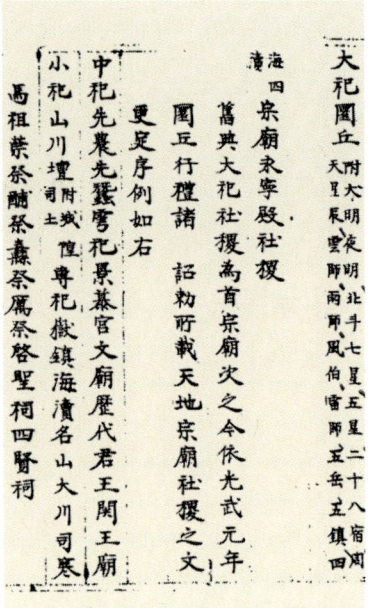

도16 『대한예전』 「서례」의 '대사환구'大祀圜丘 부분

옛 전례서의 대사大祀에서는 사직이 첫머리이고, 종묘가 그 다음이었다. 지금은 광무光武 원년에 환구단에서 제례를 거행했고 여러 조칙詔勅에 기록된 '천지(환구단을 말함)·종묘·사직'이라는 문장에 의거하여 서례序例를 아래와 같이 정했다.

사직은 지신地神과 일치하는 것으로 보기도 하지만, 국왕의 권한이 미치는 영역 내의 토지 신과 곡식 신을 모신 제단이라고 할 수 있다. 사직은 제후(국왕)처럼 자신의 제한된 영토 내에서 정치력을 발휘하는 경우에는 국가와 동일시되지만, 명목상 천하를 자기 영토로 하는 황제에게 있어서는 그 중요성이 떨어지는 측면이 있다. 대한제국기에 들어와 기곡제가 환구단으로 돌아가고 제례의 서열에도 변화가 생기면서, 국가제례에서 사직제가 차지하는 비중은 상대적으로 낮아졌다.

대한제국의 국가제례가 전면적으로 변화한 시기는 1908년(융희

2)이었다. 이해 1월에 궁내부에서는 국가제례를 두 갈래로 나누었는데, 국가에서 관리하는 국사國祀와 제실에서 관리하는 제실사帝室祀가 그것이었다. 이중에서 국사는 내각內閣에서 관리하고, 제실사는 궁내부宮內府에서 관리하게 되었다. 이에 따라 환구·종묘·사직과 같은 대부분의 국가제례는 내각에서 관리하는 국사에 속하게 되었고, 진전眞殿과 혼전魂殿, 능원陵園에서 거행하는 제례만 제실사에 속하게 되었다. 대한제국의 황실에서 주관하던 대부분의 제례가 국사에 속하고 나머지 소수의 제례만 제실사로 규정된 것은, 국가제례를 통해 표현되던 황실의 권위를 축소시키려는 의도가 있었다.

1908년 7월에는 융희황제의 칙령으로 「향사이정享祀釐正에 관한 건」이 발표되었는데, 시의에 부적절한 제례를 폐지하고, 합사合祀할 수 있는 제례는 합치며, 희생과 제물祭物은 재정 사정에 따라 절약한다는 원칙을 내세웠다. 이에 따라 국사에 속하던 사직제는 매년 네 차례씩 거행하던 것이 두 차례로 줄어들었고, 황제 친제 시에 거행하던 희생과 제기를 살피는 절차도 폐지되었다. 또한 그동안 별도로 거행되던 선농단先農壇과 선잠단先蠶壇의 제례가 사직제에 합쳐졌으며, 사직단과 사직서 건물의 관리권이 정부로 넘어갔다.

축소된 형식으로 거행되던 사직제는 1910년 한일합방과 함께 완전히 폐지되었다. 합방 이후 대한제국 황실의 위상은 일본 천황의 친족 수준으로 격하되었고, 대한제국의 사직제는 더 이상 의례적 기능을 수행할 수 없게 되었다.

대한제국 이후의 사직단

일제강점기에 들어와 사직제가 폐지되고, 사직단의 규모는 계속해서 축소되었다. 1911년 2월에 사직단의 건물과 부지가 조선총독부 소관으로 인계되었고, 1922년 10월에 경성부는 사직단 및 인근에 있던 66,619평의 토지를 정부로부터 이관받아 일주도로를 만들고, 벤치와 휴게소를 건설하며, 조명등을 설치하고, 단풍나무와 앵두나무 등을 심어

도17 사직단 전경(왼쪽) ⓒ돌베개
도18 사직단의 정문 ⓒ돌베개

사직공원을 조성했다. 1932년 7월에는 매동 공립보통학교의 이전 공사를 시작하여 그해 12월에 낙성식을 가졌는데, 사직단 북쪽의 500평을 떼어내 학교 부지 안에 포함시켰다. 오늘날의 사직단과 사직공원은 대체로 이때의 모습이 남아 있는 것이다.^{도17}

해방 이후에도 사직단의 규모는 축소되는 과정을 밟았다. 1962년 서울시 도시계획에 의한 도로공사 때문에 사직단의 정문이 원래의 위치에서 14미터 후방으로 옮겨진 것이 그것이다. 사직단 정문은 1963년 1월 21일에 보물 제177호로 지정되어 오늘에 이른다.^{도18}

사직대제는 1988년에 복원이 되었는데, 매년 10월에 종로구와 전주이씨 대동종약원의 주관으로 거행되고 있다.

7 사직제의 의식 절차와 사직단

의식 절차 18세기 이후 사직에서 거행하는 대제에는 네 가지가 있었다. 매년 정월 첫번째 신일辛日에 거행하는 기곡祈穀, 2월 첫번째 상순 무일戊日에 거행하는 춘향春享, 8월 첫번째 무일에 거행하는 추향秋享, 12월 납일에 거행하는 납향臘享이 그것인데, 이상은 제례일이 고정된 정기 제례에 해당한다. 도19

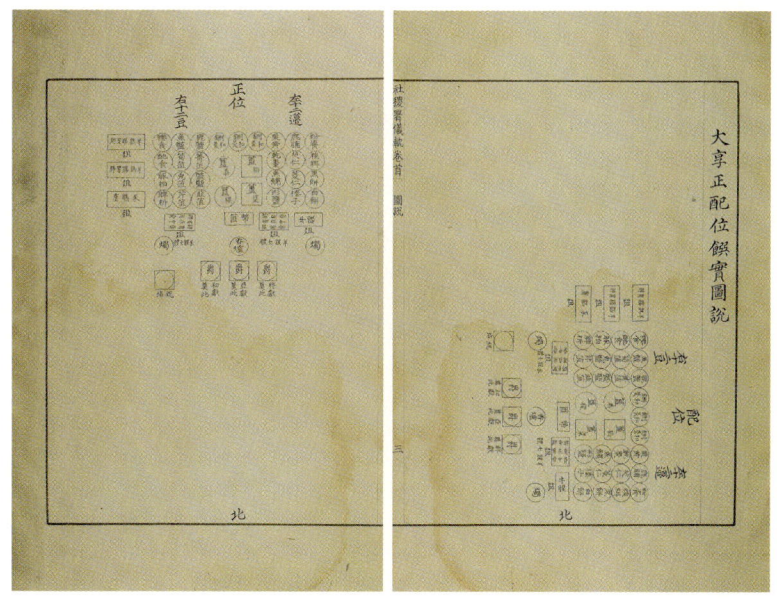

도19 사직 대제 때 정위·배위 찬실도 『사직서의궤』 권1에 수록, 서울대학교 규장각 소장.

사직제에는 소사小祀에 해당하는 제례도 많이 있었다. 앞서 언급한 기우제와 기청제 이외에도 기설제祈雪祭(눈이 내리기를 기원하는 제례), 해괴제駭怪祭(괴이한 일이 일어났을 때 거행하는 제례), 위안제慰安祭(귀신을 위로하기 위해 거행하는 제례), 이안제移安祭(신위를 이동시킬 때 거행하는 제례), 고유제告由祭(중대한 일을 치른 뒤 이를 알리는 제례)가 그것이다.

사직제의 제관은 제사의 격식에 따라 차이가 있었다. 국왕이 직접 거행하는 친제의 경우 국왕이 초헌관, 왕세자가 아헌관, 영의정이 종헌관이 되었고, 대신이 섭행할 경우에는 정1품관이 초헌관, 정2품관이 아헌관, 정3품관이 종헌관이 되었다. 또한 기고제와 같이 소사에 해당하는 제례일 경우에는 2품관이 헌관이 되었고, 지방 군현에서는 해당 지방관이 헌관이 되었다.

18세기에 거행된 사직제 의식은 1783년(정조 7)에 편찬된 『사직서의궤』에 잘 정리되어 있다. 『사직서의궤』에는 세 가지 의식이 있는데, 국왕의 친제 의식을 기록한 「친사의」親祀儀, 왕세자나 대신이 국왕 대신에 제례를 거행했던 「섭사의」攝事儀, 국가에 중대한 일이 있을 때 대신이 가서 기원하거나 사유를 보고하는 「기고의」祈告儀가 그것이다.

친사의親祀儀	섭사의攝事儀	기고의祈告儀
시일時日	시일	
제계齊戒	제계	제계
친림서계親臨誓戒		
진설陳設	진설	진설
친전향축親傳香祝	전향축傳香祝	
거가출궁車駕出宮		
친성생기親省牲器	성생기省牲器	
전폐奠幣	전폐	행례行禮
진숙進熟	진숙	
거가환궁車駕還宮	거가환車駕還	

〈표2-3〉 사직제의 의식 비교

〈표2-3〉은 세 가지 의식을 비교하여 정리한 것인데, 이를 보면 국왕이나 왕세자가 참여하는 의식의 순서가 훨씬 복잡함을 볼 수 있다.

여기에서는 국왕이 사직제를 직접 거행하는 「친제의」親祭儀의 내용을 소개하기로 한다.

1 시일 선택

서운관書雲觀에서 사전에 시일을 선택하여 예조에 보고하면, 예조에서는 국왕에게 보고한다. 또한 예조는 각 관서에 알려 각자의 직무에 따라 준비를 하게 한다.

2 제계

제사일 8일 전에 국왕에게 알린다. 국왕은 4일 동안 별전別殿에서 산재散齋를 하고, 그 다음 2일 동안은 정전正殿에서, 마지막 1일은 재궁齋宮에서 치재致齋를 한다. 산재하는 동안에는 다른 사람을 조문하거나 병문안을 하지 않으며, 음악을 듣지 않고, 관리는 형벌을 가하는 문서를 보고하지 않는다. 치재를 하는 동안에는 제례에 관한 일 이외에는 일체의 사무를 보지 않는다.

3 친림서계

제사일 7일 전에 제례에 참석하는 종친과 관리들은 공복公服을 갖춰 입고 의정부에 모여서 서계를 한다. 이때 서계문은 찬의贊儀가 읽는다. 국왕이 서계에 참여하는 친림서계의 경우 모이는 장소가 창덕궁 인정전으로 바뀌고 서계문은 총재冢宰가 읽는다. 서계문의 내용은 다음과 같다.

금년 모월 모일에 전하께서 사직제를 거행하시는데 행사의 집사관과 수행하는 종친, 문무백관은 함부로 술을 마시지 말고, 파·부추·마늘과

도20 **영친왕의 곤룡포** 국립고궁박물관 소장.

같이 냄새나는 채소를 먹지 말며, 조문하거나 병문안을 하지 말고, 음악을 듣지 말며, 형벌을 집행하지 말고, 형벌 문서에 판결을 하거나 서명하지 말며, 더럽고 악한 일에 참여하지 말라. 이를 어기면 국가에서 정한 형벌이 있을 것이다.

4 진설

진설은 제사일 3일 전부터 순차적으로 진행된다.

3일 전에는 전설사典設司에서 국왕과 제례 참석자가 사용하게 될 막차幕次(천막)를 설치한다.

2일 전에 사직서에서는 제단을 청소하고 전악典樂은 등가登歌와 헌가軒架를 설치한다.

1일 전에 사직서에서는 신주를 모실 신좌神座를 설치하고 자리를 깐다. 집례와 찬자는 국왕 및 관리들이 서 있게 되는 장소에 자리를 깐다.

당일 행사 직전에 축판祝板과 술동이, 향, 촛불, 제기, 관세盥洗를 설치한다.

5 친전향축

제사일 1일 전에 국왕은 익선관翼善冠과 곤룡포袞龍袍를 갖춰 입고, 인정전仁政殿에 나와서 향과 축문을 초헌관에게 전달한다.도20, 21

도21 영조 어진 부분
익선관을 쓴 영조의 모습. 58쪽의 영조 어진을 보면 익선관을 쓰고 곤룡포를 입은 모습이다.

6 거가출궁

제사일 3일 전에 유사有司가 직임職任을 발표하여 각자의 직무에 임하게 한다.

제사일 2일 전에 장악원에서 인정전에 헌현軒懸(궁궐의 뜰에 배치하는 헌가軒架 악기)을 벌여 놓는다.

제사일 1일 전에 통례원通禮院에서 왕세자와 종친, 관리들이 국왕을 모시고 서 있을 자리를 설치한다.

당일에 국왕은 원유관遠遊冠과 강사포絳紗袍를 갖춰 입고,도22 여輿를 타고 나와서 인정문 밖에서 연輦으로 갈아탄다. 왕세자는 돈화문 밖에서 대기하다가 국왕이 지나가면 몸을 숙인 다음 국왕을 따른다. 국왕은 사직단 재궁齋宮의 대문 밖에 도착하면 연에서 여로 갈아탄다. 국왕이 재궁에 도착하여 안으로 들어간다.

7 친성생기

제사 당일에 국왕은 원유관과 강사포를 갖춰 입고 사직단 서문 밖에 설치된 제기를 살피는 장소로 나아가 제기의 세척 상태를 살핀다. 국왕이 희생을 살피는 장소로 나아가면 장생령掌牲令이 희생을 끌고 와서 보인 다음에 부엌으로 끌고 간다. 예조판서는 부엌에 들어가 솥을 살피고, 종헌관은 명수明水와 불을, 감찰은 찬구饌

具를 살핀다. 전사관典祀官(제례를 담당한 관리)이 희생을 베면, 축사祝史는 희생의 털과 피를 받고 희생을 삶는다.

8 전폐

제사 당일에 전사관은 국사國社, 후토씨后土氏, 국직國稷, 후직씨后稷氏의 신위판을 정해진 자리에 설치한다. 참석자들이 입장한 이후 국왕은 면복冕服을 입고 사직단의 정문으로 들어간다. 대축大祝이 희생의 털과 피를 구덩이에 묻으면, 국왕은 손을 씻고 국사단國社壇의 북쪽 계단을 올라가 국사의 신위 앞에 세 번 향을 올리고 폐백을 올린다. 이후 국왕은 같은 방식으로 후토씨, 국직, 후직씨의 신위 앞에 세 번 향을 올리고 폐백을 올린다. 도23

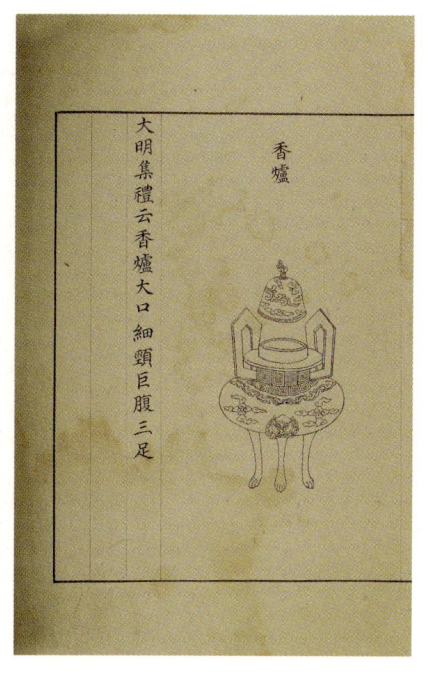

도23 사직제에 사용하는 향로 『사직서의궤』에 수록, 서울대학교 규장각 소장.

9 진숙

진숙은 사직제의 중심이 되는 행사로 진찬進饌, 초헌初獻, 아헌亞獻, 종헌終獻, 음복飮福, 철변두撤籩豆, 송신送神의 순으로 진행된다.

진찬: 국왕이 폐백을 올리고 나면 전사관이 주방에서 소, 양, 돼지를 정鼎에 담아가지고 나와서 신위 앞에 올린다. 이때 국사 국직의 찬饌은 정문으로 들어와 북쪽 계단으로 올라가고, 후토씨 후직씨의 찬은 왼쪽 문으로 들어와 서쪽 계단으로 올라간다.

초헌: 국왕이 국사단 북쪽 계단으로 올라가 국사의 신위 앞에 술잔을 올리고 꿇어앉으면 대축大祝이 옆에서 축문을 읽는다. 국왕이 절을 한 후 내려왔다가 다시 계단을 올라가 후토씨 신위 앞에 술잔을 올리면 대축이 축문을 읽는다. 국왕은 엎드려 절을 한 후 내려왔다가 국직단에 올라가 같은 절차를 거행한다.

아헌: 아헌관이 국사단 서쪽 계단을 올라가 국사의 신위 앞에

도22 고종 어진 비단에 채색, 162.5×100cm, 국립고궁박물관 소장.
고종이 원유관과 강사포를 입은 모습.

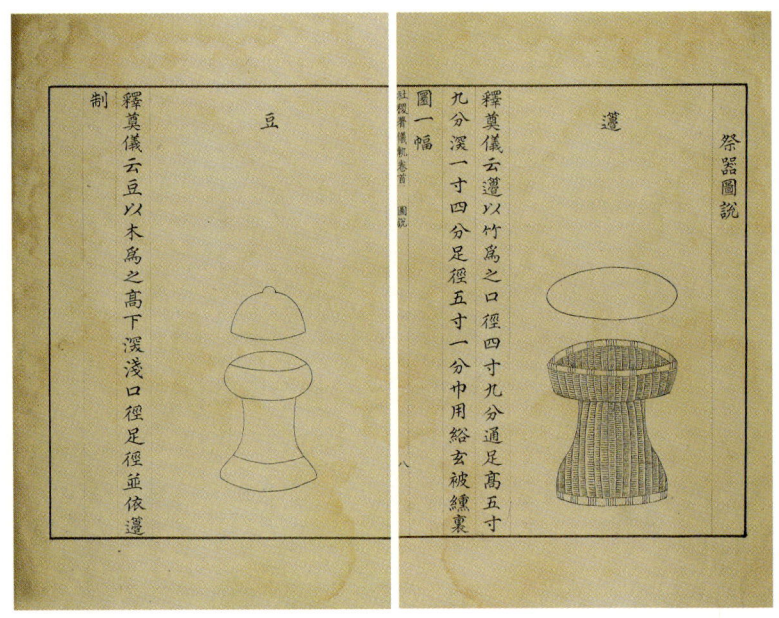

도24 사직제에 사용하는 변과 두
『사직서의궤』에 수록, 서울대학교 규장각 소장.

술잔을 올린다. 계단을 내려왔다가 다시 서쪽 계단을 올라가 후토씨 신위 앞에 술잔을 올린다. 이후 국직단에서도 같은 절차를 반복한다.

종헌: 종헌관이 아헌 의식과 같은 의식을 거행한다.

음복: 대축이 국사·국직의 준소에서 복주福酒를 떠서 술잔 하나에 합해 두고, 국사·국직의 신위 앞에서 고기를 덜어내어 조俎에 담아둔다. 국왕이 음복하는 자리에 나아가 술잔을 받아 마시고 고기가 담긴 조를 받았다가 근시近侍에게 준다.

철변두: 국왕과 제관들이 사배를 한 후 변籩과 두豆를 거둔다. 거둔다는 것은 이전 자리에서 조금씩 옮기는 것을 말한다.도24

송신: 국왕은 대차大次(천막)에 들어가 면복을 벗고 원유관과 강사포로 갈아입는다. 아헌관은 망예위望瘞位에 가서 묻는 것을 보는데, 대축이 서직黍稷과 축문·폐백을 가지고 계단을 내려와 구덩이에 넣고 흙으로 덮는다. 참석자들이 모두 퇴장하고 전사관이 신위판과 찬饌을 거두어들인다.

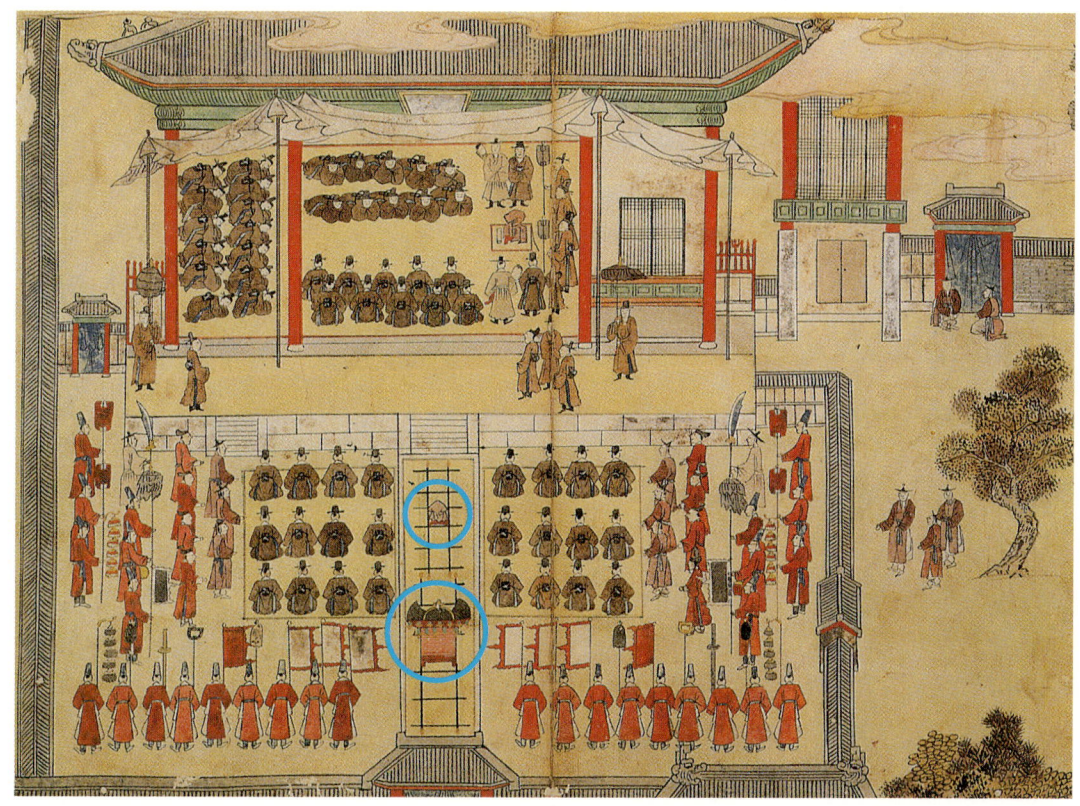

도25 〈왕세자수하도〉王世子受賀圖에 나타난 연輦과 여輿 1817년, 종이에 채색, 46.5×34.1cm, 고려대학교 도서관 소장.
그림 중 ○표 한 부분의 위쪽 작은 가마가 연이고, 아래쪽 큰 가마가 여이다.

10 거가환궁

국왕이 원유관에 강사포를 갖춰 입고 사직단 재궁에서 여輿를 타며, 대문 밖에서 연輦으로 갈아탄다. 돈화문 밖에서 여로 갈아타고 궁궐 안으로 들어간다. 도25

이상의 의식 절차를 보면 친제의 경우, 국왕이 제례를 직접 거행할 뿐만 아니라 서계나 향과 축문을 전달할 때, 희생과 제기를 살필 때에도 국왕이 참여하는 것을 볼 수가 있다. 국왕이 의식에 직접 참여하는 것은 조선 후기에 들어와 크게 늘어났는데, 이는 국왕이 참여하는 정도가 높을수록 제례에 기울이는 정성이 큰 것으로 이해했기 때문이다.

사직단의 제도

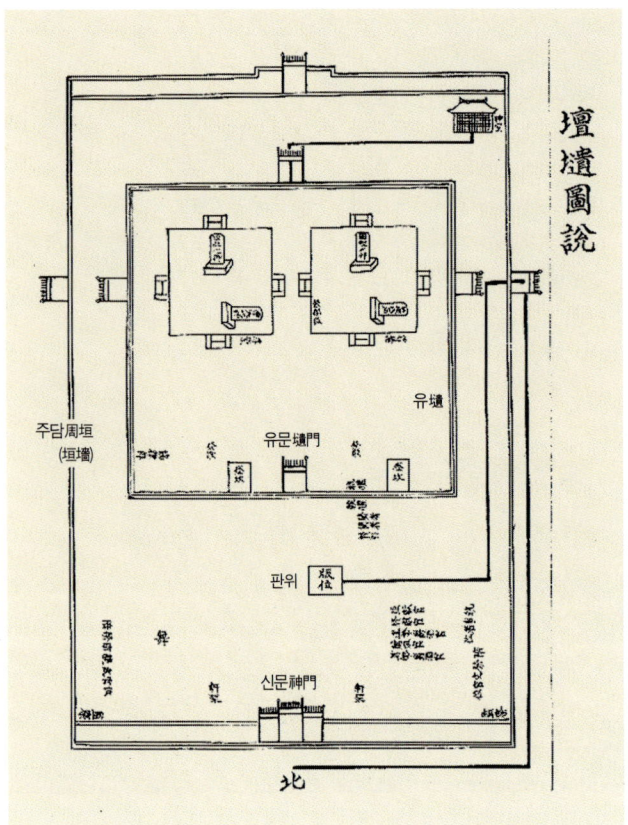

도26 사직단의 모습 『사직서의궤』 「단유도설」壇壝圖說, 서울대학교 규장각 소장.

조선시대의 사직단은 현재 서울시 종로구 사직동에 위치한다. 1783년(정조 7)에 편찬된 『사직서의궤』를 바탕으로 할 때 사직단은 다음과 같이 구성되어 있다.

사직단은 2개의 단으로 구성되며 동쪽에 사단社壇, 서쪽에 직단稷壇이 있다. 제단은 사방 2장丈 5척尺으로 북쪽에서 남향을 하고 높이는 3척이다. 고려시대의 사직단은 사방 5장에 높이가 3척이었으므로, 조선시대에는 제단의 길이가 반으로 줄어들었다. 제단의 사방에는 3층의 계단이 있고, 제단 위에는 2척 5촌寸의 석주가 있다.

이곳에 놓게 되는 신위판은 사단과 직단에 각 두 개씩 총 네 개가 있는데, 사단의 정위는 국사지신國社之神 배위는 후토씨지신后土氏之神이며, 직단의 정위는 국직지신國稷之神 배위는 후직씨지신后稷氏之神이다. 신위판의 길이는 2척 2치 5푼이며, 너비가 4치 5푼, 두께가 7푼이고, 신위판의 받침은 사방이 6치, 높이는 4치 6푼이다. 신위판과 받침은 봉산封山의 밤나무로 만든다.

사직단의 바깥에는 유壝라 불리는 담이 있으며, 그 밖에는 일정한 거리를 두고 제단을 둘러싼 담장인 주담周垣이 있다. 유에는 4개의 유문壝門이 있고, 주담에는 4개의 신문神門이 있는데, 북신문만 3개의 문으로 되어 있다. 이는 사직단에 모신 신들이 출입하는 문이기 때문이다. 북유문과 북신문 사이에는 국왕의 판위版位가 있고,

그 주변에는 관리들의 자리가 있다. 위판을 보관하는 신실神室은 주문담의 서남쪽 모서리 안쪽에 북향으로 있는데, 정면과 측면이 각 2칸인 4칸짜리 건물이다.[도26]

주담 바깥에는 사직서의 부속 건물들이 있다. 서쪽에는 재생전宰牲殿(희생을 관리하는 건물), 제기고祭器庫(제기를 보관하는 창고), 전사청典祀廳(제사를 담당하는 건물), 수복방守僕房(제단을 지키는 수복의 숙소), 잡물고雜物庫(각종 물품을 보관하는 창고), 정井(우물)이 있으며, 동쪽에는 안향청安香廳(제사에 사용할 향을 보관하고 재계하는 건물), 악기고樂器庫(악기를 보관하는 창고), 차장고遮帳庫(차일과 장막을 보관하는 창고), 월랑月廊이 있다. 남동쪽에는 악공청樂工廳(악공이 머무는 건물), 부장직소副將直所(부장이 숙직하는 장소)가 있고, 서북쪽에는 어막대御幕臺(국왕의 장막을 설치하는 장소)가 있다.

이중에서 현재까지 원래의 건물이 남아 있는 것은 안향청과 정문에 불과하다. 나머지 건물은 대한제국이 멸망한 이후 파괴되었다가 최근에 점차 복원되는 과정에 있다.

8 사직제의 악·가·무

사직제는 국토의 신과 오곡의 신, 즉 지기地祇에 지내는 제사에 속한다. 제사의 대상이 지기에 속하므로 제사 지낼 때의 세부 절차와 내용은 물론 악무樂舞의 쓰임도 부분적으로 달라진다.

사직제에서는 기악(樂)과 노래(歌), 춤(舞), 즉 넓은 의미의 '악'樂을 연행한다. 이때에는 우주에서 생성되는 물질 가운데 소리를 낼 수 있는 여덟 가지 재료인 팔음八音, 즉 쇠붙이(金)·돌(石)·실(絲)·대나무(竹)·박(匏)·흙(土)·가죽(革)·나무(木)의 여덟 가지 재료로 만든 악기의 반주에 맞추어 사람의 목소리와 춤을 갖추어 제사를 올린다. 악, 가, 무를 연행함으로써 제사의 대상인 신령을 불러들이고 위로하고 즐겁게 하기 위한 것이다.

우리나라 사직제의 음악은 고려조 1116년(예종 11)에 송나라에서 대성아악이 수입된 이후 수입 음악인 아악과, 원래 연주되었던 향악을 같이 썼다. 즉 두번째 술잔을 올리는 아헌례와 마지막 술잔을 올리는 종헌례, 그리고 신을 보내드리는 송신 절차에 향악을 연주했고 그 나머지 절차에서 아악을 연주함으로써 외래음악과 전래음악을 하나의 제사에서 함께 연주했다.

그러나 조선시대에 들어와 1430년(세종 12) 박연朴堧(1378~1458)

도27 태주궁 선율
양률인 태주음으로 시작하여 태주음으로 마친다.

이 주도한 아악 정비 운동이 일어나면서 『주례』를 근거로 한 변화의 움직임이 일었다. 그 움직임의 원칙은 음과 양의 원리를 따라 해당 선율을 연주한다는 것이었다. 지기地祇에 제사할 때 당하의 헌가軒架에서 양에 속하는 태주궁太簇宮의 선율을 연주하고, 당상의 등가登歌에서는 음에 속하는 응종궁應鍾宮의 선율을 노래하는 음양합성지제陰陽合成之制의 원칙에 따라 제례악을 정비하였다.

음계를 구성하는 십이율의 열두 음은 양률陽律 여섯, 즉 육률六律과 음려陰呂 여섯, 즉 육려六呂로 이루어져 있다. 황종黃鍾·대려大呂·태주太簇·협종夾鍾·고선姑洗·중려仲呂·유빈蕤賓·임종林鍾·이칙夷則·남려南呂·무역無射·응종應鍾의 열두 음 가운데 홀수 위치에 있는 황종黃鍾·태주太簇·고선姑洗·유빈蕤賓·이칙夷則·무역無射·응종應鍾의 여섯 음이 양에 해당하는 육률이고, 대려大呂·협종夾鍾·중려仲呂·임종林鍾·남려南呂·응종應鍾의 여섯 음이 음에 해당하는 육려이다. 세종 대의 아악 정비 노선 가운데 중요한 내용은 이처럼 음音이 고유하게 지니는 음양의 원리를 따라 선율을 구성하는 원칙이었다. 도27

세종 대에 아악을 정비하기 이전에는 당상악堂上樂인 등가, 당하악堂下樂인 헌가가 모두 태주궁太簇宮(악보), 즉 '양에 속하는 음으로 연주를 시작하고 마쳤으나 1430년의 아악 정비 이후로부터 음과 양을 조화롭게 하는 연주를 실현할 수 있게 되었다.

태주와 응종은 12지로 말하면 인寅과 해亥에 해당하여 음과 양이 합한 것이다. 또 신을 맞이하는 영신례迎神禮의 절차에는 음려에 속하는 임종궁(악보) 선율을 여덟 번(8변變) 연주함으로써, 『주례』의 전거를 따라 음악 연주의 횟수도 조절하게 되었다. 이러한 방식으로 세종 대에 정비된 사직 제례악은 조선조 내내 변함없이 연주되었다.

절차	악명	악곡명	악현	일무
영신	순안지악	임종궁 유빈궁 응종궁 유빈궁	헌가	열문지무
전폐	숙안지악	응종궁	등가	열문지무
진찬	옹안지악	태주궁	헌가	
초헌	수안지악→서안지악	응종궁→태주궁	등가→헌가	문무→무무
아헌	수안지악	태주궁	헌가	소무지무
종헌	수안지악	태주궁	헌가	소무지무
철변두	옹안지악	응종궁	등가	
송신	송신	송임종궁	헌가	

〈표2-4〉 『국조오례의』와 『국조오례서례』에 따른 사직제의 절차와 악무

사직제에서 음악이 연주되는 절차는 신을 맞이하는 영신, 폐백을 올리는 전폐, 찬을 올리는 진찬, 첫번째 술잔을 올리는 초헌, 두번째 술잔을 올리는 아헌, 마지막 술잔을 올리는 종헌, 제기를 거두는 철변두, 신을 보내는 송신 등에서이다. 이때 연주되는 선율은 모두 같은 선율이지만 조를 다르게 옮겨서 연주한다. 조를 옮겨서 연주하는 경우 편종이나 편경의 음역인 열여섯 음, 즉 12율과 한 옥타브 위의 네 음인 십이율사청성十二律四清聲에 해당하는 음역으로만 선율을 구성한다. 이 음역을 넘는 음은 한 옥타브를 내려 연주하는 것이 원칙이었다. 따라서 조를 옮겨서 실제 연주할 때에는 같은 선율이라 하더라도 새로운 선율처럼, 새로운 음향으로 들리게 된다.

앞의 표에서 보이듯 영신迎神 절차에서 음려인 임종궁林鍾宮과 양률인 유빈궁蕤賓宮, 그리고 음려인 응종궁, 다시 양률인 유빈궁의 순으로 연주하는 것은 『주례』의 전거를 따른 것이다. 『주례』「춘

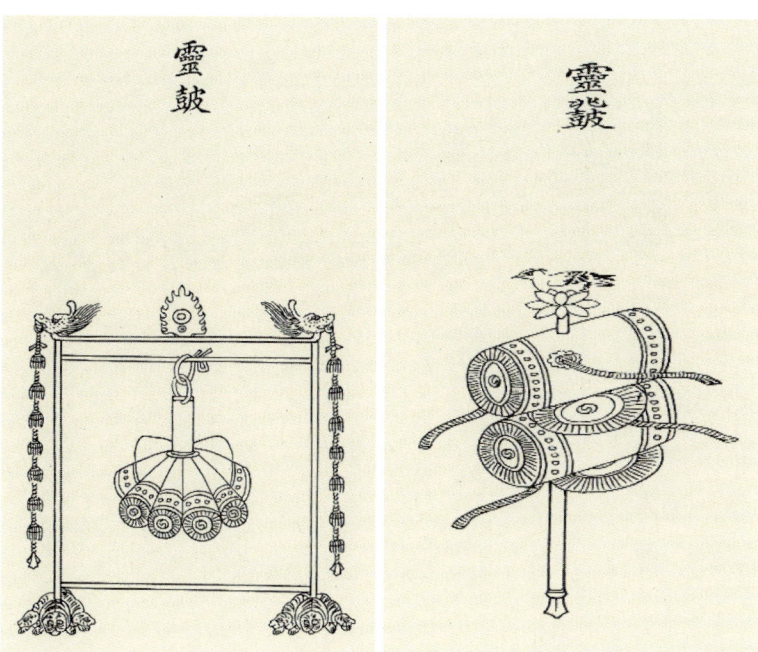

도28 「사직서의궤」의 영고(왼쪽)
도29 「사직서의궤」의 영도

관·대사악」에서 "함종위궁函鍾爲宮(林鍾爲宮)·태주위각太簇爲角·고선위치姑洗爲徵·남려위우南呂爲羽의 악樂과 영고靈鼓·영도靈鼗와 손죽孫竹의 관管과 공상空桑의 금슬琴瑟과 함지咸池의 춤을 하지夏至에 못 가운데의 방구方丘에서 연주하는데, 악이 팔변八變하면 지기地祇가 모두 나와 예를 올릴 수 있다"[13]라고 하였다. 세종 대의 아악을 정비한 박연이 해석한 바에 따르면 함종위궁이란 곧 임종궁이고, 또 태주위각은 유빈궁, 고선위치는 응종궁, 남려위우는 유빈궁의 선율이 된다. 따라서 이와 같은 조調로 된 선율을 제례악으로 연주하였다.

'팔변'의 의미는 비단 연주 횟수에만 해당되는 것은 아니다. 악기의 선택도 이러한 원칙을 따라, 타악기인 북의 경우 전체 여덟 면으로 된 두 종류의 북을 악기 편성에 포함시켰다. 채로 치는 북인 영고靈鼓, 그리고 일종의 귀가 달려 흔드는 북인 영도靈鼗가 이러한 악기이다. 영고와 영도는 북 네 개를 엮어서 만드는 것인데, 양면 북 네 개를 엮으면 북면이 모두 여덟 개가 된다. 이와 같이 '8'

13_『주례』「춘관·대사악」"凡樂函鍾爲宮, 大簇爲角, 姑洗爲徵, 南呂爲羽, 靈鼓, 靈鼗, 孫竹之管, 空桑之琴瑟, 咸池之舞, 夏日至於澤中之方丘奏之, 若樂八變, 則地示皆出, 可得而禮矣."

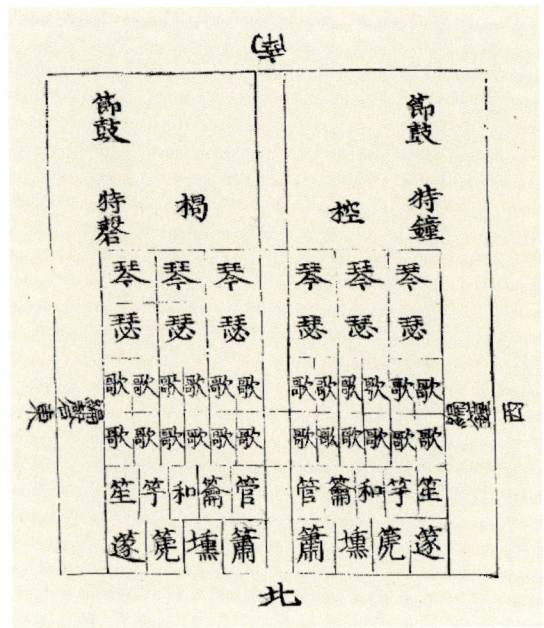
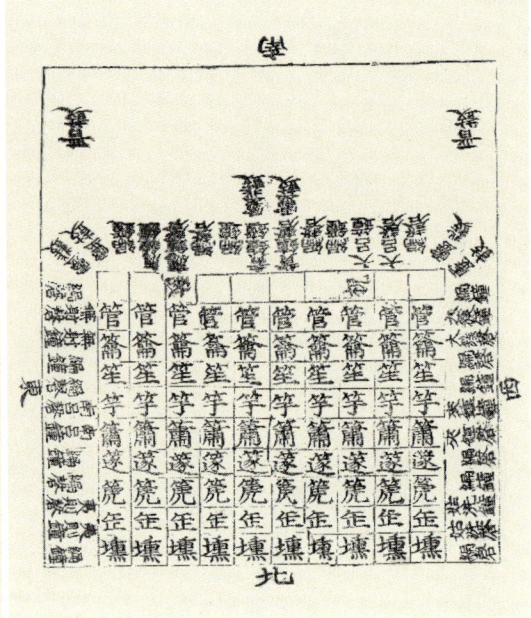

도30 『국조오례서례』에 수록된 사직등가악현(왼쪽)

사직제사는 지기地祇에 대한 제사이므로 악대가 남향을 하고 음악을 연주한다. 금과 슬, 노래가 주로 편성되었다.

도31 『국조오례서례』에 수록된 사직헌가악현

헌가악현에는 삼면에 종과 경이 배치되었고 관악기 위주로 악기가 편성되었다.

이라는 숫자, 지기가 나오는 숫자를 지켜 영고와 영도를 제작하여 음악을 연주하였다. 악기의 빛깔도 땅의 색인 황색을 사용하였다.

도28, 29

영고靈鼓와 영도靈鼗는 쇠가죽으로 만든다. 하늘을 대상으로 하는 천제天祭에 쓰이는 6면북 뇌고雷鼓와 뇌도雷鼗를 말가죽으로 만드는 것과 비교된다. 이 또한 음양의 원리를 따른 것인데, 하늘은 '건'乾으로써 '말'(馬)이고 땅은 '곤'坤으로써 '소'(牛)에 해당하기 때문이다. 치는 북인 '고'鼓와 흔드는 북인 '도'鼗를 함께 쓰는 것도 맥락이 있다. 즉 '고'는 조절하는 역할을 하며 '도'는 조짐을 보이는 것이기 때문에 이 둘을 함께 쓴다.

사직제례악을 연주하는 악기의 편성은 성종 대의 『국조오례서례』에 기록되어 있다. 사직제사는 지기에 대한 것이므로 종묘제사와 달리 악대樂隊가 남향南向을 하여 연주한다. 따라서 악기 편성에도 남쪽 방향으로부터 제1단이 위치한다. 악대의 등가登歌는 단 위 북쪽 가까이에 위치하는 것이 원칙이지만 단의 규모로 인해 실제로는 단 아래쪽 유壝 안쪽에 위치해 있다. 악대의 제1단에는 절고를 동서로 배치하며, 제2단에는 중앙으로부터 서쪽에 강栍14과 특종, 동쪽에 갈楬15과 특경을 대칭적으로 편성한다. 제3단에는 금琴 여섯 개가, 제4단에는 슬瑟 6, 제5단과 6단에는 노래 24명이, 제7단에는 중앙으로부터 서쪽에 관 1, 약 1, 화 1, 우 1, 생 1이 동쪽에도 이와 대칭적으로 관 1, 약 1, 화 1, 우 1, 생 1이 편성되며 제8단에는 서쪽에 소 1, 훈 1, 지 1, 적 1이, 그리고 동쪽에도 이와 대칭을 이루도록 소 1, 훈 1, 지 1, 적 1이 각각 편성된다. 또 악현의 동서 가장자리에 편종과 편경을 편성하여 전체 8단으로 된 방대한 악현이 이루어진다.도30, 31

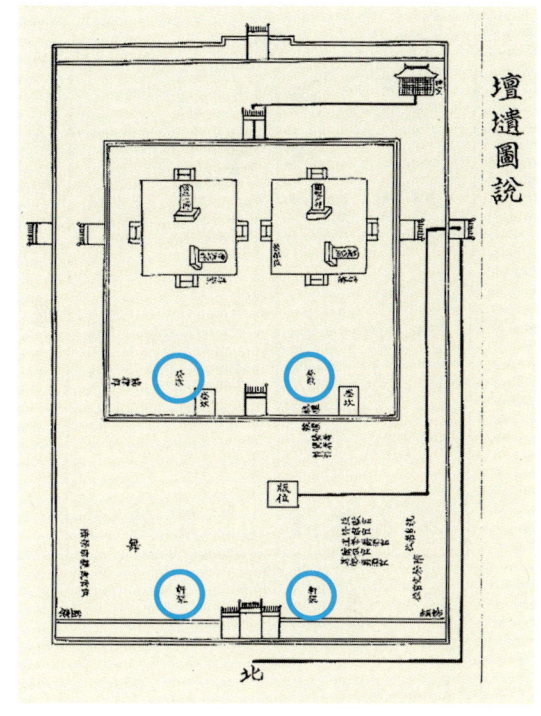

사직의 헌가악현도 남향하는데, 원래는 단의 아래에 바로 위치해야 하지만 유문 밖에 위치해 있다. 악기 편성을 보면, 헌현軒懸의 특성상 북쪽을 제외한 동쪽, 서쪽, 남쪽의 삼면에 편종, 편경, 특종, 특경으로 에워싼 다음 남쪽 제1단에 진고가 동서로 배치된다. 제2단에는 사직제의 상징적 악기인 영고 3과 영도 3이 동서로 배치된다. 제3단에는 중앙으로부터 서쪽에 축이, 동쪽에 어가 대칭적으로 편성된다. 제4단에는 관 10이, 제5단에는 약 10이, 제6단에는 생 10이, 제7단에는 우 10이, 제8단에는 소 10이, 제9단에는 적 10이, 제10단에는 지 10이, 제11단에는 부 10이, 제12단에는 훈 10이 각각 편성된다. 남쪽에 배치된 편종과 특종까지 포함한다면 사직 헌가의 악현은 전체 13단 구조의 거대한 규모를 이룬다.도32

정조 대의 사직제례악은 성종 대에 비해 외형상 축소되었다. 이는 비단 사직제례악에만 해당되는 것이 아니라 제례악 전반의 특징

도32 『사직서의궤』「단유도설」에 보이는 등가와 헌가의 배치
등가와 헌가 모두 남향하여 연주한다. 위쪽 ○표한 곳에 등가, 아래쪽 ○표한 곳에 헌가가 배치되어 있다.

14_ 강栍; 축柷을 말함. 축을 당상堂上에 배치할 때 '栍'이라 한다.
15_ 갈楬; 어敔를 말함. 어를 당상堂上에 배치할 때 '楬'이라 한다.

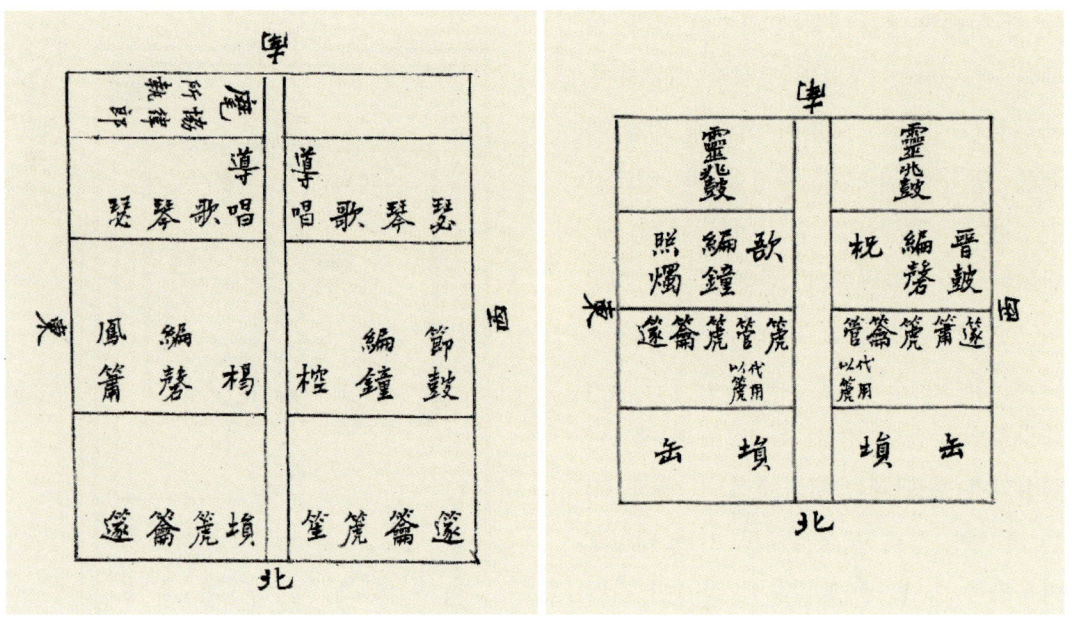

도33 『춘관통고』에 수록된 사직등가악현(왼쪽)

도34 『춘관통고』에 수록된 사직헌가악현

이기도 하다. 등가악현의 경우, 제1단에 휘가 배치되고 제2단에는 중앙으로부터 서쪽에 도창 1, 노래 1, 금 1, 슬 1이, 동쪽에는 도창 1, 노래 1, 금 1, 슬 1이 대칭적으로 편성된다. 제3단에는 서쪽에 강 1, 종 1, 절고 1이, 동쪽에 갈 1, 종 1, 봉소 1이, 제4단에는 서쪽에 생 1, 지 1, 약 1, 적 1, 동쪽에 훈 2, 지 1, 약 1, 적 1이 편성된다.

또 사직제악의 헌가악현은 제1단의 서쪽과 동쪽에 영도가 편성되고, 제2단에는 서쪽에 축 1, 편종 1, 진고 1, 동쪽에 어 1, 편종 1, 조촉 1, 제3단에는 서쪽에 관 1, 약 1, 지 1, 소 1, 적 1이, 동쪽에 지 1, 관 1, 지 1, 약 1, 적 1이, 제4단에는 서쪽에 훈 1, 부 1, 동쪽에도 훈 1, 부 1이 대칭적으로 편성된다.

성종 대에 비하여 전체적으로 악대의 규모가 현저하게 작아졌고 악기 또한 종류가 적어졌다. 또 사직헌가에서 사용하는 관管은 지篪로 대용하였다.

사직제에 사용하는 악장은 등가에서 노래한다. 이는 등가에 현악기와 노래를, 헌가에 관악기를 편성해야 한다는 고제古制의 원칙을 따른 것이다. 그러나 등가에 현악기와 노래만을 편성할 경우 음량이 작다는 이유에서 일부 관악기를 등가에 포함시켜 고제가 온전하게 지켜진 것은 아니지만 아악악현의 최소한의 원칙은 지킨 것으로 보인다.

사직제의 악장은 당상에서 연주하는 등가에서만 부르게 되어 폐백을 올리는 절차인 '전폐'와 첫번째 술잔을 올리는 '초헌', 제기를 거두는 '철변두'의 절차에서만 보인다. 도33, 34

전폐-숙안지곡(응종궁)

땅은 두터워 만물을 실으니 한없이 광대하도다	坤厚載物 其大無外
우리 백성에게 곡식을 먹이시니	立我蒸民 萬世永賴
만세토록 길이 신뢰하도다	
단이 엄정하고 제물이 향기롭고	有儼其壇 有椒其馨
공손히 폐백을 받드니 제사가 심히 갖추어졌도다[16]	惟恭奉幣 我祀孔明

16_ 이하 번역은 이혜구 역주, 『신역악학궤범』(국립국악원, 2000)을 참조하였다.

초헌-수안지곡(응종궁)

國社

지극하도다 곤원이여 능히 저 하늘과 짝을 이루고	至哉坤元 克配彼天
포용하고 광대하여 만물을 싣도다	含弘光大 萬物載焉
정결히 제사하고 교에 제사하사	克禋克祀 式禮莫愆
예가 어그러짐이 없도다	
복 내리기를 크고 크게 하거늘 만년토록	降福簡簡 於萬斯年

國稷

아름다운 종자를 내려주니 심고 거둠에 힘쓰도다	誕降嘉種 務茲稼穡
백곡이 익으니 모든 백성이 두루 덕택을 받도다	百穀用成 群黎徧德
우리 제사가 어떠하뇨	我祀如何 其儀不忒

그 위의가 어그러지지 않도다
보우하는 도가 있으니 큰 복을 더욱 크게 하도다   有相之道 介以景福

철변두-옹안지곡(응종궁)
땅이 두텁다 함은 만물이 모두 형통함이라   謂地盖厚 品物咸亨
농사는 보배이니 길이 그 성숙됨을 보리로다   稼穡惟寶 永觀厥成
변두를 철하고 제사가 갖추어졌도다   徹我籩豆 祀事孔明
복을 많이 내리시어 수하고 강녕하게 하소서   綏以多福 壽考攸寧

사직제의 악장은 전폐와 초헌, 철변두 절차, 즉 등가에서만 연주되는데 모두 땅의 덕을 노래하는 내용이다.

조선시대 사직제의 춤, 즉 일무佾舞는 육일무六佾舞를 추었다. 육일무를 추는 인원수는 해석이 분분하여 48명이 춘다는 설과 36명이 춘다는 두 가지 설이 조선조 내내 대립되었다. 『논어』「팔일」편의 집주에서 주자가 어떠한 해석이 옳은지 판단을 유보했기 때문이다. 『국조오례의』에 소개된 사직일무는 문무와 무무 모두 48인이 추는 육일무이다.

육일무를 추는 인원수에 대한 해석은 조선 후기에 36명으로 조정된다. 즉 일수와 열수를 동일한 것으로 해석하는 설을 따른 것으로, 『춘관통고』나 『사직서의궤』 등의 기록에는 문무·무무 모두 각각 36인이 추는 것으로 고정된다. 이후 대한제국 시기 칭제稱帝 이후에는 황제국의 예를 따라 64명이 추는 팔일무를 채택하게 되었고 악대의 명칭도 등가와 헌가가 아닌 등가와 궁가宮架라 칭하게 되었다.^{도35, 36}

일무를 추는 동작은 깊은 상징성을 포함하고 있다. 매우 단순해 보이는 동작이지만 하나하나가 압축된 의미를 지닌다. 문무를 출 때 시작하는 동작을 보면, 약籥을 가로로 하여 안쪽으로 잡고, 적翟은 세로로 하여 바깥쪽으로 잡는다. 이는 인의仁義와 경위經緯의 표

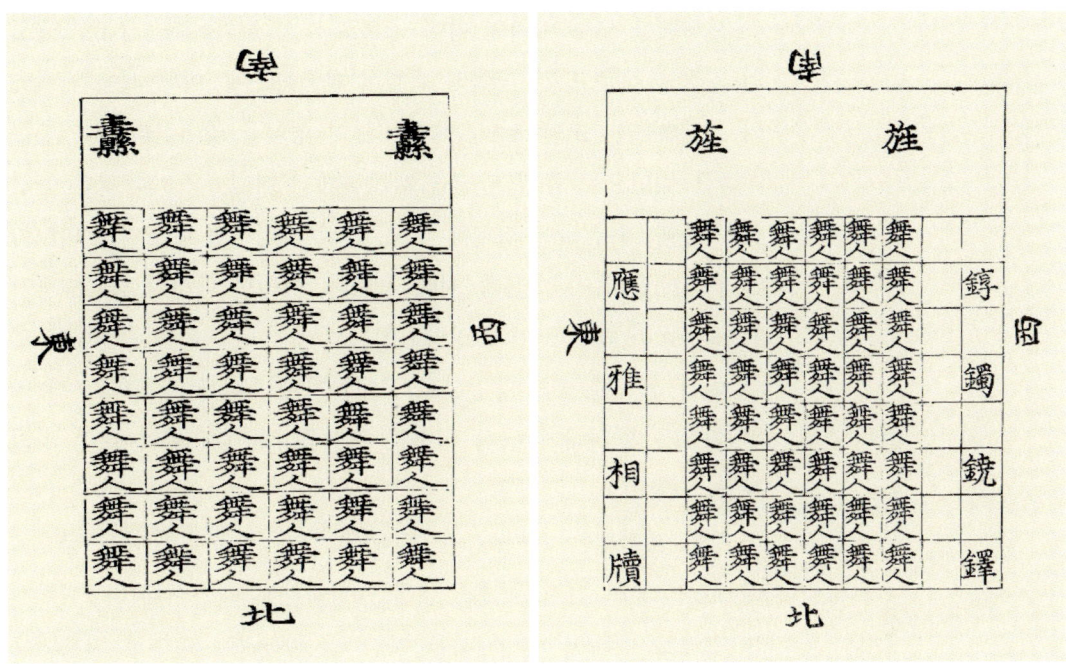

도35 『국조오례서례』 사직문무-48인(왼쪽)

도36 『국조오례서례』 사직무무-48인

리관계를 이루는 것이다. 조선 후기의 명신 서명응徐命膺(1716~1787)이 이에 대해 설명한 내용이 있는데, 문무에서 춤을 시작하기 전에 약은 안쪽에 위치하고 적은 바깥쪽에 위치하게 하는 것은 경륜經綸은 안에서 운영되고 문장文章은 바깥에서 선양되기 때문이라 하였다. 또한 무무에서 척戚을 안쪽으로 하고 간干을 바깥쪽에 위치하도록 하는 것은 용감함은 안에서 앞장서고, 방어함은 바깥에서 막기 때문이라고 설명하였다.

또 춤을 시작할 때, 문무의 경우 몸을 먼저 구부리고 무무는 몸을 우러르는 동작을 하는데 이는 음양의 논리로 설명된다. 즉 문무는 양陽이지만 음으로 쓰임(用)을 삼기 때문에 몸을 먼저 구부리는 것이고 무무는 음陰이지만 양으로 쓰임(用)을 삼기 때문에 몸을 먼저 우러른다. 이처럼 일무의 상징체계는 동작 하나하나가 일정한 논리를 갖추어 설명된다. 다시 말하면 일무의 동작 하나하나는 압축된 상징적 세계를 지닌다.

사직제를 모두 마치면 왕이 궁으로 다시 돌아온다. 거대한 규모의 의장을 갖추고 거가車駕의 행렬이 환궁하는데, 이때에는 기로耆老와 유생儒生들, 교방敎坊의 기녀妓女들이 행렬을 맞이한다. 길가에는 수놓은 비단으로 문과 담장을 화려하게 꾸미고, 구슬과 같은 물건을 기둥에 매어 달아 장식해 놓고, 그날의 행사가 합당하고 의미가 있다는 내용의 가요歌謠를 지어 올린다. 이러한 행사를 곧 '교방가요'敎坊歌謠라 하는데 이때 장악원에서는 여러 공연물을 준비하여 왕이 다시 신성한 궁의 공간으로 들어가기 전, 바깥 세계의 온갖 잡된 기운을 떨쳐내기 위한 의미로 공연을 행한다. 이것이 곧 왕의 환궁 의례이다.

왕이 사직제를 친행親行한 후 환궁 의례를 마치고 다시 궁으로 돌아오면 궁의 정전正殿에서 이를 축하하는 의례가 열린다. 사직제는 길례로 행해졌지만 제사를 마친 후 축하하는 의미로 거행되는 하의賀儀는 가례嘉禮에 속한다. 제사를 지내면서 경건한 마음으로 일관하였던 사람들은 축하 의례를 마친 후 다시 제사 지낸 술과 음식을 나누는 음복연飮福宴을 행한다. 제사 지낸 술과 고기, 음식을 받아먹음으로써 복을 다 함께 나누는 것이다. 사직제사를 지내고, 다 함께 경하한 후 복을 나누고, 다시 일상으로 복귀한다.

9 사직제 참여자의 복식

춘추春秋와 납일臘日에 행하는 사직제는 토신土神인 국사國社와 곡신穀神인 국직國稷을 제사하는 국가 대제大祭의 하나이다. 조선 초 환구제가 사라지면서 조선시대 줄곧 기우제의 의미까지 포함된 사직제가 중요한 제례로 자리 잡았다.

『국조오례의』권1 길례 부분에는 봄 가을과 납일의 사직의(春秋及臘祭社稷儀)가 실려 있다. 아울러 정조 7년(1783)에 간행된 『사직서의궤』, 『춘관통고』등에도 관련 내용을 찾아볼 수 있으며 특히 국립중앙박물관에 소장되어 있는 18세기 추정의 《사직단국왕친향도병풍》을 통해 사직제의 실제 모습을 상상할 수 있다. 제2폭에서 왕이 친히 사직제를 행하고 있는 현장을 볼 수 있는데 다른 기록화에서처럼 왕의 모습은 볼 수 없으나 근시들의 위치를 통해 왕의 위치를 짐작할 수 있다. 그 외에 향관齋官과 배향관, 등가와 헌가 공인, 그리고 문무와 무무 공인의 복식 유형을 도상과 기록으로 확인할 수 있다.^{도37}

이상의 기록과 회화 자료를 참조하여 등장인물들이 입고 있는 복식의 유형은 여덟 종류로 나눌 수 있다. 첫째, 모든 궁중기록화가 그렇듯이 그림 속에서 왕의 모습은 찾을 수 없다. 그러나 『국조

도37 〈대제친향의도〉大祭親享儀圖
《사직단국왕친향도병풍》 중 제2폭,
국립중앙박물관 소장.

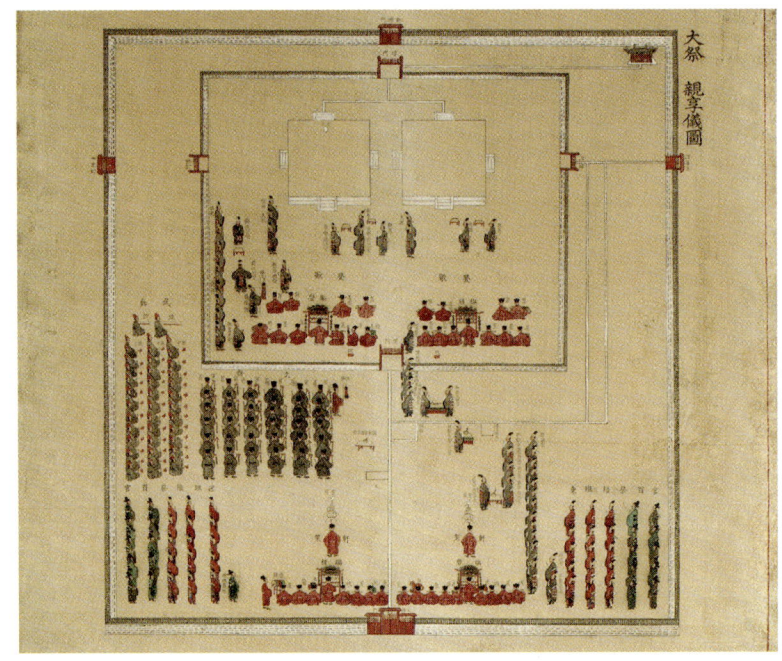

『오례의』나 『사직서의궤』 등의 기록을 통해 왕은 초헌관으로서 면복을 착용하고 사직제에 참석하였음을 알 수 있다. 그리고 아헌관으로 왕세자가 면복을 입고 참여하였다. 두번째 유형은 종헌관 영의정을 포함하여 국왕과 왕세자의 근시近侍들, 진폐작주관進幣爵酒官, 천조관薦俎官, 전폐작주관奠幣爵酒官, 전사관典祀官 등 제사 일을 도울 재관, 감찰 등이 입고 있는 제복 유형이다. 음악의 시작과 끝을 관장하는 협률랑 역시 재관들처럼 제복을 입고 휘를 들고 있다. 세번째 유형은 4품 이상의 배제관이 입고 있는 조복 유형이다. 그리고 네번째 유형은 배제관 중에 5품 이하가 입는 흑단령이다. 다섯번째 유형은 노래를 이끌어가는 도창악사가 입고 있는 강공복 유형이고 여섯번째는 음악을 연주하는 악공의 비란삼 유형이다. 일곱번째는 문무 공인의 진현관進賢冠·조주삼皂紬衫 유형, 마지막으로 여덟번째는 무무 공인의 피변·조주삼 유형이다.

사직단 제사 참여자들의 복식 유형을 정리해보면 다음 〈표2-5〉와 같다.

	제1 유형	제2 유형	제3 유형	제4 유형	제5 유형	제6 유형	제7 유형	제8 유형
	왕	왕세자	제관	배제관 (4품 이상)	배제관 (5품 이하)	도창악사	공인	문무 공인	무무 공인
사직단 제사	면복	면복	제복	조복	흑단령	복두 강공복	개책 ·비란삼	진현관 ·조주삼	피변 ·조주삼
《사직단 국왕친향 도병풍》 (18세기경)									

<표2-5> 사직단 제사 참여자의 복식 유형

악사와 공인의 복식

사직제에 참여한 국왕과 왕세자, 제관과 배제관의 복식은 제천례의 복식과 같기 때문에 여기서는 생략한다. 여기에서는 제천례 복식에서 다루지 못한 악사와 등가·헌가 공인, 일무 공인들의 복식 구성을 살펴보기로 한다. 이들의 복식도 환구제와 사직제가 동일하다. 제례 복식에 대해서는 『종묘의궤』와 『사직서의궤』, 『수작의궤』受爵儀軌, 『춘관통고』, 《사직단국왕친향도병풍》 제3폭의 아래쪽 기록이 참고가 된다.

사직제의 음악은 아악이므로 아악을 연주하는 등가와 헌가 공인들이 참여한다. 종묘제례는 속악俗樂을 사용하기 때문에 복두幞頭에 녹초삼綠綃衫을 입은 전악이 보이는 반면에 환구제나 사직제에서는 복두에 강공복을 입은 악사가 등장한다. 이러한 차이는 《종묘친제규제도설병풍》과 《사직단국왕친향도병풍》 제2폭을 통해 확인할 수 있다. 도38, 39

《사직단국왕친향도병풍》 제2폭에 의하면 도창악사는 좌우 편종에서 중앙쪽으로 등가 공인 사이에 앉아 있다. 『사직서의궤』에는 도창악사가 복두에 강공복을 입고 비백대대緋白大帶, 백포말白布襪, 오피리烏皮履, 금동혁대金銅革帶를 띤다고 기록되어 있다. 이는 『악학궤범』에 제시되어 있는 오례 등가 악사의 복식과 동일한 것이다. 그러나 『춘관통고』와 《사직단국왕친향도병풍》에는 『사직서의궤』에 제시되어 있는 금동혁대가 보이지 않고 대신 방심곡령을 추가하고

도38 《종묘친제규제도설병풍》 중 〈오향친제반차도〉五享親祭班次圖의 전악(왼쪽) 국립고궁박물관 소장.

도39 《사직단국왕친향도병풍》 중 〈대제친향의도〉의 도창 국립중앙박물관 소장.

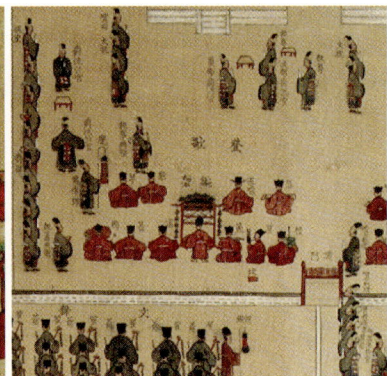

있다. 『악학궤범』에 의하면 금동혁대 대신 방심곡령을 더하는 것은 오례의 등가 악사 복식보다는 성종조의 등가 도창의 복식에 해당되는 것이다.

『사직서의궤』의 등가 공인 복식은 『춘관통고』나 《사직단국왕친향도병풍》의 기록과 거의 일치한다. 즉 개책介幘에 비란삼, 백주중단白紬中單, 금동혁대, 백포말白布襪, 오피리로 구성되는데 이는 『악학궤범』의 오례의 등가 악생 복식과도 동일한 것이다.

마지막으로 헌가 공인의 복식 구성 역시 세 자료에 크게 차이가 없다. 개책에 비란삼, 백주중단, 백주고白紬袴, 백말대, 백포말, 오피리로 구성되었다. 등가 공인과의 차이는 허리띠에 있었는데 등가 공인은 금동혁대를 사용하는 것에 반하여 헌가 공인은 백말대를 사용한다. 이는 성종조 헌가 악생의 복식과 동일한 구성이다. 이상의 내용을 정리하면 〈표2-6〉과 같다.

세 자료에 의하면 문무 공인이 진현관에 청란삼青鸞衫 또는 조주의皁紬衣, 조주삼을 착용한다고 기록되어 있다. 《사직단국왕친향도병풍》에 조주삼은 난삼鸞衫과 같은 형이라고 하였으니 청란삼과 같은 것으로 볼 수 있지만 난봉鸞鳳 장식이 전혀 보이지 않으므로 난삼에서 조주삼으로 변화되었음을 나타내려고 한 것일 가능성도 있다고 생각된다. 그 외에 백주중단과 백주군白紬裙(백주고), 금동혁대, 백포말, 오피리를 착용하였다. 『악학궤범』을 참조해보면 오례의의

	「사직서의궤」(1783)	「춘관통고」(今儀, 1790)	《사직단국왕친향도병풍》(18세기 추정)	
악사	[도창]복두 강공복 - - 비백대대 백포말 오피리 금동혁대 오례의 등가 악사	[도창]복두 강공복 - - 비백대대 백포말 오피리 방심곡령 성종조 등가 도창	복두(채화) 홍초삼(강공복) 백주중단 백주고 비백대대 백포말 오피리 방심곡령 성종조 등가 도창	
등가 공인	개책 비란삼 백주중단 백주고 금동혁대 백포말 오피리 오례의 등가 악생	개책 비란삼 백주중단 백주고 금동혁대 백포말 오피리 오례의 등가 악생	개책 비란삼 백주중단 백주고 금동혁대 백포말 오피리 오례의 등가 악생	
헌가 공인	개책 비란삼 백주중단 백주고 백말대 백포말 오피리 성종조 헌가 악생	개책 홍주의 백주중단 백주군 백주대 백포말 오피리 성종조 헌가 악생	개책 비란삼 백주중단 백주고 백말대 백포말 오피리 성종조 헌가 악생	

〈표2-6〉 악사와 등가 공인, 헌가 공인의 복식 구성

문무와 동일한 구성이다.

　무무 공인은 피변皮弁에 비란삼, 황화갑黃花甲, 표문대구고豹文大口袴, 기량대起梁帶, 백포말, 오피리를 착용한다고 『사직서의궤』에는 기록되어 있다. 그러나 『춘관통고』와 《사직단국왕친향도병풍》에는 다른 내용이 기록되어 있다. 피변에 조주의(조주삼), 백주중단, 백주군(백주고), 금동혁대, 백포말, 오피리를 제시하고 있다. 우선 포의

	『사직서의궤』 (1783)	『춘관통고』 (今儀, 1790)	〈사직단국왕친향도병풍〉 (18세기 추정)	
문무 공인 둑 공인	진현관 청란삼 백주중단 백주군 금동혁대 백포말 오피리	진현관 조주의 백주중단 백주군 금동혁대 백포말 오피리	진현관 조주삼(난삼 동형) 백주중단 백주고 금동혁대 백포말 오피리	
	오례의 문무 악생	성종조 문무 악생	오례의 문무 악생	
무무 공인 정 공인	피변 비란삼 황화갑 표문대구고 기량대 백포말 오피리	피변 조주의 백주중단 백주군 금동혁대 백포말 오피리	피변 조주삼 백주중단 (악생:순탁요탁) 백주고 금동혁대 (악생:순탁요탁) 백포말 오피리	
	오례의 무무 악생1	성종조 무무 악생	오례의 무무 악생1+2	

〈표2-7〉 문무와 무무 공인의 복식 구성

색상이 달라졌고 황화갑과 표문대구고, 기량대가 없어진 대신 백주중단과 백주고, 금동혁대 등으로 단순화되었다. 이는 두 종류의 오례의 무무 악생복이 섞이면서 나타난 현상이기도 하며 조선 후기에 음악이나 일무의 규모가 전기의 음악 규모보다 줄어들면서 공인들의 복식에도 간소화 바람이 불었던 것과 관련이 있을 것으로 생각된다. 다른 공인들의 복식에 비해 많이 간소화되었다. 이들의 복식 구성을 정리해보면 〈표2-7〉과 같다.

《사직단국왕친향도병풍》 각 폭 하단에 기록된 복식 종류를 중심으로 악사와 공인들의 복식을 살펴보면 다음과 같다.

복두 幞頭

복두는 2명의 도창악사만 사용하는 관모이다. 《사직단국왕친향도병풍》 설명에 의하면 종이를 붙여(褙紙) 그 위에 흑칠을 하며 뿔(角)이 있는데 꽃을 그린다고 하였다. 『악학궤범』과 『종묘의궤』에는 좀 더 상세한 내용이 보인다. 종이를 배접하고 안에 고운 베를 바른 후 흑칠을 하며 뿔이 있는데 앞뒤와 양 뿔에 채화彩花를 그린다고 하였다. 우방의 악사와 악공, 아악 등가의 도창악사가 쓴다고 하였다. 이는 속악 악공의 화화복두畵花幞頭를 연상시킨다.

복두幞頭

그러나 1765년(영조 41) 『수작의궤』의 아악 공인 복식 중에는 도창전악의 모라복두冒羅幞頭만이 있는데 그 재료로는 모라帽羅와 안감 생포生布, 백휴지白休紙, 정철正鐵 중사中絲, 흑초 뿔차, 모단 끈재료, 뒤에 맺는 재료(後結次)인 유청색 향사鄕絲, 전칠全漆 등이 사용되었다. 즉 그림이 그려지지 않았음을 알 수 있다.

개책介幘

개책介幘은 등가와 헌가 공인이 사용하는 관모이다. 복두와 마찬가지로 종이를 배접하여 흑칠을 한다. 자황雌黃으로 가늘게 그리고 청주영靑紬纓을 단다고 기록되어 있다. 『악학궤범』과 『종묘의궤』에는 더 상세한 설명이 보인다. 즉 개책은 송나라 제도로, 가죽으로 만들고 흑칠을 하였다. 요즈음 제도는 가장자리에 철사를 사용하여 종이를 붙이고 안은 고운 베(細布)를 바른 후 흑칠한다. 자황雌黃, 즉 가금假金 가루로 섬세하게 그리고 청색 명주 끈(靑紬纓)을 단다고 하였다.

개책介幘

진현관進賢冠

진현관은 문무 공인과 둑 공인이 사용하는 관모인데, 개책과 같은 방식으로 만들고 체제만 다르다.

피변皮弁

피변은 무무 공인과 정旌을 드는 공인이 착용한다. 종이를 배접

진현관進賢冠

피변 皮弁

하여 반피형斑皮形을 그리고 좌우에 구리 운월아雲月兒를 장식한다. 끈은 청색 명주로 만들어 단다.『악학궤범』과『종묘의궤』에도 피변에 대한 설명이 있는데 좀 더 자세하다. 종이를 배접하고, 안은 고운 베를 바르고 검은칠을 한다. 반장피斑獐皮(얼룩노루가죽) 같은 털의 형상을 그리고 좌우에는 구리 운월아를 붙이고 청색 명주 끈을 단다.

홍초삼 紅綃衫

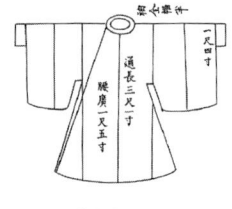

홍초삼 紅綃衫

도창악사가 착용하는 옷이다. 홍초로 만드는데 일명 강공복이다. 전악이 있는 녹초삼과 색상만 다르고 형태는 동일하다.『종묘의궤』에 형태에 대한 설명이 보이는데, 소매는 1폭 반이고 소매통은 1척 4촌이다. 전체 길이는 3척 1촌이고 허리 너비는 1척 5촌이라 하였다.

비란삼 緋鸞衫

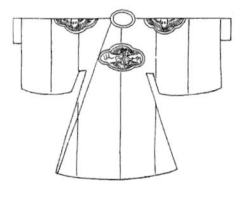

비란삼 緋鸞衫

비란삼은 홍주로 만들며 난봉을 그리는데, 등가·헌가의 아악 공인이 착용하였다. 그러나《종묘친제규제도설병풍》과《사직단국왕친향도병풍》에 보이는 등가·헌가 공인들의 옷에는 난봉 장식이 보이지 않는다.『춘관통고』기록에 홍주의紅紬衣가 보이므로 오히려 난봉 장식이 없는 홍주의일 가능성이 크다. 이는 다음에 살펴볼 조주삼과 색상만 다른 옷이다.

조주삼 皁紬衫

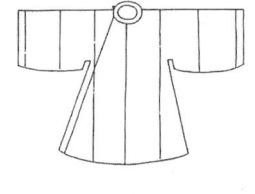

조주삼 皁紬衫

조주삼은 문무 공인과 무무 공인, 둑纛 공인, 정旌 공인이 착용한다고 하는데『사직서의궤』에는 문무 공인이 청란삼을 입고 무무 공인이 비란삼을 입는다고 되어 있으나 그 후의『춘관통고』에는 문무, 무무 공인 모두 조주의皁紬衣를 입는 것으로 통일되었다.《사직단국왕친향도병풍》기록에는 조주삼이 난삼鸞衫과 같다고 기록하고 있으나 이는 난삼이 바뀌었다고 하는 것으로도 볼 수 있다.

『악학궤범』에 보이는 조주의는 좁은 소매의 단령이었는데 조선 후기에는 단령의 소매가 넓어졌으니 조주의와 조주삼은 같은 것으로 짐작된다. 조주삼은 말그대로 풀이하자면 검은색 명주로 만든 단령인데 《종묘친제규제도설병풍》과 《사직단국왕친향도병풍》에 보이는 일무 공인들의 옷에는 난봉 장식이 전혀 보이지 않는 것으로 보아 『종묘의궤』에 보이는 일무 공인의 남주의藍紬衣 계통의 옷으로 보는 것이 옳을 듯하다.

17_ 일자형 띠 안에 작은 보조대가 달려 허리에 고정시킬 때 사용한다. '也'자와 유사한 형태이므로 야자대 또는 야대也帶라고 한다. 고려나 조선시대의 공복에 사용되었으며 등가 공인이나 일무 공인 외에, 전악이나 악공, 무동 등도 관복에 착용하였다.

백주중단白紬中單

백주중단은 도창악사와 일무 공인, 정과 둑 공인이 착용하는 속옷이다. 흰색 명주(白紬)로 만들고 검정 명주(黑紬)로 가장자리 선장식(緣)을 한다. 도창악사의 백주중단은 『악학궤범』에는 보이지만 『사직서의궤』나 『춘관통고』에는 제외된 품목이었다. 그러나 《사직단국왕친향도병풍》에서 다시 사용하는 것으로 기록되어 있다.

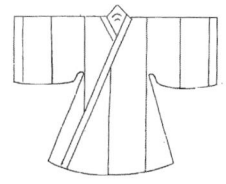

백주중단白紬中單

비백대대緋白大帶

비백대대는 도창악사가 사용하는데 다듬이질한 홍주와 백주를 합봉해서 만들었다. 『악학궤범』의 도상을 보면 대대의 거죽은 홍색과 백색의 옷감이 길이로 반반 이어졌으며 양 끝은 규의 형태처럼 뾰족하게 묘사되어 있다.

비백대대緋白大帶

백말대

백말대는 헌가 공인이 비란삼(홍주의)에 두르는 띠인데 흰 명주로 만든다. 등가 공인과 모든 복식은 허리띠에서 차이가 있다. 즉 등가 공인은 야자대也字帶17의 일종인 금동혁대를 착용하고 헌가 공인은 백말대를 착용함으로써 구별하였다. 그러나 《사직단국왕친향도병풍》에서는 차이를 확인하기 어렵다.

백말대

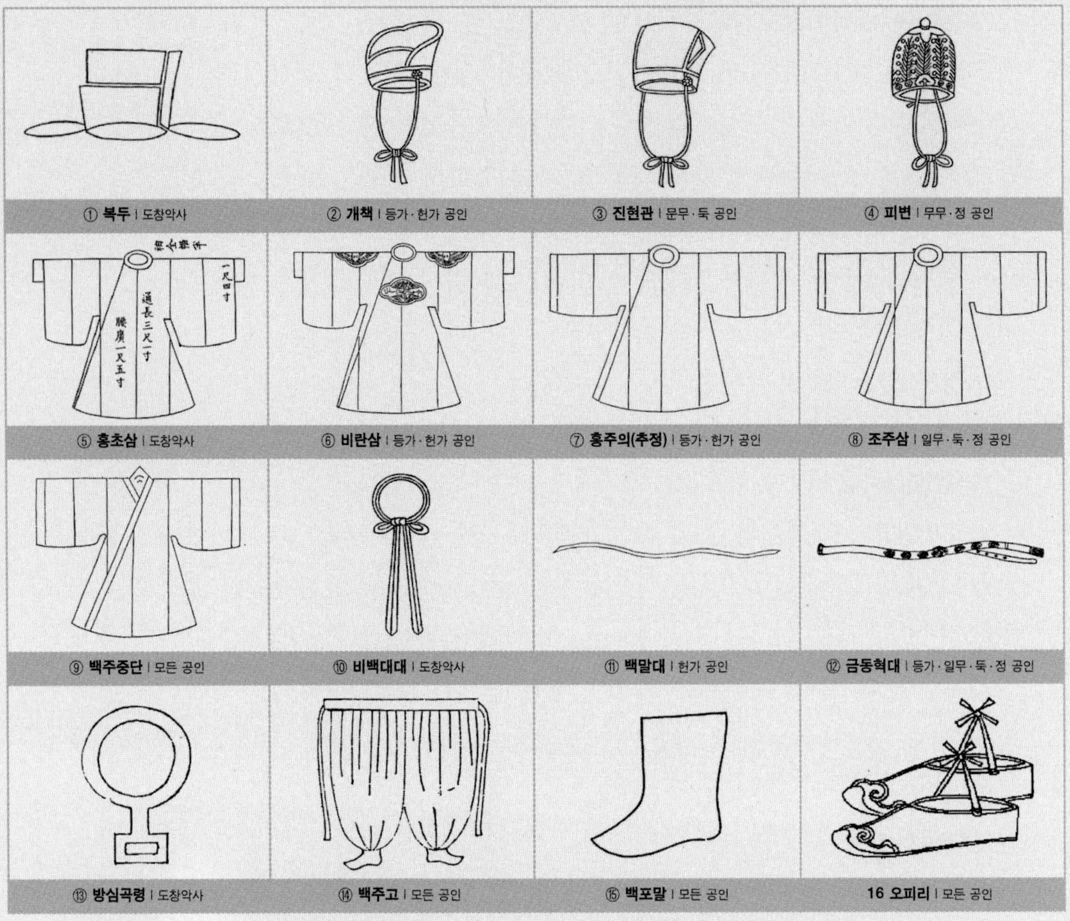

〈표2-8〉 악사 및 공인들의 복식 도상 (『종묘의궤』에서 인용)

금동혁대金銅革帶

금동혁대金銅革帶

금동혁대는 등가 공인과 일무 공인들이 사용한다. 그 형태는 보조 띠가 안으로 달린 야자대 형인데 가죽 띠 바탕은 녹색 칠을 하고 구리 띠돈 장식을 한다.

『수작의궤』에 금동혁대의 재료가 기록되어 있는데 띠 바탕에는 생우피를 사용하며 정철사正鐵絲와 두석豆錫, 대동사大銅絲, 삼록三碌, 석자황石紫黃, 장피獐皮 등이 사용되었다. 가죽에 녹색 칠을 하고 두석 장식판을 금색으로 칠했던 것으로 보인다.

방심곡령方心曲領

방심곡령은 백주로 만드는데 도창악사가 강공복(홍초삼) 위에 착용한다. 악사의 방심곡령은 『악학궤범』에 세종조 회례연 등가와 성종조 등가의 도창이 사용하였던 것인데 『춘관통고』와 《사직단국왕친향도병풍》에 다시 보인다.

《사직단국왕친향도병풍》에는 재관齋官의 방심곡령에 좌측으로 녹영綠纓을 달고 우측에 홍영紅纓을 단다고 하였는데, 『악학궤범』에는 도창악사의 방심곡령에 대해 다듬은 흰색 명주로 만든다고만 했다. 따라서 녹영과 홍영이 도창악사의 방심곡령에도 적용되는지는 알 수 없다.

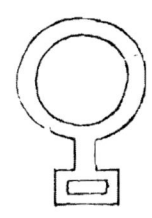

방심곡령方心曲領

백주고白紬袴와 백포말白布襪

백주고는 백주군白紬裙이라고도 하였다. 도창악사를 비롯하여 모든 공인이 착용한다. 흰 명주로 만든 바지인데 좌우 부리에 버선(襪)을 붙인 형이다. 백포말은 백포로 만든 버선이다. 도창악사를 비롯하여 모든 공인들이 착용한다.

백주고白紬袴

오피리烏皮履

오피리는 흑피로 만드는데 도창악사와 공인이 신는 신발이다. 이 신발은 도창을 포함하여 환구단 제사나 사직단 제사에 참여하는 모든 공인이 사용하는 신발이다. 『수작의궤』에는 흑마피와 백마피 외에 신발 장식에 사용하는 흰색 말가죽과 흰색의 개가죽(白狗皮), 뒤축 장식의 자색 서피黍皮, 신발창, 국내산 실(鄕絲), 노루가죽(獐皮), 끈(纓子) 등의 재료와 소요되는 양이 기록되어 있다.

오피리烏皮履

10 사직제의 복원과 현대적 의미

사직제는 삼국시대 이래 약 2천여 년간 발달해 오다가 1910년 식민지가 되면서 폐지되고 말았다. 이어 1911년에 사직단과 부지가 조선총독부의 소속으로 넘어갔다가, 1922년에 경성부로 이관되면서 도로의 개설 및 사직공원, 황학정 등이 들어섰다. 1932년에는 그 부지의 일부가 분할되어 매동공립보통학교(현 매동초등학교)가 세워졌다. 1935년 8월 9일에는 조선고적명승천연기념물보존령에 의거하여 환구단을 비롯한 73건이 보물로, 사직단을 비롯한 49건이 고적으로 지정되었다. 하지만 이미 사직단의 옛 모습은 크게 훼손된 뒤였다.

해방 후에도 사직단의 훼손은 계속되었다. 1962년 도시계획으로 정문이 북쪽으로 14미터 옮겨지고 도서관, 수영장 등이 세워져 제단의 영역은 점차 축소되고, 황폐화의 길을 걸으며 시민공원이 되었다. 그 결과 사단社壇과 직단稷壇, 유문壝門 및 유원壝垣, 주원周垣의 초석礎石과 기지석基址石 일부만 남고 신실神室의 기단基壇과 초석, 정문과 안향청安香廳 등만이 남았다. 이에 1963년 문화재보호법에 따라 사직문을 보물 177호로, 사직단을 사적 121호로 지정하였다. 이와 함께 1979년 7월 7일에는 이 지역 일대가 서울시 고시 제310호로 사직공원으로 지정되었다.

그 후 1985년에 사직단의 복원 계획이 세워지고, 착수된 지 3년 만에 마무리되자, 1988년 9월 21일에는 사직대제를 처음으로 거행하였다. 사직제가 폐지된 지 근 90여 년만의 일이다. 서울올림픽 개최를 계기로 종로구의 지원 아래 복원하기 시작한 사직대제는 종묘제례의 예능 보유자인 이은표에 의해 고증이 이루어졌다.

사직제는 1992년에 종로구청의 지원이 중단되면서 한때 위기를 맞이하였다. 하지만 전주이씨 대동종약원이 별도로 사직대제봉행위원회를 두어 이어나갔다. 그리고 사직대제에 대한 무형문화재 지정을 문화재청에 의뢰하였다. 이에 따라 1997년 10월에 문화재위원회는 사직대제에 대하여 무형문화재 지정을 조사하였다. 1997년 12월에 첫 조사가 이루어진 후, 이듬해인 1998년 5월 심의에 들어갔으나 지정이 보류되었다. 그 이유는 무형문화재의 가치는 충분하나, 재조사를 실시해 문제점을 보완한 후에 지정을 논의하는 것이 바람직하다는 판단에서였다.

1999년 10월에 두번째 지정 조사가 이루어졌고, 이듬해인 2000년 6월에 심의한 결과, 중요무형문화재로 지정할 것을 결의하였다. 이어 같은 해 8월 17일에는 보유자를 이건웅, 보존단체를 전주이씨 대동종약원으로 결정하고, 향후 사직대제보존회를 별도로 구성할 것을 권고하였다. 그리하여 사직대제는 2000년 10월 19일자로 중요무형문화재 제111호로 지정되었다. 1988년 사직대제가 재현된 지 12년만의 일이었다. 이로써 사직대제는 1975년 종묘제례(제56호)와 1986년 석전대제(제85호)에 이어 우리나라를 대표하는 무형문화재이자 전통문화로 거듭나게 되었다.

그 후 사직제는 사직대제보존회의 주관 아래 매년 10월 3일에 정기적으로 거행되어왔다. 그러다가 2007년부터 매년 9월 셋째 일요일로 옮겨 봉행하며 현재에 이르고 있다.

사직제의 복원 현황

사직제는 예제상 황제례와 제후례로 구분된다. 그 가운데 현재 시행 중인 사직대제는 태사太社와 태직太稷에게 제사를 드리는 황제례에 따르고 있다. 이는 황제국인 대한제국의 예전 체계에 근거하고 있음을 말해 준다.

황제례에 따른 사직제는 황제의 복장부터 종래와 달리 제후례의 9면류冕旒 9장복에서 12면류 12장복으로 바꾸었다. 이때 면류는 곧 면류관을 뜻하는데, 직사각형의 큰 판인 연延의 앞뒤에 구슬을 꿰어 매단 것을 유旒라고 한다. 구슬을 9개 꿰어 매단 것을 9면류, 12개 꿰어 매단 것을 12면류라고 하였다. 황제가 12류, 제후는 9류였다. 장복 또한 문양을 새겨 놓은 예복으로서, 9가지 문양을 새긴 예복을 9장복, 12가지 문양을 12장복이라고 하였다. 황제가 12장복, 제후는 9장복이었다. 또한 악대의 명칭도 헌가軒架에서 궁가宮架로 변화되며, 일무도 6일무에서 8일무로 확대되었다. 그리고 재관齋官의 명칭, 의장물의 형태와 색깔도 황금색으로 바뀌었을 뿐 아니라 제단의 홍전문紅箭門 역시 황전문黃箭門으로 다시 칠해졌다.

현재 매년 9월 셋째 주 일요일에 거행하는 사직제의 참가 인원은 대략 980명 안팎이다. 제관 45명, 악사 40명, 일무자 65명, 어가행렬 인원 600명, 봉행위원 60명, 기타 10명 등이다. 그 가운데 제관과 봉행위원은 사직대제보존회의 회원이고, 음악은 서울시 국악관현악단이 맡고 일무는 국립국악고등학교 학생들이 맡는다. 어가행렬을 위해서는 일반인이 참여하였다.

사직제의 재현 행사는 크게 어가행렬과 사직대제 두 가지 절차로 진행된다. 우선, 행사의 시작은 덕수궁 앞에서 세종로를 거쳐 사직단까지 약 2킬로미터 구간에서 어가행렬이 이루어진다. 어가행렬에는 황제와 함께 황태자가 참가하는데, 아헌관으로 참석하기 위해서였다.

어가행렬의 출발지를 덕수궁으로 정한 것은 대한제국의 황제가 사직단에 행차한 것에 근거한 것이다. 대한제국기에 순종은 한 차례 사직제를 지낸 바 있다. 당시 덕수궁에서 사직단으로 가는 옛길은 서울시청 왼쪽 옆을 끼고 모전교(현 서린호텔 앞)를 거쳐 돌아 광화문 앞으로 가는 길이다. 그러나 현재는 덕수궁에서 바로 세종로를 거쳐 사직단에 도착하는 코스를 이용한다.

사직단에 도착한 후 사직제를 거행한다. 원래 사직제는 새벽에 이루어지는 제사의례였다. 따라서 국왕은 행사 전날 오후에 출궁하여 그 다음날 새벽 1시 15분(축시丑時 일각一刻)에 본 행사를 지내는 것이 관례였다. 하지만 현실 여건상 재현 행사는 낮 12시에 시작한다.

사직제의 의례 절차는 「사직대제 현행 홀기」에 잘 나타나 있다. 행사 리플렛에 기록된 홀기 자료에 의하면, 현행 사직제는 모두 10

성격	근거	『사직서의궤』(1783)		『대한예전』(1898)		현행 홀기
준비		시일 재계 친림서계 진설 친전향축		시일 재계 친림서계 진설 친전향축		9월 첫 일요일 진설
출궁		거가출궁		거가출궁		거가출궁(덕수궁)
본 행사		친성생기		친성생기		x
		전폐	예모혈 전폐	전폐	예모혈 전폐	영신례 전폐례
		진숙	진찬	진숙	진찬	천조례
			초헌례		초헌례	초헌례
			아헌례		아헌례	아헌례
			종헌례		종헌례	종헌례
			음복수조		음복수조	음복례
			철변두		철변두	철변두
			예필		예필	송신례
			망료		망료	망료례
환궁 후		거가환궁		거가환궁		x
하례		환궁 후 칭하		환궁 후 칭하		x

〈표2-9〉 사직제의 의례 절차 비교

현행 홀기에 따른 사직제 재현 행사

❶ 거가출궁(여가행렬), ❷ 영신례, ❸ 전폐례, ❹ 천조례, ❺ 초헌례, ❻ 아헌례

❼ 종헌례, ❽ 음복례, ❾ 철변두, ❿ 송신례, ⓫ 망료례 ⓒ전주이씨 대동종약원

가지 절차로 구성되어 있다. 신을 맞이하는 영신례迎神禮, 폐백을 올리는 전폐례奠幣禮, 음식을 올리는 천조례薦俎禮, 첫 잔을 올리는 초헌례初獻禮, 둘째 잔을 올리는 아헌례亞獻禮, 마지막 잔을 올리는 종헌례終獻禮, 복주를 마시는 음복례飮福禮, 제기를 치우는 철변두撤籩豆, 신을 보내는 송신례送神禮, 폐백과 축판을 태우는 망료례望燎禮의 순서에 따라 진행되었다.

〈표2-9〉에 따르면, 현행 사직제는 『대한예전』의 황제례에 준거해서 거행하는 것으로 보이나, 절차를 간소화해서 진행한다. 사직제의 의례 절차는 크게 신을 맞이하는 절차(영신례), 신을 즐겁게 하는 절차(전폐례, 천조례, 초헌례, 아헌례, 종헌례), 신에게 복을 받는 절차(음복례, 철변두), 신을 보내는 절차(송신례, 망묘례)의 4단계로 구분할 수 있다.

그런데 행사용 홀기에는 대한제국의 예전에서 사용하는 의례 절차의 명칭을 다르게 사용하고 있다. 예를 들면 영신례, 천조례, 송신례, 망료례 등의 명칭이 그것이다. 특히 영신례나 송신례는 의례 절차의 성격을 뜻하는 용어로서, 주로 음악을 연주할 때 사용한다. 천조례는 진찬進饌을 대신해서 사용하고, 망료례는 태우는 것을 바라본다는 뜻이다. 사직제는 땅 신인 지기地祇에 제사하는 것이기 때문에, 천신을 제사할 때 태우는 료燎와 달리, 축판과 폐백을 땅에 묻는다. 그리하여 『국조오례의』의 사직제에는 축판과 폐백을 땅에 묻는 '망예'를 썼다. 하지만 정조 대 『사직서의궤』 이후 폐백은 불사르고 축판만 묻어 의주도 '망예' 대신 '망료'라고 기록하였다. 아마도 하늘제사인 환구제를 대신해 사직제의 의미를 부여하기 위한 것으로 보인다. 그런데 『대한예전』에는 그대로 망예로 기록하고 있다. 하지만 현행 의례에서는 망료례를 쓰고 있다.

현행 사직제의 제관齊官 구성은 〈표2-10〉과 같은데, 원래의 숫자보다 약간 축소된 규모다. 이 표에서 알 수 있듯이 『대한예전』에 나타난 제관 구성은 61명이다. 다만, 원래 『대한예전』에는 초헌관인

구성 \ 신위	『대한예전』	현행 의례	비고
초헌관初獻官	1	4	각 신위당 1명씩
아헌관亞獻官	1	4	각 신위당 1명씩
종헌관終獻官	1	4	각 신위당 1명씩
진폐작주관進幣酌酒官	1	1	현행 내봉관內奉官
천조관薦俎官	1	1	
전폐작주관奠幣酌酒官	1	1	현행 외봉관外奉官
전사관典祀官	1	-	
집례執禮	2	1	당상·당하 집례
단사壇司	1	-	
대축大祝	4위 각 1	4	현행 대축관大祝官
축사祝史	4위 각 1	-	
재랑齋郎	4위 각 1	-	
집준관執尊官	4위 각 1	4	
봉조관奉俎官	4위 각 3	4	
장생령掌牲令	1	-	
협률랑協律郎	1	1	
작세위爵洗位	1	-	
관세위盥洗位	2	2	
아종헌관세위亞終獻盥洗位	각 1	-	
찬자贊者	2	1	현행 찬례
알자謁者	2		
찬인贊引	2	8	당상찬의 4, 당하찬의 4
예의사禮儀司	1	-	
근시近侍	4	-	승지
좌우장례左右掌禮	2	-	
상례相禮	1	-	
감찰監察	2	2	
계	61명	53명	

〈표2-10〉 사직제 제관의 구성 (홀기는 2008년 사직대제 리플렛 의거)

황제와 감찰 2인이 누락되어 있으나 이 표에는 이를 포함하였다. 현행 사직대제에서는 제관이 53명이다. 의례서와 인원 구성의 수가 차이 나는 까닭은 현실 여건을 감안했기 때문이다.

사직제에서는 원래 초헌관, 아헌관, 종헌관이 각 1명씩이었던 데 비해 현행 의례에는 각각 4명씩을 배정하고 있다. 헌관의 수를 이렇

도40·41 사직단 전경 ⓒ돌베개

게 많이 배정한 까닭은 의례의 시간을 줄이기 위한 조치로 보인다.

이와 같이 사직제의 의주 복원은 『국조오례의』나 『대한예전』과 같은 국가 전례서의 기록과 종묘제례의 의례를 참고하여 이루어진 것으로 보인다. 해를 거듭해가며 제사의례에 사용되는 의례 절차, 제기, 의물, 복식 등도 점차 제자리를 찾아가는 과정이다. 하지만 악무의 경우는 새롭게 복원해야 할 과제를 안고 있다. 앞으로 사직제가 보다 원형에 가까운 모습을 갖추기 위해서는 여러 가지 노력이 필요해 보인다.

첫째, 사직단 공간의 원형성이 무엇보다도 회복될 필요가 있다. 현 사직단의 공간은 도시계획에 따라 그 공간의 규모가 축소되었고, 도로 공사로 인하여 사직문 역시 북쪽으로 옮겨져 있다. 유교의 본고장 중국 북경의 사직단이 중산공원으로 바뀌어 그 기능을 할 수 없다는 점에서 우리나라의 사직단은 동아시아 사직단을 대표할 수 있는 역사 유적의 가치를 지닌다. 그런 점에서도 가능한 한 사직단 공간의 원형을 살리는 국가적인 노력이 필요해 보인다.

또한 사단과 직단 위에는 본래 방위색인 청색, 백색, 적색, 흑색, 황색 등 오방색의 흙이 깔려 있었다. 하지만 현재 사직단의 제단에서는 이러한 모습을 찾을 수 없다. 따라서 사직대제의 복원에

구성 \ 신위	태사太社	후토后土	태직太稷	후직后稷	계(명)
초헌관初獻官	1	1	1	1	4
아헌관亞獻官	1	1	1	1	4
종헌관終獻官	1	1	1	1	4
천조관薦俎官	1	1	1	1	4
봉조관奉俎官	1	1	1	1	4
집례執禮		1			1
감찰監察		1		1	2
대축관大祝官	1	1	1	1	4
우전관右奠官	1	1	1	1	4
내봉관內奉官	1	1	1	1	4
봉조관外奉官	1	1	1	1	4
집준관執樽官	1	1	1	1	4
관세위盥洗位	1		1		2
찬례贊禮		1			1
당상찬의堂上贊儀	1	1	1	1	4
당하찬의堂下贊儀	1		1		2
계	27명(1명 중복)		27명(1명 중복)		52명

〈표2-11〉 현행 사직제의 제관 구성과 인원 (2007년 사직대제 리플렛 참조)

앞서 공간의 원형을 살리는 노력이 선행되어야 한다. 훼철되기 전의 사직단은 황제례에 의해 조성되었고, 현재 사직대제도 황제가 친히 제례를 지내는 형식으로 되어 있다. 제단 주위에는 담장이 설치되어 있고 여기에 4개의 홍살문이 있는데, 황제례에 입각해 사직제가 복원되려면 황색으로 도색이 되어야 할 것이다.^{도40, 41}

둘째, 사직대제의 가장 시급한 문제는 악무의 복원이라고 할 수 있다. 현재는 사직제악이 아닌 종묘제례악이 연주되고 있기 때문이다. 땅제사인 사직제에서 조상 제사 때 연주되는 종묘제례악이 연주되는 상황으로는 제사의 가치와 의미를 살려내기 어렵다. 사직제례악과 종묘제례악은 그 계통과 내용, 그리고 의미도 전혀 다르다. 지덕을 노래해야 할 제사에서 조선의 역대 왕의 문덕과 무공을 노래하는 악가무가 사용되고 있는 것이다. 또한 사직제에서 연주하는 악기는 모두 아악기이고, 종묘제례에서 연주하는 악기는 아악기와 당악기, 향악기가 모두 섞여 있어 전혀 다른 음악이다. 사직제에 연주하는 음악은 현재 석전제례에서 연주하는 아악과 같은 계통이므로 이를 잘 활용하면 좋을 것이다.

더구나 현 악사의 배치와 앉는 방향도 『사직서의궤』의 「단유도설」에 맞게 조정되어야 하며, 가능한 등가와 궁가가 배치되는 것이 바람직하다. 일무도 문무 64명, 무무 64명으로 각각 별도의 인원이 추는 것을 현재는 악기만 바꾸어 추고 있다. 현실 여건을 감안하더라도 일무의 위치와 출입 절차의 보완은 곧바로 실행에 옮겨야 한다. 아울러 사직제의 일무는 종묘제례의 일무보다 석전대제에서 연행하는 일무가 원래의 모습에 더 가까우므로 역시 음악과 함께 이 부분에 대한 고증이 필요하다.

셋째, 거가출궁과 환궁을 위한 어가행렬의 원형을 복원할 필요가 있다. 어가행렬은 사직제를 황제례로 거행한 만큼, 이에 맞는 어가와 군사 호위 체제 그리고 의장물 등을 갖추어야 하고, 어가는 황제의 위상에 맞게 황금색의 대연大輦이 필요하다. 호위 체제는 대한제국의 시기에 맞게 창을 꽂은 총과 은색 환도로 무장한 신식군대의 복식과 무기가 뒷받침되어야 한다. 또한 대한제국의 황제 행차에는 태극 국기를 앞세우고 행차를 한 점도 고려되어야 할 것이다. 아울러 깃발을 포함한 각종 의장물이 황제례에 맞게 다시 만들어져야 할 필요가 있다.

마지막으로 사직제의 원형 복원을 위한 연구보고서가 뒷받침되어야 한다. 의례의 복원은 재현을 통해 완성된다. 이를 위해서는 재현을 위한 철저한 고증을 거치는 작업이 반드시 선행되어야 한다. 사직제가 원형을 찾기 위해서는 의례 절차, 제수, 제복, 제례악, 일무 등 다양한 분야 전문가의 철저한 학술적 고증을 거치는 과정이 필요하다.

사직제 복원의 현대적 의미

사직제는 토지와 곡식 신에게 제사 지내는 유교식 국가의례이다. '종사'라는 말처럼 종묘와 사직은 유교사회에서 나라를 상징하는 공간이었다. 따라서 사직제는 종묘제례와 함께 조선을 대표하는 최고의 제사였다. 다만 사직제는 대한제국 이후에 하늘제사인 환구제가 생겨나면서 최고의 자리를 내주었다. 다시 말하면 환구제가 생기기 전까지 사직제는 하늘제사를 겸했던 최고의 국가제사였던 것이다. 그럼에도 대한제국기의 사직은 여전히 종묘와 함께 국가를 상징하는 공간으로서의 기능을 이어갔다. 현재 중요무형문화재로 지정된 사직대제는 대한제국 때의 황제례에 입각해 복원한 의례이다. 따라서 사직제의 복원은 일제에 의해 단절된 전통문화를 회복함으로써, 한국문화의 우수성과 가치를 재인식하는 계기를 제공한다.

의례는 우리 민족의 삶과 정신을 담은 생활 규범이자 격조가 있는 무형의 문화유산이다. 본래 예란 문명사회에서 준행되는 생활 규범으로서 절제와 조화를 통해 질서를 추구하는 것이다. 다시 말하면 예는 인간의 사회를 근원적으로 규제하는 힘을 지니지만, 도덕적 교화를 표방한다는 점에 특징이 있다. 이러한 예를 형식화·전범화한 것이 의례이다. 그 가운데 특히 국가의례란 한 나라 문화의 상징성을 잘 대변하는 정신적 물질적 결정체다. 사직대제 또한 19세기 말 열강의 침탈 속에 자주독립의 의지를 실현하기 위해 세운 황제국의 면모를 잘 보여주는 국가의례라고 할 수 있다.

최근 전국에서 전통 의례 재현 행사가 늘어나고 있다. 이러한 의례들을 전승 형태의 기준으로 볼 때, 크게 '전승 의례'傳承儀禮와 '복원 의례'復元儀禮로 구분할 수 있다. 전승 의례는 과거로부터 대대로 이어져 내려온 전승된 의례이고, 복원 의례는 사라지거나 단절된 의례에 대해 고증을 거쳐 복원한 의례이다. 오늘날 궁궐이나 사적지에서 거행되는 국가의례 내지 궁중 의례들은 대부분 최근에 복원된 의례들이다. 민간에서 이어져온 전승 의례들과는 달리 국가의례들은 단절된 의례의 원형을 찾아가는 형태를 띠고 있다.

이 같은 관점에서 볼 때 사직제는 복원 의례의 성격을 갖는다. 1910년 이후 단절된 사직단 제사의례를 되살려내 거의 100여 년 만에 중요무형문화재로 지정받기에 이른 것이다. 대한제국기의 사직제는 유교 통치 철학과 생활 규범이 담긴 품격 있는 무형문화유산으로서의 가치와 특성을 갖는다.

무형문화유산인 의례의 복원은 단절된 전통문화를 되살리는 동시에 새로운 문화 가치를 창조하는 의미를 담고 있다. 과거의 회상은 과거를 기록함으로써 이루어지는 것이 아니라 과거를 되살아봄으로써 이루어지는 것이다. 역사 공간에서 의례의 복원은 우리에게 역사를 추체험할 수 있는 친절한 안내자가 될 가능성이 크다.

동아시아 유교사회였던 많은 나라들 가운데 오늘날 사직제가 거행되는 나라는 우리나라밖에 없다. 중국 북경의 사직단은 1914년 중화민국을 세운 쑨원孫文을 기념해 공원화함으로써 그 기능을 상실한 지 오래다. 따라서 동아시아에서 우리나라의 사직대제가 갖는 의미는 매우 크다.

더구나 사직제는 그 절차에 악·가·무가 결합된 유교 의례의 정수를 담고 있다는 특징을 갖는다. 현재 제례악이 남아 있지 않는 등 복원해야 할 과제가 적지 않지만, 이런 부분이 학술적 고증을 통해 뒷받침된다면 종묘제례와 함께 세계적인 문화유산으로서의 가능성도 충분히 있다고 판단된다. 이를 위해서는 사직제의 원형 복원을 위한 종합 계획이 수립되어야 한다.

그렇다면 과거 왕조시대의 산물인 사직제가 오늘을 사는 우리에게는 어떤 의미와 가치가 있을까? 여러 가지를 말할 수 있겠지만, 그 가운데 몇 가지만 간추려보기로 한다.

첫째, 사직제는 토지를 관장하는 사신社神과 곡식의 신 직신稷神을 대상으로 나라의 평안과 풍년을 기원하는 제사다. 따라서 사직제는 근원적으로 토지와 함께 백성이 국가의 근간이고 민생이 안정

돼야 국가가 유지될 수 있다는 농본農本과 민본民本의 중요성을 강조한 제례라는 특징을 갖는다. 실제로 전근대의 산업에서 농업의 비중은 절대적이었고 농민 생활의 안정이 곧 국가 운영의 근간을 이루었다. 특히 조선시대에는 성리학적 왕도정치를 실현하기 위한 방안의 하나로 민생民生의 안정을 사직제의 기원에서 찾음으로써 그 중요성이 더욱 강조되었다. 하지만 이러한 사실은 과학기술이 발달한 오늘날에도 예외가 아니다. 식량은 인간이 살아가는 데 필수 요소이므로 농업의 쇠퇴는 관련 산업의 불안뿐 아니라 국민 생활의 마지막 보루라 할 수 있는 식량 주권을 위협하게 된다.

그러므로 사직제는 토지와 곡식 신에게 제사 지내는 의식을 통해 우리의 땅과 농사의 소중함은 물론, 민생의 안정과 나라의 평안이 바로 식량의 확보로부터 출발한다는 점을 일깨워줄 가능성이 크다. 또한 민주주주의 시대에 살고 있는 우리에게 국가는 국민을 위해 존재하는 것이고, 정치를 한다는 것은 곧 민생을 풍요롭게 하는 일이라는 사실을 재인식시키는 계기가 되리라고 생각한다.

둘째, 유구한 문화민족으로서의 긍지와 자긍심을 되살려낼 수 있는 기반이 된다는 점이다. 그동안 전근대사회의 국가의례는 친숙한 전통문화로서의 생명력을 가지지 못한 것이 현실이다. 하지만 사직제는 삼국 이래 꾸준히 이어져 내려온 유교제사라는 특징을 갖는다. 특히 사직제는 우리에게 토지 신과 그곳에서 자라나는 곡식 신을 모시는 의례 체계를 통해 각 시대의 변화와 특색을 이해하는 데 도움을 준다. 즉 악·가·무 일체로서의 국가의례의 재현을 보고 느끼면서, 당시 사직단에서 펼쳐졌을 장엄하면서도 격조 있는 의례 문화를 시공을 초월하여 체험할 수 있는 것이다.

우리는 과거 중국 유교문화권의 강력한 영향을 받았지만, 현재 우리가 발전시켜온 사직대제는 고유한 민족의 심성을 뚜렷이 반영한 국가의례로 거듭나 있다. 그러므로 악·가·무 일체로서의 사직제에 대한 체험은 유구한 전통을 지닌 주체적인 문화민족으로서의 자긍심을 확인하고 계승하는 소중한 계기가 될 것이다. 나아가 우리 민족의 유구한 전통문화를 통해 전 세계인을 위한 문화의 발전과 변혁에 창조적으로 기여하는 원동력이 될 수 있으리라 기대한다.

셋째, 문화 다양성의 시대에 차별화된 문화상품으로서의 가치이다. 문화의 세기라고 하는 21세기는 문화상품의 경쟁 시대이다. 세계 여러 나라는 차별화된 문화상품을 기획·개발하기 위해 투자와 지원을 아끼지 않고 있다. 예악 사상을 토대로 한 동아시아 악·가·무 일체로서 제례문화의 정수를 지닌 사직제는 동아시아 특유의 오랜 문화전통을 가장 상징적으로 재현하고 있다는 의미를 갖는다.

특히 아직 복원되지 않았지만, 사직제악과 일무의 재현은 다른 나라 음악은 물론 동아시아 음악과도 구별되는 독자적인 문화예술적인 특성을 지니고 있다. 따라서 이제 우리는 악·가·무가 결합된 사직대제를 원형 그대로 복원해냄으로써 국민들에게는 물론 전 세계인에게 선보이는 전략을 수립할 필요가 있다. 이는 단순히 원형적인 가치의 확보만이 아니라 이를 다양하게 활용할 수 있도록 장르화하는 데 기초가 될 수 있으리라 기대된다.

이와 같이 사직제는 2천여 년이나 되는 우리나라 역사에서 가장 오랜 전통을 지닌 국가의례로서, 한국 유교통치의 철학과 문화에 대한 정체성과 자긍심을 확인시켜준다. 아울러 동아시아 유교 의례의 전통과 맥을 공유하는 한국의 전통 제례 문화에 대한 철학적 이해와 현재적 가치를 끊임없이 자각하게 하는 힘을 제공한다. 이제 동아시아 문화 전통의 지적 유산이자 또 하나의 세계적 무형문화유산이 될 수 있는 사직대제의 원형 복원을 위해 지혜를 모아야 할 것이다.

配位饋實圖說

配位

```
                    肺胃腸熟牛
                    俎
                    脾胃腸熟羊
                    俎
                    肩䏰天
                    俎
```

（圓圈與方框中的文字，按位置排列）

稻食・黍食・肉醢・鹿醢　　　　　栗黃・乾棗・乾棗・乾棗
粱食・菹韭・菁菹・魚醢　　　　　棗黃・乾棗・乾棗・乾棗
脾析・兔醢・脡醢・鳧醢　　　　　乾棗・菱仁・榛子・鹿脯
                 　筍菹・豚拍・鴈醢・進醢　　　　　形鹽・芡仁・黑餅・白餅

黍稷稻粱（簋）

菁菹 韭菹 脯 醢（豆）

脾肩脊在中
肩脊 　俎
體七體羊

牛腥　俎
燭

祝版　爵 奠此酌 奠此酌
　　　 爵 奠此酌 奠此酌

北

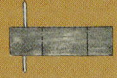  

선농제와 선잠제는 국왕과 왕비가 농사의 신인 선농先農, 양잠의 신인 선잠先蠶에게 지내는 제사이다. 농사와 양잠에서 생산되는 음식과 의복은 민생의 근간이 되는 물품이므로, 고대로부터 국왕들은 신에게 제사를 지내면서 한해의 풍년을 기원했다. 한국에서 선농제는 고대부터 등장하지만, 선잠제는 조선시대에 분명하게 나타난다. 성종은 국왕이 직접 밭을 가는 친경親耕이나 왕비가 직접 뽕을 따는 친잠親蠶을 시작했고, 영조는 국왕이 곡식을 수확하는 것을 살피는 관예觀刈, 곡식의 종자를 보관하는 장종藏種, 왕비가 누에고치를 받는 수견收繭의식을 시작했다. 선농제와 선잠제는 농업이 주산업이던 시기에 민생을 위해 풍년을 기원하는 제사로, 국가적으로도 중요한 행사였다.

제 **3** 부

선농제 · 선잠제

농사와 양잠의 신을 위한 제례

天地祭祀

1 선농제·선잠제의 유래와 의미

선농제와 선잠제는 왕과 왕비가 농사의 신인 선농先農과 양잠의 신인 선잠先蠶에게 제사 지내는 의례이다. 농사와 양잠은 음식과 옷을 마련하는 민생의 근간이었던 만큼 고대의 위정자들은 해마다 봄이면 농사와 양잠의 신에게 제사를 거행하여 한 해의 풍요를 기원했다. 그런데 고대의 문헌에는 선농제와 선잠제에 앞서 왕과 왕비가 백성들에게 스스로 직접 농지를 경작하고 누에를 치는 모범을 보임으로써 이를 권장하는 친경親耕과 친잠親蠶의례에 대한 기록들이 먼저 보인다. 친경과 친잠은 고대 중국에서부터 시작된 의식으로 권농의 기능뿐만 아니라 천지, 조상의 신들에 대한 숭배의 기능을 겸하고 있는 중요한 행사였다. 따라서 친경과 친잠의 의례가 역대 통치자들에게 점차 중시되면서 차차 이들 의식에 앞서 농사의 신과 양잠의 신에게 제사를 올리는 선농제와 선잠제의 의례가 마련되어 함께 거행되는 형태로 발전되었다고 할 수 있다.

친경의례와 선농제

『춘추외전』春秋外傳으로 일컬어지는 『국어』國語 「주어」周語에는 괵虢나라 문공이 주周의 선왕宣王에게 적전籍田에 나아가 제단祭壇을 만들고 친경의 의례를 거행할 것을 간언하는 내용이 있다. 입춘이 되면 왕은 농사일을 감독하여 친경할 알맞은 때를 바꾸지 말아야 한다는 것이다. 이는 봄에 농사를 시작하기 전에 천자가 몸소 밭을 경작하는 친경의 의식이 있었음을 보여준다. 이 친경의식의 모습은 『국어』에서도 볼 수 있으나, 『예기』禮記에도 맹춘孟春 정월의 행사로 그 자세한 내용이 보인다.

> 이달, 천자는 원일元日(그달 첫번째 신일)에 상제上帝에게 풍년을 기원한다. 길일吉日을 택하여 천자가 친히 쟁기와 보습을 수레에 싣는데, 함께 타는 갑옷을 입은 용사와 말몰이꾼 사이에 그것들을 둔다. 삼공三公·구경九卿·제후諸侯·대부大夫를 이끌고 몸소 적전을 경작한다. 천자는 세 번 갈고, 삼공은 다섯 번 갈고, 경·제후는 아홉 번 간다. 돌아오면 태침太寢에 주연酒宴을 마련하는데, 삼공·구경·제후·대부가 모두 모시고 함께 자리한다. 이를 '노주'勞酒 즉 위로하는 연회라고 한다.[1]

1_ 『예기』「월령」.

적전은 '제적'帝藉이라고도 하는데 천신天神인 상제를 위해서 백성의 힘을 빌려 경작을 하는 토지라는 의미를 갖고 있다. 천자는 적전 천무千畝를 경작하고 그 곡식을 거두어서 제사에 올리는 자성粢盛을 삼고, 제후의 경우는 적전 백무百畝를 경작하여 역시 제사에 올린다. 따라서 천자가 신하들을 이끌고 적전에 나아가 경작하는 시범을 보이는 것은, 천자 이하 통치자들이 백성들의 노동력을 빌려서 천신을 공경하는 뜻을 보이고 농사가 민생과 정치의 중대사임을 보이는 의식이라고 하겠다. 앞서 괵 문공의 간언은 농사가 백성의 대사大事로서 상제에게 제사 지내는 쌀이 여기에서 나오고 백성의 번성함과 나랏일에 쓸 경비의 공급이 여기에 달려 있을 뿐만 아니라, 백성이 화합하고 친목하며 돈후하고 관대하고 강인한 덕성이 여기에서 이루어진다는 것이다. 이는 정치의 기본 요소인 만큼 친경의 의례는 천신에 대한 교제사와 함께 한해 정사政事의 출발을 나타내는 의식인 셈이다.

그런데 친경의 의례와 달리, 선농에게 제사를 지내는 것에 대해서는 고대의 문헌에 뚜렷한 기록이 없고 친경하는 날에 선농제를 함께 지낸다는 것 또한 명시된 기록이 없다. 한대漢代에 봄에 적전을 경작하며 선농에게 제사를 지내는 의례가 시작되면서, 비로소 그 문헌적 근거를 찾는 것이 시작되었다. 『시경』「보전」甫田 편에는 "거문고와 비파를 타고 북을 쳐서 전조田祖를 맞이하여 단비를 기원하니, 우리 서직을 크게 하여 우리 백성들을 잘 기르리로다"라는 내용이 있고, 『예기』「교특생」에는 한 해가 저무는 12월에 백성들에게 공로가 있는 신들 모두에게 보답하는 납향臘享의 제사에서 "선색先嗇

도1 신농씨 『삼재도회』에 수록. 전설 속의 염제 신농씨는 농업과 의약의 창시자로 알려져 있다.

을 주신으로 삼고 사색司嗇에게 제사를 지낸다"는 기록이 있다. 『시경』에 등장하는 '전조'田祖는 처음 밭을 경작한 시조始祖라는 뜻으로서 바로 「교특생」의 '선색'先嗇을 가리키고, '선색'은 가장 먼저 농사일을 시작한 자라는 뜻으로 전설의 농업신인 '신농'神農을 가리킨다. 전조, 선색, 신농은 모두 동일 인물인 셈으로, 후대에 등장하는 '선농'先農이라는 말은 이 모두를 가리키는 이름이라 하겠다. 위의 「교특생」편의 내용에 따르면 농업신에 대한 제사는 선색 즉 선농을 주신으로 삼고, 농사를 맡은 관리인 사색司嗇 즉 후직后稷을 배향하여 지내는 것이다. 도1

선농을 제사 지내는 제단인 선농단先農壇에 대해서는 천자의 2사社, 즉 천자가 만백성을 위해서 사직社稷의 신에게 제사를 지내는 태사大社와 자신을 위해서 제사를 지내는 왕사王社 가운데 적전에 있는 왕사를 가리킨다는 설과, 적전에 나아가 제단을 만들고 친경의 의례를 행한다는 『국어』의 내용에 따라 적전에 따로 마련된 제단이라는 설이 대립되어왔으나, 토지 신인 사社와 달리 농업신인 선농先

農은 인귀人鬼로서 주신主神의 성격에서 이미 구별되므로 선농단은 사직과 독립적인 제단으로 발전했다.

친잠의례와 선잠제 친잠의례에 대해서 고대의 사적史籍에서는 그 자취를 찾기가 어렵고 『예기』에서 그 의식의 대강을 볼 수 있다.

> (계춘의 달에) 후비는 재계하고 직접 동쪽으로 향하여 뽕잎을 딴다. 부인과 자녀로 하여금 용모의 장식을 갖추지 못하도록 하고, 자신들의 바느질하고 꿰매는 일을 줄여 누에 치는 일에 힘을 다하도록 권면한다. 누에 치는 일이 끝나면 누에고치를 나누어주고 일한 분량에 따라 공의 상하를 정하고, 그것을 교郊 제사와 종묘 제사에 입을 옷을 만드는 데에 공급하여 감히 게으름이 없도록 한다.[2]

2_『예기』「월령」.

계춘季春인 3월이 되면 왕후는 직접 뽕잎을 따는 의식을 거행하여 부녀자들이 누에 치는 일을 시작하여 이에 전념하도록 권면한다. 누에고치가 다 자라면 이것을 나누어주어 이것을 켜게 하고 공에 따라서 상을 내리고, 왕과 왕비가 제사에 입을 제복祭服을 지어 바치도록 하는 것이다.

『예기』에는 왕후가 친잠을 하여 그 실로 제복을 만들기까지의 과정이 보다 구체적으로 기록되어 있다.

> 옛날에 천자와 제후에게는 반드시 공상公桑과 잠실蠶室이 있었다. 시내 가까운 곳에 설치하는데, 높이 1장丈 3척尺 되는 궁을 쌓고, 담장 위에 가시나무를 얹어 밖과 차단시킨다. 3월 초하루 아침이 되면, 제후가 피변皮弁을 쓰고 흰 치마를 입고 삼궁三宮의 부인과 세부世婦 가운데서 점을 쳐서 길한 점이 나온 자를 뽑아서 잠실에 들어가 누에를 치게 했다. 뽑힌 자는 잠종蠶種을 받들어 냇가에서 씻고 공상에서 뽕을 따서 바람

으로 건조시켜 누에를 먹이게 했다.

3월이 끝나면 세부는 누에치기를 마치고 누에고치를 받들어 제후에게 보여주고, 이어서 제후의 부인에게 누에고치를 바친다. 부인이 "이것은 군주의 옷을 만드는 것이다"라고 말하고, 머리장식과 휘의(褘衣)를 갖추어 입고 누에고치를 받은 뒤 소뢰少牢의 예를 갖추어 그를 예우한다. 옛날에 누에고치를 바치는 것은 모두 이러한 예법을 따랐다.

길일이 되면 부인은 몸소 누에고치를 켜는데, 손으로 세 차례 누에고치가 있는 동이 속에서 실을 뽑는다. 이어서 삼궁의 부인과 세부 가운데 선택된 자에게 나눠주어 실을 뽑게 한다. 이어서 그것을 붉은색과 초록색, 검은색과 노란색으로 물들여서 보불黼黻 문양의 옷감을 짜게 한다. 옷이 완성되면 제후는 그것을 입고 선왕과 선공에게 제사를 드리니 공경함을 지극하게 하는 것이다.[3]

3_ 『예기』「제의」.

3월 초하루에 점을 쳐서 왕후와 세부들이 몸소 뽕잎을 씻어 누에를 먹이는 시범을 통해 양잠을 시작한다. 봄이 지나 맹하孟夏가 되어 왕과 왕후에게 완성된 누에고치를 바치는 헌견獻繭의 의식이 끝나면 왕후는 또한 직접 누에고치로부터 실을 뽑는 의식의 시범을 보이는데 왕이 적전을 세 번 경작하듯이 세 번 실을 뽑고 나머지를 부인과 세부들에게 나누어준다. 뽑은 실은 여러 빛깔로 염색을 하여 문양을 넣은 옷감을 짜서 왕이 제사를 지낼 때 입을 제복을 지어 바친다.

친잠의 의례는 한 문제文帝 때에 처음 시행되었는데, 양잠의 신인 선잠先蠶에 대한 제사 역시 한대漢代에 시작된 것으로 보인다. 『예기』「월령」에는 계춘에 선제先帝에게 국화꽃 빛깔의 옷을 바쳐서 앞으로 누에를 치기 위해 복과 상서로움을 기원한다는 내용이 있어, 친잠의 의식에 앞서 봄을 상징하는 목木의 덕을 지닌 선대 왕에게 제사를 지냈음을 보여준다. 그러나 제사의 대상이 선잠이 아닐 뿐만 아니라 제사의 시기 또한 친잠과 같은 날에 거행되었다는 기록이 없다. 선잠이 누구인가에 관해서 『사기』史記에는 황제黃帝의 비妃인 서릉씨西陵氏의 딸, 누조嫘祖가 양잠의 시조라고 하였다. 따라서 역대의 왕실에서 그를 잠신으로 모셨으나, 한대에는 원유부인苑寙婦人과 우씨공주寓氏公主를 잠신으로 모시기도 했다. 이처럼 선잠은 선농과 마찬가지로 모두 경전에서는 명확한 근거를 찾을 수 없는 후대인들의 산물이지만, 백성들에게 이로움이 있는 자를 추모하여 그 공을 신성시하고 그에 보답하는 것을 본질로 삼고 있는 점에서는 고례古禮의 기본 정신에서 벗어나지 않는 것이라 하겠다.

친경과 친잠의 의례는 권농과 권잠의 기능을 가지는 것에 그치지 않고 천지天地와 산천山川, 사직社稷과 조상의 신에게 바치는 곡물(粢盛)과 그 의례에 착용하는 제복祭服을 마련하는 것을 정성스러운 의식으로 성화聖化하는 것이고, 그에 병행한 선농제와 선잠제는 그 성화의 직접적인 표현이라고 할 수 있다. 『예기』에서 지적하였듯이 그 의식의 핵심은 존재의 근본에 대한 인간의 공경스러운 마음이다.

> 천자는 남쪽 교외에서 몸소 적전을 경작하여 제사에 쓸 곡식을 바치고, 왕후는 북쪽 교외에서 양잠을 하여 천자의 제복인 치복緇服을 만들어 바친다. 제후는 동쪽 교외에서 적전을 경작하여 역시 제사에 쓸 곡식을 바치고, 부인은 북쪽 교외에서 양잠을 하여 제후의 제복인 면복冕服을 만들어 바친다.
> 천자나 제후가 밭을 경작할 사람이 없어서 경작하는 것이 아니며, 왕후나 부인이 양잠할 사람이 없어서 양잠을 하는 것이 아니라 몸소 그 정성과 신의를 바치는 것이다. 정성스럽고 신의가 있는 것을 극진히 한다고 하고, 극진히 하는 것을 공경함이라고 한다. 공경함을 다한 뒤에야 그로써 신명을 섬길 수 있다. 이것이 제사 지내는 도리이다.[4]

4_ 『예기』「제통」.

2 중국 왕실의 선농제와 선잠제

앞에서 살펴보았듯이 중국 왕실에서 친경의 의례는 진秦 이후로 그 예가 오랫동안 폐지되었다가 한 문제文帝(재위 BC 179~BC 157) 이후에야 비로소 시작되었다. 지방의 현과 읍에서는 항상 을미乙未 일에 선농先農에게 제사를 지내고 이어서 을방乙方(동남쪽)에 있는 전지田地를 경작하는 의식이 있었다고 한다. 후한後漢 시기에는 정월에 관리가 선농에게 제사를 지내고 나면 황제가 친경의식을 거행했다. 천자와 삼공, 구경, 제후, 백관들이 차례대로 농지를 경작하고, 파종을 했는데 친경례가 끝나면 주군州郡의 태수와 봉국封國의 재상들로 하여금 모두 친경의 의식을 거행할 것을 명령했다. 한대에는 황후의 친잠의례도 거행되었다. 황후가 동쪽 교외의 동산에서 몸소 뽕나무를 따는 채상采桑을 하였으며 누에를 치는 잠실蠶室에서는 원유부인苑寙婦人과 우씨공주寓氏公主를 잠신으로 삼아 소뢰小牢의 예로 선잠제를 지냈다.

위진魏晉 시대는 한대에 시작된 친경 친잠의례가 시행과 폐지를 거듭했다. 서진西晉 무제武帝(재위 265~290)는 268년(태시 4)에 처음으로 친경과 선농제를 거행하였고, 무제 말기에는 천자가 천무千畝의 적전을 경작하는 친경의 의례를 거행하고 있는데도 번진藩鎭의 제후들이 백무의 적전을 경작하는 친경의례를 거행하지 않는 것을 비판하는 의론이 일어나기도 했다. 그러나 이러한 의례들은 혜제惠帝(재위 290~306) 이후로 폐지되고 말았으며, 동진東晉 시기에 원제元帝(재위 317~322)와 애제哀帝(재위 362~365) 등이 다시 그 전례를 실행하고자 하였으나 이루지 못했다.

서진의 무제는 285년(태강 6)에 황후의 덕과 도를 광대하게 하기 위해서는 친잠의 의례를 거행해야 한다는 건의에 따라 서쪽 교외에서 친잠의례를 거행했다. 황후가 뽕잎을 따는 채상단采桑壇 동남쪽, 잠실의 서남쪽으로 높이 1장, 사방 길이 2장의 선잠단先蠶壇을 조성하였는데, 사방으로 너비 5척의 계단을 냈다. 누에가 생기기 시작하면 길일을 택하여 황후는 보요步搖라는 장식이 달린 비녀를 꽂고 푸른 옷을 입고 수레를 타고 서쪽 교외로 나아가 몸소 채상을 하였다. 그날 관리는 미리 소, 양, 돼지 1마리씩을 희생으로 쓰는 태뢰太牢의 예로 선잠에게 제사를 지냈다.

당대唐代에 이르러 존폐를 거듭하던 친경, 친잠의례가 국가의 전례典禮로 정립되었다. 당 태종太宗(재위 626~649)이 629년(정관 3) 정월에 선농에게 몸소 제사를 지내고 천무의 적전을 경작하는 의례를 거행하자, 당시 비서랑이던 잠문본岑文本은 「적전송」藉田頌을 헌상獻上하여 이 일을 찬미하기도 했다. 당시 공영달孔穎達은 『예기』의 내용을 근거로 하여 천자는 남쪽 교외인 남교南郊에서 적전을 경작하고 제후는 동교東郊에서 적전을 경작하는 것이 예에 맞는데도 진晉 무제 이후로 동남쪽에 단壇을 건립한 것은 고례古禮에 부합하지 않는다고 지적하였으나, 태종은 봄에 거행하는 친경의례가 동방東方을 상징하는 동쪽에서, 동방을 상징하는 청색青色의 기물들을 사용하여 거행하는 것도 적절하다고 보았다. 그리하여 예종睿宗(재위 710~712)과 현종玄宗(재위 712~756)은 모두 동교에서 직접 선농제와 친경의례를 거행했다.

당의 선농제는 측천무후則天武后(재위 684~705) 때에 당시 예부상서이던 축흠명祝欽明이 사직의 왕사王社가 적전에 있다는 선유先儒들의 설을 근거로 선농과 사社는 본래 동일한 신이므로 선농단을 제사단帝社壇으로 바꿀 것을 주청함으로써, 선농단이 사직단으로 바뀌는 혼동을 한차례 겪기도 했다. 그러나 당대의 국가 예전禮典인 『개원례』開元禮에는 황제가 맹춘의 해일亥日에 선농에게 제사하고 전적을 경작하는 의례인 「황제맹춘길해향선농경적」皇帝孟春吉亥享先農耕藉과 함께 황후가 계춘의 사일巳日에 선잠에게 제사하고 친상하는 의례인 「황후계춘길사향선잠친상」皇后季春吉巳享先蠶親桑이 정식으로 등재되어 있다.

이에 따르면, 황제는 맹춘에 직접 선농단에 나아가 신농씨를 주신으로 후직을 배향하여 제사를 지내고 나서 적전에 나아가 세 차례 밭을 가는 친경을 행한 뒤에 궁으로 돌아와 함께 친경한 신하들에게 노주勞酒를 베푼다. 황후는 직접 선잠단에 나아가 선잠씨에게 제사를 지내고 난 뒤 직접 세 차례 뽕잎을 따는 채상을 행하고 잠모蠶母가 뽕잎을 썰어서 누에를 먹이는 의식이 끝나면 궁으로 돌아와 함께 친상한 내외의 명부命婦들에게 노주를 베푼다.

송대宋代에는 태종太宗(재위 926~946)이 987년(옹희 4)에 길일을 택하여 동교에서 적전례를 거행할 것을 명하여, 그 이듬해 정월에 황제가 신농과 후직에게 제사를 지내고 친경을 거행했다. 그에 앞서 수대隋代에 만들어져서 당대唐代에 폐지되었던 청상靑箱, 즉 파종할 곡식을 담는 푸른 상자를 다시 사용하도록 했다. 또한 황제가 적전까지 타고 가는 수레인 경근거耕根車에는 쟁기와 보습만을 싣고 황제는 옥로玉輅의 수레를 타고 가도록 하였으나 휘종徽宗(재위 1101~1125) 때인 1111년(정화 원년)에는 다시 경근거를 타도록 하였으며, 이후로 선농제는 관리가 제사 지내고 황제는 친경만을 하도록 했다. 또한 송대의 선잠제는 오래도록 폐지되어 있다가 진종眞宗(998~1022) 때에 관리를 파견하여 제사 지내도록 하였는데, 원풍 연간(1078~1085)에는 선잠을 천사성天駟星(천자의 포정布政을 상징하는 별자리)으로 보아야 한다는 의론이 일어나기도 했다. 정화 연간(1111~1117)

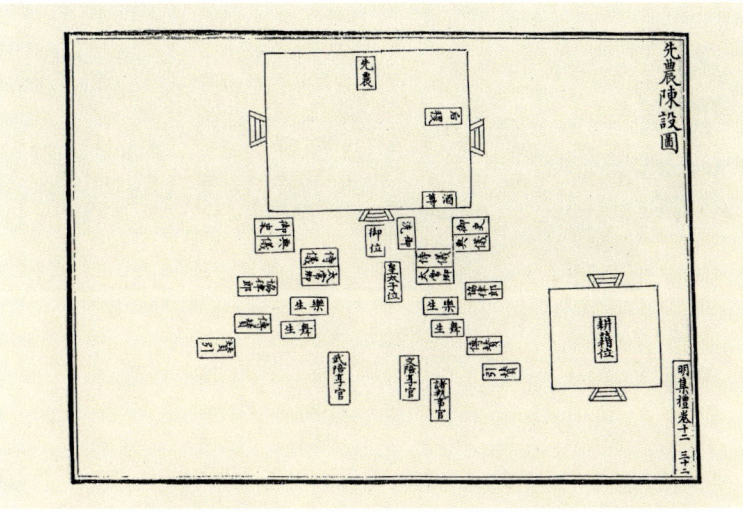

도2 『대명집례』의 선농단과 경적위
명대 친경의 장소인 경적위와 그 북쪽에 조성된 선농단을 그린 것이다.

도3 『대명집례』의 경적도
명대 친경례를 거행한 경적위의 모습으로 의례 참여자들의 배열 위치를 그린 경적도이다.

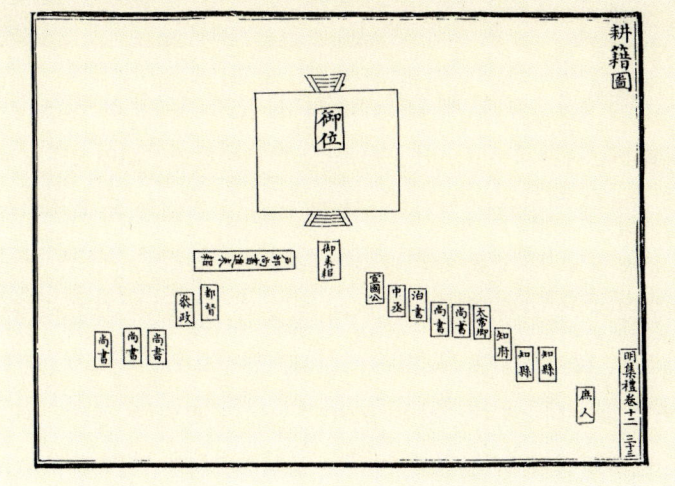

에 선잠단 옆에 잠실蠶室을 조성하고, 선잠단 남쪽에 채상단採桑壇을 축조했다. 1121년(선화 원년) 3월에 황후가 친잠의례를 거행하였는데, 예관이 선잠씨에게 제사를 지냈다.

명대明代에는 홍무(1368~1398) 초기부터 황제가 친히 선농제를 지내도록 하여, 1369년(홍무 2)에는 태조太祖(재위 1368~1398)가 남교에 선농단을 세우고 제사가 끝난 뒤에 친경의례를 거행하였는데, 친경이 끝나면 제단이 있는 곳에서 백관과 기로耆老, 즉 덕망이 높

은 노인들에게 연회를 베풀어 위로했다. 1388년(홍무 21)에는 선농제 의례를 새로이 제정했으며, 명대의 국가 예전인 『대명집례』大明集禮에는 황제가 적전을 경작하고 선농에게 제사 지내는 의례 절차를 기록한 「황제경적향선농의주」皇帝耕藉享先農儀注와 관련 제도들이 등재 정비되었다. 앞면 위쪽의 그림에서 보듯이 선농단은 적전의 북쪽에 높이 5척, 넓이 5장의 크기로 조성하고 사방으로 계단을 내었다.도2

또한 황제의 적전은 남쪽 교외에 있어야 한다는 경전의 내용을 존중하여 황성의 남문 밖에 적전을 조성하였는데, 선농단의 동남쪽에 높이 3척, 넓이 2장 5척의 경적위耕藉位를 마련하고 적전을 경작하는 의례를 행했다. 앞면 아래의 그림은 친경례에서 황제의 어위御位와 경적에 참여하는 관원들의 자리 배치를 표시한 『대명집례』의 경적도耕籍圖이다.도3

명대에는 친경과 선농제가 역대로 맹춘 정월에 거행되었던 것에 비해 중춘仲春, 즉 음력 2월에 날을 가려서 거행되었다. 날이 좀 더 따듯해지길 기다려 거행하게 된 것이다. 수당 이래의 제도를 이어서 신농을 주신으로 하고 후직을 배향하여 송아지 1마리, 양 1마

리, 돼지 1마리를 희생으로 황제가 친히 선농제를 지낸 뒤, 황제의 수레인 옥로玉輅를 타고 쟁기와 보습을 경근거에 싣고 적전에 나아가 세 번 밭갈이를 하는 친경의례를 행했다. 황제에 이어 삼공三公이 다섯 번 밭을 갈고 구경九卿이 아홉 번 밭을 갈고 나서 관리들이 서인庶人들을 거느리고 나머지 밭을 다 갈면, 단 옆에서 노주勞酒의 주연을 베풀었다. 세종世宗(1522~1566) 때인 가정 연간에 들어서면서 친경의례의 번쇄함이 점차 축소되어가는 양상을 보임으로써 1531년(가정 10)에는 친경의례 후에 거행하는 백관百官의 경하慶賀 의식이 폐지되었고, 황제가 나머지 경작 과정을 지켜보는 관경대觀耕臺를 조성하였으나, 1537년(가정 16)에는 선농제를 관리가 지내도록 하였으며 1559년(가정 38)에는 친경의례 자체가 폐지되었다.

한편, 명대明代의 선잠제는 초기에 정식 사전祀典에 들지 못하다가, 1530년(가정 9)에야 친잠의례를 제정하고 선잠단의 제도를 마련했다. 그해 봄에 왕후가 북쪽 교외에서 선잠제를 지내고 채상단에서 직접 세 가지의 뽕잎을 따서 누에에게 먹이도록 하는 친잠의례를 행한 뒤에 이것을 경하하는 연회를 베풀었다. 그해 맹하孟夏(음력

도4 〈옹정제궁경적도〉雍正帝躬耕籍圖
청대 제5대 황제인 세종의 친경례 상황을 그린 그림이다.

도5 〈옹정제제선농단도〉雍正帝祭先農壇圖
청대 제5대 황제인 세종이 선농단에 제사 지내는 모습을 그린 그림이다.

4월)에 누에치기가 끝나고 황후가 내명부內命婦를 이끌고 누에고치에서 실을 뽑는 치견례治繭禮를 거행하고 선잠에게 제사를 지냈다. 그러나 1533년(가정 12)에 친잠의 장소가 멀어서 불편하다는 이유로 가까운 서원西苑에 친잠단과 채상대를 개축하였는데, 1599년(가정 38)에는 친잠의례 또한 폐지되었다. 따라서 선잠제는 명대 초기에 편찬된 『대명집례』에는 등재되어 있지 않아, 홍치 연간(1488~1505)에 편찬된 『대명회전』大明會典의 기록에서 친잠단의 형태를 엿볼 수 있다. 서원西苑에 조성된 친잠단은 높이가 2척尺 6촌寸에 사방으로 계단이 나 있는데 넓이가 6척 4촌이다. 그 동쪽으로는 사방 1장丈 4촌에 높이가 2척 4촌인 채상대가, 북쪽으로는 5칸의 잠실이 갖추어진 형태였다.

청대에는 친경의례가 청 초인 순치(1644~1661) 연간부터 시행되었고, 선농제는 청 초에 거행되지 않다가 세종世宗(재위 1723~1735) 때인 1727년(옹정 5)부터 거행되었다.^{도4, 5}

선잠제 역시 청대 초기의 사전에 들지 못하다가 고종高宗(재위 1736~1795) 때인 1742년(건륭 7)에 서원에 친잠단과 관상대觀桑臺를 조성하고 선잠의 신전神殿을 조성하여, 황후가 선잠 서릉씨에게 제사를 지내고 몸소 뽕잎을 따는 궁상례躬桑禮를 행했다. 1744년(건륭 9) 3월에는 처음으로 친잠례를 거행했는데, 이후로는 관리가 대신 섭행하거나 비妃가 대행하기도 했다.

현재 북경에 중국고대건축박물관中國古代建築博物館이 자리 잡고 있는 곳이 바로 명대 가정 연간에 건립하기 시작한 선농단이다. 청 건륭 시기에 중수重修된 선농 신단神壇 북쪽으로 선농의 신위를 모셔놓은 정전正殿이 있고, 선농단의 동남쪽에는 관경대가 있다. 한편, 북경시 북해공원北海公園 안에는 1742년(건륭 7)에 건립된 선잠단이 보존되어 있다고 하는데, 1949년 이후 유치원으로 활용되고 있으며 외부인은 출입이 금지되어 있다. 북해공원 안으로 들어가면 한자와 만주어가 함께 쓰여 있는 선잠단의 남문을 볼 수 있을 뿐이다.

3 한국 선농제·선잠제의 유래

유교국가에서 정치가 잘되고 나라가 잘 다스려진다는 것은 '민생의 안정'으로써 확인된다. 농업이 가장 주요한 산업이었던 시절에 '민생'의 가장 중요한 기초는 농사였고 천지제사의 주 내용도 '기곡' 즉 '풍년의 기원'이었다. 가장 중요한 '기곡제'의 장소는 사직이지만, '선농단'에서의 제사와 왕이 몸소 농사에 참여하는 친경의례를 거행하여 민생에 중점을 둔 유교적 통치 이념을 실천하고자 했다.

고대의 선농제와 친경의례

선농제의 역사는 고대로부터 시작된다. 구체적으로 사료에 처음으로 등장하는 것은 『삼국사기』부터이다. 이에 따르면 신라에서 입춘 후 해일亥日에 경주 동쪽의 명활성明活城 남쪽 웅살곡熊殺谷에서 선농先農(전조田祖 즉 신농神農)을 제사하고, 입하 후 해일에는 신성新城 북문에서 중농中農을 제사하고, 입추 후 해일에는 산원蒜園(위치 미상)에서 후농後農을 제사하였다고 한다. 이를 볼 때 신라시대에 이미 종묘, 사직의 제사와 함께 유교식 제의가 어느 정도 수용되고 있었으며, 그 일환으로 선농단에서의 기곡제가 시행되었음을 확인할 수 있다.[5] 다만 신라시대에는 중농과 후농에 대한 제사가 함께 거행되었다는 특징이 있다.

5_ 『삼국사기』 권32, 「잡지」 1, '제사祭祀'.

고려의 선농제와 친경의례

고려시대에도 선농제와 친경의례를 시행하였다. 적전을 처음 둔 것은 유교정치 사상에 기반한 정치 개혁을 시도했던 고려 성종 때이다. 『고려사』의 기록에 따르면 983년(성종 2) 봄 1월에 임금이 원구에서 기곡제를 지내며 태조를 배향했으며, 몸소 적전을 갈며 신농에게 제사하고 후직을 배향하였다.[6] 성종 대는 친경의례뿐 아니라 원구, 사직, 종묘의 제사의례가 처음으로 거행되었다. 또 성종 대에는 "왕후가 육궁의 사람들을 거느리고 동稑(늦벼)과 육稑(올벼)의 종자를 싹틔워 임금에게 바치게 한다"는 『주례』의 기록을 근거로 왕후가 올벼의 싹을 틔워 바치는 헌종의식도 거행했다. 성종은 기곡과 친경의 예를 시행한 데 이어 왕후가 주도하는 헌종의식까지 더하여 왕실의 '기곡' 의지를 보이려 했다. 그러나 이러한 유교적 의례에 의한 '기곡'은 당시 하늘, 부처, 토속신에게 풍년과 생활의 안녕을 기원하는 관행을 대체하지 못했다. 여러 영험처에 대한 기원 의례가 존속한다는 것은 중앙 정치세력과 병행되는 지방세력의 존재를 의미하기도 하지만, 힘보다는 보편적 덕성에 근거한 정치가 이루어지지 못하는 현실을 반영하는 것이기도 했다.

성종 대 처음으로 시행되었던 친경의례는 그 후로도 여러 왕대에 실천되었다. 1031년(현종 22)에 선농에 제사하고 적전을 친경親耕하였으며,[7] 1048년(문종 2)에는 후농제後農祭를 지냈다. 1134년(인종 12)에 적전에 제사하며 대성악大晟樂을 처음으로 썼고, 1144년(인종 22)에도 적전을 친경하였다.[8]

고려시대 선농단 제도는 의종 때에 자세히 정해졌다. 이 제도에 대해 『고려사』 「예지」禮志에 다음과 같이 설명하고 있다.

> 단의 너비는 사방 30척(3장丈), 높이는 5척이며, 단의 4면으로 오르내리는 층계가 달려 있다. 단을 둘러싸는 낮은 담장인 유는 2개소인데 각 유의 너비는 25보이다. 구덩이(坎)는 안쪽 유의 바깥 북쪽에 설치하고

[6] 『고려사』 권3, 「세가」3, '성종'.

[7] 『고려사』 권5, 「세가」5, '현종'.

[8] 『고려사』 권16, 「세가」16, '인종'.

남쪽으로 층계가 달려 있는데 그 너비와 깊이는 넉넉히 발을 붙이고 물건을 넣어둘 만한 정도이다.[9]

9_ 『고려사』 권62, 「예지」, '길례' 吉禮 '중사' 中祀.

선농단에는 신농씨를 주향으로 하고 후직씨를 배향했는데, 신농씨의 자리는 단 위 북쪽에 남향으로 설치하고, 후직씨는 단 동편에 서향으로 설치했으며 밑에는 모두 돗자리를 깔았다. 축판祝板에는 "고려 국왕 신왕 모 감소고" 高麗國王臣王某敢昭告라고 썼다. 선농제를 지내는 날짜는 음력 정월(맹춘孟春)의 길한 해일吉亥을 택하였고, 폐백은 길이 1장 8척의 청색 비단을 썼다. 주신과 배위에는 소, 양, 돼지 각각 1두씩을 올렸으며, 신하로써 대신 지내도록 할 때에는 소와 양만을 썼다. 헌관은 원구단에서의 제향 때와 같았다.

적전제도가 이와 같이 마련되었으나 국가 예제에서 차지하는 위상은 한결같지 않았다. 왕이 적전에서 밭을 직접 가는 친경례는 1144년 이후로 거행되지 않았으나 현실 정치를 비판하며 이상적 통치를 제안할 경우 어김없이 적전에서의 예를 시행하자는 논의가 있었다. 특히 윤소종尹紹宗(1345~1393) 등 고려 말 신유학의 학문적 기반을 지닌 신진사대부들은 적전에서의 친경의례를 통해 민생을 위한 개혁의지를 보이도록 적극적으로 제안했다.[10] 이러한 인식은 조선시대에 적전 제도를 마련하고 운용하는 데 일정한 영향을 주었다.

10_ 『고려사』 권120, 「열전」33, '윤소종'.

4 조선 전기의 선농제·선잠제

태조 대

고려 말 이래로 적전 제도는 성군이 힘써야 할 일로서 명확하게 인지되었고, 조선은 국초부터 적전의 제도를 마련하여 실천하였다. 조선 국가 제도의 근간을 마련했던 정도전鄭道傳(1342~1398)은 "농사는 만사의 근본이며 적전은 농사를 장려하는 근본입니다. 임금이 적전籍田을 친경親耕하여 농사일에 앞장서면, 아래 백성들이 '존귀하신 임금도 오히려 몸소 경작하시는데, 미천한 하민이 어찌 경작하지 않고 그냥 앉아 있어서 되겠는가?' 하고는 모두 밭두둑에 나아가서 농사가 일어나게 될 것입니다."[11] 하여, 국가에서 적전 제도를 두는 의의를 밝혔고 태조 또한 이를 수용하여 적전 제도를 시행하도록 했다.

또한 선농단에서 기곡의례를 올리고 적전에서 친경하는 의식은 즉위 후 거행해야 할 중요한 의례로서 인식되었다. 중국에서는 제천의식이 즉위와 함께 거행되는 가장 중요한 제사의식이었지만 조선 초에는 환구에의 제사의식을 논의 끝에 폐지했다. 대신 하늘이 만물을 키워내듯 민생에 대한 책임의식으로 정치를 해 나간다는 의미를 담은 적전의례가 중시되었다.

11_ 『삼봉집』 권13, 「조선경국전」 상, '예전'礼典, '적전'籍田.

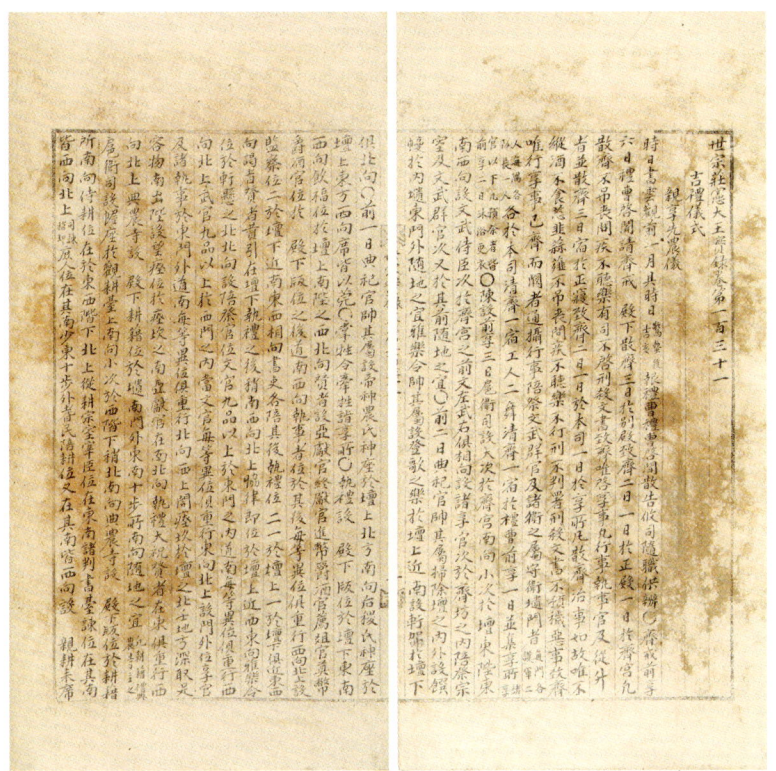

도6 「친향선농의」親享先農儀 기사
『세종실록』「오례」 122책에 수록.

태종 대

태종 대에는 유교식 예제에 대한 연구와 함께 국가제사 제도의 정비가 가속화되었다. 선농 및 선잠단은 사직단, 풍운뇌우단 등의 단과 함께 도성 건설 과정에서 이미 축조되어 있었는데 태종 대에 단유의 제도가 고제와 맞지 않는다고 하여 개정하자는 논의가 있었다.[12] 신라에서 고려로 이어졌던 중농과 후농에 대한 제사 또한 전례서에 근거가 없다는 이유로 사전에서 삭제되었다.[13] 이렇게 선농단의 제도는 국초부터 마련되었고 적전에서의 친경의례 절차도 중국과 고려의 제도를 참조하여 정했다. 이렇게 마련된 적전의례의 내용은 『세종실록』「오례」에 실려 있다. 도6

12_ 『태종실록』 권25, 태종 13년, 6월 을묘(8일).

13_ 『태종실록』 권27, 태종 14년, 4월 정사(14일).

성종 대 친경의식

국초부터 세종 대에 이르는 동안 적전의례의 정비는 지속되었지만, 실제 적전의례는 성종 대에 가서야 처음으로 실행되었다.

1474년(성종 5) 이맹현李孟賢(1436~1487)의 건의를 받아들여 친경의주를 마련하였고, 이듬해 1475년 1월 25일 조선 최초로 친경의식을 거행했다.[14] 기본 절차는 세종 대에 마련되었던 '친경의'耕籍儀를 그대로 따르되 세부 절차에는 수정을 가했다. 친경 전의 준비물, 친경 전에 종묘에 고하는 의식, 친경할 때 근처 읍의 백성들을 불러 친경을 구경하도록 하는 일, 친경 시의 복식 등이 중국 송나라의 문헌인 『문헌통고』文獻通考를 고증하는 가운데 새로이 마련되거나 수정되었다.[15]

특히 국왕이 친경하는 의의를 많은 사람들이 함께할 수 있도록 하는 부대 행사에 많은 관심을 두었다. 친경 후 전례 없는 성사가 이루어진 것을 기념하는 뜻으로 기로耆老, 유생儒生, 여기女妓들이 가요歌謠를 바치도록 한다거나 친경할 때에 연주할 악장을 새로 만들어 성대한 의식이 되도록 했다. 친경이 끝난 후에 국왕 이하 함께 밭을 간 사람들이 모두 모여 술을 마시는 노주연勞酒宴도 이때에 새로 마련되었다.

이러한 준비 과정을 거쳐 조선 개국 이래 처음으로 적전籍田에서 친경의식이 거행되었을 때, 임금이 몸소 밭가는 광경은 백성들에게도 깊은 인상을 남겼던 것으로 보인다. 이때의 일을 실록에서는 다음과 같이 기록했다.

14_ 『성종실록』 권51, 성종 6년, 1월 을해(25일).

15_ 『성종실록』 권51, 성종 6년, 1월 기사(19일).

> 임금이 쟁기를 잡고 친경하시니, 반열에 있는 신료臣僚·군교軍校·기로耆老와 도성의 사녀士女, 기전畿甸의 백성으로서 보는 자는 바라보고 감탄하지 않는 이가 없었으며, 심지어 눈물을 흘리는 자도 있었다.[16]

16_ 『성종실록』 권51, 성종 6년, 1월 을해(25일).

이후 1488년(성종 19), 1493년(성종 24)에 다시 친경례를 거행하였다. 성종 대의 친경은 조선 개창 이래 첫 행사였다는 점, 그리고 『예기』, 『문헌통고』, 『고려사』 등의 전적을 참고하고 중국과 우리나라의 친경 사례를 좇아 자세한 의주를 만들고 친경 전 제사에서 친경 후의 부대 행사에 이르기까지 의식 전반에 걸친 전범을 마련하였다는 점에서 그 의의가 크다.

이후 친경은 국가의 중사中祀인 선농제의 일환으로 매해 초에 거행해야 하는 성대한 예식으로 인식되었으나 실제로는 자주 행해지지 못했다. 연산군 대에 1회, 중종 대에 2회, 명종 대 1회, 선조 대 1회, 광해군 대 1회 거행되었을 뿐이다. 선농단에서 기곡하고 친경하는 적전의례가 국왕이 친히 기곡하는 의례로서 유일한 것이었다는 점을 감안하면 매우 적은 횟수였다. 흉년이나 전란 등으로 인해 자주 시행되지 못한 것도 있지만, 그보다는 친경의례에 따르는 여러 가지 의식이 번잡스럽기 때문에 친경의례를 주저하게 되는 경우가 많았다. 오히려 여기女妓와 노인, 유생이 가요를 바치는 일이나 어가행렬이 지나는 도로를 화려한 면포로 장식하는 일 등이 '민생'을 위해 애쓴다는 본 의식의 의미를 해칠 정도로 성대하게 치뤄지면서 친경 무용론이 제기되기도 했다.

성종 대 친잠의식

최초의 친잠의식 또한 성종 대에 있었다. 1477년(성종 8) 이해 음력 3월 14일에 중전(폐비 윤씨)이 내명부와 외명부의 여성들을 거느리고 친잠의식을 거행하였다. 조선시대뿐 아니라 역대 최초로 거행되는 것이었기에 준비와 세부 절차를 마련하기 위해 세심한 주의를 기울였다. 이미 전년부터 예문관에 지시하여 친잠에 대한 옛 전례를 상고하도록 하였고 1477년 윤2월에는 친잠의식의 준비를 맡은 예조에서 절목을 마련해 올렸다.[17] 여기에서 친잠할 때의 음악과 복식, 기물 등에 대한 상세한 내용이 결정되었다. 친잠의식의 구체적인 진행을 시간 순서에 따라 풀어 설명해 놓은 「친잠의」親蠶儀는 송나라의 제도를 참고

17_ 『성종실록』 권77, 성종 8년, 윤2월 계해(25일).

해 마련했다.

 3월 14일에 중전은 1품 내명부 2인, 2품 내명부 1인, 3품 내명부 1인과 1품 외명부 2인(월산대군月山大君 부인 박씨, 길창부원군吉昌府院君 권람權擥의 부인 이씨), 2품 외명부 1인(이극돈李克墩의 처 권씨權氏), 3품 외명부 1인(우승지 임사홍任士洪의 처 이씨李氏) 등을 거느리고 창덕궁의 후원에서 친잠의식을 거행하였다. 의식을 마친 후에는 성종과 중전 윤씨가 세 대비전에 잔치를 올리고 다음 날에는 중전이 선정전宣政殿(창덕궁의 편전)에서 내·외명부를 모아 놓고 노주연을 행한 후 차등 있게 선물을 하사하였다.

 이후 친잠의식은 1493년(성종 24), 1513년(중종 8), 1529년(중종 24), 1572년(선조 5) 등 네 차례 더 거행되었다. 장소는 1529년에만 경복궁 후원이었으며 나머지는 창덕궁 후원에서 거행되었다. 선조대의 친잠 장소는 알 수 없다.

 이상 역대 왕후들이 주체가 되어 시행한 친잠의식은 성세에 성군을 돕는 후비를 상징하는 것이었으며 적전에서의 의례가 가진 교화적 의미를 더욱 완전하게 만들어주는 역할을 했다.

5 조선 후기의 선농제·선잠제

숙종 대

광해군 대 친경의가 거행된 이후, 인조에서 현종 대에 이르는 동안 신하들의 주청이 여러 차례 있었지만 친경의식이 거행되지는 않았다. 흉년과 전염병 유행이 직접적인 이유였으나 광해군 대의 친경례가 궁궐 영건과 함께 헛되이 국력을 낭비한 무모한 정책으로 비판받았던 사실과 무관하지 않았다.

다시 친경례 거행이 적극적으로 논의된 것은 숙종 대부터이다. 그 중심에는 남인南人 고학파古學波의 대표 학자인 허목許穆(1595~1682)이 있었다. 허목은 『예기』에 기록된 친경례에 관한 내용과 한·진晉의 사적, 『국조오례의』 규정, 역대 선왕들의 친경 사례를 들어 친경 시행을 주장했다.[18] 숙종은 이를 곧 받아들였고 이듬해 봄에 거행하기로 결정하였다. 당시 도성에는 천연두가 유행하였고, 효종의 능에 행차하는 일 등 여러 행사가 예정되어 있었으므로 친경례를 거행하기 어려운 형편이었다. 그러나 숙종은 친경을 반대하는 사람들이 반대 사유로 삼는 번거로운 부대 행사를 줄여서라도 친경의례를 거행하고자 했다. 우여곡절 끝에 행사가 강행되었지만 친경 당일 큰 비가 내려 관경대觀耕臺(적전에서 밭 가는 모습을 보기 위해

18_ 『숙종실록』 권6, 숙종 3년, 2월 갑술; 『기언』記言 권67, 「상친경성례차」上親耕成禮箚.

설치된 단) 위의 일월오악도日月五岳圖 병풍이 찢어지고 소를 끌고 쟁기를 밀 수 없을 정도로 땅이 질척거리게 되자 연기되었다. 이어 다음 날에는 숭릉崇陵(현종의 왕릉) 능침이 무너지는 변고가 발생하였고, 야심차게 준비했던 친경의례는 영영 무산되고 말았다.[19]

몇 년 후 서인정권이 들어서게 되자 남인 고학파에 의해 추진되었던 친경 행사에 대한 비판이 일었다.[20] 그런데 이 비판은 친경 자체에 관한 것이라기보다는 남인들이 친경과 함께 추진하려 했던 친잠의식에 대한 것이었다. 윤휴尹鑴(1617~1680)나 오정창吳挺昌(1634~1680) 등은 『국조오례의』에는 없어도 성종, 중종 대에 전례가 분명히 있다는 이유로 친잠행사를 열자고 했는데 이것이 엉뚱한 문제로 비화되었다.

1677년(숙종 3) 당시 중전인 인경왕후仁敬王后 외에 후궁이 없었다. 친잠의식에 "왕비가 후궁을 거느리고" 의식을 거행하도록 되어 있다는 사실을 들어, 오정창이 친잠을 핑계 삼아 자기 딸을 후궁으로 들이려고 했고, 여기에는 서인 측과 연결되어 있는 인경왕후와 숙종의 사이를 이간질하려는 의도가 숨어 있다는 것이 서인들의 생각이었다. 고례古禮를 빙자한 음흉한 의도라는 일부의 해석, 이것이 숙종 대 동안 친경과 친잠의례가 거행되는 것을 가로막았다. 다만 1696년(숙종 22) 전통적으로 적전의례의 일부로 해석되어왔던 맹춘에 하늘에 기곡한다는 『예기』 「월령」의 기록을 토대로 사직에서의 기곡친제를 시행하여 적전의례의 의미를 대체했다.[21]

영조 대의 친경의례

오랫동안 중단되었던 친경의식은 영조 대에 비로소 거행되었다. 영조는 즉위 이래 민생을 위한 의례를 직접 실천하는 일에 힘을 기울였으니, 사직에서 기곡제를 친행한다거나 교외의 제단에서 기우제를 지낸 일 등에서 이를 확인할 수 있다. 적전에서의 의례를 한 해의 풍년을 기원하고 권농하는 차원에서 중요한 의례로 인식했던 영조는 1739년(영

19_ 『숙종실록』 권6, 숙종 3년, 2월 갑술(27일).

20_ 『숙종실록』 권10, 숙종 6년, 9월 정사(2일).

21_ 『숙종실록』 권30, 숙종 22년, 1월 신유(4일).

조 15) 1월 13일 대신들에게 친경의례를 거행하는 일에 대해 찬반 의견을 내도록 하고, 『국조오례의』에 수록된 「친경의주」親耕儀註를 베껴 써 올리라고 명령하면서 전격적으로 단행하였다.

농사의 중요성을 일깨우며 국왕이 농사를 중히 여기는 마음을 친경의례를 통해 널리 보일 것을 청하는 상소가 먼저 올라가고 국왕이 이를 받아들이면서 거행되었던 역대의 전례와는 사뭇 다른 시작이었다. 영조는 훗날 "내가 친경은 『대학연의』를 보고서 행하였고 관예觀刈는 의리를 상기시켜 한 것이었는데, 명나라의 옛 일과 부합하였다"고 언급한 바 있다. 전적으로 자신의 결단에 의한 것이었음을 강조한 것이다.22

22_『영조실록』 권65, 영조 23년, 5월 정미(18일).

영조가 무신난戊申亂 이후 기유대처분己酉大處分으로 '탕평정치'蕩平政治를 천명하며 국왕이 명실상부하게 국정을 장악하고 이끌어 나가는 정치를 지향했음은 잘 알려져 있다. 탕평정치의 궁극적 목적은 정당한 국왕권을 중심으로 관료체제를 재정비함으로써 정치와 민생의 안정을 도모하려는 데에 있었다. 대민 관계에 있어서도 군주 아래에 사민士民(사대부와 백성)이 동등하다는 '대동'大同의 인식을 배경으로 정치의 효험이 백성에게 직접 돌아갈 수 있고 더 나아가 백성과 직접 만나고 소통할 수 있는 방식을 선호했다.

영조는 신하들의 반대를 무릅쓰고 친경례를 거행한 데 이어 관예례觀刈禮(적전에서 곡식을 수확하는 것을 보는 의식), 친잠례까지 행하고 말년에 그에 관한 여러 편의 글을 남길 정도로 많은 애착과 자부심을 가졌다. 이는 이 의례가 단순한 행사가 아니라 영조 자신이 지향하는 정치의 성격을 상징적으로 드러내주는 의식이었기 때문이다. 즉 민생의 근간인 농사일을 국왕이 온 백성들이 볼 수 있는 공간에서 직접 행하여 모범을 보이고 그 수고로움을 치하함으로써, 국왕이 늘 함께한다는 것을 깊이 각인시키는 의식이 바로 친경례와 친잠례였던 것이다.

또한 친경례의 거행은 조선 전기의 옛 제도를 회복하려는 노력의 일환이기도 했다. 영조에게 조선 전기의 옛 제도는 조선 땅에 실현하고자 했던 유교적 이상 정치의 구체적인 모습들이었다. 영조 대 예제의 개편이 경연에서의 『주례』 강학을 기초로 하였듯이, 유교적 예제에 대한 깊은 이해 위에서 새로운 통치에 필요한 의례를 실천하고자 했다. 친경의식을 1753년(영조 29), 1764년(영조 40), 1767년(영조 43)에 각각 거행했다. 1747년에는 예제의 본뜻을 살려 역대에 거행된 일이 없었던 관예례를 행했고, 1762년(영조 38), 1765년(영조 41), 1767년(영조 43), 1769년(영조 45)에도 관예의식을 거행했다. 또한 『속오례의』 「길례」 편에 관예의주를 부록으로 수록하였다. 1767년에는 곡식의 종자를 받아 보관하는 장종藏種의식을 친잠 후 누에고치를 받는 의식과 함께 거행했다.^{도7}

영조 대의 친잠의례

1767년(영조 43) 1월 7일 영조는 세손과 함께 친경을 하기로 결정한 후 옛 고사에 따라 친잠도 동시에 거행하기로 했다.^{도8} 영조는 친경과 친잠은 동시에 거행하는 것인데 팔순을 바라보는 나이에 친경을 거행하기로 하였으니 옛 예문을 준수하기 위해 친잠도 행해야 한다고 한 후 같은 날 다음과 같은 전교를 내렸다.

도7 〈잠직도〉 진재해, 1697년, 비단에 채색, 132.4×48.8cm, 국립중앙박물관 소장.
숙종의 어제가 남아 있는 궁중 감계화로, 산수 속 집안에서 누에 치는 여인들을 세 장면으로 나누어 그렸다.

이제 팔순을 바라보는 나이에 무엇을 하겠는가마는, 충자沖子(세손 정조)와 함께 친경을 하고 내전으로 하여금 친잠을 하게 하니 역사책을 놓고 보더라도 부끄러움이 없다. 74세에 어찌 감히 다시 사양하겠는가.

도8 영조가 1767년의 친경과 친잠 의식을 기념하여 지은 시 「경잠기의」耕蠶記意 『어제집경당편집』 권6에 수록, 한국학중앙연구원 장서각 소장.

특별히 충자와 친경을 할 것을 명하고 내전에게 친잠을 하도록 명하니, 이 어찌 우리나라 사책에 있었던 바이겠느냐. 그러기에 나는 이를 사양하지 않고 명한다. 이번에 내가 친경하는 것은 신하들을 전보다 약간 더하는 것에 불과하며, 친잠은 삼조三朝(성종, 중종, 선조)에서 이미 행한 고례가 있고 황조皇朝(명나라)에서도 이런 예가 있으니, 고례를 따르는 것을 어찌 감히 사양하겠는가. 오늘의 하교는 조상이 가르침을 주시는 것이라 할 만하다. '오례의'에 없는 것은 이번에 새로이 정하여 하교할 것이니 이로써 거행하라.[23]

23_ 『친잠의궤』 「전교질」傳敎秩, 정해, 3월 13일.

친잠의식은 양난 이후 처음으로 행해지는 것으로 이전의 전례를 기록한 의궤 등 관련 기록이 전무한 상태였다. 때문에 영조는 일단 경복궁의 강녕전 옛터에서 선잠제를 거행한 후 어원에서 친잠의식을 거행하도록 전교를 내리고 예조판서에게 친잠의주를 마련하도록 지시하였다. 그리고 정확한 예문禮文을 만들기 위해 춘추관 당상과 낭청에게 강화부 사고에 가서 성종, 중종, 선조 대의 실록에서 친잠과 관련된 사항을 적어오도록 했다.

영조 대 친잠에서 또 하나 중요한 것은 장소이다. 적전의 경우 역대의 사례와 마찬가지로 동교였지만, 1763년에 거행된 친잠의례의 장소는 역대에 주로 이용되었던 창덕궁이 아니라 중종 대 한 차례 거행되었던 경복궁의 강녕전 옛터로 정했다. 이곳을 친잠의 장소로 정한 것은 특별한 의미를 지닌 것이었다. 영조는 전후 여러 차례 경복궁에 거둥하면서 다양한 의식행사를 이곳에서 열었다. 근정전 옛터에서 정시문과를 실시한 이래 여러 차례 문무관료와 유생들을 이곳에서 시취하였고 1756년(영조 32)에는 '체천건극성공신화' 體天建極聖功神化라는 여덟 자의 존호를 이곳에서 받기도 했다. 이 외에도 반사나 중외의 신료들에게 효유할 일이 있을 때 '경복궁의 옛터'라는 의미를 거듭 강조하여 영조가 이곳을 남다르게 생각하고 있음을 보여주었다. 친잠의 장소를 결정할 때 현재의 왕비(정순왕후 貞純王后 김씨金氏)가 거처하고 있는 경희궁이나 창덕궁의 후원이 아니라 이전 다섯 차례 친잠례 중에서 굳이 중종 대 경복궁에서 거행된 전례를 좇았던 것은 이와 같은 평소 생각을 드러낸 것이었다. 친잠을 며칠 남겨두고 내린 다음의 전교에서는 더욱 분명하게 '창업創業한 고궁故宮'인 경복궁에서의 행사가 가지는 의미를 영조가 남다르게 생각하고 있음이 드러난다.

> 이번의 이 예를 한 번 거행함에 있어 세 가지로 감회가 깊다. 하나는 300년 된 고례를 다시 거행하는 것이고, 하나는 황조의 고사를 따라 시행하는 것이며, 하나는 창업한 고궁에 함께 간다는 것이다. (중략) 내전이 강녕전에서 하례를 받는 것은 역시 국초의 성대한 일을 법받아 따른 것이다.[24]

24_『친잠의궤』「전교질」, 정해, 3월 7일.

경복궁은 위대하게 기억되고 있는 옛 선왕들의 정치가 이루어졌던 곳이며, 영조는 자신과 왕실의 위상을 높이는 데에 이러한 옛 기억의 장소들을 훌륭하게 활용해온 바 있었다. 영조가 경복궁 빈터에서 거행한 여러 의례의 의미들은 선왕들이 지향했던 정치의 기억과 함께 어우러지면서 조선 정치의 궁극적 지향을 확인시켰다.

영조는 친잠의 장소뿐 아니라 참석 인원의 범위, 음악, 복색에 이르기까지 세부적인 내용에 일일이 간섭하고 이에 의거하여 의주를 마련하도록 지시하였다. 특히 친잠 장소로 결정된 경복궁이 빈터로 남아 있는 상태였기 때문에 선잠제와 친잠례, 그리고 친잠 이후의 잔치를 위해 많은 준비가 필요했다.

친잠을 거행하기 위해 두 종류의 단이 설치되었다. 하나는 유문壝門을 설치한 선잠단으로 이곳에서 내전이 선잠에 대한 제사를 지내도록 하였다. 제도는 조선 전기의 선잠단과 같지만 규모는 크게 줄었다. 절약을 강조했던 영조는 여기에서도 시행하는 '의미'에 보다 주안점을 두었다.

아래쪽에 설치된 채상단採桑壇은 친경할 때 관경대의 예에 의거하여 설치하였다. 사방 각 12자, 높이가 1자로 흙으로 쌓고, 단 위에는 잔디를 깔았다. 동쪽에 뽕나무가 있기 때문에 서쪽, 남쪽, 북쪽에만 계단이 있다. 혜빈과 빈궁의 채상단은 중궁전의 어단御壇 남쪽에 약간 낮게 쌓았다. 내·외명부의 경우에는 단 아래에 서서 뽕잎을 땄다.

또한 건물도 문도 전혀 남아 있지 않은 상태에서 의식을 치르다 보니 다른 행사 때와는 다른 특별한 준비가 필요했다. 조선시대 궁궐이나 관청의 문은 모두 삼문의 형식을 갖추고 있다. 경복궁에는 문이 없었으므로 행사를 위해 삼문三門을 설치하여 국왕과 왕비는 중문中門으로 혜빈과 세손, 세손빈궁은 동문東門으로 내·외명부는 서문西門으로 들어가도록 하였다. 이 문에는 현판도 달아 궁궐 문의 형식을 갖추도록 했다.

선잠제 및 친잠의식에 사용할 물품 또한 일체 새로이 마련했다. 향로, 향합, 잔, 동이, 대야, 구기(勺, 술을 뜰 때 쓰는 기구) 등을 새로 마련하고 행사가 끝난 후에는 궁궐 안에 보관하도록 하였다. 이는 이번의 친잠의식이 일회성의 행사로 그쳐서는 안 되며 국가의 중요

의식의 하나로 자리매김되어야 한다는 의지가 담긴 것이었다. 제기와 함께 뽕잎 따는 행사에 필요한 누에, 잠판, 갈고리, 광주리 등을 새로 만들고 그 제도를 의궤 및 전례서에 수록하였다. 복식 규정도 조선 전기와는 달라서 영조 때의 친잠에서는 노란색의 국의鞠衣는 착용하지 않았다.

친잠의례가 끝난 후 영조는 이를 치세 동안의 자랑스러운 치적의 하나로 기억되게 하였다. 이듬해 친잠을 했던 장소에 '정해친잠丁亥親蠶'이라는 글을 새긴 비를 세워 이때의 일을 영원히 기념하도록 했다.[25] 또한 1773년(영조 49)에는 정해년 친경과 친잠에 참여하였던 기민耆民들과 잠부들을 불러 쌀과 비단을 내려주어 친잠의 기억을 되새기도록 했다.[26]

25_ 『영조실록』 권114, 영조 46년, 1월 정해(9일).

26_ 『영조실록』 권120, 영조 49년, 3월 갑오(5일).

친잠의식은 영조 대 이후로는 다시 거행되지 않았다. 친경·친잠의식이 풍년을 기원하고 농사와 양잠을 장려하여 민생의 안정을 도모한다는 의미를 지니고 있었지만, 국왕이 직접 주도하는 친경의식에 비해 비·빈이 모두 참여하는 친잠행사는 밖으로 드러나는 여성의 역할에 대해 부정적이었던 조선시대에 적극적으로 행해지기 어려웠다. 그럼에도 불구하고 친경·친잠의식은 조선시대 어떤 국가행사보다도 민생의 안정을 희구하는 통치자의 이미지를 가장 직접적으로 드러낼 수 있는 것이었다. 역대 어느 국왕보다 이러한 군주가 되기를 소망했던 영조가 자신의 치세에 친경과 친잠을 함께 거행할 수 있었던 것을 그렇게도 자랑스럽게 생각했던 것은, 바로 그 의식이 지닌 상징성과 정치적 효과 때문이었다.

정조 대의 적전의례

정조 대에는 친경의례와 같은 성대한 적전의례는 시행되지 않았다. 정조 대에 사직제가 대표적인 기곡제로 자리 잡았던 것도, 영조 대와 같은 친경의례가 시행되지 않은 하나의 원인이 되었다고 볼 수 있다. 더욱이 정조는 의례보다 실질이 더욱 중요하다고 여겼다. 매해 세수歲首에 권농윤음勸農綸音을 반포하여 민생을 염려하는 마음을 보인 것이나, 영조의 친경의례 60주년이 되었을 때 농서를 편찬해 올리라는 구언을 올렸던 것도 '기곡'이 일회의 행사에 그치지 않고, 그 실질적 혜택이 백성들에게 미치도록 하기 위함이었다.

정조 대에 대규모 행사로서 친경은 하지 않았지만 적전에서 보리 베는 것을 보는 의식은 거행하였으니, 1781년(정조 5) 윤5월에 거행된 관예의례가 그것이다.[27] 관예의례는 영조 대에 처음으로 시행되었던 것으로, 정조 대에는 영조 대의 친경례를 참조하여 관예의례를 보다 정교하게 다듬었다. 관예 시의 악장과 노주 시의 악장도 새롭게 만들었다.[28] 중국 송대에 친경할 때의 악장과 명대 노주연 악장의 체례體禮를 참조하여 대차에서 나가고 돌아올 때(出還大次), 관예단에 오르고 내려올 때(陞降壇), 관예할 때(觀刈), 자리에 오르고 내려올 때(陞降座), 수확한 보리를 받을 때(受麥), 노주연을 베풀 때(勞酒)의 악장 6편을 새롭게 편찬하였다.

27_ 『정조실록』 권11, 정조 5년, 윤5월 정해(8일).

28_ 『정조실록』 권11, 정조 5년, 윤5월 정미(5일).

고종·순종 대의 적전의례

1871년 2월 10일 고종은 동적전에 나아가 선농단을 봉심하고 성대하게 친경의식을 거행했다.[29] 즉위 초 경연 자리에서 친경과 친잠의례에 대한 관심을 표명했던 고종은 그의 친정체제를 구축하기 위해 거행했던 여러 의례 가운데 하나로 친경의례를 선택했다. 친경할 때 함께 밭 가는 인원은 종실宗室, 총재冢宰, 병조판서兵曹判書, 대사헌大司憲, 대사간大司諫이지만, 1767년의 전례에 따라 국구國舅·의빈儀賓·호조판서戶曹判書·경기감사京畿監司도 참여하도록 했다. 또한 이 해에 적전에서의 관예의식도 거행하였다.

29_ 『고종실록』 권8, 고종 8년, 2월 경오(10일).

고종이 왕권의 정당성 마련을 위해 친경의례를 행했던 것에서도 볼 수 있듯이 '민생을 위한 기원'을 대표하는 의례는 역시 적전에서의 의례였다고 할 수 있다. 1907년 고종의 강제 퇴위로 황제위에 오른 순종은 1909년과 1910년 동적전에서 친경의식을 거행했다.

도9 **순종의 친경례 장면(왼쪽)** 한미사진미술관 소장.
악단의 음악에 맞춰 순종황제가 직접 밭을 갈고 곡식을 파종하는 장면이다.

도10 **순종의 친경례 장면** 한미사진미술관 소장.
황족과 친척임관, 백성들이 함께 술을 나눠 마시는 농주례 장면이다.

순종황제의 서순과 남순 등에서 볼 수 있듯이, 이때의 의례는 조선의 통치자로서 황제가 아닌 일본 제국의 힘을 과시하기 위한 것이었다. 친경의식에도 다수의 일본인이 참여함으로써 동적전이라는 대대로 민생을 위해 풍년을 기원하던 장소에서 그 기원의 주체가 바뀌고 있음을 조선의 백성들은 분명하게 확인할 수 있었다. 도9, 10

6 선농단과 선잠단의 제도

적전

조선에는 동서에 적전을 설치하여 운영하였지만, 실제로 적전의례가 거행된 것은 동적전뿐이었다. 동적전은 한양 동교 10리에 설치하고, 이름을 전농典農이라 했다. 관아의 명칭은 '향기로운 제수'를 담당하는 곳이라는 의미를 담아 '필분각'苾芬閣이라 했고, 창고를 두어 수확한 각종 곡식을 저장하였다. 적전에서 거둔 곡식은 종묘 및 여러 제사의 자성粢盛으로 쓰였다.^{도11}

서적전은 개성부 동쪽 20리에 있었으며, 그 촌의 이름 또한 '전농'이라 했다. 서적전 관아의 명칭은 '형향각'馨香閣이었으며, 역시 창고에 제사용 각종 곡식을 저장하였다. 서적전은 고려의 적전을 그대로 계승한 것이며, 이곳에서 수확한 곡식의 쓰임은 동적전과 같았다.

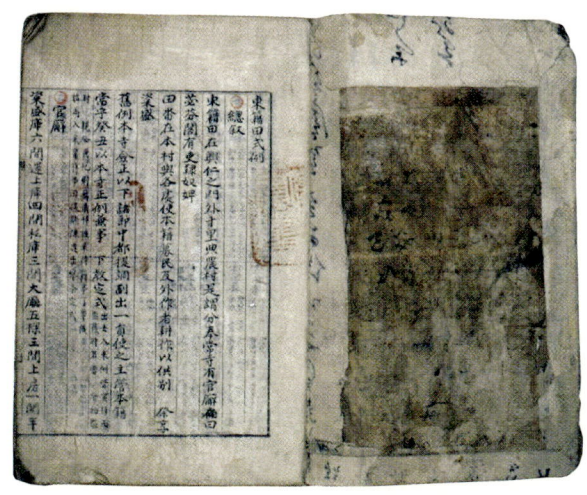

도11 『동적전식례』 서울역사박물관 소장.
서울에 있던 동적전에 대해 기록한 책. 18세기 후반에 간행됐을 것으로 추정된다.

선농단과 선잠단

신농에게 제사를 올리는 선농단은 동적전에 위치했다. 선잠단도 동교에 있었지만 거의 활용되지 않았다. 선잠제와 친잠의례는 왕비가 주도하는 의례였기에 궁궐 밖의 제단까지 나가지 않고 궁궐 후원에서 거행되었기 때문이었다.

조선시대 선농단과 선잠단의 제도는 『세종실록』「오례」이래 정해진 규정이 있었다. 선농단과 선잠단은 모두 너비가 사방 2장 3척, 높이가 2척 7촌인데, 낮게 두 겹의 둘레담(壝)을 두었다. 고려시대의 단제와 비교해볼 때 규모는 약간 줄어든 것이다. 예감瘞坎은 단壇의 북방 임지壬地에 있는데, 벽돌(磚石)을 사용하여 섬돌을 만들고 하나의 조그마한 천정天井을 만들었으며, 깊이와 넓이는 3~4척 정도로 하였다. 여러 제사 지내는 신의 단·묘·원園과 마찬가지로 단 밖의 30보 안에서는 나무하고 농사짓는 일과 행인行人의 내왕을 금지시켰다.

시일

선농제를 올리는 날짜는 경칩驚蟄 후 해일亥日, 즉 음력 2월 해일로 정했다. 선잠단의 제사는 계추季秋, 즉 음력 9월의 사일巳日에 지내도록 했다. 이러한 제사일은 『예기』「월령」에 맹춘의 달에 지낸다는 규정이나 고려시대에 춘정월 해일의 규정과는 차이가 있다. 중국 역대에도 적전제사의 날짜는 차이가 있었으나 대체로 맹춘의 규정을 따랐고, 명대부터 중춘의 해일 규정을 따랐다. 그러나 조선시대에도 이렇게 규정된 2월 해일이 항상 지켜진 것은 아니며 1월~3월에 길한 해일을 따르는 선에서 절충되었다.

축식·폐백·희생

축식은 선농과 선잠 모두 "조선 국왕 성 서명 감소고"라 하였다.

폐백幣帛으로 선농단에는 1장 8척의 청색 저포苧布를 썼다. 만물

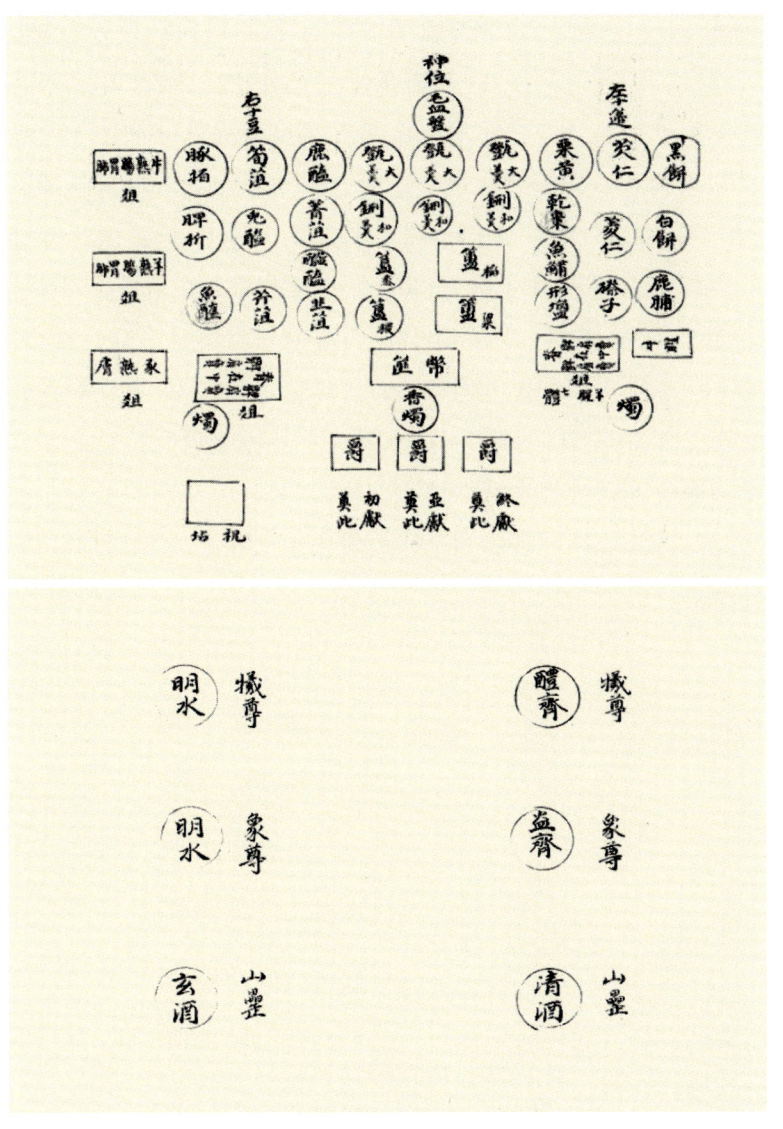

도12 선농친향정배위찬실도先農親享正配位饌實圖
『세종실록』「오례」'길례', 찬실도饌實圖

도13 준뢰도尊罍圖
『세종실록』「오례」'길례', 찬실도饌實圖

이 소생하는 봄에 기곡한다는 의미를 담아 동쪽=봄=목木을 상징하는 색인 청색을 쓴 것이다. 선잠단에는 흑색 저포를 썼는데, 길이는 1장 8척으로 같았다. 자(尺)는 조례기척造禮器尺을 사용하였다.

 희생은 선농에 친향親享할 때에는 소·양·돼지 각 한 마리를 쓰고, 대리 행사할 때에는 양·돼지 각 한 마리를 쓰며, 선잠先蠶에는 양·돼지 각 한 마리를 썼다.도12, 13

제계   제사를 올리기 전 몸과 마음을 깨끗이 한다는 차원에서 마련되었던 '재계'의 규정은 다음과 같았다. 선농단에 임금이 몸소 제사를 올릴 때에는 3일 동안을 별전에서 산재散齋하고, 2일 동안을 치재致齋하되, 1일은 정전正殿에서 하고, 1일은 재궁齋宮에서 하였다. 국왕은 산재 기간 동안 조상弔喪과 문병을 하지 않고, 음악을 듣지 않았으며 형률을 적용하는 일에 관한 보고는 받지 않았다. 치재 때에는 제사 지내는 일 이외에는 일체의 보고를 받지 않으며, 제사 지내는 데 정성을 쏟을 수 있도록 준비했다. 왕뿐 아니라 제사를 돕는 관리들도 산재와 치재 규정을 따라야 했으며, 이하 제사에 참여하는 모든 사람들도 하루 전부터는 몸과 마음을 바로하고 제사 장소에서 하룻밤을 지내도록 했다.

7 친경의궤와 친잠의궤

친경의궤   조선시대에는 전·후기에 걸쳐 여러 차례 친경의식이 거행되었지만, 두 번의 행사 (1739년, 1767년)를 기록한 의궤儀軌만 남아 있다.

1739년 1월 28일에 동적전에서 거행된 친경의식에 관한 의궤는 모두 다섯 건이 제작되었다. 일반적으로 의궤는 국왕에게 올리는 어람용과 담당 관청과 사고에 나누어 보관하는 분상용이 있다.『친경의궤』親耕儀軌의 경우에는 동궁에 올리는 의궤가 어람용의 형식으로 제작되어 차이를 보인다. 국왕이 주관한 행사임에도 어람의궤를 동궁에 올리게 한 데에는 궁궐 안에서만 자라는 세자가 농사의 어려움을 알도록 하려는 뜻이 담긴 것이었다. 친경에 사용된 농기구를 먼저 시강원에 들여 세자에게 보이게 한 후 봉상시에 보관하도록 하고, 친경도 병풍을 만들어 동궁에게 올리도록 한 것이 모두 같은 의미였다.

1767년(영조 43) 2월 26일에 친경의식을 거행한 후에는 총 7건의 의궤가 제작되었다. 이 중 어람용 의궤는 다른 의궤에 비해 현저히 분량이 적다. 어람용의 경우에는 헌종獻種·장종藏種, 수견受繭 의식에 대한 내용을 담은 의궤를 별도로 제작하였고,『장종수견의궤』藏種受繭儀軌라는 이름으로 규장각에 소장되어 있다. 도14

도14 『장종수견의궤』 표지(왼쪽) 서울대학교 규장각 소장.
표제표제는 '英祖妃貞純后受繭儀軌'(영조비정순후수견의궤)로 되어 있고, 내제內題는 '藏種受繭儀軌'(장종수견의궤)로 되어 있다.

도15 『친경의궤』의 「관경대도」

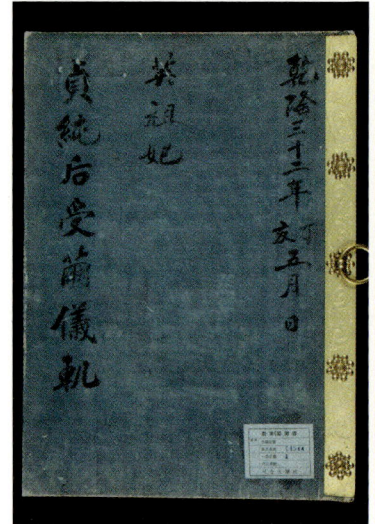
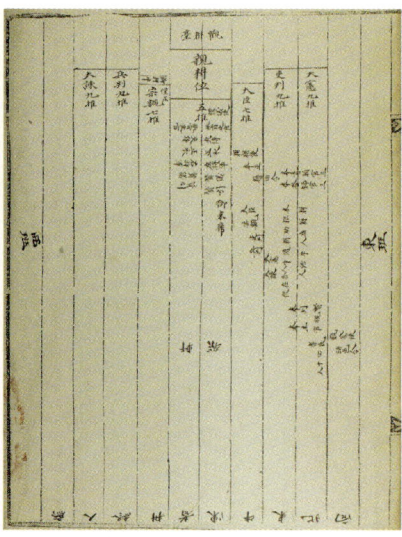

이상의 의궤 기록을 통해 250여 년이 지난 오늘날에도 이 기록들을 통해 당시 친경의식을 거행하기까지의 논의 과정과 관련 관청들 사이의 협조 내용, 그리고 문제가 되었던 점이 어떤 것인지를 상세하게 알 수 있다.

친경하는 장면을 그린 그림, 친경도

조선시대 국가행사의 구체적인 면모를 전해주는 기록으로서 의궤의 가치를 더해주는 것은 의궤에 수록된 각종 도설이다. 그런데 현재 전하는 두 종의 『친경의궤』에는 적전에서의 각 담당관들의 위치를 기록한 「관경대도」觀耕臺圖라는 이름의 문자 도설만이 실려 있다. 도15 영조 대 다른 국가적 행사 후에는 화려한 채색의 기록화를 함께 그려 행사의 의미를 후세에 전하려 했으므로 '친경'親耕이라는 이례적인 행사를 치룬 후 그 전체의 과정에 대해 상세한 기록을 남긴 것을 보면 친경의 모습을 그린 그림도 반드시 그려졌을 것으로 생각된다. 『친경의궤』에는 이 〈친경도〉를 그리기 위해 솜씨 좋은 화원 3명을 선발하도록 한 기록이 있고, 친경행사가 끝난 후 2월 3일에는 친경도를 다시 베껴 그려서 세자시강원에 주도록 했음을 알 수 있다. 이 원본 〈친경도)는 족자 그림이었던 것 같은데 이를 바탕으로 모두 8폭의 친경도 병풍도 제작하였다. 이 친경도는 현재는 전하지 않는데, 그나마 일제강점기에 작성된 논문에 흑백의 도판이 실려 있어 대강의 면모를 확인할 수 있다.^{도16}

그림은 적전에서 친경할 때의 모습을 그린 것이다. 전체적으로 영조 대에 그려진 다른 기록화와 비슷하게 전반적인 배경이 생략된 채 상단에 소나무 몇 그루를 배치하고 그 아래쪽으로 행사 장면을 부감법으로 그려내고 있다. 국왕의 자리와 참여 인원들의 배치는 의궤에 수록된 「관경대도」와 동일하다.

그림 중앙의 상단에는 관경대가 있다. 동서남북으로 계단을 내고 담장을 둘렀다는 설명 그대로의 모습을 하고 있다. 관경대 앞으로는 영조가 친경을 준비하고 마친 후에 돌아가 쉬는 대차大遮가 있고 좌우로 왕을 호위하는 장교와 포수 등이 늘어서 있다. 그 앞으로 친경하는 모습이 그려졌다. 다른 행사도에서와 마찬가지로 국왕의 모습은 그려지지 않았지만, 두 마리의 소가 쟁기를 끌고 있는 장면과 주위에 둘러 선 시경인侍耕人들이 그 자리에 국왕이 있음을 확인해 준다. 국왕의 친경위에서 아래쪽으로 내려오면 종실과 대신들이 밭을 갈기 위해 좌우로 벌여선 모습이 있다. 이들의 뒤쪽으로 소 12마리, 수우인隨牛人(소를 끄는 사람) 12인, 삽과 가래를 잡은 서인, 푸른 상자를 든 서인이 각각 6명씩 있다. 그 아래에는 구경꾼으로 선발된 노인(耆民)들이 서 있고 기민의 앞에 헌가軒架가 설치되어 있는 모습이다. 그림의 좌우 끝에는 동반과 서반의 백관이 조복을 입고 열립하여 서 있고 동반의 뒤에는 경기관찰사 이하 군현의 수령들이 있다. 제일 하단에는 백무의 밭갈이를 마무리하는 농민들이 소와

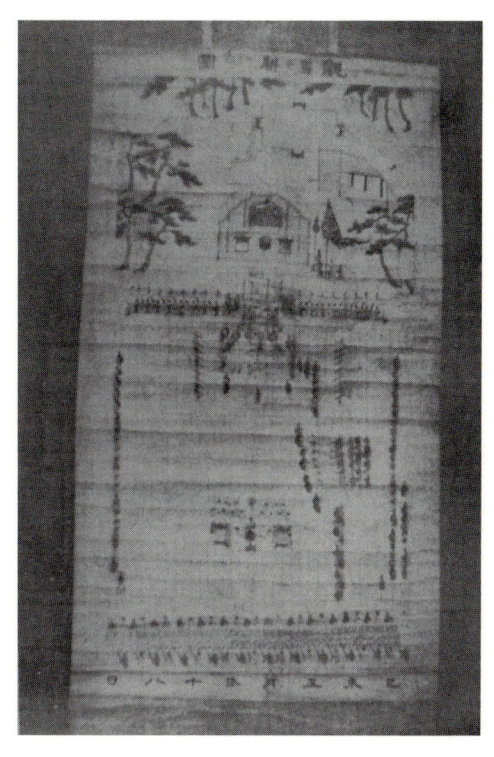

도16 『조선농회보』朝鮮農會報의 〈친경도〉親耕圖 『조선농회보』 14권 3호, 조선농회(1940).

 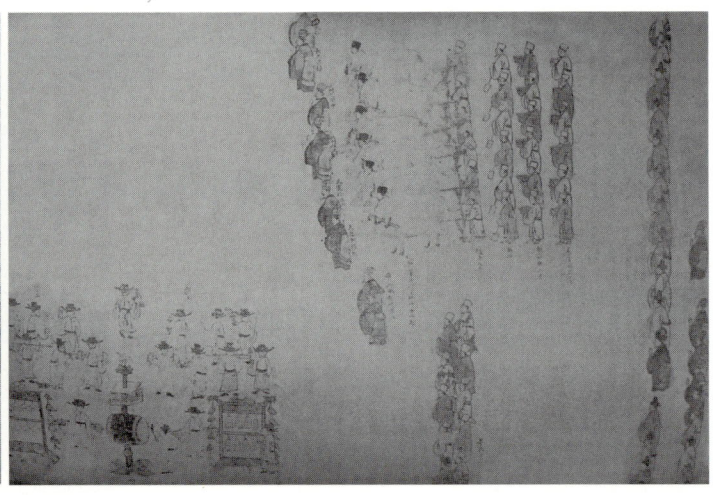

도17 〈친경도〉 중 경적위 부분(왼쪽)『조선농회보』 14권 3호, 조선농회(1940).

도18 〈친경도〉 중 소와 악대 부분『조선농회보』 14권 3호, 조선농회(1940).

함께 늘어서 있다. 전체적으로 배경을 사실적으로 드러내지는 않았지만 밭의 이랑임을 표현하기 위해 세로선이 엷게 그려져 있다. 족자의 상단에는 '親耕圖'(친경도)라는 제목이, 하단에는 '己未正月二十八日'(기미정월이십팔일)이라는 글씨가 있어 이 그림이 영조 15년(1739)의 친경행사를 그린 것임을 확인시켜준다.도17, 18

사진상으로만 볼 수 있는 친경도이기 때문에 그림의 필치나 채색 등을 확인할 수 없어 아쉽지만 문헌으로만 확인되던 영조 대의 친경행사가 어떤 광경을 연출하였는지 생생하게 전해주고 있다. 화풍도 『대사례도권』(1743, 연세대학교박물관 소장)의 어사도御射圖, 시사도侍射圖 등과 거의 흡사하여 18세기 전반의 궁중행사도가 대개 비슷한 형식을 취하였음을 더욱 분명히 확인할 수 있다.

친잠의궤

친잠의식을 적은 의궤는 1767년(영조 43)의 친잠의식을 기록한 한 종뿐이다. 당초 『친잠의궤』親蠶儀軌는 모두 일곱 건이 마련되었다. 그 가운데 한 건은 어람용으로 들였고 주무관서인 예조와 다섯 곳의 사고(춘추관, 태백산사고, 오대산사고, 정족산사고, 적상산사고)에 나누어 보관하였다. 이 가운데 강화사고에 보관하였던 의궤만이 현재 전하여 친잠의식의 구체

도19 친잠의례에 사용된 도구들 ❶ 갈고리(鉤), ❷ 광주리(筐), ❸ 잠박蠶箔, ❹ 상(架), ❺ 잠판蠶板, ❻ 변籩, ❼ 두豆, ❽ 산뢰山罍, ❾ 용작龍勺, ❿ 작爵, ⓫ 점坫

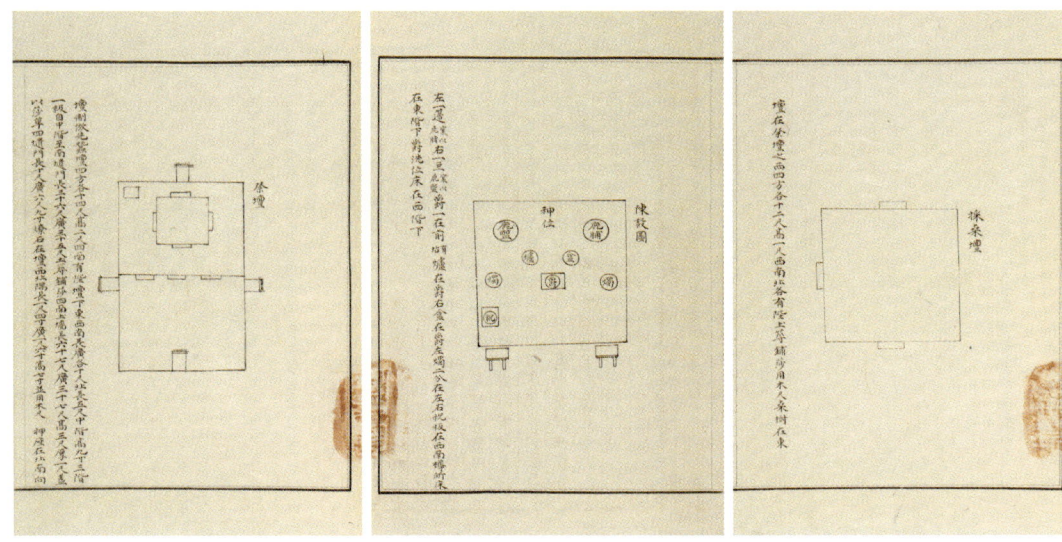

도20·21·22 『친잠의궤』에 수록된 친잠단, 진설도, 채상단(왼쪽부터) 서울대학교 규장각 소장.

적인 면면을 전해주고 있다.

친잠의 준비를 위해 특별기구인 도감이 따로 설치되지 않았고 예조에서 모든 일을 담당하여 처리하였다. 『친잠의궤』는 친잠의식의 거행과 관련하여 국왕인 영조가 내린 전교를 시간 순으로 모은 '전교질'傳敎秩, 조정의 대신들과 예조 등에서 올린 계사를 모은 '계사질'啓辭秩, 예조에서 다른 관청에 보낸 협조 공문을 모은 '이문질' 移文秩, 의식의 준비 및 거행과 관련하여 타 관부에서 예조에 보낸 문서를 모은 '래관질'來關秩, 예조에서 하급 관청에 실무 처리를 지시한 '감결질'甘結秩, 친잠의식의 구체적인 절차를 기록한 '의주질'儀註秩, 추후에 친잠 후 얻은 누에고치를 하사받은 중외中外의 신민들이 올린 전문을 수록한 '반견사전'頒繭謝箋 등의 내용으로 구성되어 있다. 이밖에 친잠의식과 관련된 도설이 다양하게 수록되어 있는데 선잠제를 올릴 제단祭壇, 제상의 진설도陳設圖, 제기, 정순왕후·혜빈·빈궁의 채상단採桑壇, 친잠할 때 사용되는 도구들(갈고리, 광주리, 잠박, 시렁, 잠판) 등이 그것이다. 도19~22

8 친경의식

예행연습

예행연습(習儀)은 숙종 대처럼 세 차례 실시되었다.[30] 습의일은 1월 24, 25, 26일이었다. 너무 오랫동안 해오지 않던 의식이었기 때문에 행사에 익숙한 관리들이라도 실수할 염려가 있어 철저한 준비가 필요하다는 인식 때문이었다. 연습 장소는 동적전의 친경단소親耕壇所였다. 친경례는 세 차례 예행연습이 있었고 친경례가 끝난 후 창덕궁 인정전에서 행해질 노주례의 연습도 인정전에서 하도록 하고, 참여한 기민과 농민들에게는 돈화문 밖에서 술과 죽을 대접하였다.

이후 영조 대 거행된 나머지 세 차례의 친경의식 때에는 습의를 한 차례로 줄였고 노주례도 친경소에서 거행하였으므로 별도의 연습은 없었다.

[30] 이하 내용은 1739년(영조 15)의 친경의식을 토대로 구성하였다.

친경의식에 참여한 사람들

친경의식에는 어떤 사람들이 참여하였을까? 친경에 참여한 사람들은 많지만 가장 중심이 된 것은 역시 국왕인 영조였다. 영조는 친경 시 다섯 번 쟁기를 밀었고(五推) 종실과 재상은 칠퇴七推, 판서와 대간은 구퇴九推로 정했다. 왕세손이 참여한 1767년(영조 43)의 친경 때에는 왕세손이 칠퇴, 나머지 신하들은 모두 구퇴를 하였다. 국왕이 쟁기를 밀 때는 옆에서 쟁기와 농기구를 들고 있는 신하와 곡식을 담은 상자를 든 관원, 소의 고삐를 쥐는 관원 등이 모두 보좌하였는데, 그것도 부족하였던지 관리들이 경험과 힘이 부족하여 농민의 도움이 필요하다고 하여 두 명을 별도로 배정하여 소 두 마리 앞에 각각 세웠다.

친경 행사에 관직이 없는 기민들과 농민들이 참여한 것도 흥미롭다. 기민은 75세 이상의 노인들로 한성부에서 교외의 방민 가운데 뽑도록 하였다. 친경 행사에서 기민의 역할은 친경 장면을 보고 있다가 구퇴례까지 끝난 후 임금 앞으로 나아가 절하는 것뿐이다. 임금은 농민의 대표로서 나이 든 노인들을 초빙하여 노고를 위로하였던 것이다. 기민들도 역시 푸른색의 옷을 입어야 했는데 국가에서 일괄적으로 만들어주지 않고 각자 직령直領으로 마련하도록 하였고 청건靑巾만 관청에서 지급하였다. 형편이 어려운 기민들에게는 부담이 되었을 수도 있다.

농민으로서 행사에 참여한 종경서인從耕庶人 28인은 농사일을 해 보지 못한 왕과 대신들이 소 몰고 쟁기질하는 일에 서툴기 때문에 이를 보조하기 위해 동원된 사람들이다. 조선시대 국가 행사에 농민이 직접 참여한 것은 친경 행사가 유일하지 않은가 생각된다. 국왕이 5번 쟁기를 밀 때 쟁기는 소가 끌도록 되어 있었다. 1739년의 행사 때에는 쟁기를 끄는 소를 쌍가雙駕, 즉 두 마리가 끄는 방식으로 하였으므로 친경 수우인隨牛人은 2명이 필요했다. 모두 강의絳衣(붉은색 도포 형식의 직령)에 개책介幘을 착용하였다. 두 사람 가운데 한 사람은 쟁기를 내려다보면서 적당한 깊이로 들어가는지 살피고 또 겸해서 쟁기질 횟수를 아뢰는 일을 담당하였고 한 사람은 쟁기 앞에 서서 천천히 소를 몰아 삐뚤게 가는 일이 없도록 하는 일을 맡았다. 이들 외에도 두 사람을 더 뽑아 소 앞에서 고삐를 잡게 하였다. 일에 능숙한 농민들이 소와 쟁기 주위에서 도와주고 국왕은 쟁기를 붙잡고 따라가기만 하면 되었다. 이들은 모두 적전농민 가운

도23 〈친경도〉 중 기민과 인근 읍의 수령들 『조선농회보』 14권 3호, 조선농회(1940).

데 선발되었다.

　농민으로서 동원된 사람 가운데 평치인平治人이 있다. 평치인은 원래 『국조오례의』에는 없는 인원이다. 적전이 오랫동안 방치된 상태인데다가 추운 겨울 동안 얼어붙은 땅을 고르고 세 차례 갈아엎기 위해 새로 동원된 인원이다. 1739년(영조 15)의 행사 때에는 친경습의를 할 때까지도 땅이 녹지 않아 100무畝에서 50무로 대상 구역을 축소하고 인원도 줄이도록 하였다가, 친경 3일 전에 갑자기 날이 풀려 원래대로 시행하는 등 곡절을 겪었다. 이후 친경 행사에서 평치인은 늘 동원되는 정식 인원으로 정해졌다.

　종경농인從耕農人, 수우인은 국왕과 대신들의 쟁기질이 끝난 후 100무畝의 밭을 마저 다 갈고 씨를 뿌려 마무리하는 일을 담당한 농민이다. 국왕 이하 대신들이 모두 37번의 쟁기질을 마치고 나면 이들이 나서 잘못된 곳과 나머지 땅을 갈고 아홉 가지 곡식을 나누어 파종하고 얼지 않도록 공석으로 덮는 등 마무리했다. 1739년(영조 15)에는 각 40인, 43년의 행사에는 각 50인의 인원이 참여하였다. 이들이 입는 청색 옷은 관청에서 마련해주고 청대와 짚신, 행전과 버선은 각자 마련하도록 했다. 이외에 경근거耕根車를 끄는 군

인 40명, 인근 읍의 수령 등이 참여하였다.도23

친경의식에 사용된 물건들

다음으로 친경의식에 사용되는 물건들을 살펴보자. 다른 의례에 비해 친경례의 준비물은 상대적으로 간단하다. 시일이 촉박하다는 것을 제외하고 준비하는 과정에서도 크게 문제될 것이 없었다. 눈에 띄는 것은 의식에 사용된 사람의 옷과 도구, 시설물들이 모두 청색이었다는 점이다. 만물이 소생하기 시작하는 봄에 처음 밭을 갈고 씨를 뿌리는 의식이기 때문에 오행五行의 원리에 따라 봄을 상징하는 청색을 사용한 것이다. 친경단에서 뿐만 아니라 친경 후의 노주연에서 상을 들고 오가는 사람들도 모두 청색 옷을 입게 하였다.

친경하는 밭에 뿌릴 곡식은 모두 아홉 가지로 서黍·직稷·도稻·량粱·출秫·대두大豆·소두小豆·대맥大麥·소맥小麥 등이 그것이다. 이 아홉 가지 곡식은 적전에서 마련해야 했는데 기장(黍), 조(粱), 차조(秫) 등을 제외하고 친경을 거행하는 동적전에서 구할 수 있는 6종의 씨앗은 경기도 내 다른 지역에서 10두씩 마련해 보냈다. 이 아홉 가지 곡식의 파종 시기가 모두 달랐지만 그대로 함께 심고, 제대로 발아하지 않을 경우 다시 심기로 했다.

친경에 이용되는 소도 예문에는 청색 소로 한다고 되어 있었다. 그렇지만 푸른색의 소를 구할 수 없었기에 1739년(영조 15)에는 황우에 청색 옷을 입혀 꾸미는 미봉책을 썼다. 1753년(영조 29)의 친경행사부터는 흑우黑牛를 이용하였다. 영조는 '의장 가운데 청개靑盖도 사실은 흑개黑盖이므로 청우도 사실은 흑우일 것'이라 하여 『국조오례의』 의주에도 흑우黑牛라고 주를 달도록 지시하였다.[31] 이후 국왕의 소는 흑우로 나머지 소들은 황우를 썼다. 소는 경기감영에서 모두 준비했다. 1739년에는 두 마리 소를 매어 끌게 하는 겨리쟁기를 사용하였으나 이후 한 마리가 끄는 호리쟁기로 바꾸었기 때문에 동원되는 소의 숫자가 절반으로 줄었다.

31_ 『영조실록』 권57, 영조 19년, 4월 계묘(20일).

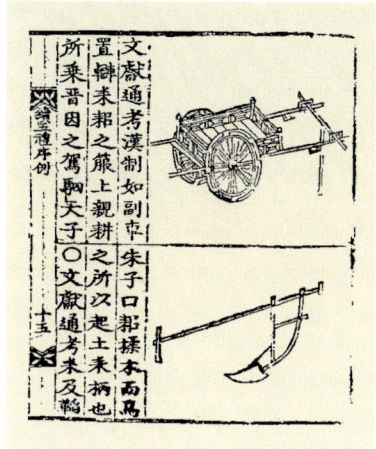 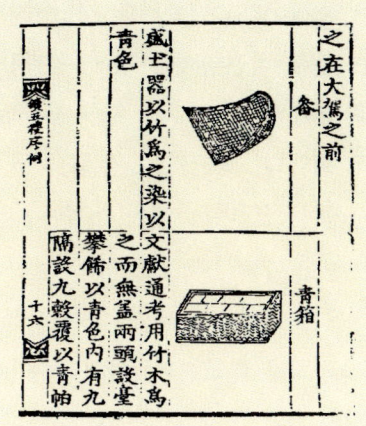

도24 경근거와 왕의 쟁기(御耒耜)
『국조속오례의서례』「길례」'친경도설'에 수록.

도25 삼태기(畚)과 청상靑箱(오른쪽) 『국조속오례의서례』「길례」'친경도설'에 수록.

　친경에 이용된 소는 여생을 어떻게 보냈을까? 영조는 다시 원주인에게 돌아가면 도축될 것이라 염려하여 사복시司僕寺에서 길러 정해진 목숨을 다할 수 있도록 하였다. 여름에서 가을까지는 방목을 하고 겨울에서 봄까지는 외양간에서 지내도록 하였으니 왕과 함께 밭 갈이 한 것을 마지막으로 아주 편안한 여생을 누렸으리라 생각된다.

　친경이라는 것이 밭갈이이므로 당연히 농기구가 필요했다. 쟁기(뇌사耒耜), 삼태기(분畚), 삽鍤 등이 그것이다. 국왕과 대신들이 이용할 쟁기는 새로 제조하였다. 이전의 등록을 통해 뇌耒는 결이장지結伊粧只(겨리쟁기), 사耜는 결이보십結伊甫十(겨리보습)임을 확인한 후 만들도록 하였는데 쟁기는 일반적으로 사용되는 것보다 가볍게 만들어 청색 칠을 하도록 하였다. 보습은 새로 만들면 메마른 밭을 갈기에 적합하지 않으므로 만든 후 밭을 갈아 길이 들도록 했다. 도24, 25

　분畚과 삽鍤은 농민들이 이용하는 도구로 분의 속명은 삼태기이다. 마분馬糞 등의 거름을 담아두기 위한 용도로 쓰였다. 국왕이 사용하는 것은 푸른색으로 물들인 대나무로 짰으며, 종실과 재신 이하가 사용할 것은 역시 푸른 물을 들인 유골杻骨로 만들었고, 농민이 이용할 것은 잡목으로 짜서 만들었다. 삽은 농민의 것만 새로 만들지 않고 전에 쓰던 것을 사용하였다.

농기구를 싣기 위한 경근거耕根車라는 수레도 등장한다. 경근거는 본래 적전의례를 위해 황제가 타고 가는 수레였으나, 중국에서도 대개 송대 이후로 황제는 옥로를 타고 경근거에는 농기구를 싣게 되었다. 경근거는 망차芒車 혹은 농여農輿라고도 하는데, 덮개와 장식이 없으며 40인이 대가大駕 앞에서 끌고 간다고 되어 있다.

아홉 가지 곡식을 담을 상자가 청상자靑箱子이다. 중국 주나라 때에는 여섯 가지의 곡식 종자를 뿌리면서 육격六鬲이라는 여섯 칸의 상자를 썼었는데, 북제北齊 이후에 청상자를 만들고 여기에 담아 아홉 가지 종자를 뿌렸고 송나라 때부터 이를 준용하여 이후 정식이 되었다. 청상자는 대나무로 엮어 만든 후에 청색을 칠한 것이다. 중요 행사에 사용되는 대나무 상자였기 때문에 국가 수용의 대나무 제품을 만들어왔던 담양부의 장인을 불러 제작하도록 하였다. 1739년의 행사 때에만 시일이 촉박하였기 때문에 예외적으로 서울에서 마련하였다. 버들고리는 충청도와 황해도에서 20부씩을 만들어 보냈다.

이외에 관경대와 친경단 주위에 배설되는 차장遮帳에 대한 규정도 상세하다. 관경대는 사면에 흙담을 두르며 사방에 청색의 문을 내고 담 위는 사초로 덮도록 하였다가 뒤에 담을 두르지 말고 홍살문도 만들지 말도록 지시하였다. 차장은 친경할 때 다른 것들과 마찬가지로 모두 청색으로 제작되었다.

적전에서의 친경의식

친경의례의 절차는 『친경의궤』「의주」에 상세하게 기록되어 있다. 도26, 27

『친경의궤』의 의주들
선농단에 친향하기 위해 출궁하고 환궁하는 의식(親享先農時出還宮儀)
선농단에 친향하는 의식(親享先農儀)
몸소 밭 가는 의식(親耕儀)

도26 『친경의궤』 「의주질」 중 친경의親耕儀(왼쪽)

도27 『친경의궤』 「의주질」 중 친림노주의親臨勞酒儀

교서를 내리는 의식(敎書頒降儀)
친림하여 노고를 위로하며 술과 음식을 내리는 의식(親臨勞酒儀)

1 거가출궁

친경일 하루 전 왕과 일행이 선농단으로 출발한다. 왕이 인정문仁政門을 나와 여에서 내려 연으로 갈아탄 후 돈화문敦化門 밖으로 나간다. 종묘 앞에서는 가마에서 내려 걸어가다가 다시 가마에 올라 친경단으로 향한다. 왕은 원유관에 강사포를 입었고 관리들은 흑단령을 입었다. 국왕의 행차를 위해 선공감에서는 미리 도로와 교량을 정비해 두었다.

2 선농단 친제와 친경의례

선농단에서의 친제를 마친 후 곧장 친경단소로 나아갔다. 왕이 관경대에 오르기 전에 시경, 종경하는 신하들과 기민, 농민 등이 각자의 위치에 좌우로 나뉘어 선다. 친경위親耕位는 하루 전에 관경대의 남유문南壝門 밖 동남쪽 열 걸음쯤 되는 위치에 설치한다. 등가

登歌는 관경대 위에, 헌가軒架는 서인庶人들이 밭 가는 위치의 서북쪽에 둔다. 왕이 친경위에 이르면 적전령籍田令이 무릎을 꿇고 푸른 보자기를 풀러 쟁기를 꺼내 올린다. 헌가의 음악이 연주되는 가운데 왕은 다섯 번의 쟁기질을 마치고 다시 관경대로 돌아간다. 왕이 관경대의 남쪽 계단 앞에 이르면 헌가의 음악을 멈추고 등가의 음악을 연주하고, 계단 위로 올라가 남쪽을 향해 앉으면 음악을 그친다.

종실과 대신의 칠퇴, 구퇴례가 끝나면 적전령이 농민들을 지휘하여 나머지 밭을 다 간다. 왕이 기민을 불러 위로하고 관경대에서 내려와 대차大次(천막)로 들어간다. 적전에서는 농민들이 씨를 마저 뿌리고 얼어 죽는 것을 예방하기 위해 곡초와 공석으로 덮어 갈무리한다. 끝났음을 고하면 의식의 끝을 선포하고 옷을 갈아입고 적전을 떠난다.

3 교서 반포와 노주연

친경의식 후에는 교서를 내리고 행사에 참여한 사람들에게 위로주를 내리는 행사 즉 노주연을 행했다. 노주연의 장소는 궁궐의 정전이지만, 적전에서 그대로 행하는 경우도 있었다. 궁궐 정전에서의 예에 따라 재구성해본다.

노주연 때에 어좌는 인정전 어탑 앞에 남면하여 놓이고 인정전의 기단 위에는 종재 이하 대신들이 동서로 앉는다. 기민과 서인들은 인정전 전정에 동서로 나누어 두 줄로 앉는다. 참여하는 사람들이 입는 옷은 친경 때와 같다.

기민과 서민에게 내려주는 음식은 군사훈련 후에 군사들에게 노고를 치하하며 음식을 먹이는 호궤례犒饋禮로 마련했다. 호궤례의 경우 호궤주犒饋酒 세 그릇과 고기 한 꼬치, 찐 콩(蒸豆)으로 구성되지만 떡이나 과자 한 그릇을 더해서 내려주도록 하였고 왕의 상은 10기器, 조정 신하들에게 내리는 선온宣醞은 8기로 유밀과油蜜果만을 제외하고 다례의 예로 거행하도록 하였다. 농사가 시작되는 시기임을 감안하여 고기는 소고기 대신에 돼지고기로 정하였고 사옹원에서 미리 올린 절목에서 미란麋卵(짐승 새끼와 새의 알)도 빼버리도록 하였다. 노주연 당일 대비전에서 술 20병과 떡 6가架를 특별히 더 내렸고 왕은 이를 기민과 서민에게 주도록 했다. 노주연의 남는 음식은 각자 싸서 돌아갈 수 있도록 관리들을 위해서 청색 보자기를, 기민과 서민들을 위해 유지油紙를 마련해주었다.

4 행사 마무리와 적전의 관리

친경의식이 끝난 후 참여한 사람들에게 품계에 따라 차등하여 상을 내리고 기민들에게는 자급資級을 더해주었다. 친경 전의 선농단 친제의 헌관 및 제사를 보조한 내관에게도 일제히 상전이 거행되었다. 헌관은 안장을 갖춘 말 1필을 내리는 등 차등을 두어 시상하고, 기민들에게는 자급을 더해주되 자급이 다 찬 사람에게는 어린 말 1필을 내렸다.

상전을 최소화하여 비용을 줄이고자 하였으나 친경 후 사면赦免, 군인들을 위한 활쏘기 시험, 춘당대에서의 특별 과거시험 등 친경을 축하하는 행사가 계속되었고, 이로 인해 친경 당시에 들어간 1만여 냥을 비롯하여 총 수만 냥의 비용이 들어 많은 비판이 제기되기도 했다.

밭을 갈고 씨를 뿌렸으니 차후의 관리가 필요했다. 물론 적전이야 적전 농민들이 경작하는 것이지만 1739년 행사를 준비하는 과정에서 그동안 적전의 관리가 엉망이었음이 확인되면서 관리에 대한 보다 세심한 대책이 마련되었다. 특히 적전 중 일부를 수전水田으로 만들어 나물을 심는 등 제대로 관리되지 않는 사례가 있었다. 적전의 농사 관리를 호조에서 담당하도록 하고 전체의 3분의 2를 면세하는 사전으로 바꿔 농민들의 부담을 덜어주었다.

天地祭祀

9 친잠의식

친잠의식이 어떤 순서와 절차로 이뤄지는지는 의궤에 실려 있는 '의주'에 잘 나타난다.^{도28, 29}

『친잠의궤』의 의주들

경복궁에 거둥할 때 출궁하고 환궁하는 의식(景福宮擧動時 出還宮儀)

경복궁에 거둥할 때 왕세손이 어가를 따르는 의식

(景福宮擧動時 王世孫隨駕儀)

중궁전이 경복궁에 갈 때 출궁하고 환궁하는 의식

(中宮殿詣景福宮時 出還宮儀)

중궁전이 경복궁에 갈 때 혜빈·빈궁이 따라가는 의식

(中宮殿詣景福宮時 惠嬪嬪宮隨詣儀)

중궁전이 선잠에 술잔을 올리는 의식(中宮殿 酌獻先蠶儀)

친잠하는 의식(親蠶儀)

하례를 올리고 교서를 반포하는 의식(陳賀頒敎儀)

반교진하 시 왕세손이 참석하여 예를 행하는 의식

(頒敎陳賀時 王世孫入參行禮儀)

중궁전 진하 시 왕세손과 백관이 예를 행하는 의식

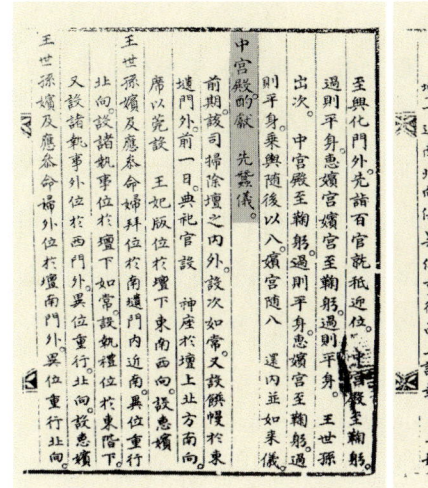

도28 선잠에 작헌하는 의식(왼쪽) 『친잠의궤』「의주질」, '중궁전작헌 선잠의', 서울대학교 규장각 소장.

도29 친잠하는 의식 『친잠의궤』 「의주질」, '친잠의', 서울대학교 규 장각 소장.

(中宮殿陳賀時 王世孫百官行禮儀)

조현하는 의식(朝見儀)

왕비가 누에고치를 받는 의식(王妃受繭儀)

친잠의식의 주인공은 중궁전 이하 왕실의 여인들이었지만 왕과 세손 역시 이를 지켜보고 친잠 행사 후의 부대 행사에 참여하기 위해 경복궁으로 행차하였기에 대단히 성대한 행사가 되었다. 행사 전에 액정서掖庭署에서 장전帳殿(천막으로 만든 임시 전각)을 근정전에, 소차小次를 사정전에, 악차幄次를 강녕전에 설치하고, 왕세손의 막차幕次를 근정전 장전의 동쪽과 강녕전 악차의 동쪽에 각각 서향으로 배설해 두었다. 국왕이 거둥할 때의 의장은 '소가노부'小駕鹵簿(왕이 쓰는 세 단계 노부 의장 중 가장 작은 의장)로 결정되었다. 중궁전이 출궁하고 환궁하는 의식도 국왕의 예와 같았다. 의장과 시위, 고취를 배열하는 것도 같다. 친잠할 때에 사용할 잠종과 잠박, 광주리, 시렁 등은 출궁하기 전에 여시女侍가 받들어 내와서 채여彩輿에다 싣고 연 앞에 서서 갔다.

선잠에 작헌하는 의식

1 진설

작헌례에 쓰이는 제물은 봉상시에서 포와 혜를 준비하는데 이를 국왕이 살핀다. 어가가 출발하기 전에 봉상시 관원이 미리 위판을 받들어 나아간다. 제물은 숙수熟手(궁중 요리사)가 진설하고 기름종이로 덮어 놓으며, 잔은 깨끗이 씻어 광주리에 담아 덮어 놓는다. 맑은 물을 정결하게 대령한다. 제물을 철선하는 것은 아헌이 끝난 후에 봉상시 관원이 즉시 들어와 거행하도록 한다.

제사 지내기 전에 단의 안팎을 소제하고 막차를 평상시와 같이 진열한다. 또 음식을 보관하는 임시 장막을 동쪽 유문壝門 밖에 배설한다. 하루 전에 전사관典祀官이 신좌神座를 단 위 북쪽에 남향으로 배설하고 왕골자리로 왕비의 판위를 단 아래 동남쪽에 서향으로 배설한다. 혜빈과 왕세손빈 및 명부의 배위를 남쪽 유문 안 남쪽 가까이에 자리를 달리하여 겹줄로 배설하되 북향으로 한다. 여러 집사의 자리를 단 아래에 배설하고 집례의 자리를 동쪽 계단 아래에 배설한다. 또 여러 집사의 바깥쪽 자리는 서쪽 문 밖에 자리를 달리하여 겹줄로 북향하여 배설한다. 혜빈 및 왕세손빈, 명부의 바깥쪽 자리를 단의 남쪽 문밖에 자리를 달리하여 겹줄로 북향하여 준비한다.

행사 전에 전사관이 들어와 축판을 신위의 우측에 있는 점에 올리고, 향로와 향합을 촛불과 함께 신위 앞에 배설하고, 다음으로 제기를 법식대로 진설한다. 전사관이 들어가 제기에 음식 담는 것을 마치면 전사관은 올라가 신좌에 신위판神位板을 배설한다(여러 집사들이 오르내릴 때에는 동쪽 계단을 이용한다).

2 작헌례

혜빈과 왕세손빈 및 참석하는 명부 및 여러 집사가 각자의 자리로 나아가 사배한다. 관세위盥洗位에서 손을 씻고 자리로 돌아간다.

왕비가 손을 씻은 후 규를 잡고 판위로 나아가 서향하여 사배한다. 신위 앞으로 나아가 북향하여 선 후 규를 꽂고 세 번 향을 올린다. 신주 앞에 잔을 올리고 물러나 앉으면 대축이 축문을 읽고, 읽기를 마치면 왕비가 다시 절한 후 자리로 돌아온다. 참여자들이 함께 사배한 후 예를 마친다. 왕비가 대차로 돌아가고 찬인이 아헌관을 인도하여 망료위望燎位로 나간다. 축판이 반쯤 타면 아헌관이 나오고 찬인과 여러 집사가 배위로 나아가 사배하고 나온다. 전사관이 제상을 철상하고 신위판을 보관한 후 물러난다.

친잠하는 의식

1 배설

친잠일 전에 액정서에서 채상단 밖에 유악帷幄을 배설한다. 사면에 문을 낸다. 왕비의 악차를 단의 동북쪽에 남향으로 배설하고 또 혜빈의 막차를 악차 뒤쪽 조금 동쪽에 남향으로 배설하고, 왕세손빈의 막차를 혜빈 막차의 동쪽에 남향으로 배설하고, 또 내명부와 외명부의 막차를 단의 서남쪽에 동향으로 배설한다. 친잠 당일 상침이 왕비의 뽕잎 따는 자리를 단 위 조금 동쪽에 동향으로 배설하고, 혜빈과 왕세손빈이 뽕잎을 따는 자리를 단 아래 북쪽 가까이에 남향으로 배설한다. 또 내명부와 외명부의 뽕잎 따는 위치를 단 아래 남쪽 가까이에 북향으로 배설하는데, 모두 자리를 달리하고 겹줄로 하되 서쪽이 높은 자리이다. 예를 돕는 이들의 자리와 기물의 배치도 정해진 대로 한다.

2 채상례(뽕잎을 따는 의식)

왕비가 갈고리로 다섯 개의 가지의 뽕잎을 따 광주리에 담는다. 상궁이 왕비를 인도하여 단의 남쪽 자리로 가서 혜빈 이하가 뽕잎을 따는 것을 지켜본다. 혜빈과 왕세손빈 및 내·외명부가 차례로 뽕잎을 따고 광주리를 잡는 자가 이를 받는다. 혜빈과 왕세손빈은 각각 일곱 가지를, 내·외명부는 각각 아홉 가지의 뽕잎을 딴다. 여시女侍가 갈고리를 받아 광주리를 잡은 자와 같이 물러가 제자리로 돌아가고, 전빈典賓은 혜빈과 왕세손빈 및 내·외명부를 인도하여 자리로 돌아간다.

3 누에 먹이는 의식

전빈이 혜빈과 왕세손빈 및 내·외명부를 인도하여 잠실로 나아간다. 상공尙功이 잠모에게 뽕잎을 주면 잠모는 뽕잎을 받아 잘게 썰어서 내명부에게 주고 잠박의 누에 위에 뿌려주어 먹인다. 이를 마치면 전빈이 혜빈과 왕세손빈 및 내·외명부를 인도하여 자리로 돌아간다.

4 사식賜食

왕비가 소차로 들어가 예복으로 갈아입고 수식을 얹고 나와 자리에 오른다. 전빈이 혜빈과 왕세손빈 및 내·외명부 이하를 인도하여 예복으로 갈아입고 배위로 나아간다. 전찬이 "국궁·사배·흥·평신"이라고 외치면 혜빈 이하가 따른다. 혜빈 이하가 단에 올라 왕비를 모시고 앉아 잠모 등이 단 아래에 줄지어 앉으면 음식을 내리고, 예를 마친다.

친잠의식의 마무리　뽕잎을 따는 의식을 거행하는 것으로 모두 끝이 난 것이 아니었다. 친경의식을 거행한 후에 뿌린 씨앗이 잘 자라 수확할 때까지 제대로 관리하는 데 힘썼던 것처럼, 친잠 후에도 양잠을 계속하여 그 누에에서 나온 실로 비단을 짜는 것까지 지속할 수 있도록 관리하였다. 이를 위해서는 양잠을 할 장소가 필요했다. 원래는 명례궁明禮宮에서 하도록 하였다가 친잠하는 의미를 잊지 않기 위해 중전이 때때로 가서 살필 수 있도록 경희궁에 양잠하는 장소를 별도로 마련하도록 했다. 이를 위해 영조는 다음과 같은 전교를 내렸다.

어원御苑(궁궐의 후원)에 세 칸짜리 집이 있었는데 이를 잠관蠶館이라고 하였다. 또 어원에 작은 좌판이 있었는데 아래에 네 개의 작은 네모난 구멍이 있었다. 양잠할 때 불결한 것을 태울 때 쓰는 것이라고 전해진다. 친잠을 하는 것은 친히 현담을 짜는 것과 같은 의의가 있는 것이니, 내전이 대내에서 때로 살펴 몸소 인도하고 통솔하는 뜻을 보여야 한다. 양잠하는 곳은 이 궐(경희궁)로 하라.

이를 보면 영조는 옛날부터 궁궐 안에서 양잠하는 곳이 있었음을 밝히고, 다시 이러한 전례를 되살려 궁궐 안에 잠판을 설치하고 양잠을 하도록 하였다.

누에를 잘 길러낸 후에는 고치를 받는 의식〔수견의식(受繭儀)〕을 거행하였다. 누에고치는 대나무 상자에 담겨 진상되었다. 이 의식은 적전에서 수확한 종자를 받아 보관하는 장종藏種의식과 함께 5월 26일 진시辰時에 경희궁 덕유당에서 거행되었고 중전과 혜빈, 왕세손빈, 내·외명부가 참여하였다. 장종 수견의식을 마친 후 하례를 올리는 의식은 같은 달 29일 진시에 경희궁 숭정전에서 거행했다.

축하 의식과 상전

행사가 끝난 후에는 유생들에 대한 경과慶科, 대가를 수행한 무사들에 대한 시취試取, 특별 사면 등의 조치가 잇달았다. 유생들에 대해서는 행사에 참여한 유생들에게 자신들의 이름을 적은 쪽지인 수거안袖擧案을 받아 이들을 대상으로 친잠 다음 날인 3월 11일에 제술시험을 보게 했다. 무사들도 출궁·환궁 시에 대가를 수행했던 인원만을 대상으로 하였다. 또 300년 만에 친경과 친잠을 함께 거행하는 특별한 해임을 감안하여 9월 18일에 치루는 알성시謁聖試를 성대하게 열도록 하였다.

사면의 경우에는 의금부와 형조에 수감되어 있는 경범죄인의 경우에는 친잠 행사 당일인 3월 10일 안으로 석방하도록 하고, 금주

령을 범한 죄인의 경우에는 장杖 100대만 집행하도록 하였다. 이조와 병조의 고과에서 중·하의 등급을 받아 추고推考 중에 있는 사람은 모두 면제해주고 6월과 12월에 거행하는 포상을 추가로 실시하도록 하였다.[32]

친잠할 때 집사로 참여했던 내인들에게도 내명부의 품계를 올려주는 상전이 실시되었다. 이 외에 300년 만의 경사를 기념하여 일반 백성에게도 혜택이 미쳐야 한다고 하여 조세를 특별히 탕감하는 은전을 베풀었다.[33]

[32] 『친잠의궤』「전교질」, 정해 3월 10일.

[33] 『친잠의궤』「전교질」, 정해 3월 13일.

10 선농제·선잠제의 악·가·무

선농과 선잠은 농사의 신인 신농씨神農氏와 양잠의 신인 서릉씨西陵氏에게 농사와 양잠의 풍년과 풍성을 기원하는 의례이다. 조선시대에는 경칩 후 길일 가운데 해일亥日을 골라 선농에게 제향했고, 계춘 즉 음력 3월 중 길일 가운데 사일巳日에 선잠에게 제향했다.[34] 선농과 선잠 제향을 지낸 후에는 농사와 양잠을 권장하기 위한 의미로 왕과 왕비가 친히 참여하는 친경과 친잠의례를 행하였다.

친경의례는 왕이 친히 경작하는 밭인 적전에 종친 이하 문무 대신과 함께 나아가 선농제를 올린 후 행하는데, 왕이 몸소 농사를 짓는다는 의미를 상징적으로 중요하게 여겨 행하는 의례이다. 이때 왕은 쟁기를 직접 미는데, 미는 횟수에서 신하들과 다르게 한다. 왕은 쟁기를 다섯 차례 밀고 신하들은 품계에 따라 일곱 차례 혹은 아홉 차례 미는 의례를 행한다.

친잠의례는 왕비가 내·외명부를 이끌고 친히 뽕잎을 따는 곳으로 조성된 궁궐 후원의 친상단親桑壇에 나아가 행한다. 왕비가 몸소 양잠을 한다는 의미를 상징적으로 중요하게 여겨 행하는 의례이다. 이때 왕비는 뽕잎을 직접 따는데, 따는 잎의 수에서 이하의 명부들과 다르게 한다. 왕비는 뽕잎을 다섯 가지 따고 명부들은 품계에

34_ 『국조오례서례』 권1 「길례」 '시일' 時日.

따라 일곱 가지 혹은 아홉 가지 따는 의례를 행한다. 친잠의례는 친경의례와 마찬가지로 선잠제를 마친 후 행하지만, 선잠단의 거리로 인해 왕비가 직접 선잠단에 나아가 제사하지는 않았고, 선잠제를 마친 후 궁궐 후원에서 의례를 거행했다.

조선시대에 친경을 처음 행한 왕은 성종이었고, 이후 몇 차례 더 행하다가 폐지되었으나 1739년(영조 15)에 다시 그 의례가 복원되었다. 친잠 또한 성종 대에 처음 거행되었고 1743년(영조 19)에는 영조가 경복궁 강녕전의 옛터에 제단과 채상단을 축조하여 의례를 거행했다.

선농제·선잠제에는 포괄되는 의례가 많다. 왕과 왕비가 직접 참여하는 친경의·친잠의가 그렇고, 그에 부수되는 의례로서 왕이 직접 곡식을 베는 것을 보는 의례인 친림관예의親臨觀刈儀 그리고 친경이 끝난 후 술을 내려 위로하는 의례인 친경후로주의親耕後勞酒儀 등도 선농과 선잠의 범위에 해당된다. 이들 의례에는 모두 악무樂舞가 수반되므로 각 의례의 절차에 따른 음악의 구성, 악현과 악기, 악장과 일무 등이 포함된다.

선농제 의례 절차와 음악

왕이 친히 선농단에 나아가 향사하는 의례를 향선농의享先農儀라 하는데, 숙종 대에는 '친향선농의'로 명칭을 바꾸었다. 선농의는 제사 지내기 5일 전부터 그 일정이 시작된다. 왕은 제사가 시작되기 전 5일 동안 몸과 마음을 가다듬고 삼가며 재계齋戒한다. 선농의의 규모가 대사大祀가 아닌 중사中祀에 해당하므로 재계하는 날도 7일이 아닌 5일이다. 5일 중 3일 동안은 별전에서 지내면서 산재하고, 1일은 각각 정전과 재궁齋宮에서 1일씩 치재致齋한다.

제사 지내기 3일 전부터는 제사를 위해 필요한 각종 시설을 진설하기 시작한다. 왕이나 왕세자, 향관 등이 임시로 머물 장막을 설치하고 2일 전에는 제물을 보관하는 휘장을 마련한다. 1일 전에

도30·31 축(왼쪽)과 어 『경모궁의궤』에 수록.

는 음악을 연주할 악대인 등가登歌와 헌가軒架, 신위를 모실 신좌, 왕이 서는 자리, 음복할 자리 등을 마련한다. 의례가 시작되기 전에 신농씨와 후직씨의 축판을 신위 옆에 마련한다. 제사 시작하기 5각 전에는 신농씨와 후직씨의 신위를 신좌에 설치하고 3각 전에는 제사할 여러 관원이 옷을 갖추어 입고 절하는 자리에 나아가 네 번 절한 후 각각의 자리로 나아간다. 음악을 담당한 관리인 전악典樂은 음악을 연주할 공인과 문무, 무무를 출 무원을 이끌고 자리에 나아간다. 1각 전에 제사 지낼 준비를 마친 후 왕에게 준비가 다 되었음을 알리면 왕은 면복을 갖추어 입고 나온다.

왕이 선농단의 정문으로 들어와 자리로 나아가 서면 음악 연주를 준비한다. 협률랑協律郞이 휘麾를 들어 올리는 신호와 함께 악공은 음악을 시작할 때 연주하는 축祝을 세 번 두드리고, 헌가는 아악인 경안지악景安之樂을 연주한다. 음악에 맞추어 열문지무烈文之舞를 춘다. 왕이 네 번 절하면 악공은 음악이 끝날 때 연주하는 악기 어敔를 세 번 그어 연주를 그친다. 도30, 31

왕이 관세위에 나아가 손을 씻으면 등가가 숙안지악肅安之樂과 열문지무烈文之舞를 춘다. 왕은 신농씨 신위 앞에 나아가 향을 세 번 올리고 폐백을 올린다. 이어 후직씨 신위 앞에 나아가 향을 세 번 올리고 폐백을 올린다. 축사祝史는 희생의 털과 피를 담은 모혈반毛

血盤을 신위 앞에 드린다. 이 무렵 연주를 그친다.

찬을 올리는 진찬례進饌禮 순서가 되면 음악은 헌가에서 옹안지악雍安之樂을 연주한다. 이때 왕은 소·양·돼지를 담은 생갑牲匣을 신농씨와 후직씨의 신위 앞에 각각 나아가 올린다. 올리기를 마치면 연주를 그친다.

첫번째 술잔을 올리는 초헌 절차에서는 등가에서 수안지악壽安之樂을 연주하고 춤은 열문지무를 춘다. 왕은 준소尊所에 나아가 서향하여 서서 예제醴齊를 올린다. 술을 올리고 연주를 그치면 축문을 읽는다. 신농씨에 이어 후직씨의 신위에도 그대로 술을 올린다.

두번째 술잔을 올리는 아헌 절차에서는 헌가에서 수안지악을 연주하고 춤은 소무지무昭武之舞를 춘다. 아헌관은 예제와는 탁도가 다른 앙제盎齊를 올린다. 문무가 물러가고 무무가 앞으로 나올 때 헌가는 서안지악舒安之樂을 연주한다. 아헌례에서는 헌가에서 수안지악을 연주하고 춤은 무무를 춘다. 이어 세번째 술잔을 올리는 종헌 절차가 시작되는데 이때 연주되는 악무는 아헌례와 같이 헌가에서 수안지악을 연주하고 춤은 소무지무를 춘다.

제사 지낸 술을 마시는 절차인 음복례飮福禮에서는 악무가 연행되지 않는다. 제기를 거두는 철변두徹籩豆 절차에서는 등가가 옹안지악을 연주하고 의례를 마치면 신을 보내는 절차인 송신례가 이어지는데, 이때에는 헌가가 경안지악景安之樂을 연주한다. 송신 절차에 이어 축판과 폐백, 서직반을 구덩이에 묻는 망예望瘞 절차가 이어진다. 망예가 끝나면 각각 네 번 절하고 의례를 마친다.

선농단에서 행하는 의례를 마친 후에는 왕이 직접 적전에서 밭 가는 친경의례를 행한다. 왕은 원유관과 강사포로 갈아입고, 나머지 참여자들은 조복朝服 차림으로 준비한다. 왕이 밭 가는 것을 바라보는 관경대觀耕臺로 향한다. 이때 헌가가 음악을 연주하는데, 왕이 밭을 가는 위치에 이르면 연주를 그친다. 연주를 그치면 왕은 직접 밭을 갈기 위한 준비를 한다. 왕은 쟁기를 잡고, 사복시정司僕

寺正은 소의 고삐를 잡아 쟁기를 다섯 번 미는 오추五推의 예를 행하는데, 왕이 미는 의례를 행하는 동안 음악이 연주된다. 의례를 마치면 연주를 그치고 왕이 썼던 쟁기는 다시 싸개에 넣어둔다. 쟁기로 가는 일을 마친 왕은 관경대에 올라간다.

왕이 관경대에서 바라보는 가운데 신하들이 품계에 따라 쟁기를 일곱 번 미는 칠추七推의 예를 행하거나, 아홉 번 미는 구추九推의 예를 행한다. 예를 마치면 등가가 음악을 연주하는 가운데 왕이 단을 내려온다. 왕이 여에 오르면 헌가가 음악을 연주하는데, 왕이 대기하거나 잠시 쉬는 장소로서 임시로 설치한 장막, 대차大次로 들어갈 때까지 계속한다.

이와 같이 행한 의례를 각 절차별로 연주되는 악무와 함께 정리해보면 다음과 같다.

절차	악명	악곡명	악현	일무
영신	경안지악	황종궁/중려궁/남려궁/이칙궁	헌가	문무
전폐	숙안지악	남려궁	등가	문무
진찬	옹안지악	고선궁	헌가	
초헌	수안지악→서안지악	남려궁→고선궁	등가→헌가	문무→무무
아헌	수안지악	고선궁	헌가	무무
종헌	수안지악	고선궁	헌가	무무
철변두	옹안지악	남려궁	등가	
송신	경안지악	송황종궁	헌가	

〈표3-1〉 성종 대 선농제의 절차와 연행 악무[35]

35_ 『국조오례의』 권2 「길례」 '향선농의' 享先農儀; 『악학궤범』 권2 「시용아부제악」 時用雅部祭樂.

선농제를 행한 후 왕이 친히 쟁기로 밭을 가는 모범을 보였던 의례는 '경적'耕藉이란 이름으로 성종 대부터 행해졌지만 그 의주儀註를 별도로 상세하게 기록한 것은 영조 대에 들어와서이다. 영조 대의 『국조속오례의』에는 「친경의」의 절차를 독립된 의주로 상세히 기록하였다.

또 영조 대에는 친경의에 이어 행하는 의례로서 친경 뒤 술을 내려 위로하는 의식과, 왕이 친히 임하여 관예觀刈, 즉 곡식을 베는 것을 보는 의식, 관예 후 술을 내려 위로하는 의식 등의 의주를 마련하였다. 이와 같은 의주들은 모두 영조 대에 편찬된 『국조속오례의』에 기록되어 있다. 이 모든 의례에는 음악이 사용되었고, 그 음악의 성격은 선농의와는 다른 것이었다. 선농제를 행할 때 연주한 음악은 아악 일색이었지만 친경의를 행할 때는 세종이 만든 여민락與民樂 계열의 음악과 역성繹成과 같은 음악을 사용하여 악무 사용에 있어서 차별된다.

성종 대에 연행된 선농제의 절차와 음악은 이후 시기 큰 틀에서 변화 없이 그대로 연행되었다. 이후 고종이 황제로 즉위하면서 거행한 대한제국 시기의 선농제에서도 의례의 틀은 그대로 유지되었다. 다만 악현의 명칭이 제후국으로서의 악현인 헌가가 황제국으로서의 악현인 궁가宮架로 바뀐 차이가 있다.

선잠제 절차와 음악

선잠단에 나아가 서릉씨에게 향사하는 의례를 향선잠의享先蠶儀라 한다. 선잠은 선농과 함께 인귀人鬼에 대한 제사로 구분하기 때문에 '향享'이라는 명칭으로 구분하여 썼다. 조선시대에는 하늘에 지내는 제사를 '사祀'라 하고 땅에 지내는 제사를 '제祭'라 하여 제사의 대상에 따른 명칭을 달리했기 때문이다. 선잠의도 중사에 속했으므로 5일 동안 재계했고 제사 지내기 2일 전부터 진설하기 시작한다. 음악을 연주할 악대인 등가와 헌가는 제사 1일 전에 설치한다. 여타 준비 내용은 선농의와 크게 다르지 않다.

제사 준비가 다 되어 협률랑이 휘를 들어 올려 신호를 하면 악공이 축을 치고 헌가는 경안지악을 연주하고 일무는 열문지무를 춘다. 연주를 그치면 전폐례를 시작하는데 등가는 숙안지악을 연주하고 일무는 열문지무를 춘다. 초헌관은 향을 세 번 올린 후 폐백을 신위 앞에 올린다.

첫번째 술잔을 올리는 초헌례 절차에서는 등가에서 수안지악을 연주하고 일무는 열문지무를 춘다. 초헌관은 예제醴齊를 올린다. 술을 올리고 연주를 그치면 축문을 읽는다. 읽기를 마치면 다시 연주가 시작되는데 헌가에서 서안지악을 연주한다. 이때 문무는 물러가고 무무가 앞으로 나온다.

두번째 술잔을 올리는 아헌례 절차가 시작되면 헌가에서 수안지악을 연주하고 일무는 소무지무를 춘다. 아헌관은 초헌례 때 올린 술과 탁도가 다른 술인 앙제盎齊를 올린다. 아헌례를 마치면 세번째 술잔을 올리는 종헌례가 이어지는데 이때 연주되는 악무는 아헌례와 같이 헌가에서 수안지악을 연주하고 춤은 소무지무를 춘다.

제사 지낸 술을 마시는 절차인 음복례에서는 악무가 연행되지 않는다. 제기를 거두는 철변두 절차에서는 등가가 옹안지악을 연주하고 신을 보내는 절차인 송신례에서는 헌가가 경안지악을 연주한다. 송신 절차에 이어 축판과 폐백, 서직반을 구덩이에 묻는 망예 절차가 이어진다. 망예 이후에는 각각 네 번 절한 후 의례를 마친다.

선잠의를 마친 후에는 궁의 후원에 설치해 놓은 채상단採桑壇에 왕비가 친히 나아가 친잠의례를 행한다. 왕비는 상복常服을 입고 의례에 임한다. 왕비가 뽕잎을 따는 위치로 가서 갈고리를 들고 다섯 가지를 딴 후 제자리로 돌아온다. 혜빈 이하 내명부도 뽕잎을 따는데 혜빈과 왕세손빈은 일곱 가지의 뽕잎을 따고, 내명부와 외명부는 아홉 가지의 잎을 딴다. 이는 등급에 따른 구분이다.

절차	악명	악곡명	악현	일무
영신	경안지악	황종궁/중려궁/남려궁/이칙궁	헌가	문무
전폐	숙안지악	남려궁	등가	문무
초헌	수안지악→서안지악	남려궁→고선궁	등가→헌가	문무→무무
아헌	수안지악	고선궁	헌가	무무
종헌	수안지악	고선궁	헌가	무무
철변두	옹안지악	남려궁	등가	
송신	경안지악	송황종궁	헌가	

〈표3-2〉 성종 대 선잠제의 절차와 연행 악무[36]

36_ 『국조오례의』 권1 「길례」 '향선농의'; 『악학궤범』 권2 「시용아부제악」.

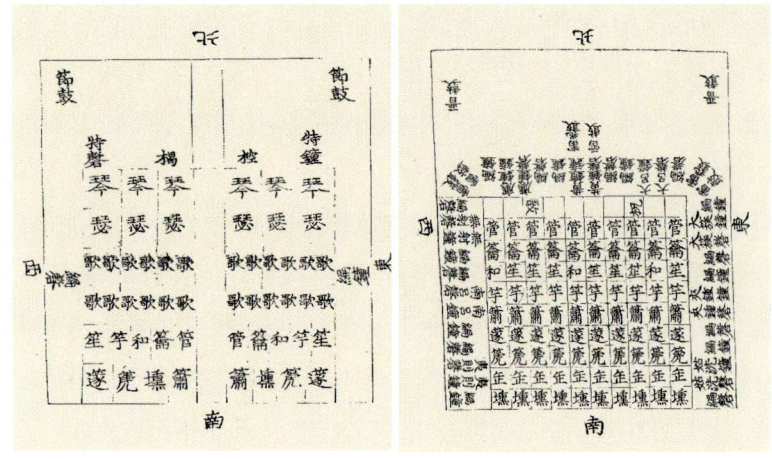

도32 성종 대의 선농·선잠제의 등가악현(왼쪽) 『국조오례서례』 권1 「길례」, '아부악현도설'에 수록.

도33 성종 대의 선농·선잠제의 헌가악현 『국조오례서례』 권1 「길례」, '아부악현도설'에 수록.

선잠제의 절차와 연행 악무는 선농제의 것과 크게 다르지 않으나 선잠제는 진찬進饌의 절차가 빠진 점에서 차이가 있다. 이에 따라 진찬례에서 고선궁姑洗宮의 선율로 헌가에서 연주하는 옹안지악도 연주되지 않는다. 그 외의 음악은 선농제의 것과 같다. 선농제와 선잠제의 의주에서 보이는 차이는, 전자는 국왕의 친향이고 후자는 국왕이 행하는 것이 아닌 섭행攝行이라는 점에 있다.

선잠제에서는 선농제와 같이 아악을 연주하지만 왕비가 친히 행하는 친잠제에서는 친경의와 마찬가지로 아악을 연주하지 않았다. 왕비가 채상단으로 나아갈 때에는 역성繹成을 연주했으며 왕비가 뽕잎을 따는 의례를 모두 마치고 다시 악차로 돌아갈 때에는 여민락령을 연주했다.

악현과 악기, 일무

선농제와 선잠제에 사용되는 악무 내용은 인신人神에게 지내는 제향인 문묘의 것과 동일하다. 성종 대의 선농제와 선잠제는 『국조오례의』와 『악학궤범』에 기록된 아부악현도설에 따라 편성되었다. 등가에는 금 6, 슬 6, 노래 24를 기본으로 하여 생황 계열의 관악기인 생과 우, 화와 관, 소, 지, 적 등이 편성되었고 그밖에 편종과 편경, 특종과 특경,

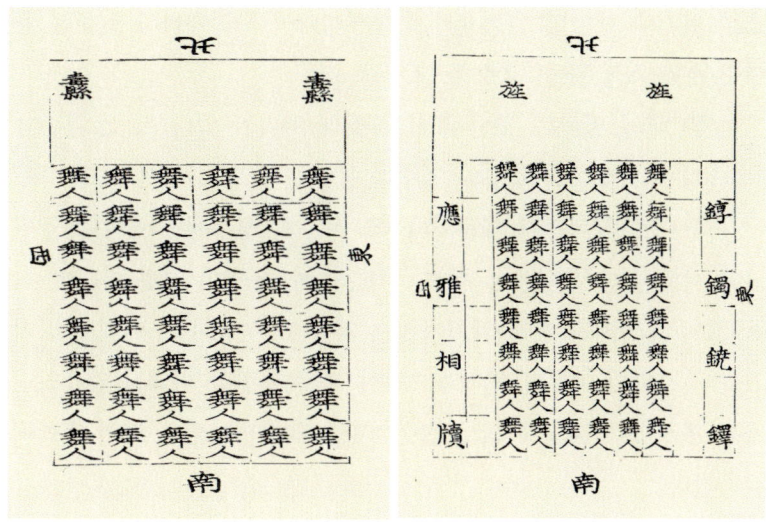

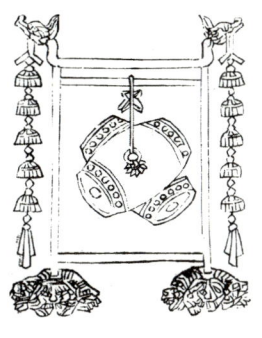

절고 등의 타악기가 편성되었다. 이 가운데 중심 악기는 현악기와 노래가 된다. 도32, 33

선농·선잠제의 헌가는 대부분 관악기와 타악기로 편성되었다. 제후국의 악현은 헌가악현이므로 편종과 편경은 남쪽을 제외한 삼면에만 진설했고 나머지 악기는 관, 약, 생, 우, 화, 소, 적, 지, 훈 등의 관악기와 타악기인 부缶가 포함되었다. 위의 악현도에서 북쪽 부분 중앙과 좌우에 편성된 뇌고와 뇌도는 인귀에 제사할 때 사용하는 타악기 노고路鼓와 노도路鼗로 보아야 한다. 『국조오례서례』에 소개되어 있는 악현도가 풍운뇌우제의 것이기 때문에 뇌고와 뇌도가 그려진 것이다.

선농제와 선잠제례악을 연주할 때 가장 특징적인 아악기는 노고와 노도이다. 환구제와 같은 천신을 제사할 때는 6면 북인 뇌고와 뇌도를 사용하고 사직제와 같은 지기를 제사할 때는 8면 북인 영고와 영도를 사용하지만 선농제와 선잠제는 인귀를 제향하는 의례이므로 4면 북인 노고와 노도를 편성한다. 도36, 37

노고路鼓의 '노'路는 사람의 도리, 즉 인도人道를 의미하며 진고를 치는 부분에서 함께 친다. 노고와 노도는 주홍색으로 칠한다.

도34·35 선농제·선잠제에서 연행하는 48인의 육일무, 문무와 무무(왼쪽) 『국조오례서례』 권1 「길례」, '아부악현도설'에 수록.

도36·37 선농제·선잠제를 거행할 때 헌가에서 연주하는 4면 북 노고와 노도 『국조오례서례』 권1 「길례」, '아부악현도설'에 수록.

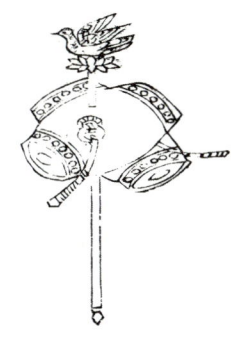

303

조선 전기에 행했던 선농제와 선잠제례악에서 연행하는 일무는 48명이 추는 육일무이다.^{도34, 35}

성종 대의 일무는 조선 후기의 것과 차이가 있다. 조선 후기에는 육일무의 해석을 일수와 열수를 동일한 것으로 하여 36인이 추는 전통으로 굳어졌기 때문이다. 또 무무의 경우에도 춤추는 무원 외에 서쪽에 편성된 응應, 아雅, 상相, 독牘, 동쪽에 편성된 순錞, 탁鐲, 요鐃, 탁鐸과 같은 타악기가 편성되어 있는 점이다. 이러한 타악기들이 무원의 좌우에 편성됨으로써 무무가 한결 위의를 갖추었던 것이 조선 전기와 중기의 모습이지만, 이러한 전통은 조선 후기에 사라졌다.

선농의에 이어 행했던 친경의에 사용된 음악은 선농의의 것과 다른 계통의 것이다. 선농의에 사용된 음악은 아악 선율의 것으로 시작 음과 끝 음이 일치하고, 일자 일음식의 가사 배치를 보이는 전형적 아악 선율로 된 것이다. 그러나 친경의를 행할 때는 세종이 만든 여민락 계열의 음악과 역성繹成 등의 음악이 사용되었다. 따라서 악대도 속부악현俗部樂懸을 따라 성종 대 종묘제례악을 연주하는 악대와 같은 편성이 친경대 위에 등가악대로 편성되었다. 『악학궤범』에 의하면 친경의를 행할 때 관경대 위에서 연주하는 등가악대는 노래 10인, 가야금 1, 거문고 1, 당비파 2, 향비파 1, 월금 1, 대쟁大箏 1, 아쟁 1, 피리 2, 대금 2, 당적 2, 퉁소 1, 장고 2, 절고 1, 편종 1, 편경 1, 박 1 등으로 되어 있다.

친경의에 동원된 악사는 3인인데, 1인은 등가에서 연주하는 박을 담당한 집박악사, 1인은 헌가에서 연주하는 박을 담당한 집박악사, 나머지 1인은 음악을 시작할 때 휘를 들어 올리고, 끝날 때 휘를 눕히는 협률랑이다. 악공은 전체 100인이 동원되었는데, 등가 악공이 32인, 헌가 악공이 68인이었다. 모두 관복冠服을 입고 참여하였다.

선농제의 악장과 선율

선농제에서 음악은 영신, 전폐, 진찬, 초헌, 아헌, 종헌, 철변두, 송신례 때 연주된다. 또 영신, 전폐, 진찬, 초헌, 아헌, 종헌의 절차에서는 일무도 함께 연행된다. 특히 전폐와 초헌, 철변두의 절차에서는 악장이 불려졌다. 악장은 4언 8구로 이루어졌는데, 이 노랫말은 아악의 연주방식인 1자 1음식으로 가사를 배치하여 노래하였다. 또 선율은 정해진 조의 첫 음으로 시작하여 같은 음으로 마치는 기조필곡起調畢曲의 원리에 의해 형성된 아악 선율의 전형적 특징을 지닌다. 각 절차에서 쓰인 악장을 소개한다.[37]

37_ 『증보문헌비고』 권100, 「악고」11 악가3 '선잠악장' ; 『악학궤범』 권2 「시용아부제악」 '선농'.

전폐-숙안지악

나무를 휘고 쟁기를 만들어	揉木爲耒 播穀烝民
백성들에게 파종을 가르치셨네	
길이 우리에게 은혜 베풀었으므로	永維惠我 載虔禮神
정성으로 신께 예를 올리네	
옥백이 교착하니 예의가 비로소 퍼지네	玉帛交錯 禮儀肇伸
성실하고 엄정嚴正하니	有孚顒若 豐祥荐臻
풍년 드는 상서가 잇달아 이르게 하소서	

악장 ; 揉木爲耒 播穀烝民 永維惠我 載虔禮神 玉帛交錯 禮儀肇伸 有孚顒若 豐祥荐臻

선율 ; 南蕤姑汰 應汰蕤姑 夷蕤浹汰 蕤姑南應 南蕤應南 夷蕤南汰 應南蕤姑 蕤汰應南

초헌-수안지악

(정위)

| 비로소 초실을 가리셨으니 | 肇分草實 於穆聖智 |
| 아! 깊도다 성인의 지혜여! | |

백곡이 익으니 이는 누가 주신 것인가?	白穀用成 繫誰之賜
강작에 술을 따라 올리니 술도 많고 맛도 좋도다	酌彼康爵 酒多且旨
신이 모두 취하여 더욱 많은 복을 주소서	神具醉止 介以繁祉

악장; 肇分草實 於穆聖智 白穀用成 繫誰之賜 酌彼康爵 酒多且旨 神具醉止 介以繁祉

선율; 南蕤姑汰 應汰蕤姑 夷蕤浹汰 蕤姑南應 南蕤應南 夷蕤南汰 應南蕤姑 蕤汰應南

(배위)

때맞추어 백곡을 뿌리니	播時百穀 功配于天
그 공덕 하늘에 짝할 만도하다	
배향으로 모시니 증연히 오시도다	其從與享 昭格烝然
잔을 씻어 드리오니 예의에 어긋남이 없도다	洗爵尊罍 式禮莫愆
신께서 즐겨 흠향하시고 풍년이 들게 하소서	神嗜飮食 汔用康年

악장; 播時百穀 功配于天 其從與享 昭格烝然 洗爵尊罍 式禮莫愆 神嗜飮食 汔用康年

선율; 南蕤姑汰 應汰蕤姑 夷蕤浹汰 蕤姑南應 南蕤應南 夷蕤南汰 應南蕤姑 蕤汰應南

철변두-옹안지악

청주는 향기롭고 희생은 매우 크도다	淸酤惟馨 嘉牲孔碩
예의가 이루어지고 음악이 갖추어졌으니	禮成樂備 人和神悅
사람과 신이 즐거워하도다	
이미 신께서 흠향하셨으니 변두를 물리렵니다	旣右享之 籩豆惟徹
길이 그 구성을 보리니	永觀厥成 率履無越
따르고 실행하여 어김없게 하소서	

악장: 清酤惟馨 嘉牲孔碩 禮成樂備 人和神悅 旣右享之 籩豆惟徹 永觀厥成 率履無越

선율: 南蕤姑汰 應汰蕤姑 夷蕤浹汰 蕤姑南應 南蕤應南 夷蕤南汰 應南蕤姑 蕤汰應南

선농제에서는 이와 같은 4언 8구의 아악 선율에 의해 음악을 연주했다. 선율은 남려南呂음으로 시작하여 남려음으로 마쳐, 시작 음과 끝음이 같은 기조필곡의 방식으로 구성되어 있다. 농사와 관련된 악장이므로 파종을 하고 가꾸면 백곡이 풍성하게 익어 풍년이 들도록 기원하는 마음이 그 노랫말에 잘 담겨 있다.

그런데 왕이 직접 적전에 나아가 밭을 가는 의례인 친경의에서 연주되는 음악은 여민락과 역성이다. 이때에 노래되는 악장은 별도로 되어 있다.[38] 왕이 대차大次로 나올 때 연주한 여민락의 악장은 4언 8구로 다음과 같다.

[38] 『국조보감』 권15, 「성종조」1, 성종 6년(을미, 1475).

하늘이 우리 백성 먹여 살리려	天粒我民 誕降嘉穀
좋은 곡식을 내려주셨네	
가꾸고 거두기가 너무 어려워	稼穡惟難 不自暇逸
한가롭게 지낼 겨를 없다네	
백성들이 농사를 시작하니	肇民農功 事我新田
적전에서 내가 밭을 간다네	
백성에게 도 있음을 보여주노니	示民有道 務本爲先
근본에 힘쓰임이 우선이라네	

왕이 대차로 나온 후에는 직접 적전을 경작하는 의례를 행한다. 왕은 쟁기를 모두 다섯 번 가는데 이때 연주되는 여민락의 악장은 다음의 4언 8구가 연주된다.

우리 농사일 생각했더니 어느새 벌써 봄이로구나	念我稼事 日亦旣春
쟁기 메우고 보습을 끼워	于耜于耜 必躬必親
몸소 교외에서 밭을 간다네	
다섯 번 밀고 다섯 번 돌아오니	五推五反 古訓是式
옛 가르침을 본받은 것이요	
백성에게 농사를 권면하노니	勸我民天 惟民之則
백성들은 이를 본받을지어다	

또 왕이 관경대에 오르고 내리는 과정에서 연주하는 여민락이 별도로 지어졌는데, 이 역시 다음의 4언 8구로 구성되어 있다.

이미 밭을 갈기를 또한 부지런히 하셨도다	日旣耕止 日亦勤止
위아래가 모두 임하였으니	上下臨只 袞冕煌只
곤룡포와 면류관 찬란하도다	
많은 사람 다 보고 있으니	萬目咸覩 如日之昇
아침해가 두둥실 떠오르는 듯	
이렇게 끝까지 잘해 나가면	終善且有 福祿是膺
하늘이 복록을 내려주리라	

또 왕세자와 종실, 재신, 판서, 대간 등이 각각의 품계에 맞추어 쟁기를 일곱 번 미는 칠추지례七推之禮와 구추지례九推之禮를 행할 때에는 역성을 연주하는데 이때에도 노랫말은 4언 8구로 되어 있는 악장이다.

엄숙한 제단에 향기로운 제물을 차려놓으니	有儼其壇 有椒其芬
아, 종실의 신하들이 분주히 달려나왔네	嗟嗟宗公 日亦駿奔
보습으로 밭을 갈아 우리 임금을 도우니	以耕以耜 以佑我王
밝은 신은 살피시어 풍년을 내려주소서	明神有賜 迄用豐康

선잠제의 악장과 선율

선잠제에서 음악이 연주되는 절차는 영신, 전폐, 초헌, 아헌, 종헌, 철변두, 송신례에서이다. 또 영신, 전폐, 초헌, 아헌, 종헌의 절차에서는 일무도 함께 연행된다. 특히 전폐와 초헌, 철변두의 절차에서는 악장이 불려졌다. 악장은 4언 8구로 이루어졌는데, 이 노랫말은 아악의 연주 방식인 1자 1음식으로 가사를 배치하여 노래하였다. 또 선율은 정해진 조의 첫 음으로 시작하여 같은 음으로 마치는 기조필곡의 원리에 의해 형성된 아악의 전형적 특징을 지닌다. 각 절차에서 쓰인 악장을 소개한다.[39]

39_ 『증보문헌비고』 권100 「악고」 11 악가3 '선잠악장'; 『악학궤범』 권2 「시용아부제악」 '선잠'.

전폐-숙안지악

엄연히 임하셨으니 오직 그 신위로다	儼乎其臨 惟神之位
폐백을 공손히 받드니 예의가 다 갖추어졌도다	奉幣維寅 禮儀旣備
매우 순조롭고 때에 맞으며	孔惠孔時 或將或肆
재물을 올리기도 하고 차리기도 하도다	
신께서 편안히 내려오시어 이 제사를 흠향하소서	神其降康 歆我祀事

악장: 儼乎其臨 惟神之位 奉幣維寅 禮儀旣備 孔惠孔時 或將或肆 神其降康 歆我祀事

선율: 南蕤姑汰 應汰蕤姑 夷蕤浹汰 蕤姑南應 南蕤應南 夷蕤南汰 應南蕤姑 蕤汰應南

초헌-수안지악

나라에서 뽕을 가꾸어 누에 치는 잠실은 예부터 이렇게 하였도다	公桑蠶室 振古如玆
백성들이 그 은혜 받은 것은 신께서 덕을 베푸심이로다	民受其賜 維德之施
공을 보답하려 제사를 지내면서	報功以祀 式禮攸宜

예에 어긋나지 않게 하도다

깨끗한 제주를 올려 신이 내려오시기를 빕니다   洞酌行遴 以祈格思

악장; 公桑蠶室 振古如玆 民受其賜 維德之施 報功以祀 式禮攸宜 洞酌行遴 以祈格思

선율; 南蕤姑汰 應汰蕤姑 夷蕤浹汰 蕤姑南應 南蕤應南 夷蕤南汰 應南蕤姑 蕤汰應南

철변두-옹안지악

변두를 벌여놓으니 제사가 성대히 갖추어졌도다   籩豆有踐 祀事孔明

예는 삼헌에 이루어지고 악은 구성을 연주하도다   禮成三獻 樂奏九成

신이 이미 기뻐하시니 화락하고 평안하도다   神旣燕喜 終和且平

제기 거두기를 지체하지 않으니   載徹不遲 萬福來寧

만복이 이르러 편안하리로다

악장; 籩豆有踐 祀事孔明 禮成三獻 樂奏九成 神旣燕喜 終和且平 載徹不遲 萬福來寧

선율; 南蕤姑汰 應汰蕤姑 夷蕤浹汰 蕤姑南應 南蕤應南 夷蕤南汰 應南蕤姑 蕤汰應南

이상과 같이 선잠제에는 전폐례와 초헌례, 철변두 절차에서 악장이 노래되었다. 이때 사용된 음악은 아악 선율로서 모두 남려궁으로 연주되었다. 악장은 4언 8구이다.

11 선농제 참여자의 복식

선농에게 제사를 올리는 선농단 제사는 농업을 가장 중요시했던 시절에 중요한 의미를 지녔던 제사로서, 국가제례 중 중사中祀에 해당하는 의례였다. 국왕이 친히 제사를 지내기도 하고 섭행을 하기도 하였으며 제사 후에는 이어서 국왕이 직접 농사짓는 시범을 보이는 친경의식이 행해졌다. 친향과 친경은 경칩 후 해일亥日, 즉 음력 2월 해일에 올리는 것으로 규정했으나 항상 지켜진 것은 아니었고 1월에서 3월 중 길한 해일을 택하여 치렀다. 이 글에서는 국왕이 참여하는 친향을 중심으로 의례에 참여한 인물들의 복식을 살펴보려고 한다.

조선시대의 실제적인 친향과 친경의식은 성종 대에 치러졌는데 기본 절차는 세종 대에 마련된 경적의耕籍儀를 기초로 하였다. 세부 절차를 약간 수정하여 선농제 의식 전반에 걸친 틀을 마련하였다. 광해군 대까지는 선농제가 겨우 명맥을 이어갔으나 1739년(영조 15) 1월에 친경례가 재개되기 전까지는 거의 실행되지 않았다. 특히 영조 대에는 4회에 걸친 친경의례가 치러졌으며 구체적인 과정과 내용을 『친경의궤』로 남겼다.

먼저 『국조오례의』 권2에서 조선시대 선농 제사의 기본이라고 할 수 있는「향선농의」享先農儀를 살펴볼 수 있다. 출궁하고 환궁할 때 국왕은 원유관에 강사포를 착용하고 종친과 문무백관은 조복을 착용하였다. 선농단 제사에서는 전하가 면복을 입고 향관은 제복을, 그리고 배향관과 수령, 적전령籍田令 등은 조복을 입었으며 현령은 상복常服을 착용하였다. 또한 전악과 문무·무무 공인이 참여하였는데 악사는 복두幞頭에 녹초삼을 착용하였으며 협률랑은 시복時服을 착용하였다. 악공은 화화복두에 홍주삼을, 문무 공인은 진현관에 청란삼青鸞衫을 착용하고 무무 공인은 피변에 비란삼을 착용하였다. 보다 구체적인 선농단 제사 참여자 구성은『국조오례의』권1「길례」의 재관齋官 조에서 확인할 수 있다.

서울대학교 규장각에는 조선 후기 영조 때의『친경의궤』2종이 남아 있다. 1739년(영조 15)과 1767년(영조 43)의 친경의례를 기록한 것이다. 1739년 친경례는『국조오례의』와 그 내용이 크게 다르지 않다. 이때의 의주儀註를 보면 '출궁과 환궁할 때' 국왕은 원유관에 강사포를 착용하고 종친과 문무백관은 4품 이상 조복, 5품 이하는 흑단령을 착용하였다. '친향선농의'에서는 전하가 면복을 착용하고 향관은 제복을, 4품 이상의 배향관은 조복을, 5품 이하의 배향관은 흑단령을 착용하였다. 그 외에 전악사典樂師, 악공, 이무二舞가 각각의 옷을 입고 참여하였다고 기록되어 있다.

그러나 1767년의『친경의궤』에서는 이전과는 달라진 모습이 보인다. 국왕이 80세를 바라보는 나이에 행한 의례이기 때문인지 출궁과 환궁에 국왕과 왕세손이 익선관과 곤룡포를 착용하였으며 선농단 제사도 섭행으로 행하였다. 영조와 왕세손이 원유관과 강사포 차림으로 단상에 봉심하는 것으로 마무리하였다. 친경하는 의례(親耕儀)에서는 국왕과 왕세손이 그대로 원유관과 강사포 차림으로 친경을 하였으며 개책介幘·강의絳衣 차림의 서인과 청건青巾·청의青衣 차림의 서인들이 대거 참여하였는데 왕이나 왕세자를 돕는 것처럼 중요한 임무를 맡은 자들은 개책과 강의를 입고, 그보다 중요도가 낮은 임무를 맡은 자들은 청건에 청의를 착용하였다.

친경을 마치고 위로주를 내리는 '노주의'勞酒儀에 친림하는 국왕은 친경의례 때와 마찬가지로 원유관에 강사포를 착용하였으며 술을 나르는 위군衛軍은 자건紫巾에 자의紫衣를 착용하였다.

『국조오례의』의 선농제 의주를 볼 때, 선농제에 참여하는 이들의 복식 유형은 모두 여덟 가지 유형으로 나뉜다. 제1 유형은 왕과 왕세자의 면복(1767년 봉심만 할 때는 원유관에 강사포 차림)이고 제2 유형은 향관의 제복, 제3 유형은 배향관 중 4품 이상의 조복, 제4 유형은 배향관 중 5품 이하의 흑단령, 제5 유형은 전악의 복두·녹초삼, 제6 유형은 악공의 복두·홍주의, 제7 유형은 문무의 진현관·조주삼, 제8 유형은 피변·조주삼이다.

선농단 제사에 참여한 인물들의 복식은 악공이 복두에 홍주의紅紬衣를 입는 것만 다를 뿐, 환구단 제사나 사직단 제사에 참여한 인물들의 복식과 같으므로 앞 장의 내용으로 대신하고자 한다.

유형	제1 유형	제2 유형	제3 유형	제4 유형	제5 유형	제6 유형	제7 유형	제8 유형
	왕·세자	향관	배향관 (4품이상)	궁관·배향관 (5품이하)	전악	악공	문무	무무
참여자 복식	면복/ 원유관	제복	조복	흑단령	복두 ·녹초삼	복두 ·홍주의	진현관 ·조주삼	피변 ·조주삼

〈표3-3〉 선농제 참여자와 복식 유형

선농단 제사는 선농제 이후에 친경의親耕儀와 노주의勞酒儀 단계가 이어지는 것이 특징이다. 친경의례를 가시적으로 볼 수 있는 유일한 기록화라 할 수 있는 영조 대의 〈친경도〉親耕圖가 있다. 하단에 '기미 정월 28일'이라는 날짜가 기록되어 있는 것으로 보아 1739년(영조 15) 1월, 적전에서 친경할 때의 장면을 묘사한 것임을 알 수 있다. 국왕과 주변의 시경인侍耕人, 종친 및 문무백관, 수우인隨牛人, 서민들, 구경꾼으로 선발된 노인들이 있고 그 앞에 헌가가 설치되어 있다. 친경의에 참여한 인물들의 복식은 선농단 제사에서 사용된 복식 유형보다 훨씬 많은 총 14개의 유형으로 분류된다.

국왕과 왕세손은 〈친경도〉에 묘사되어 있지 않지만 원유관·강사포 차림으로 참여한다고 한 의궤 기록을 볼 수 있다. 국왕의 흑우黑牛를 잡고 친경을 도와줄 친경 수우인隨牛人을 비롯하여 쟁기 드는 사람(執耒耜者), 농사를 돕는 사람(助耕人)과 같은 서민은 개책과 강의 차림을 하고 종경서인終耕庶人과 수우인, 경적서인耕籍庶人, 땅을 고르는 치평인治平人, 75세 이상의 노인(耆民)들은 청건에 청의 차림을 한다. 이들 모두 허리에는 청색 무명 허리띠(靑木帶)를 띠었다.

개책은 사직단 제사에서 등가·헌가 공인들이 사용하였던 관모이며 강의는 붉은색 옷임은 분명하지만 형태는 분명하지 않다. 단지 『친잠의궤』 기미년 정월 19일의 기록에 '청의'가 '청색 직령'이라고 하였으니 강의는 붉은색 직령이 아닐까 한다. 한편 〈친경도〉에 보이는 서민들의 청의·청건의 색상은 흰색에 가까울 정도로 옅은 색으로 보이는데 옥색 정도로 짐작된다. 『임하필기』林下筆記(1871,

복식 유형	제1 유형	제2 유형	제3 유형	제4 유형	제5 유형	제6 유형	제7 유형
	왕	왕세손	봉상시정·시경자·종경자·종친·문무백관(4품 이상)	종친·문무백관(5품 이하)·협시·정의·중관·현령	수우인·집뢰자·조경인·서인	기민·치평인·경근차견부	위군
친경의·노주의	원유관·강사포	원유관·강사포	조복	흑단령	개책·강의·청목대	청의·청두건·창목대	자의·자건
〈친경도〉(1739)	-	-					-

복식 유형	제8 유형	제9 유형	제10 유형	제11 유형	제12 유형	제13 유형	제14 유형
	도총관	시위관	선전관	무예별감	포수	전악	악공
친경의·노주의	갑주	융복	군복	녹색 직령	전건·호의	복두·녹초삼	복두·홍주의
〈친경도〉(1739)							

〈표3-4〉 친경의·노주의 참여자와 복식 유형

이유원李裕元 지음)에는 1737년(영조 13) 이성중李成中(1706~1760)이 경연에서 '이미 흰 옷을 엄금할 일로 신칙하는 하교가 있었지만 명색이 청의라고는 하지만 그 색깔이 매우 옅으니 나라에서 청의를 입으라고 한 본래의 취지에 부합하지 못하는 색'이라고 한 기록이 보인다. 따라서 친경 행사에 서민들이 착용한 청의는 옥색 직령임을 알 수 있다. 조선 후기의 직령은 무관武官이나 관직이 없는 자들이 예를 갖출 때 입는 상복上服이었다. 곧은 깃 모양에서만 차이가 날 뿐, 다른 부위의 형태는 둥근 깃의 단령과 같다. 곧은 깃에 소매는 넓고 양옆이 트여서, 트인 선엔 큰 무가 달려 뒤쪽으로 넘어가 고정되는 긴 길이의 포 종류이다.

친경의에는 사모에 흑단령을 착용한 산선繖扇과 운검 등의 차비 등도 참여하였다. 협시夾侍 비신상호군備身上護軍은 사모·흑단령(帽帶)에 패검佩劍을 하였으며 정의正衣 부책대호군扶策大護軍은 같은 차림에 패검 대신 우편牛鞭을 들었다. 그리고 갑주 차림의 좌우위장군 도총관(2인), 융복에 활과 화살을 찬 사어司禦 등의 배종관원, 군복 차림의 선전관, 전건戰巾과 호의號衣 차림의 협련포수挾輦砲手 등도 참여하였는데, 이렇듯 다양한 복식 유형을 〈친경도〉와 『친경의궤』에서 확인할 수 있다.

12 선잠제 참여자의 복식

선잠례는 친잠례라고도 하였는데 잠신蠶神인 서릉씨西陵氏에게 올리는 제사이다. 국왕이 친경례를 행하는 것에 비견되는 의례로서, 궁궐 후원에 마련된 친상단親桑壇, 즉 채상단採桑壇에서 왕비와 내외명부, 여관女官들이 참여하여 치르는 행사였다. 『예기』「제통」祭統에, '제후諸侯의 부인夫人은 북교北郊에서 친잠하여 면복冕服을 제공한다.' 하였으니 친잠례는 제복祭服을 중히 여기는 뜻이며 백성들에게 누에치기의 중요함을 보이는 뜻이다.

조선 전기에는 성종 대와 중종 대에 친잠례가 치러졌으며 후기에는 거의 3백년 후인 영조 43년(1767) 3월 10일에 거행되었다가 다시 순종 대에 치러졌다. 특히 성종 대에는 선잠단이 멀리 있어서 관원으로 하여금 치르도록 하였다.

친잠례를 치르는 동안 입었던 복식에 대한 자료는 그리 많지 않다. 자료가 있다 하더라도 친잠 때 입는 국의의 색상에 대한 논의가 대부분이다. 1471년(성종 2) 친잠례 관련 의주에는 왕비의 국의鞠衣·수식首飾과 상궁 이하의 예복禮服이라는 언급만 있다.

1477년(성종 8) 윤2월 25일에는 친상親桑할 때 왕비가 입는 국의의 색상은 국화의 색과 같은데 이는 뽕잎이 처음 돋을 때의 빛깔을 상징한 것이라고 하면서 국의에 수식을 없는 것으로 결정하였다.

1481년(성종 12) 1월 18일, 실록 자료에 의하면 명부의 첫번째 옷인 국의를 친잠의례에 착용한다는 옛 기록에 근거하여 왕비는 국의를 입기로 하였다. 한편 명부의 조잠복助蠶服에 대해서는 1493년(성종 24) 3월에 치러진 친잠례를 위해 논의되면서 송나라 명부의 청색 조잠복 제도를 수용하여 아청색으로 결정하였다. 도38

도38 국의 『삼재도회』에 수록.

중종 8년(1513) 2월에도 3월에 거행될 친잠례에 왕비복을 국의로 정하고 내외명부의 조잠복은 성종 계축년(1493)에 정한 아청색을 그대로 따르기로 하였다. 그런데 예조에서 '국鞠은 황색으로 국화의 황색과 같은 색이니 황의黃衣인데 이는 황후가 입는 옷이다'라고 하였다. 국의는 황의인데 이는 황후가 입는 옷이라고 하였으니 왕비가 입기는 어려웠을 것이다.

1572년(선조 5) 1월 18일에 친잠을 위해 논의하는 과정에서 장소는 중묘조에서 거행한 예를 따라 경복궁 어원御苑에서 거행하고 복색은 예복禮服을 사용하도록 하였다.

임란 후인 1616년(광해군 8) 11월에 왕비의 친잠복 색상을 새롭게 논의하였다. 예조에서『예기』「월령」주註에 '국의鞠衣는 옷의 색이 노란 국화와 같은 것이니 뽕나무 잎이 처음 생겨날 때의 색을 본뜬 것이라고 했지만 오로지 황색만 사용한 것은 아니므로 침향단자沈香段子를 사용해도 무방할 것 같다고 하자, 상의원尙衣院에서는 뽕나무를 끓인 물에 염색하여 사용해도 무방하겠다고 하였다. 그러자 광해군은 복색에 대해서 근거할 만한 명확한 조문이 없다면 유청색柳靑色을 사용하거나 적의翟衣를 사용할 일을 의논하여 아뢰라고 하였다. 예조에서는 적의를 사용할 수 없다고 하면서 유청색을 사용하는 것이 합당하다고 아뢰었다. 광해군은 다시 명부가 조잠복에 아청색을 사용하는데 왕비가 유청색을 사용하는 것에 문제가 없는가라고 지적하면서 다시 의논하게 하였다. 광해군 12년(1620) 4월 20일이 되어서야 비로소 친잠례를 거행하게 되었으나 실록에 왕비의 복색에 대한 언급이 없으니 어떤 복장으로 의식을 치렀는지는 알 수 없다.

한편 『대명회전』大明會典에 의하면 황후는 운룡문雲龍文 흉배를 단 홍색 국의를 입었고 조선의 왕비 신분에 해당되는 명나라 친왕비의 국의는 그 제도가 심의와 같고 금사로 구름과 봉황을 수놓은 흉배(金繡雲鳳文)를 사용하도록 규정되어 있다. 저사紵絲나 사紗, 라羅 등을 사용하였는데 색상은 황후의 복색服色인 황색을 제외한 다양한 색상을 사용한다고 기록되어 있다.

이상의 자료들을 통해 볼 때 조선 전기에는 왕비의 국의의 색상은 황색이나 유청색 등이 사용되었을 가능성이 있으며 광해군 대 이후에 다홍색 적의를 입었을 가능성도 생각해볼 수 있다. 한편 명부들은 그대로 아청색 예복을 사용한 것으로 짐작된다.

영조 대의 친잠례 복식

광해군 대 이후 영조 대에 이르러 친잠례가 거행되었다. 경복궁 강녕전康寧殿 옛터에 제단을 만들어 선잠제와 친잠제를 동시에 치렀다. 더욱이 누에를 쳐서 얻은 고치를 받는 수견례收繭禮까지도 거행하였다. 영조 대에는 이러한 일련의 과정을 『친잠의궤』로 남겼으니 이를 통해 당시 의식 중에 참여자들이 착용했던 옷차림을 확인할 수 있다. 조선 후기의 왕비 친잠복은 영조 43년(1767)에 거행된 친잠례 기록인 『친잠의궤』를 통해 확인할 수 있다. 의궤에는 모두 11가지의 의주가 정리되어 있는데 그 중 주요한 의주는 '중궁전 작헌선잠의'中宮殿爵獻先蠶儀와 '친잠의', 그리고 '수견의'受繭儀라고 할 수 있다.

정해년 선잠의 삼헌三獻은 내전, 혜빈, 빈궁으로 결정되었으며 예의사禮儀使와 집례 등 제사를 도울 여관女官은 내·외명부가 하는 것으로 결정하였다.

3월 11일 경복궁에 거둥하여 왕비가 경복궁 제단(강녕전 옛터)에 나아가 작헌례를 직접 행하고(작헌선잠) 이어 채상단으로 나아가 친

	왕비	혜빈	왕세손빈	명부	상궁	잠모
작헌선잠의	예복·수식	복(예복)	복(예복)	복(예복)	복(예복)	-
친잠의	상복	복(상복)	복(상복)	복(상복)	복(상복)	여모·의상
조현의	적의·수식	적의·수식	적의·수식	-	예복	
수견의	예복	예복	예복	예복		

〈표3-5〉 1767년(영조 43)의 친잠례 복식

잠을 행하였다. 이때 왕비는 예복을 갖추고 수식首飾을 하였으며 혜빈 혜경궁홍씨와 왕세손빈, 참가한 명부들은 각자의 옷(其服)을 입었다. 그리고 이어진 '친잠의'에서는 왕비가 상복常服을 입고 혜빈궁과 세손빈궁은 각자의 복장을 입고 내·외명부 역시 각자의 복식을 착용하였다. 행사를 돕는 잠모蠶母는 궁에 있는 여모女帽와 궁궐의 상복常服을 착용하였다. 이 옷은 행사가 끝나면 궁에 보관해 두었다가 추후에 다시 사용하도록 하였다.

행사를 마친 후 치른 조현의朝見儀에서는 왕비의 최고 법복인 적의와 수식을 착용하였다. 혜빈과 세손빈 역시 적의를 착용하였으며 상궁은 예복을 착용하였다. 수견의 때는 왕비와 혜빈, 왕세손빈 모두 예복을 착용하였으며 국왕과 왕세손은 익선관에 곤룡포를 착용하였다.

명부들의 옷에 대한 명칭은 명시되어 있지 않다. 2월 26일에 치러진 헌종의獻種儀에서 왕비가 예복을 입고 수식을 하였을 때 왕세손빈과 명부들이 예복을 착용한 사실을 볼 때 작헌선잠에서도 왕비 이하 명부들까지 예복을 입었을 것으로 짐작된다. 그리고 친잠을 할 때는 예복보다 간편한 '상복'을 착용하였으므로 왕세손빈 이하 여관들도 상복을 입었을 것이다.

영조 43년에 치러진 친잠례의 주요 절차인 작헌선잠의와 친잠의, 수견의에서 왕비가 착용한 복식은 예복과 상복이다. 조현의에서 착용한 적의는 왕실 혼례 복식에 대한 부분에서 다룰 기회가 있으므로 여기에서는 왕비의 예복과 상복만을 살펴보려고 한다.

왕비의 예복과 수식

적의보다 비중이 낮은 옷이라고 할 수 있는 왕비의 예복이 과연 어떤 옷이었을지 아직 학계는 통일된 의견을 내놓지 못하고 있는 실정이다. 노의와 장삼, 그리고 원삼일 것이라고만 추측하고 있다.

『국조속오례의보서례』國朝續五禮儀補序例(1751)에는 '왕비예복제도' 王妃禮服制度라고 하여 규圭와 수식首飾, 적의翟衣, 하피, 상裳, 대대大帶, 옥대玉帶, 패佩, 수綬, 폐슬蔽膝, 말襪, 석舃을 열거하고 있다. 흔히 법복法服으로 분류하고 있는 적의를 『국조속오례의보서례』에서는 예복이라고 규정하고 있지만 『친잠의궤』에는 '작헌선잠의'에 왕비가 예복을 입고 '조현례'에 적의를 입는다고 분명하게 구분하고 있다. 또한 『추관지』秋官志(1781)에도 '법복과 예복 외에 향직은 모두 무늬를 금한다'는 기록이 보인다. 이러한 자료들을 보면 법복과 예복이 구별되고 있었음을 알 수 있다.

왕비의 예복은 왕비의 의대衣襨에 포함되어 있는 흉배 금원문의 대홍 향직鄕織의 노의露衣(안감 대홍주)와 대홍향직의 흉배 겹장삼裌長衫(안감 대홍주) 중에서 찾을 수밖에 없다.

그러나 노의는 길에서 입는 예복으로 짐작되므로 행사 시 입는 예복은 아닌 듯하다. 태종 대에는 노의가 높은 신분의 여자 옷인데 천한 여자들도 함부로 입으니 4품 이상의 정처만 노의를 입도록 하고 그 이하는 장삼을 입도록 하자는 논의가 있었다. 『고려사』나 『세조실록』에도 노의가 부인들이 길을 다닐 때 입는 옷이라고 하는 기록이 있고, 헌종 때의 경빈김씨 가례에서는 경빈김씨의 가례일에 별궁에서 궁으로 들어올 때 입었다. 이러한 기록들로 보아 노의는 이동 중에 입었던 웃옷일 가능성이 크다. 따라서 왕비가 예복으로 입었다면 노의보다는 장삼일 가능성이 크다.

17세기 의궤류에서 왕비의 장삼에 대한 기록과 도상을 찾아볼

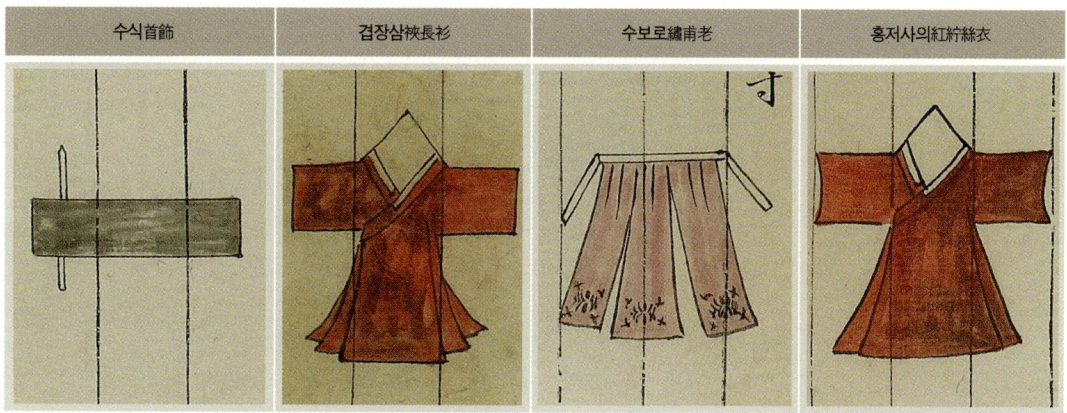

〈표3-6〉 **왕비 수식과 장삼** 『명성황후국장도감의궤』(1895년)의 「복완질」에 수록.

수 있다. 1674년의 『인선왕후국장도감의궤』仁宣王后國葬都監儀軌 나 1895년 『명성황후국장도감의궤』明成皇后國葬都監儀軌, 그리고 1689년 『인조장렬후국장도감의궤』仁祖莊烈后國葬都監儀軌의 복완질服玩秩 편에서 볼 수 있는데 왕비의 수식首飾과 함께 홍릉紅綾 겹장삼裌長衫 등의 도상이 함께 제시되어 있다.

수식의 도상과 설명을 보면 안팎을 흑단黑段으로 만들며 양 끝에 끈이 달린 가리마를 말한다. 그러나 영조 대까지 수식이라는 용어는 이중적 의미로 사용되었다. 즉 대수大首와 거두미擧頭眉라는 예장용 머리모양을 지칭하는 용어였다. 적의에는 대수라고 하는 수식을 사용하는 반면에 장삼에는 거두미라고 하는 수식을 사용하였다. 거두미는 다른 말로 '큰머리'라는 머리모양인데 언제부터인가 둥근 고리형의 머리모양으로 정착된 것으로 짐작된다. 특히 정조 초에는 사치 금지 차원에서 머리카락으로 만든 머리 대신 나무로 만든 것을 사용하도록 하였다.

장삼은 17세기 의궤류에는 옆트임이 있는 곧은 깃의 포 형태로 나타난다. 곧은 깃에 동정을 달았다. 사용된 옷감을 보면 겉감에는 대홍대단, 안감에는 남초藍綃가 사용되었으며 동정(別領)에는 백릉白綾을 사용하였다. 장삼에는 여러 옷이 함께 착용되었다. 곧은 깃에 동정을 단 홍저사의紅紵絲衣와 분홍 저사 수보로粉紅紵絲繡甫老라고 하는 세 갈래의 치마, 남색 치마(藍羅裳), 청색 띠(靑羅帶), 흰 버선(白襪), 청색 신발(靑履), 흰색의 긴 장갑(手衣) 등을 함께 착용한 것으로 기록되어 있다.

그러나 18세기 이후에 이 제도가 그대로 유지되었는지는 확실하지 않다. 18세기에 이미 다른 신분의 여성들에게 원삼圓衫 제도가 일반적으로 사용되었는데 왕비에게는 없었을지 의문이다. 대한제국의 시작과 함께 황후의 황원삼, 왕비의 홍원삼 등이 갑자기 등장했다고 보기가 어렵기 때문이다. 언제부터인가 홍장삼이라는 명칭으로 홍원삼을 착용한 것은 아니었을까 하는 가설을 제시해본다.

왕비의 상복

왕비가 친잠의식에 '상복'을 착용한다고 기록되어 있다. 국말의 경우에는 왕비의 상복이 조짐머리[40]에 첩지를 하고 녹색 당의에 남색 치마를 착용하는 차림새를 말한다. 이는 궁 안에서 평상시 예를 갖추어 입는 상복인데 시대가 올라가면 어떠했을지 분명하지 않다.

선잠의와 수견례에 예복을 입고 수식(큰머리)를 했다면 상복은 그보다 간편한 복장이었을 것이다. 1848년 『순화궁첩초』順和宮帖草에는 경빈김씨가 평소 초록 당저고리(당의)에 치마, 조짐머리를 한 것으로 기록되어 있다. 왕비의 상복은 이와 비슷하거나 이보다는 조금 더 화려한 것이 아니었을까 한다.

국말 순종비인 윤황후가 1924년 6월 19일에 친잠례를 거행한 후 행사에 참여한 내외명부, 총독부 관계자의 부인들인 일본 여성, 상궁 등과 함께 찍은 사진이 남아 있다. 사진 속에는 화관이나 족두리에 거들지를 단 당의와 치마를

40_ 조짐머리란 본머리에 다리를 넣어 땋은 후 끝을 댕기로 감아올려 꺾어 쪽진 머리이다. 쪽머리의 명칭이 여기에서 나왔을 것으로 짐작된다.

도39 1924년 친잠례 후 찍은 사진 중앙에 윤비, 왼쪽으로 의친왕비와 흥친왕비, 김용숙金用淑.

도40 **영친왕비의 당의** 국립고궁박물관 소장.

입고 있는 조선 황실의 여인들이 보인다.

특히 사진 속 윤황후와 의친왕비는 금수복자金壽福字 장식이 있는 당의를 입고 고름에 노리개를 차고 있으며 치마는 길어서 끌릴 정도인데 스란(膝襴)장식[41]이 없음을 알 수 있다. 따라서 당의에 묘사된 무늬는 직금이 아니고 금박일 것으로 짐작된다.

이와 같은 유형의 영친왕비의 녹색 당의가 국립고궁박물관에 소장되어 있다. 그리고 머리모양은 윤황후와 의친왕비, 흥친왕비 등 황실 여성만 쪽머리에 화관을 쓰고 있고 그 외의 상궁들은 족두리를 쓰고 있어 신분의 차이가 나타난다. 그러나 사진 속 모습은 20세기 들어 소략해진 조선 황실의 제도가 담겨 있다고 볼 때 그 이전에도 같은 제도였을 것으로 짐작하기에는 어려움이 있다.^{도39, 40}

41_ 스란(膝襴) 장식은 치마 하단에 부착하는 장식의 일종이다. 조선 후기에는 금박 올린 20cm 정도 너비의 스란 장식을 별도로 만들어 탈착이 가능하도록 하였다. 용문이나 운봉문, 구봉문, 화문, 전자문 등을 신분에 따라 차등을 두어 사용하였다.

명부와 상궁 이하의 친잠복

『친잠의궤』의 의주에는 명부들은 예복을 입는다고 하였다. 명부들의 예복은 녹원삼이었을 것으로 추정된다. 18세기의 『병와집』瓶窩集이나 『사례편람』四禮便覽 등, 많은 자료에서 내명부와 부인들의 상복上服으로 초록 원삼을 들고 있다. 반가 부인들 역시 의례에 예복으로 녹원삼을 착용하였다.

도41 17세기 전기 원삼 경기도박물관 소장.

도42 19세기 후기 원삼 이화여자대학교박물관 소장.

도43 17세기 전기 원삼 『상례언해』에 수록.

도44 20세기 초 원삼 《신축진연도병》의 부분, 연세대학교박물관 소장.

원삼 기록은 실록을 비롯하여 『눌재집』訥齋集, 『미암일기』眉巖日記 등, 조선 전기의 기록에도 보이지만 후기의 원삼과 같은 형태인지는 아직 확실하지 않다. 원삼의 구체적인 도상은 1623년 『상례언해』喪禮諺解에 처음 등장하며 유물로는 경기도박물관에 소장되어 있는 17세기 초 김확金矱의 부인 묘에서 출토된 것이 지금까지 보고된 유물 중 가장 오래된 것이다.도41, 43 두 원삼은 깃 모양에서 가장 큰 차이를 보인다. 도상에서의 깃 모양은 대금형 곧은 깃(垂領)인 것에 반하여 유물의 깃 모양은 대금형 둥근 깃이다. 세월이 흐르면서

원삼의 전체적인 실루엣은 조금씩 변화하였지만 소매가 넓고 둥근 깃이 달린 대금형 포로서 옆이 트인 전단후장형이라는 특징은 변함없이 유지되었다. 소매 끝의 색동은 이른 시기의 유물에는 없었지만 18세기 즈음에 달리기 시작한 것으로 추정되고 있다. 명부의 경우, 금직의 무늬가 있거나 금박을 찍은 화려한 원삼을 착용하였으며 흉배를 달기도 하였는데 봉흉배를 흔히 달았다.^{도42}

상궁의 원삼은 흑색과 녹색, 두 종류가 있었는데 품계가 높은 상궁의 경우에 흑색 원삼을 착용하였다. 연세대학교 박물관 소장의 《신축진연도병》에는 1901년 진연에서 족두리에 흑색 원삼과 녹색 원삼을 입고 있는 상궁들의 모습이 담겨 있어 당시 예복의 착장 모습을 짐작할 수 있는데 원삼을 입은 궁녀들은 남색 치마(藍裳)를 입고 그 위에 작은 홍색 치마(紅裳)를 덧입었다.^{도44}

한편 친잠의식에 참여한 잠모와 사선인賜膳人은 모두 궐 안의 상복常服을 입도록 하였다. 그와 함께 여모女帽와 의상衣裳이라는 기록이 보이므로 당시 신분이 낮은 궁인들의 상복은 여모와 의상이라는 사실을 알 수 있다. 대내에 있는 것으로 당시 지급하였다가 예를 마친 후 다시 대내에 비치하여 훗날 양잠할 때에 상복을 입도록 하였다. 잠모의 궐 안 상복 차림은 나인들의 복식으로, 녹색 당의와

도45 보행나인의 당의와 남색 치마 (왼쪽) 『영조정순후가례도감의궤』 (1759)에 수록.

도46 의장차비 《무신진찬도병》 (1848) 부분, 국립중앙박물관 소장.

남치마 차림에 족두리를 쓰는 것이다.

　1924년 6월 19일 윤황후의 친잠례 의식 후에 함께 찍은 사진에서 상궁들은 무늬 없는 당의와 무늬 없는 치마에 족두리를 쓰고 있다. 당의의 색상은 녹색이며 치마는 남색일 것으로 짐작된다.

의장차비

　정해년(1767)의 『친잠의궤』에는 친잠 의장 차비는 의녀醫女로 선발하되, 부족한 수효는 공조와 상의원의 비자婢子 중에서 선발하도록 하였다는 내용이 보인다. 즉 의녀와 침선비針線婢가 동원되었던 것이다. 친잠례에 참여하는 의장차비의 복장은 진찬이나 진연의 의장차비 복장과 동일하였을 것으로 생각된다.도45, 46

　1829년 『기축진찬의궤』나 1892년 『임진진찬의궤』에 문외門外 의장봉지여령儀仗奉持女伶(비자)은 가리마加里麻에 초록 단의, 남색 상, 백한삼, 흑혜黑鞋를 착용한다고 하였다. 그리고 집사홀기차비여령執事笏記差備女伶은 거의 같은 복장을 하는데 남색 치마 위에 작은 노란 치마(黃裳)를 입는 것이 달랐다. 1809년 『기사진표리진찬의궤』己巳進表裏進饌儀軌에는 의장여령과 여집사들이 현재의 당의와 같은 초록색 상의를 입었으며 남색 치마에 작은 홍상이나 황상을 덧입고 있는 모습을 확인할 수 있다. 또한 머리에는 가리마라고 하는 사각형의 쓰개를 쓰고 있는데 이는 조선 후기의 의녀나 기녀들이 흔히 사용하였던 쓰개 종류로서 신분이 낮은 궁녀들의 복식이었다.

13 선농제·선잠제의 폐지와 복원

 선농제와 선잠제는 민생 안정을 위한 유교 의례이자 상징적인 국가 제례였다. '농상農桑은 천하天下의 대본大本'이라는 말처럼, 전근대 사회에서 농사와 양잠은 백성의 삶과 직결되는 생업으로서 임금이 가장 먼저 힘써야 할 왕정王政의 근본이었다. 농사農事의 신 신농씨를 모신 선농단과 잠사蠶事의 신 서릉씨를 모신 선잠단을 짝하여 설치하고 매년 중춘(음력 2월)과 계춘(음력 3월)에 정기적으로 풍요를 기원한 것도 그러한 배경에서였다.

 삼국시대부터 시행된 선농先農과 고려시대에 도입한 선잠先蠶은 조선왕조에 들어와 모두 국가사전國家祀典의 길례吉禮 가운데 중사中祀로 정비되었다. 이처럼 선농제와 선잠제는 줄여서 '선농'先農과 '선잠'先蠶이라고 하였다. 선잠은 '선전'先蚕으로도 불렀다. 길례의 대상은 천신天神, 지기地祇, 인귀人鬼로 구별되는데, 선농과 선잠은 인귀人鬼에 지내는 제사라 하여 '향선농'享先農 또는 '향선잠'享先蠶이라고 하였다. 아울러 그러한 국가의례를 '향선농의'享先農儀 또는 '향선잠의'享先蠶儀라고 하였다.

 선농제는 선농단에 제향을 드린 후 제단 근처에 마련된 적전籍田에서 국왕이 친히 밭을 가는 친경親耕의식을 포함하였다. 이에 따라

도47 창덕궁 친잠실 문에 걸렸던 '친잠권민'親蠶勸民 현판(왼쪽)

도48 창덕궁 친잠실 내부

선농先農을 곧 '적전'籍田이라고도 하였다. 또한 선잠제 역시 선잠단에 제향한 후 제단 아래에 마련된 채상단採桑壇에서 왕비가 직접 뽕잎을 따는 친잠親蠶의식이 뒤따랐다. 선농제와 선잠제는 다른 국가 제례와 달리 제사의식으로 끝나는 것이 아니라 왕과 왕비가 직접 농사와 양잠에 참여함으로써, 백성에게 농상農桑의 소중함을 알리고 이를 권장한다는 점에서 실천적인 의례의 성격을 갖는다.

선농제와 선잠제의 폐지와 변화

선농제와 선잠제는 1908년(순종 1) 7월 23일에 국가사전의 대대적인 개혁으로 큰 변화를 겪게 된다. 즉 향사이정享祀釐正으로 국가와 황실의 각종 제향이 폐지되는 한편, 선농단과 선잠단 신위가 사직단에 합사合祀되고 제단과 부지가 국유로 이속된 것이다. 이에 따라 선농단과 부지는 동양척식회사의 소유로 넘어갔고, 같은 해 11월 19일에는 선농단 신위와 선잠단 신위가 사직단으로 옮겨 배향되었다. 이 조치로 선농단과 선잠단은 제단으로서의 기능을 완전히 잃어버리게 되었다.

다만 1909년(순종 2) 4월 5일에 융희황제는 선농제를 생략한 채, 동적전에서 친경만을 시행하였다. 선농을 제향하고 친경하던 의식에서 이제 친경만이 남게 된 것이다. 더구나 행사가 끝난 후에는 황제가 뽕나무, 솔나무, 전나무 등의 나무를 심고, 각 대신과 황족

도49 창덕궁 서향각 전경(왼쪽) ⓒ김성철

도48 창덕궁 서향각 옆의 뽕나무 천연기념물 제471호. ⓒ김성철

들도 따라 심었다. 친경례가 이제 농업과 함께 임업을 권장하는 행사로 변화하였고, 이는 해방 후 식목일을 제정하는 배경이 되었다. 친경례는 이듬해인 1910년 5월 5일에도 이어졌는데, 행사 후에는 명성황후가 묻힌 홍릉을 알현하고 환궁을 하였다. 하지만 3개월 후인 1910년 8월 한일합방이 체결되면서 친경례마저 아예 사라지고 말았다.

선잠제는 1908년 신위가 사직단에 합사된 이후 폐지되었다. 하지만 황후의 친잠례는 그대로 유지되었다. 그리하여 1909년 7월에는 창덕궁 내의 서향각書香閣에 어친잠소御親蠶所를 두고 친잠례를 거행하였다. 또한 왕후가 친필로 쓴 '친잠권민'親蠶勸民이라는 편액을 걸고, 한난계寒暖計(온도계)와 건습계를 설치하고 관리토록 하였다. 이듬해인 1910년 6월 25일에는 창덕궁 안의 친잠실에서 고치를 따는 수견식收繭式을 거행하였다. 황족과 대신의 부인들이 배관한 이 행사는 국가의례로서 시행한 마지막 친잠례였다. 도47, 48

식민지가 되면서 친잠례는 사라졌으나, 왕후의 사적인 친잠은 창덕궁 후원의 잠실에서 계속되었다. 다만, 대한제국이 이왕가李王

도51·52 선잠단지의 표지석과 뽕나무 길 ⓒ서울시사편찬위원회

家로 전락하자, 황제는 물론 황후의 호칭도 왕비로 바뀌었다. 또한 친잠보다는 고치의 수확을 확인하는 수견식이 중시되었고, 왕비뿐 아니라 순종이 함께 참석하는 형식으로 바뀌었다. 특히 1921년에는 창덕궁의 서향각에서 수견식을 거행하였는데, 국왕 내외가 가마 대신 자동차를 타고 주합루에 도착하여 행사를 베풀었다. 왕비의 친잠은 1926년 순종이 승하하자 잠시 중단되었을 뿐 이후에도 왕후의 소일거리로 계속되었다. 도49, 50

선농단과 선잠단은 1908년 사직단으로 신위가 옮겨진 후 일제에 의해 공원화된다. 일제는 1934년 '조선시가지계획령'에 의거하여 서울에 각종 공원을 조성하는 계획을 수립하고, 1940년 선농단과 적전의 인근 지역을 각각 청량공원(855,000㎡)과 전농공원(188,000㎡) 등 대공원으로 조성하였다. 해방 후에는 1946년 선농단 일원에 구 서울대학교 사범대학이 세워졌다가, 관악캠퍼스로 이전한 뒤 제단의 일부를 남기고 주택단지가 들어섰다.

1962년 문화재보호법이 마련되면서 비교적 잘 보존되어 있던 선잠단지는 1963년 1월 21일에 사적 제83호로 지정되었다. 284평 규모의 선잠단지에는 표지석, 뽕나무 46그루, 홍살문이 남아 있다. 도51, 52 반면에 훼손이 심했던 선농단은 처음에는 서울시 유형문화재 15호였다가, 2001년 12월 29일에 이르러서야 국가 사적 제436호

로 지정되었다.도53, 54 두 제단에 대한 국가의 사적지 지정과는 상관없이 1979년에 선농제가 복원되기 시작한 이래 1993년에 선잠제의 복원이 지역 주민과 해당 지방자치단체에 의해 자발적으로 추진되어왔다.

도53 **선농단 전경(왼쪽)** 사진 협조: 동대문구청

도54 **선농단 향나무** 천연기념물 제240호, 사진 협조: 동대문구청

선농제의 복원

선농제의 복원은 1979년에 지역 주민에 의해 처음 시도되었다. 그 계기는 1977년 선농단 주변의 지역 유지들이 뜻을 모아 선농단친목회를 구성한 뒤 민간 기제忌祭 형식의 제향을 올린 것이 출발점이 되었다. 지역의 전통문화를 되살린다는 취지에 따른 것이었다. 그 후 기금을 모아 제복과 제기를 마련하여 제사 지내는 등 복원에 힘썼으나, 여전히 그 규모는 마을 제사의 형식을 크게 벗어나지 못했다.

그러다가 선농제는 1994년 서울 정도 600년을 기념하기 위해 서울의 뿌리 찾기 사업이 추진되면서 복원이 본격화되었다. 동대문구청의 지원을 받아 행사 규모에 있어 국가의례의 형식을 갖추어 나간 것이다. 특히 2001년 선농단이 국가 사적지로 지정된 것을 계기로 농림부의 지원을 받으면서 행사는 더욱 활성화되었다.

선농제는 1979년에 처음 복원한 이래 현재까지 매년 동대문구 제기동에 위치한 선농단에서 거행되어왔다. 이곳은 1476년(성종 7)

선농제 재현 행사

선농제의 봉행과 일무의 모습이다.
사진 협조: 동대문구청

성격 \ 근거	『국조오례의』 선농제		현행 선농제		비고
준비	시일(경칩 후 길일 뱀날)		시일(곡우)		
	재계(산재 3일, 치재 2일)		-		
	진설(3일 전)		-		
	생성기(우1, 양2, 돈2)		-		
출궁	거가출궁(법가·반의장)		어가행렬		동대문구청-선농단
행례	전폐	전폐	전폐	전폐	현행 사직제례악과 4일무 사용
	작헌	진찬	작헌	진찬	
		초헌례		초헌례	
		아헌례		아헌례	
		종헌례		종헌례	
		음복수조		음복수조	
		철변두		철변두	
	송신	예필	송신	망예	
		망예		예필	
경적	친경	오추, 칠추, 구추, 선교	친경	-	현행 설농탕 시식 백일장
환궁	거가환궁		-		
노주	명일 근정전				

〈표3-7〉 『국조오례의』의 선농제와 현행 선농제 현황

에 세운 제단으로서, 대부분의 시설이 훼손된 채 현재는 방형의 제단만 남아 있는 형편이다. 행사는 원래 곡우날로 정하였으나, 대체로 4월 중순경에 거행하고 있다.

현재 선농제의 복원 행사는 기본적으로 조선시대에 시행한 제후례를 사용하고 있다. 선농제만 지내고 현실 여건상 친경례는 거행하지 못하고 있다. 악무는 기본적으로 등가와 헌가 구분 없이 연주단이 구성되고 종묘제례악을 연주하며, 일무도 6일무 대신 4일무의 형식을 취하고 있다. 재현 행사는 10시부터 동대문구청에서 선농단까지 약 1.3킬로미터 구간의 거리에서 주민과 자원봉사자가 참여하는 어가행렬이 있으며, 11시부터 본행사인 선농제 제향이 진행된다. 초헌관이 농업신에게 폐백을 드리는 의식인 전폐례를 시작으로 초헌례, 아헌례, 종헌례, 음복례에 이어 폐백과 축문을 태워 땅에

근거 성격		『국조오례의』 선잠제		현행 선잠제		비고
준비		시일(계춘 길사)		시일(계춘 길사)		
		재계(산재 3일, 치재 2일)		-		
		진설(2일 전)		-		
		전향축		-		1일 전 승지 전달
		성생기(양1, 돈1)		-		1일 전 종헌관
행례	-			어가행렬		왕비
	전폐	전폐		전폐	전폐	선잠단 헌관 주재
	작헌	초헌례		작헌	초헌례	
		아헌례			아헌례	
		종헌례			종헌례	
		음복수조			음복례	
		철변두			철변두	
	송신	예필		송신	망예	
		망예			예필	
친잠	친잠	채상례		친잠	-	친잠 궐내 채상단 왕비 주재
		-		어가행렬		왕비

〈표3-8〉 『국조오례의』의 선잠제와 현행 선잠제 현황

묻는 의식인 망료례로 제향 행사는 끝난다. 행사 뒤에는 설농탕 시식과 백일장 등의 부대 행사가 벌어진다.

선잠제의 복원

선잠제의 복원은 선농제보다 늦은 1993년 5월 16일에 처음으로 이루어졌다. 성북구청의 주관 아래 선잠단을 활용하여 지역문화를 알린다는 취지로 행사가 시작된 것이다. 그 후 2003년부터는 성북구청의 지원 아래 지역민으로 구성된 선잠제보존위원회를 두어 이를 주관하게 하고 있다.

매년 5월 성북구민의 날에 개최하는 선잠제는 현재 지역 행사인 아리랑 축제와 연계해서 실시하고 있다. 행사의 절차는 왕비의 선잠단 어가행렬과 선잠제향, 그리고 환궁 행렬 등으로 이루어진다.

제향의 순서는 전폐례, 초헌례, 아헌례, 종헌례, 음복례, 망료례 등으로 진행된다. 등가와 헌가에 무관하게 악대가 참여하지만, 일

무는 여건상 참여하지 않았다. 선잠단을 활용한 재현 행사에도 불구하고, 의례의 복원보다는 이벤트 행사에 초점이 맞추어져 진행되고 있다. 원래 왕비가 선잠단에 행차하는 내용이 없음에도 불구하고 왕비를 등장시킨 것은 바로 단적인 예이다.

성북구 선잠단에서 거행하는 선잠제 외에 별도로 궁궐에서 선잠제가 재현되고 있다. 1999년에 경복궁을 중심으로 시작된 선잠제는 친잠례보존회라는 민간단체에 의해 거행되고 있다. 다만 이 행사의 출발은 친잠례의 복원보다는 왕비의 복식을 선보인다는 데 비중이 두어졌다. 2001년부터는 1767년(영조 43) 경복궁의 옛터에서 거행된 친잠례에 의거하여 작헌의酌獻儀, 채상의採桑儀, 수견의受繭儀, 조현의 등을 재현하고 있다. 이 행사는 『친잠의궤』에 의거하여 왕비를 중심으로 내·외명부가 참여하는 재현 행사로 진행한다는 점에서 의미가 크다. 하지만 여전히 친잠례의 복원을 통한 가치와 의미를 되살리기보다는 궁중 복식에 비중을 둔 데서 크게 벗어나지 못하고 있다.

선농제와 선잠제 복원의 과제와 방향

현행 선농제와 선잠제는 해당 지역의 지방 주민들과 민간단체가 맡아 주관해오고 있다. 70여 년 만에 재현된 선농제와 85년 만에 재현된 선잠제는 매년 지역의 축제문화와 연계되어 나날이 발전해가고 있다. 이러한 움직임은 전통문화의 계승 발전과 함께 주민들의 애향심을 높이고 주민 화합의 계기를 마련하는 뜻깊은 행사로 자리 잡아왔다. 그러한 노력과 성과에도 불구하고 앞으로 원형의 복원을 위해서는 해결해야 할 점이 적지 않다.

첫째, 철저한 학술적 고증에 입각한 행사의 필요성이다. 현재 두 복원 행사는 나름대로의 고증에도 불구하고, 원형 복원보다는 이벤트성 행사에 비중을 두고 있다. 실제로 어가행렬, 복식, 악무, 의례 절차 등을 고증에 의거하기보다 현실 여건에 맞게 진행하는 형편이다. 선농제는 그나마 고증의 형식을 취하고 있지만, 선잠제는 고증과는 거리가 멀다. 그 결과 본래의 행사의 취지나 성격이 잘 드러나지 못하고 있다. 국가 사적지에서 진행하는 소중한 제례의식이자 무형문화유산인 만큼 가능한 전문가의 고증에 의거하여 원형 복원에 충실한 방향으로 진행하는 것이 바람직하다.

둘째, 선농제와 선잠제의 악무에 대한 원형 복원 전이라도 우선 유사한 악무를 활용하는 방안이 필요하다. 현행 두 제례는 모두 종묘제례악을 그대로 사용하고 있다. 그 이유는 선농제와 선잠제의 악무가 아직 복원되지 않았기 때문이다. 선농제와 선잠제는 아악과 일무를 같이 사용한다. 이들 두 제례악은 문묘 악곡과 이름만 다를 뿐 실질적인 선율은 똑같다. 따라서 현행 재현되고 있는 문묘제례악과 일무를 활용하는 방안도 필요하다.

셋째, 무엇보다도 제례 공간의 협소함을 해결하는 노력이 필요하다. 선농제와 선잠제의 경우에도 장소가 협소하여 의례의 재현은 물론 등가와 헌가의 설치가 불가함은 물론이고 일무를 배치하여 의례의 원형을 복원하는 것이 어려운 실정이다. 중장기적으로는 원형 공간의 확보를 위한 해결책을 모색해야 하리라고 본다.

마지막으로 선잠제의 경우에 선잠단과는 별도로 1767년(영조 43) 경복궁에서 거행했던 친잠례의 원형을 복원하는 노력이 필요하다. 조선시대의 친잠례 가운데 출궁과 환궁 의례, 후궁과 빈궁이 왕비를 수행하는 의식, 선잠단에 작헌하는 의식, 친잠례, 헌종의, 장종의 등 친잠례과 관련된 의례가 고스란히 남아 있는 사례이기 때문이다. 또한 이때의 선잠제는 친경과 함께 국왕과 왕비가 함께 거행한 국가적인 행사였다. 따라서 영조 대에 거행하였던 친경과 친잠 의례는 민생 안정을 위해 왕과 왕비가 노력한 국가의례였다는 점에서 복원의 가치와 의미가 크다.

14 선농제·선잠제 복원의 현대적 의미

의식衣食은 인간의 기본 욕구이자 사회 유지의 근간이다. 의식을 마련하기 위한 농상農桑은 국가 농업정책의 기본이 되었을 뿐 아니라 사회적 열망이었다. 자연에 절대적으로 의존해야 했던 전근대사회에서 농업 안정을 위한 천지자연과의 소통과 화합은 개별적이든 집단적이든 인간 사회가 이룩해야 할 최대의 과제였다. 우리 민족이 일찍부터 하늘에 제사를 지내거나 천지자연과 인간의 합일(天人合一)을 강조한 것도 바로 그 때문이었다. 사실 하늘과 땅을 대상으로 하는 자연신 제사의 본질도 따지고 보면 곧 민생을 위한 기원이자 자연의 은혜에 대한 감사 표시였다.

특히 유교사상은 천지자연의 모든 변화와 흐름의 현상을 생명의 전개로 파악하였다. 자연의 쉼이 없는 운행은 묵묵히 제왕이 맡은 일을 실천해 나가는 도덕적·이상적 행위의 전범이었다. 천지자연의 법칙성과 쉼 없는 성실성이 '하늘의 질서'라면, 그것은 나라의 소임을 받은 자가 기필코 실현해 내야 할 '사람의 도리'였던 것이다. 이는 나라를 다스리는 임금에게 민생 안정을 위한 농경과 양잠에 힘써야 할 이론적·실천적 근거가 되었다.

농상은 이처럼 민생의 근간이자 국가를 다스리는 출발점이었다.

이를 위해서 임금은 농업과 양잠의 중요성을 백성들에게 알리고 솔선수범하는 자세를 보일 필요가 있었다. 토지와 곡식 신에게 풍년을 기원하는 사직대제가 있음에도 불구하고, 별도로 선농단과 선잠단을 설치하여 제사를 지낸 것은 그러한 배경에서였다.

선농제와 선잠제는 조선에 들어와 국가제사로서 중시되어 비로소 함께 시행되었다. 물론 선농제와 선잠제는 국가의 대사大祀인 사직과 종묘보다 그 격이 한 등급 낮은 중사中祀였다. 하지만 선농제와 선잠제는 관념적인 제사의식에만 머문 것이 아니라 왕과 왕비가 직접 농사와 잠사에 참여해 모범을 보이는 실천성을 수반했다는 점에서 다른 국가제사와는 구별된다. 특히 왕과 왕비는 친경과 친경의식을 통해 백성의 생업에 대한 관심을 표명하고 백성의 어려움을 체험함으로써, 유교의 민본정치를 실천함과 동시에 왕도정치를 실현하는 상징적인 의례로 인식했던 것이다.

의식衣食 가운데 농사는 만사의 근본으로서 더 근본적인 문제였다. '백성은 먹는 것을 하늘로 여긴다'(民以食爲天)라고 한 것이나 '나라는 양식으로 중함을 삼는다'(國以糧爲重)는 말도 여기서 비롯된다. 국가 운영에서 농경이 차지하는 중요성은 신라시대에 이미 선농先農, 중농仲農, 후농後農 등 농사 절차에 따른 제사의식을 발전시킨 예에서 잘 확인된다. 고려 때까지 후농제가 시행되었지만, 조선시대에 이르러서는 선농제만 남게 되었다. 그 대신 조선시대는 국왕이 선농제에 친히 참석하여 제사를 지낸 후 직접 백성과 함께 농사를 짓는 친경례를 확립한 것이 특징이다. 이는 고려 때까지 제사와 친경이 분리된 것을 하나로 합한 것이다. 그리하여 국왕이 친히 제사를 지내지 못할 경우에는 신하로 하여금 대신 지내게 하였다.

농업과 함께 중시된 것은 양잠이었다. 농상農桑은 의식衣食의 근원이고 백성의 생명이 달린 문제로 인식하였다. 이처럼 양잠을 중시한 까닭은 의복의 원료일 뿐 아니라 값비싼 화폐로 사용했기 때문이었다. 남성들이 농사에 힘쓴다면, 여성들은 잠사에 힘써 생활의 안정을 바랐던 것이다. 이를 위해 국가는 비단의 생산 확대를 통해 민생 안정과 함께 국가 재정의 확보를 꾀하고자 하였다. 수령의 일곱 가지 임무 가운데, '농상성'農桑盛을 첫째로 삼은 것도 바로 그 때문이었다.

잠사를 위한 선잠제는 고려 때 국가의 사전에 등재되었지만, 친잠례의 사례는 보이지 않는다. 그러나 조선에서는 국왕의 친경과 더불어 왕비의 친잠도 중요하다고 인식하였다. 그 결과 관리가 대행하는 선잠제와는 별도로, 왕비가 궁궐 내에서 주관하는 친잠례를 시행하였다. 조선시대 국가제사는 국왕 이하 남성들이 했던 것이지만, 선잠제는 유일하게 여성이 주체가 되었던 의례라는 점에서 특징이 있다.

한편, 선농제는 길례라는 제사의례임에도 불구하고 자연스럽게 국가적인 경사로 베풀어졌다. 국왕이 직접 참여하는 선농제는 민생 안정을 위해 애쓰는 성인군주의 모습으로 비쳤고, 이는 백성들에게 큰 기쁨과 감사의 마음을 갖게 하였다. 그러자 선농제를 위한 국왕의 도성 밖 행차는 백성들의 노래, 춤, 헌시 등의 축하와 환호 속에서 성대한 축제의 장으로 이루어졌다.

인조반정 이후 성리학적 질서가 공고해지면서 그러한 분위기는 사라져갔다. 나아가 대민의식의 성장과 함께 실질적인 권농책이 요구되기 시작하였다. 선농제가 농사를 하기도 전에 먼저 성대한 예식을 거행하는 것이니 백성을 보호하는 데 실효가 없다는 논리였다. 하지만 농업 중심 사회에서 국왕의 친경이 갖는 민생 안정과 권농정책의 상징성은 왕조가 끝날 때까지 줄어들지 않았다.

선농제와 선잠제를 비롯하여 그 이전의 국가제사는 1910년 식민지로 접어들면서 모두 폐지되었다. 일제는 단순히 제사의례만 폐지한 것이 아니라 그 제단 공간을 거의 대부분 훼손하는 동시에 공원화를 추진하였다. 도시개발의 명분을 앞세워 조선의 정신이자 상징이던 제사 공간을 모두 정비해버린 것이다. 이는 천·지·인 제사를 통해 천인합일을 꿈꾸며 살아온 민족의식의 발원지를 제거함으로써, 독립국가로서의 의지를 원천적으로 차단하겠다는 저의가 깔린 것이다.

그렇다면 과거 왕조시대의 산물인 선농제와 선잠제가 우리에게 주는 의미는 무엇일까? 여러 가지가 있겠지만, 그 가운데 몇 가지만 간추려보면 다음과 같다.

첫째, 선농제와 선잠제의 복원은 일제에 의해 단절된 전통문화를 회복함으로써, 한국 문화의 우수성과 가치를 재인식하는 계기를 제공한다. 71년 만에 복원된 선농제와 85년 만에 복원된 선잠제는 조선시대에 민생 안정을 통해 성리학적 왕도정치의 이상을 실천한다는 명분을 내건 국가의례였다. 물론 당시 조선왕조가 내세운 민본民本이란 국왕 중심의 민본으로서, 국민의 주권을 바탕으로 한 오늘날의 민본과는 거리가 있다는 점에서 한계를 갖는다. 하지만 선농제와 선잠제가 함의한 보편적 가치와 의미는 민주사회를 사는 우리에게 민본의 의미를 늘 되새기게 한다는 점에서 소중하다.

둘째, 선농제와 선잠제는 제사의례이면서도 악·가·무가 결합된 수준 높은 예악문화를 담고 있는 소중한 문화유산이다. 따라서 선농제와 선잠제와 관련된 의례, 복식, 악무 등에 대한 충분한 고증이 뒷받침된다면 원형의 복원이 가능하다는 점에서도, 앞으로 한국의 대표적인 무형문화유산으로서 거듭날 가능성이 충분하다. 이를 위한 종합적인 복원 계획이 뒷받침되어야 하리라고 생각한다.

셋째, 농상農桑은 의식衣食의 근원이고 백성의 생명이 달린 문제로 인식한 점이다. 선농제와 선잠제는 임금과 신하, 그리고 백성이 함께한 제사의례이자 유일한 민본의례였다. 특히 친경할 때 쟁기로 밭을 가는 과정에서 농부가 함께 소를 끌고 왕은 뒤에서 쟁기를 잡고 모습은 군민화합의 상징적인 의미를 갖는다. 이처럼 선농제와 선잠제는 단순히 관념적인 제사의례로 그치는 것이 아닌 친경과 친잠이라는 실천적인 의례였다. 지도자가 민생을 위해 솔선수범하고 백성들의 어려움에 귀를 기울이는 자세는 오늘의 현실에 비추어 보더라도 여전히 유효하기 때문이다.

넷째, 선잠제는 조선시대 국가제례 가운데 왕비가 참석하는 유일한 행사다. 게다가 후궁과 세자빈, 내·외명부 등 여성들이 참석하였다. 오늘날 남아 있는 의례의 대부분은 국왕을 비롯한 남성 중심의 의례이다. 하지만 선잠제는 왕비를 비롯해 후궁과 세자빈, 그리고 내·외명부 등 여성들이 주도하는 의례였다는 점에서 매우 드문 사례이다. 선잠제의 복원은 전통시대 여성들의 궁중문화를 살피는 데 매우 좋은 사례가 되리라 여겨지며, 궁궐과 유적지를 살아 있는 체험의 장으로 활성화하는 데 크게 기여하리라고 생각한다.

다섯째, 선농제와 선잠제는 한국의 정체성 확립과 지역민을 위한 새로운 화합의 장으로 활용될 가능성이 크다. 선농제와 선잠제는 전근대사회에서 관민이 하나가 되는 신성한 제사이자 즐거운 축제였다. 행사를 마친 후에 수고로움을 나누기 위해 베푼 노주연勞酒宴은 국왕과 신하가 함께 어우러지는 흥겨운 잔치였다. 이와 같은 축제적 요소는 친경례의 절차 중 하나인 노주연에서 찾을 수 있지만, 환궁 행사 때 벌어지는 부대 행사에서도 찾을 수 있다. 특히 궁궐에서 도성 밖 선농단까지의 길거리에서 벌어지는 어가의 행렬과 무대, 노래와 춤, 그리고 시의 헌상 등은 도심 전체를 축제의 분위기로 만들었다. 이를 통해 보면 선농제와 선잠제는 선농단과 선잠단을 활용하여 벌어지는 한국 제축祭祝 문화의 상징으로서, 새로운 도시 축제를 만들어 갈 수 있는 매우 훌륭한 유산이다.

마지막으로 선농제와 선잠제의 복원은 전통문화에 대한 성찰의 기회를 제공한다는 점이다. 일제에 의해 파손된 수많은 문화유적지 가운데는 궁궐만이 아니라 우리의 정신을 담고 있던 제사 공간도 포함되어 있다. 하지만 이에 대해서는 아직 사회적 관심이 기울여지지 않았다. 더구나 우리는 그동안 일제에 의해 파괴된 것에 대해서만 관심을 보였을 뿐, 우리 스스로 그러한 문화재를 회복하고 되살리는 일에 소홀했다. 선농단과 선잠단은 물론이고 수많은 제사 공간들을 봉건사회의 잔재로만 치부해 방치하거나 근대화의 개발 논리 속에서 우리 스스로도 허물어버린 것이다. 따라서 오늘날 선농제와 선잠제의 복원이 갖는 진정한 의미는 그 제사의식을 복원하기에 앞서 우리가 무엇을 잃어버렸는지, 그것을 왜 복원해야하는지에 대한 진지한 성찰의 기회를 제공한다는 데 있다. 아울러 오늘날 의례의 복원이 역사와 동떨어진 정치적 의도나 상업적 목적에 이용될 가능성도 경계해야 한다. 실제 많은 의례들이 국민들을 위한 것이지만, 국민들에 의한 것인지도 살펴볼 일이다.

부록

참고문헌

도판목록

찾아보기

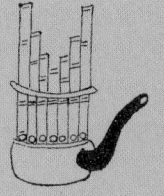

참고문헌_

1. 사료

『開寶通禮』
『開元禮』
『經國大典』
『景慕宮儀軌』
『高麗史』
『舊唐書』
『國語』
『國朝喪禮補編』
『國朝續五禮儀』
『國朝續五禮儀補序例』
『國朝五禮序例』
『國朝五禮儀』
『己巳進表裏進饌儀軌』
『己丑進饌儀軌』
『論語』
『訥齋集』
『大唐開元禮』
『大禮儀軌』
『大明集禮』
『大明會典』
『大韓禮典』
『林下筆記』
『明史』
『毛詩正義』
『文獻通考』
『眉巖日記』
『白虎通疏證』
『瓶窩集』
『史記』

『社稷署謄錄』
『社稷署儀軌』
『三國史記』
『三才圖會』
『喪禮諺解』
『尙方定例』
『書經』
『宋史』
『隋書』
『受爵儀軌』
『順和宮帖草』
『承政院日記』
『十三經注疏』
『樂學軌範』
『楊校標點本淸史稿附索引』
『禮記』
『禮記正義』
『禮記集說』
『五禮通考』
『儀註謄錄』
『二十五史』
『壬辰進饌儀軌』
『貞觀禮』
『正祖國葬都監儀軌』
『祭器樂器都監儀軌』
『朝鮮王朝實錄』
『宗廟儀軌』
『周禮』
『晉書』
『淸史稿』
『春官通考』
『春秋左傳正義』
『親耕儀軌』
『親蠶儀軌』
『通典』
『漢書』
『洪武禮制』

『孝經』

『後漢書』

2. 환구제 관련 논저

郭沫若,『甲骨文合集』, 中華書局, 1982.

葉佩蘭,『文物收藏鑑賞辭典』, 大象出版社, 2004.

姚安, 王桂荃,『天壇』, 北京美術攝影出版社, 2004.

中國建築工業出版社編,『壇廟建築』, 中國建築工業出版社, 2004.

陳來,『古代宗敎與倫理』, 三聯書店, 1996.

胡厚宣,『甲骨文合集譯文』, 中國社會科學出版社, 1999.

금장태,「제천의례의 역사적 고찰」『유교사상연구』 4·5, 1992.

김경일,「甲骨文을 통한 殷代 多神觀의 변화 연구」『中語中文學』 17, 1995.

김명숙,「韓國과 中國의 袞龍에 관한 硏究」, 동국대학교 박사학위논문, 1993.

김문식·송지원,「국가제례의 변천과 복원」『서울 20세기 생활·문화변천사』, 서울시정개발원, 2001.

김상태,「朝鮮 世祖代의 圓丘壇 復設과 그 性格」,『한국학연구』 6·7, 1996.

김영봉,「漢子 異音 硏究」『韓國漢文學硏究』 41, 2008.

박례경,「圜丘祭 형성 과정의 예학적 함의」『韓國實學硏究』 16, 2008.

안현주,「朝鮮時代 卽位儀禮 硏究」, 단국대학교 석사학위논문, 2003.

이욱,「조선시대 공간 상징을 통한 왕도 만들기―풍운뢰우단을 중심으로」『종교문화비평』 3, 2003.

이욱,「대한제국기 환구제에 관한 연구」『종교연구』 30, 2003.

이은주·조효숙·하명은,「길짐승흉배와 함께하는 17세기의 무관 옷 이야기」, 민속원, 2005.

이은주,「조선시대 무관의 길짐승흉배제도와 실제」『服飾』 58(5), 2008.

임민혁,「대한제국기『대한예전』의 편찬과 황제국 의례」『역사와 실학』 3, 2007.

장정윤,「朝鮮時代 文武百官 朝服에 關한 硏究」, 단국대학교 석사학위논문, 2003.

정경희,「한국의 제천 전통에서 바라본 正祖代 天祭 기능의 회복」『朝鮮時代史學報』 34, 2005.

최영선,「朝鮮時代 文武百官 祭服에 關한 硏究」, 단국대학교 석사학위논문, 2004.

하명은·이은주,「날짐승흉배의 감정(鑑定)을 위한 기준 설정」『韓服文化』 10(3), 2007.

한형주,「조선 세종대의 고제연구에 대한 고찰」『역사학보』 136, 1992.

한형주,「조선 세조대의 제천례에 대한 연구―태·세종대 제천례와의 비교 검토를 중심으로」『진단학보』 81, 1996.

단국대학교 石宙善紀念博物館,『名選 中』, 2004.

3. 사직제 관련 논저

郭沫若,『甲骨文合集』, 中華書局, 1982.

郭沫若,『卜辭通纂』『郭沫若全集』 第2卷, 科學出版社, 2002.

上海師範大學古籍整理硏究所校點,『國語』, 上海: 上海古籍出版社, 1998.

李路珂 外 編著,『北京古建築地圖 上』, 淸華大學出版社, 2009.

李賢求 譯,『國譯洪武禮制』, 回想社, 1986.

中國建築工業出版社編,『壇廟建築』, 中國建築工業出版社, 2004.

胡厚宣,『甲骨文合集譯文』, 中國社會科學出版社, 1999.

강문식,「숙종―정조대 사직 제도 정비와『사직서의궤』편찬―규장각 소장『사직서의궤』를 중심으로」『조선시대 문화사(상)』, 일지사, 2007.

고영진,「사직서의궤 해제」『사직서의궤』, 서울대학교 규장각, 1997.

박례경,「조선시대 국가전례에서 사직제 의례의 분류별 변화와 의주의 특징」『규장각』 29, 2006.

손예철, 1993, 「甲骨卜辭에 나타난 殷商代 祭祀의 對象」『中國學報』33.
심재우, 「조선시대 사직제 의례의 위상과 설행의 추이」, 한국학중앙연구원 공동연구과제 결과발표회, 2008.
이욱, 「조선후기 기곡제 설행의 의미―장서각 소장 사직서 의궤와 등록을 중심으로」『장서각』4, 2000.
이욱, 「조선전기 유교국가의 성립과 국가제사의 변화」『한국사연구』118, 2002.
이욱, 「근대 국가의 모색과 국가의례의 변화―1894~1908년 국가 제사의 변화를 중심으로」『정신문화연구』95, 2004.
임민혁, 「대한제국기『대한예전』의 편찬과 황제국 의례」『역사와 실학』3, 2007.
정영란, 「『受爵儀軌』에 나타난 儀禮와 服飾 연구」, 단국대학교 석사학위논문, 2005.
지두환 등, 『사직대제』, 민속원, 2007.
최광식, 『고대한국의 국가와 제사』, 한길사, 1994.
한형주, 「조선시대 국가제사의 시대적 특성」『민족문화연구』41, 2004.

박소동, 「친경의궤 해제」『(국역)친경친잠의궤』, 민족문화추진위원회, 1999.
송지원, 「조선중화주의의 음악적 실현과 청 문물 수용의 의의」『국악원논문집』11, 국립국악원, 1999.
이욱, 「조선후기 기곡제 설행의 의미―장서각 소장 사직서 의궤와 등록을 중심으로」『장서각』, 한국학중앙연구원, 2000.
이욱, 「조선시대 친경례의 변천과 의미」『종교연구』34, 한국종교학회, 2004.
이은주, 「19세기 조선 왕실 여성의 머리모양」『服飾』58(3), 2008.
황진영, 『조선시대 궁녀복식 연구』, 단국대학교 석사학위논문, 2008.

4. 선농제 · 선잠제 관련 논저

陳旭 主編, 『先農壇史話』, 香港銀河出版社, 2006.
北京先農壇史料選編編纂組 編, 『北京先農壇史料選編』, 北京: 學苑出版社, 2007.

김세은, 「고종 초기(1863~1876) 국왕권의 회복과 왕실행사」, 서울대학교 박사학위논문, 2003.
김영숙, 『조선조 말기 왕실복식』, 민족문화문고 간행회, 1987.
김용숙, 『朝鮮朝 宮中風俗硏究』, 一志社, 1987.
김지영, 「영조대 친경의식의 거행과 친경의궤」『한국학보』107, 2002.
김태연, 「『己巳進表裏進饌儀軌』에 나타난 복식」, 단국대학교 석사학위논문, 2003.
박성실, 「親蠶禮 및 親蠶服에 관한 硏究」檀國大學校 石宙善紀念民俗博物館, 第5回 學術세미나, 1987.

도판목록_

제1부 환구제, 천신을 위한 제례

도1_ 은대의 갑골문 중 귀갑龜甲
도2_ 은대의 갑골문 중 우골牛骨
도3_ '천원지방'天圓地方 형태의 기년전祈年殿
도4_ 한대 감천궁 터, 중국 섬서성陝西省 순화현淳化縣 소재所在. ⓒ박례경
도5_ 천마, 『삼재도회』三才圖會에 수록.
도6_ 당대唐代의 원구단 ⓒ박례경
도7_ 옥황상제, 남송 소흥 17년(1147), 석문산石門山 제2호 옥황상제감玉皇上帝龕.
도8_ 『대명집례』大明集禮의 원구단
도9_ 『대명회전』大明會典의 대사전
도10_ 『대명회전』의 원구단과 황궁우
도11_ 북경의 원구단
도12_ 북경의 기년전
도13_ 북경의 황궁우
도14_ 강화도 마니산의 참성단 전경, 사진 협조: 강화군청.
도15_ 개성의 남대문
도16_ 태조 어진, 조중묵·박기준 등 합작, 1872년(고종 9), 비단에 채색, 218×156cm, 전주 경기전 소장.
도17_ 〈평양관부도〉平壤官府圖, 위백규魏伯珪, 고본 1770년, 판각 1822년, 목판채색본, 24.3×35.3cm, 서울역사박물관 소장.
도18_ 면류관과 구장복의 차림새
도19_ 경복궁 근정전 전경 ⓒ김성철
도20_ 덕수궁 석어당昔御堂 ⓒ돌베개
도21_ 숙종이 기우제를 올린 선농단, 사진 협조: 동대문구청.
도22_ 북교 기우제를 거행한 영조, 조석진·채용신, 1900년 이모, 비단에 채색, 203×83cm, 국립고궁박물관 소장.
도23_ 『춘관통고』에 수록된 조선 후기의 남단, 『춘관통고』 권40,

47면, 서울대학교 규장각 소장.
도24_ 『대동여지도』의 「경조오부」京兆五部에 나타나는 남단과 북단, 김정호, 목판본, 1861년, 30.2×40.4cm, 서울대학교 규장각 소장.
도25_ 대한제국 선포 시 고종황제 행차를 기록한 기사, 『독립신문』, 1897년 10월 14일자.
도26_ 화재 전의 경운궁 전경
도27_ 『대한예전』 권3에 수록된 환구단 배치도, 한국학중앙연구원 장서각 소장.
도28_ 환구단의 옛 모습, 『한국풍속풍경사진첩』韓國風俗風景寫眞帖에 수록, 1911년.
도29_ 환구단의 옛 모습, Joseph H. Longford, 『The Story of Korea』에 수록, 1911년.
도30_ '대한'大韓이란 국명이 새겨진 국새, 『보인부신총수』에 수록.
도31_ 고종황제의 등극의를 기록한 『대례의궤』의 표지, 1897년, 43.8×32.0cm, 서울대학교 규장각 소장.
도32_ 대례 시 옥보를 올리는 행렬을 그린 반차도, 『대례의궤』에 수록.
도33_ 환구단 자리에 세워진 철도호텔
도34_ 환구단 영역 추정 배치도, 『서울학연구』 40호, 「대한제국의 상징적 공간표상, 원구단」에 수록, ⓒ박희용
도35_ 환구제 공간과 신위 배치도, 『서울학연구』 40호, 「대한제국의 상징적 공간표상, 원구단」에 수록, ⓒ박희용
도36_ 환구단 자리에 남아 있는 황궁우 건물, ⓒ돌베개
도37_ 환구단 자리에 남아 있는 석고단, ⓒ돌베개
도38_ 보태평지무도와 정대업지무도, 『세조실록』 권48 「신제아악보」 '환구'에 수록.
도39_ 『세조실록』 「신제아악보」에 수록된 환구제례악 악보
도40_ 『세조실록』 「신제아악보」에 수록된 환구제례의 등가와 헌가 악대
도41·42_ 『국조오례서례』의 영고와 영도
도43·44_ 천신제에 사용하는 뇌고(치는 북)와 뇌도(흔드는 북), 『세종실록』 「오례」에 수록.
도45·46_ 『악학궤범』의 뇌고와 뇌도
* 대한제국 시기 환구제의 등가 및 궁가악현의 배치와 사용된 악기 / 『대한예전』에 수록된 환구제례악 등가악현, 『대한예전』에

347

수록된 환구제례악 궁가악현, 한국학중앙연구원 장서각 소장.

도47_ 《사직단국와친향도병풍》8폭 중 그림이 그려진 1~6폭, 조선 18세기, 비단에채색, 각 127×50cm, 국립중앙박물관 소장.

도48_ 익종 어진, 1826년, 비단에 채색, 147.5×90cm, 국립고궁박물관 소장.

도49_ 현의 앞면과 뒷면, 국립중앙박물관 소장.

도50_ 홀, 개인 소장, 사진 협조: 온양민속박물관.

도51_ 제관, 단국대학교 석주선기념박물관 소장.

도52_ 금관, 단국대학교 석주선기념박물관 소장.

도53_ 조선 말기의 제복 의衣, 단국대학교 석주선기념박물관 소장.

도54_ 조선 말기의 조복 의衣, 단국대학교 석주선기념박물관 소장.

도55_ 조복용 상裳, 단국대학교 석주선기념박물관 소장.

도56_ 19세기의 상裳, 단국대학교 석주선기념박물관 소장.

도57_ 1품용 서대, 단국대학교 석주선기념박물관 소장.

도58_ 17세기의 대대, 단국대학교 석주선기념박물관 소장.

도59_ 이직李㮨 초상과 세부, 문중 소장.

도60_ 남색 학창의형 조복용 중단, 이화여자대학교박물관 소장.

도61_ 채제공 초상(금관조복본), 이명기 필, 1784년경, 비단에 채색, 202.9×91.6cm, 개인 소장.

도62_ 이하응李昰應 초상, 이한철·유숙 합작, 1869년, 비단에 채색, 130.8×66.2cm, 서울역사박물관 소장.

도63_ 심동신沈東臣 후수, 단국대학교 석주선기념박물관 소장.

도64_ 조복용 흑피화, 『경모궁의궤』에 수록, 서울대학교 규장각 소장.

도65_ 제복용 신발, 단국대학교 석주선기념박물관 소장.

도66_ 성수웅成壽雄 초상 부분, 18세기 초, 국립중앙박물관 소장.

도67_ 이하응 초상 부분, 1869년, 서울역사박물관 소장.

도68_ 신정희申正熙 초상 부분, 1895년, 고려대학교박물관 소장.

도69_ 조선 전기 흑단령, 유순정柳順汀 초상, 진주유씨 종중 소장.

도70_ 조선 후기 흑단령, 심환지沈煥之 초상, 경기도박물관 소장.

도71_ 유순정 초상의 운안흉배, 원본 15세기 제작, 18세기 이모.

도72_ 심환지 초상의 쌍학흉배, 19세기 초 제작.

도73_ 신헌申櫶 초상의 쌍호흉배, 1870년 제작.

도74_ 환구단 내 황궁우와 석고, ⓒ돌베개

도75_ 환구단 삼문, ⓒ돌베개

도76_ 2008년 환구대제 재현 사진, ⓒ전주이씨 대동종약원

제2부 사직제, 국토와 오곡의 신을 위한 제례

도1_ 명明 북경北京의 평면도에 보이는 '좌조우사'左祖右社

도2_ 『대명집례』 황제의 사직단
  명대 황제가 제사지내던 사직단으로, 사단과 직단이 따로 되어 있는 모습을 그린 것이다.

도3_ 『대명집례』 황제 사직단의 신주

도4_ 『대명집례』 왕국의 사직단

도5_ 『대명회전』 황제의 사직단

도6_ 『홍무예제』 부府 사직단의 동단 형태

도7_ 북경의 사직단

도8_ 조선 전기의 사직단

도9_ 『세종실록』「오례」의 차례 부분, 서울대학교규장각 소장.

도10_ 『세종실록』「오례」의 「친제사직의」 앞부분, 서울대학교규장각 소장.

도11_ 『국조오례의』의 차례 부분, 서울대학교규장각 소장.

도12_ 『국조오례의』의 「춘추급납제사직의」 앞부분, 서울대학교규장각 소장.

도13_ 사직 기곡제의 거행에 동의한 송시열, 작자미상, 18세기 이모, 비단에 채색, 89.7×67.3cm, 국립중앙박물관 소장.

도14_ 『국조속오례의』, 국립중앙박물관 소장.

도15_ 『사직서의궤』, 서울대학교 규장각 소장.

도16_ 『대한예전』「서례」의 '대사환구'大祀圜丘 부분

도17_ 사직단 전경, ⓒ돌베개

도18_ 사직단의 정문, ⓒ돌베개

도19_ 사직 대제 때 정위·배위 찬실도, 『사직서의궤』 권1에 수록, 서울대학교 규장각 소장.

도20_ 영친왕의 곤룡포, 국립고궁박물관 소장.

도21_ 영조 어진 부분

도22_ 고종 어진, 비단에 채색, 162.5×100cm, 국립고궁박물관 소장.

도23_ 사직제에 사용하는 향로, 『사직서의궤』에 수록, 서울대학교 규장각 소장.

도24_ 사직제에 사용하는 변과 두, 『사직서의궤』에 수록, 서울대학교 규장각 소장.

도25_ 〈왕세자수하도〉王世子受賀圖에 나타난 연輦과 여輿, 1817년, 종이에 채색, 46.5×34.1cm, 고려대학교 도서관 소장.

도26_ 사직단의 모습, 『사직서의궤』「단유도설」, 서울대학교 규장각 소장.
도27_ 태주궁 선율
도28_ 『사직서의궤』의 영고
도29_ 『사직서의궤』의 영도
도30_ 『국조오례서례』에 수록된 사직등가악현
도31_ 『국조오례서례』에 수록된 사직헌가악현
도32_ 『사직서의궤』「단유도설」에 보이는 등가와 헌가의 배치
도33_ 『춘관통고』에 수록된 사직등가악현
도34_ 『춘관통고』에 수록된 사직헌가악현
도35_ 『국조오례서례』 사직문무-48인
도36_ 『국조오례서례』 사직무무-48인
도37_ 〈대제친향의도〉大祭親享儀圖, 《사직단국왕친향도병풍》 중 제2폭, 국립중앙박물관 소장.
도38_ 《종묘친제규제도설병풍》 중 〈오향친제반차도〉五享親祭班次圖의 전악, 국립고궁박물관 소장.
도39_ 《사직단국왕친향도병풍》 중 〈대제친향의도〉의 도창, 국립중앙박물관 소장.
* 현행 홀기에 따른 사직제 재현 행사, ①거가출궁(어가행렬), ②영신례, ③전폐례, ④천조례, ⑤초헌례, ⑥아헌례, ⑦종헌례, ⑧음복례, ⑨철변두, ⑩송신례, ⑪망료례, ⓒ전주이씨 대동종약원
도40·41_ 사직단 전경, ⓒ돌베개

제3부 선농제·선잠제, 농사와 양잠의 신을 위한 제례

도1_ 신농씨, 『삼재도회』에 수록.
도2_ 『대명집례』의 선농단과 경적위
도3_ 『대명집례』의 경적도
도4_ 〈옹정제궁경적도〉雍正帝躬耕籍圖
도5_ 〈옹정제제선농단도〉雍正帝祭先農壇圖
도6_ 「친향선농의」親享先農儀 기사, 『세종실록』「오례」 122책에 수록.
도7_ 〈잠직도〉, 진재해, 1697년, 비단에 채색, 132.4×48.8cm, 국립중앙박물관 소장.
도8_ 영조가 1767년의 친경과 친잠의식을 기념하여 지은 시 「경잠기」耕蠶記意, 『어제집경당편집』 권6에 수록, 한국학중앙연구원 장서각 소장.
도9_ 순종의 친경례 장면, 한미사진미술관 소장.
도10_ 순종의 친경례 장면, 한미사진미술관 소장.
도11_ 『동적전식례』, 서울역사박물관 소장.
도12_ 선농친향정배위찬실도先農親享正配位饌實圖, 『세종실록』「오례」, '길례', 찬실도饌實圖
도13_ 준뢰도尊罍圖, 『세종실록』「오례」, '길례', 찬실도饌實圖
도14_ 『장종수견의례』 표지, 서울대학교 규장각 소장.
도15_ 『친경의궤』의 「관경대도」
도16_ 『조선농회보』朝鮮農會報의 〈친경도〉親耕圖, 『조선농회보』 14권 3호, 조선농회(1940).
도17_ 〈친경도〉 중 경적위 부분, 『조선농회보』 14권 3호, 조선농회(1940).
도18_ 〈친경도〉 중 소와 악대 부분, 『조선농회보』 14권 3호, 조선농회(1940).
도19_ 친잠의례에 사용된 도구들
도20·21·22_ 『친잠의궤』에 수록된 친잠단, 진설도, 채상단, 서울대학교 규장각 소장.
도23_ 〈친경도〉 중 기민과 인근 읍의 수령들, 『조선농회보』 14권 3호, 조선농회(1940).
도24_ 경근거와 왕의 쟁기(御末耜), 『국조오례서례』「길례」 '친경도설'에 수록.
도25_ 삼태기(畚)와 청상青箱, 『국조오례서례』「길례」 '친경도설'에 수록.
도26_ 『친경의궤』「의주질」 중 친경의親耕儀
도27_ 『친경의궤』「의주질」 중 친림노주의親臨勞酒儀
도28_ 선잠에 작헌하는 의식, 『친잠의궤』「의주질」, '중궁전작헌선잠의', 서울대학교 규장각 소장.
도29_ 친잠하는 의식 『친잠의궤』「의주질」, '친잠의', 서울대학교 규장각 소장.
도30·31_ 축과 어,
도32_ 성종 대의 선농·선잠제의 등가악현, 『국조오례서례』 권1 「길례」, '아부악현도설'에 수록.
도33_ 성종 대의 선농·선잠제의 헌가악현, 『국조오례서례』 권1 「길례」, '아부악현도설'에 수록.
도34·35_ 선농제·선잠제에서 연행하는 48인의 육일무, 문무와 무무, 『국조오례서례』 권1 「길례」, '아부악현도설'에 수록.

도36·37_ 선농제·선잠제를 거행할 때 헌가에서 연주하는 4면 북 노고와 노도, 『국조오례서례』 권1 「길례」, '아부악현도설'에 수록.

도38_ 국의, 『삼재도회』에 수록.

도39_ 1924년 친잠례 후 찍은 사진

도40_ 영친왕비의 당의, 국립고궁박물관 소장.

도41_ 17세기 전기 원삼, 경기도박물관 소장.

도42_ 19세기 후기 원삼, 이화여자대학교박물관 소장.

도43_ 17세기 전기 원삼, 『상례언해』에 수록.

도44_ 20세기 초 원삼, 《신축진연도병》의 부분, 연세대학교박물관 소장.

도45_ 보행나인의 당의와 남색 치마, 『영조정순후가례도감의궤』 (1759)에 수록.

도46_ 의장차비, 《무신진찬도병》(1848) 부분, 국립중앙박물관 소장.

도47_ 창덕궁 친잠실 문에 걸렸던 '친잠권민'親蠶勸民 현판

도48_ 창덕궁 친잠실 내부

도49_ 창덕궁 서향각 전경, ⓒ김성철

도50_ 창덕궁 서향각 옆의 뽕나무, 천연기념물 제471호, ⓒ김성철

도51·52_ 선잠단지의 표지석과 뽕나무 길, ⓒ서울시사편찬위원회

도53_ 선농단 전경, 사진 협조: 동대문구청.

도54_ 선농단 향나무, 천연기념물 제240호, 사진 협조: 동대문구청.

＊ 선농제 재현 행사, 사진 협조: 동대문구청

- 이 책에 사용된 국립중앙박물관 소장 유물의 이미지에 대한 게재 허가 번호는 중박 201110-5478입니다.
- 도판을 제공해 주신 분들과 게재를 허락해 주신 분들께 감사드립니다.
- 이 책의 저자와 도서출판 돌베개는 모든 도판의 출처 및 저작권을 찾고 정상적인 절차를 밟아 사용하기 위해 최선을 다했습니다. 일부 빠진 것이 있거나 착오가 있다면 정식으로 게재 허가를 받고 다음 쇄를 찍을 때 수정하도록 하겠습니다.

찾아보기_

ㄱ_

가례嘉禮 16, 101, 109, 126, 208, 320
갑골문甲骨文 16, 17, 144, 145, 152
갑자사화甲子士禍 169
강감찬姜邯贊 161
강공복絳公服 100, 101, 210, 211, 216, 219, 211, 213
강사포絳紗袍 191, 193~195, 285, 298, 312~314
『개보통례』開寶通禮 29
『개원례』開元禮 27, 29, 47, 153, 246
개책介幘 101, 211~213, 215, 218, 280, 312, 314
겹장삼裌長衫 320, 321
경근거耕根車 246, 249, 281, 283, 284
『경모궁의궤』景慕宮儀軌 105, 114, 118, 119, 126, 297
경복궁 근정전勤政殿 49, 264, 289, 333
경안지악景安之樂 297~301
경운궁慶運宮 65, 67
경적도耕籍圖 247~249
경적위耕藉位 247, 248, 276
경적의耕籍儀 311
계술繼述 51
계축옥사癸丑獄事 53, 54, 56
『고려사』高麗史 37, 160, 252, 253, 257, 320
고유제告由祭 65, 68, 75, 133, 134, 138, 183, 188
공영달孔穎達 245
관경대觀耕臺 249, 250, 259, 265, 275, 284~286, 298, 299, 304, 308
「관경대도」觀耕臺圖 274, 275
관상대觀桑臺 250

관예례觀刈禮 261, 262
광무光武 65, 68, 76, 77, 153, 184
교사서郊社署 165
구장복 46, 47, 100, 101, 104, 106, 222
국궁사배鞠躬四拜 76
국사國社 146, 148, 159, 160, 183, 193, 194, 209
국사단國社壇 171, 193
『국어』國語 239, 240
『국어』「주어」周語 238
『국조상례보편』國朝喪禮補編 105
『국조속오례의』國朝續五禮儀 174, 299, 300
『국조오례의』國朝五禮儀 59, 100, 109, 114, 118, 119, 126, 138, 162, 167, 168, 174, 184, 200, 206, 209, 226, 228, 259~261, 281, 282, 299, 301, 302, 311~313, 333, 334
『국조오례서례』 47, 88, 109, 112~114, 116, 118~120, 123~125, 163, 200, 202, 207, 295, 302, 303
국직國稷 159, 183, 193, 194
궁가宮架 84, 85, 89~91, 206, 222, 230, 300
궁내부宮內府 68, 77, 181, 185
궁상례躬桑禮 250
권근權近 41
권농윤음勸農綸音 175, 268
권제權踶 45
권중화權仲和 163
규圭 47, 59, 104, 105, 113, 320
금동혁대金銅革帶 211~214, 217, 218
「기고사직의」祈告社稷儀 165, 167
기고제祈告祭 154, 162, 168, 188
기곡대제祈穀大祭 36, 41, 179, 183
기곡제祈穀祭 19, 23, 27, 28, 32, 36, 38, 40, 41, 50, 63, 136, 139, 170~184, 251, 252, 260, 266
기년전祈年殿 21, 32, 33
기로신耆老臣 49
『기사진표리진찬의궤』己巳進表裏進饌儀軌 326
기설제祈雪祭 161, 188

기우제祈雨祭　28, 38, 40~45, 50, 56, 57, 59, 60, 62, 99,
　　　　100, 136, 140, 153, 154, 161, 162, 164, 166, 170,
　　　　177, 179, 182, 183, 188, 209, 260
기자헌奇自獻　55
기청제祈晴祭　164, 188
『기축진찬의궤』己丑進饌儀軌　326
길례吉禮　16, 101, 109, 137, 174, 208, 209, 253, 262, 271,
　　　　283, 295, 299, 301, 302, 312, 327, 339
김규홍金奎弘　65, 67, 99
김부식金富軾　34
김수온金守溫　48
김수흥金壽興　171
김제남金悌男　53, 54
김종서金宗瑞　44
김치인金致仁　178, 179
김한로金漢老　43

ㄴ_

남교南郊　20, 26~28, 31, 35, 41, 53~57, 59, 65, 67, 100,
　　　　137, 138, 154, 245, 247
남단南壇　35, 56, 57, 59~62, 64, 65, 68
납향臘享　167, 168, 179, 181, 182, 187, 240
노주연勞酒讌　256, 258, 267, 282, 286, 287, 341
『논어』論語　150, 206
뇌고雷鼓　87~89, 91, 202, 303
뇌도雷鼗　87~89, 91, 202, 203
『눌재집』訥齋集　324

ㄷ_

단군檀君　34, 38, 46, 61, 68, 69, 132
『단군세기』檀君世記　132
단사각單紗角　127

단유壇壝　65, 151, 177, 255
단유도壇壝圖　156
단학單鶴흉배　129
단호單虎흉배　129
대대大帶　47, 104, 109~113, 118~120, 123, 320
대려궁大呂宮　79, 84
대명大明　17, 48, 49, 66, 74, 75, 82
『대명집례』大明集禮　30, 31, 33, 47, 59, 92, 155, 156, 247,
　　　　248, 250
『대명회전』大明會典　30~33, 157, 158, 250, 318
〈대제친향의도〉大祭親享儀圖　210, 212
대한大韓　68
『대한예전』大韓禮典　67, 75, 84, 89~91, 99, 134, 138,
　　　　184, 223, 226~228
대한제국　16, 63~68, 71, 73, 75, 78, 84, 85, 89, 90, 95,
　　　　100, 104, 114, 117, 118, 137~139, 183~185, 197,
　　　　206, 222, 223, 226, 230~232, 300, 322, 329
덕수궁 석어당昔御堂　54
〈도성도〉都城圖　62
동서남북해東南西北海　48, 49, 82
『동적전식례』東籍田式禮　269
동지대제冬至大祭　70, 183
두豆　194, 277
등가登歌　81~85, 89, 90, 190, 199, 200, 202~206, 209,
　　　　211~213, 215~219, 230, 285, 286, 297~302, 304,
　　　　314, 333, 334, 336

ㅁ_

말襪　47, 104, 111~113, 125, 320
망료望燎　76, 80, 82~84, 92, 94, 95, 97, 134, 223, 226
망료위望燎位　74, 76, 291
망예위望瘞位　194
면류관冕旒冠　46, 47, 105, 222, 308
면冕　104~106, 113

면복冕服 46, 76, 79, 81, 89, 100, 101, 104, 106, 108, 109, 111, 113, 193, 194, 210, 211, 243, 297, 312, 313, 316
『명집례』明集禮 28
『모시주소』毛詩注疏 145
목청전穆淸殿 170
문사각紋紗角 127
문선왕묘文宣王廟 162
『문헌통고』文獻通考 51, 256, 257
『미암일기』眉巖日記 324
민정중閔鼎重 171

ㅂ_

방구단方丘壇 59, 62, 149, 179
방심곡령方心曲領 104, 111~113, 117, 124, 125, 211~213, 218, 219
백주중단白紬中單 212~214, 217, 218
백포말白布襪 211~214, 218, 219
백한흉배白鷳胸背 129
『백호통』白虎通 150, 151
변계량卞季良 42, 43
변籩 194, 277
변두籩豆 55, 66, 76, 93, 97, 167, 206, 306, 310
『병와집』甁窩集 323
보태평保太平 51, 80, 84, 86, 87, 89, 95
보태평지무保太平之舞 81~83, 89
보태평지악保太平之樂 81, 83
복두幞頭 101, 211, 213, 214, 215, 218, 312~314
부장직소副將直所 197
북단北壇 56, 57, 59, 62
분헌관分獻官 49, 74, 75
비란삼緋鸞衫 100, 101, 210~214, 216~218, 312
비백대緋白大帶 211, 213, 217, 218
빈례賓禮 16

ㅅ_

『사기』史記 23, 243
사독四瀆 66, 74, 75
『사례편람』四禮便覽 323
사모紗帽 127, 315
사육신死六臣 사건 50, 54
《사직단국왕친향도병풍》社稷壇國王親享圖屛風 100, 102, 104, 105, 114, 115, 118, 125, 209~214, 216, 217, 219
사직단社稷壇 62, 72, 99, 100, 104, 109, 150~152, 154~158, 160~166, 170~172, 174, 176, 177, 179, 181, 182, 185, 186, 191, 193, 195, 196, 210, 211, 219~223, 228, 229, 232, 233, 246, 255, 313, 314, 328~330
사직서社稷署 165, 172, 176, 177, 185, 190, 197
『사직서등록』社稷署謄錄 182
사직서령社稷署令 176
『사직서의궤』社稷署儀軌 104~106, 113, 114, 118, 176, 177, 182, 187, 188, 193, 194, 196, 201, 203, 206, 209~214, 216, 217, 223, 226, 230
사직제社稷祭 87, 101, 133, 134, 144, 146~150, 152~154, 156, 157, 160~162, 164~170, 173~176, 178~182, 184, 185, 188, 189, 193, 194, 198, 200, 203~206, 208~211, 220~224, 226~234, 266, 303
사해四海 66, 71, 74, 75
『산당고색』山堂考索 51
『삼국사기』三國史記 34, 251
『삼재도회』三才圖會 25, 240, 317
『상례언해』喪禮諺解 324
『상방정례』尙方定例 105, 130
상裳 47, 104, 108, 112, 113, 116, 118, 120, 320
『상정고금례』詳定古今禮 36, 46, 48, 51, 164
생갑牲匣 81, 298
『서경』書經 18
『서경』「소고」召誥 18, 146

서명응徐命膺 59, 207
서안지악舒安之樂 200, 298, 299, 301
서영보徐榮輔 60
서정순徐正淳 76
서향각書香閣 329, 330
석고단石鼓壇 71, 72, 76~78
석조 47, 104, 111, 113, 320
선농단先農壇 57, 59, 183, 185, 240, 241, 246~255, 257, 267, 270, 272, 284, 285, 287, 296~298, 311~313, 327, 328, 330, 331, 333, 338, 341, 342
선잠단先蠶壇 185, 245~247, 249, 250, 255, 265, 270, 271, 296, 300, 316, 327, 328, 330, 334~336, 338, 341, 342
성석린成石璘 41
성수웅成壽雄 초상 127
성신星辰 29, 48, 49, 66, 82
성안지악成安之樂 80, 82~84, 86, 87
『세조실록』「신제아악보」 80, 82~85, 92, 95
『세종실록』「오례」 88, 114, 125, 162, 165, 167, 255, 270, 271
소무지무昭武之舞 200, 298, 301
『속대전』續大典 127, 129, 174
『송사』宋史 51
송시열宋時烈 171
송신례送神禮 79, 82, 223, 225, 226, 298, 301, 305, 309
수유 47, 104, 110, 112, 113, 320
수견식收繭式 329, 330
수견의受繭儀 318, 319, 335
수보로繡甫老 321
수복방守僕房 197
수안지악壽安之樂 200, 298~301, 305, 309
수우인隨牛人 275, 280, 281, 313, 314
『수작의궤』受爵儀軌 211, 215, 218, 219
숙안지악肅安之樂 200, 297, 299~301, 305, 309
숙화지곡肅和之曲 84, 96
『순화궁첩초』順和宮帖草 322

숭릉崇陵 260
『승정원일기』承政院日記 174
『시경』詩經 17, 44, 146, 240
『시경』「면」緜 145, 146, 150
『시경』「보전」甫田 240
『시경』「재삼」載芟 150
신개申槩 44
신관례晨祼禮 76
신정희申正熙 초상 127
심동신沈東臣 124
심순택沈舜澤 66
심환지沈煥之 초상 128, 129
십이장복 100, 101, 104, 222
쌍학雙鶴흉배 129
쌍호雙虎흉배 129

ㅇ_

아악雅樂 47, 84, 86, 89, 92, 95, 97, 100, 101, 198, 199, 201, 211, 215, 216, 230, 297, 300, 302, 304, 305, 307, 309, 310, 336
아헌례亞獻禮 76, 82, 86, 198, 223, 224, 226, 298, 301, 333, 334
악공청樂工廳 197
악기고樂器庫 197
악독산천嶽瀆山川 48, 49
『악학궤범』樂學軌範 88, 89, 211, 212, 215~217, 219, 299, 301, 302, 304, 305, 309
안향청安香廳 197, 220
안화지곡安和之曲 84, 97
야명夜明 48, 49, 66, 74, 75, 82
양성지梁誠之 45, 46
어막대御幕臺 197
여민락與民樂 300, 304, 307, 308
열문지무烈文之舞 200, 297, 298, 300, 301

영고靈鼓 87~89, 201~203, 303
영녕전永寧殿 162, 184
영도靈鼗 87, 88, 201~204, 303
영신례迎神禮 79, 86, 199, 223, 224, 226
영안지악寧安之樂 80, 82~84, 86, 87
영자纓子 125
영창대군永昌大君 53, 56
『예기』禮記 25, 41, 42, 137, 147~150, 171~173, 239
『예기』「곡례」曲禮 147
『예기』「교특생」郊特牲 20, 22, 146, 173, 240, 241
『예기』「왕제」王制 18, 148
『예기』「월령」月令 21, 171, 239, 241~243, 245, 257, 259, 260, 270, 317
『예기』「제법」祭法 20, 148
예악禮樂 51, 52, 234
예화지곡豫和之曲 84, 97
오례五禮 16, 211~214
『오례신의』五禮新儀 29
오색토五色土 151, 154, 156, 158
오성근吳聖根 67
오장경吳長慶 64
오정창吳挺昌 260
오제五帝 24, 25, 27, 28, 31, 36, 37, 41
오추五推 299, 333
오토五土 147
오피리烏皮履 211~214, 218, 219
〈오향친제반차도〉五享親祭班次圖 212
옹안지악雍安之樂 200, 298, 299, 301, 302, 306, 310
옹화지곡雍和之曲 84, 97
왕망王莽 26, 31
왕숙王肅 19, 147
운안흉배雲雁胸背 129
운혜雲鞋 126
웅비熊羆흉배 129
원구제 16, 19~21, 23, 28, 29, 31, 137, 144, 149
원유관遠遊冠 104, 191, 193~195, 285, 298, 312~314

월랑月廊 197
위백규魏伯珪 40
유리명왕瑠璃明王 34
유빈궁蕤賓宮 200, 201
유순정柳順汀 초상 128, 129
유壝 46, 156, 183, 196, 203
육일무六佾舞 85, 89, 206, 303, 304
윤사국尹師國 180
윤용선尹容善 76
윤휴尹鑴 260
융안지악隆安之樂 80, 81, 83, 84, 86, 87
음복례飲福禮 76, 82, 223, 225, 226, 298, 301, 333, 334
응종궁應鍾宮 199~201, 205, 206
응화지곡凝和之曲 84, 96
의衣 47, 104, 106, 112, 116, 117
『의주등록』儀註謄錄 75, 99
이근명李根命 67
이맹현李孟賢 256
이문원摛文院 179
이성계李成桂 38, 53
이성중李成中 315
이숙치李叔畤 44
이승손李承孫 44
이십팔숙二十八宿 66
이암李嵒 132
이인임李仁任 53
이직李稷 120
이직 초상 120
이하응李昰應 초상 122, 127
일무佾舞 80~85, 89, 135, 200, 206, 207, 211, 214, 217, 218, 222, 230, 234, 296, 299~302, 304, 305, 309, 332~334, 336
임종궁林鍾宮 199~201
『임진진찬의궤』壬辰進饌儀軌 326
『임하필기』林下筆記 314
임해군臨海君 53

ㅈ_

작헌의酌獻儀 335
잡물고雜物庫 197
장례원掌禮院 66, 70, 181
재생전宰牲殿 197
재추신宰樞臣 49
적전籍田 41, 153, 238~240, 242~246, 248, 249, 252~
   261, 263, 266, 267, 269, 274, 275, 281, 282, 284,
   286, 287, 293, 295, 298, 307, 313, 327, 328, 330
전사청典祀廳 73, 172, 197
전악사典樂師 312
전옥폐奠玉幣 79, 89, 92
『정관례』貞觀禮 27
정대업定大業 51, 80, 84, 86, 87, 89, 95
정대업지무定大業之舞 82, 83, 89
정대업지악定大業之樂 82, 83, 95
정도전鄭道傳 254
정인인鄭麟仁 168
『정조국장도감의궤』正祖國葬都監儀軌 105, 111
정현鄭玄 19, 89
제기고祭器庫 197
『제기악기도감의궤』祭器樂器都監儀軌 112, 114~116,
   125, 126
「제사직섭사의」祭社稷攝事儀 165
『제사직장』諸司職掌 48, 50
제실사帝室祀 185
조박趙璞 38
『조선농회보』朝鮮農會報 275, 276, 281
조주삼皁紬衫 100, 101, 210~214, 216~218, 313
조주의皁紬衣 212, 214, 216, 217
조현의朝見儀 319, 335
종묘宗廟 51, 71, 96, 133, 159, 160, 162~164, 168, 169,
   184, 185, 231, 241, 251, 252, 256, 269, 285, 338
《종묘친제규제도설병풍》宗廟親祭規制圖說屛風 211, 216,
   217

『종묘의궤』宗廟儀軌 101, 112, 114, 118, 123, 144, 145,
   149, 153, 211, 215~218
종헌례終獻禮 76, 86, 198, 223, 225, 226, 301, 333, 334
좌묘우사左廟右社 159
『주례』周禮 19, 87, 92, 144, 149, 151, 159, 171, 178, 179,
   199, 200, 252, 262
『주례』「대사악」大司樂 19, 149
주원周垣 46, 47, 220
주천성진周天星辰 66
「주현제사직의」州縣祭社稷儀 166
「주현춘추제사직의」州縣春秋祭社稷儀 167
주희朱熹 147, 150
중단中單 104, 106, 108, 109, 112, 117, 119~121, 123
중산공원中山公園 158, 228
중화지곡中和之曲 84, 96
진고晉鼓 91, 203, 204, 303
진설도陳設圖 278
진전眞殿 185
진조進俎 79, 89, 92, 93, 95, 96
진찬進饌 51, 95, 97, 193, 200, 226, 302, 305, 326
진찬례進饌禮 298, 302
진현관進賢冠 100, 101, 210, 212, 215, 218, 312, 313
진혜전秦惠田 19
진호陳澔 147
집사청執事廳 172

ㅊ_

차장고遮帳庫 197
참성단塹星壇 34, 35
채상단采桑壇 245, 247, 249, 265, 278, 291, 296, 301, 302,
   316, 318, 328
채제공蔡濟恭 121, 122
채제공 초상 122
천단天壇 28, 33, 73

천원지방天圓地方 21, 73, 149
철변두徹籩豆 51, 79, 82, 92, 94, 95, 97, 193, 194, 200, 205, 206, 225, 226, 298, 301, 305, 306, 309, 310
청란삼青鸞衫 212, 214, 216, 312
초헌례初獻禮 76, 82, 86, 223, 224, 226, 300, 301, 310, 333, 334
최항崔恒 51
『추관지』秋官志 320
추향秋享 19, 166~168, 179, 180, 182, 187
『춘관통고』春官通考 60, 105, 118, 179, 204, 206, 209, 211~213, 216, 217
『춘추』春秋 18, 145, 146
「춘추급납제사직섭사의」春秋及臘祭社稷攝事儀 167
「춘추급납제사직의」春秋及臘祭社稷儀 167, 168
『춘추외전』春秋外傳 238
『춘추좌씨전』春秋左氏傳 146, 147, 171
『춘추호씨전』春秋胡氏傳 42
춘향春享 167, 169, 179~182, 187
〈친경도〉親耕圖 274~276, 313~315
『친경의궤』親耕儀軌 273, 274, 284, 311, 312, 315
「친림수서계의」親臨受誓戒儀 173
친잠권민親蠶勸民 328, 329
『친잠의궤』親蠶儀軌 263, 264, 273, 276, 278, 288, 289, 314, 318, 320, 323, 326, 335
「친제사직의」親祭社稷儀 165
친향선농의親享先農儀 255, 296, 312

ㅌ_

태사太社 145, 148~151, 153, 154, 156, 161, 183, 222, 240
태사단太社壇 154
태신전泰神殿 32
태주궁太簇宮 79, 199, 200
태직太稷 153, 154, 161, 183, 222

ㅍ_

팔일무八佾舞 85, 89, 206
패佩 47, 104, 110, 320
편경編磬 87, 90, 200, 203, 302~304
편종編鐘 87, 90, 200, 203, 204, 211, 302~304
〈평양관부도〉平壤官府圖 40
폐슬蔽膝 47, 104, 110~113, 117, 125, 320
품대品帶 118, 127, 130
풍운뇌우風雲雷雨 48, 49, 56, 63, 65, 66, 86
풍운뇌우단風雲雷雨壇 56, 60, 255
피변皮弁 100, 101, 210, 213~216, 218, 241, 312, 313
필분각苾芬閣 269

ㅎ_

하륜河崙 41
하연河演 45
학창의鶴氅衣 121
한명회韓明澮 48
한상경韓尚敬 41
『한서』漢書 152
『한서』「교사지」郊祀志 152
향사이정享祀釐正 185, 328
향선농의享先農儀 296, 299, 312, 327
허균許筠 53
허목許穆 259
허우許諲 44
허조許稠 41
헌가軒架 81, 82, 85, 89, 190, 191, 199, 203, 205, 206, 209, 211, 212, 215~217, 222, 275, 286, 297~304, 313, 314, 333, 334, 336
헌가악현 202, 203, 303
혁대革帶 104, 109, 112, 118, 119, 123
『현경례』顯慶禮 27

357

현의玄衣 101, 106, 108, 109, 111
협률랑協律郎 81, 210, 227, 297, 300, 304, 312
협종궁夾鐘宮 47, 92, 95
형향각馨香閣 269
호천상제昊天上帝 26~29, 36, 41, 42, 48, 49, 51, 65, 70, 81, 136
혼전魂殿 185
『홍무예제』洪武禮制 157, 158, 164, 165
홍저사의紅紵絲衣 321
홍초삼紅綃衫 216, 219
환구서圜丘署 47, 55
황궁우皇穹宇 30, 32, 33, 71, 74, 76~78, 131, 133~135, 139
황종궁黃鍾宮 79, 84, 299, 301
황지기皇地祇 48, 49, 51, 65, 66, 68, 74, 75, 81, 82, 133, 136
황희黃喜 44, 45
『회남자』淮南子 25
회례악무會禮樂舞 86, 87
회빈문會賓門 36
『효경』孝經 26, 70, 71
후직后稷 18, 20, 21, 23, 71, 147, 153, 154, 156, 157, 161, 183, 240, 246, 248, 252
후토구룡씨后土句龍氏 161
휘麾 81, 297
흉례凶禮 16, 101
흑단령黑團領 100, 112, 126~130, 210, 285, 312, 313, 315
흑리黑履 126
흑피혜黑皮鞋 126
흑피화黑皮靴 126, 130